컴퓨팅과학 개론

INTRODUCTION TO COMPUTING SCIENCE

김상욱 · 권영우 · 박보석 · 고석주 지음

도서출판 홍릉

컴퓨팅과학 개론

인 쇄 : 2024년 2월 16일 초판 1쇄
발 행 : 2024년 2월 26일 초판 1쇄

저 자 : 김상욱 · 권영우 · 박보석 · 고석주
발행인 : 송 준
발행처 : 도서출판 홍릉
주 소 : 01093 서울시 강북구 인수봉로 50길 10
등 록 : 1976년 10월 21일 제5-66호

전 화 : 02-999-2274~5, 903-7037
팩 스 : 02-905-6729
e-mail : hongpub@hongpub.co.kr
http://www.hongpub.co.kr
ISBN : 979-11-5600-169-0(93000)

정 가 : 23,000원

인공지능 분야를 개척하고 미국 M.I.T. 인공지능 연구소를 설립한 마빈 민스키는 "프로그래밍을 표현하고 제대로 이해하는 것은 인간의 생각하는 방법과 컴퓨팅과학을 이해하는 아주 좋은 방법"이라고 했다.

이 책은 컴퓨팅과학을 산업 기술이 아닌 인문학 관점에서 학습하도록 기술했다. 1980년대부터 1990년대에는 우리나라는 물론 대부분의 나라가 컴퓨팅 기초나 프로그래밍 과정이 대부분 산업 기술 중심의 교육에 초점을 맞추고 있었으며 교육과정의 상당 부분이 C/C++나 JAVA 같은 산업현장 중심의 언어를 배우고 사용하는 데 따른 언어의 복잡성과 관련 개념을 설명하고 배우는데 할애되어 있었다. 이에 저자 역시 '학문으로서의 컴퓨팅과학의 본질'이자 모든 사람이 컴퓨팅과학을 배워야 하는 핵심 이유인 철학적이고 컴퓨팅 사고와 지적 아이디어를 학습하거나 이해시킬 시간이 거의 없었다. 그저 산업 현장에서 필요한 부분을 빨리 습득하여 취업에 유리하도록 하는 것이 중요했다. 정부의『소프트웨어 중심대학 육성 사업』의 지원을 받아 저자는 특히 인문, 사회, 예술, 과학 계열 학생들을 대상으로 하는 '문제해결 중심'이나 '컴퓨팅 사고' 같은 새로운 컴퓨터과학 입문 과정을 개설하였으나 이 과정 역시 수업에는 어려움이 있었다. 그러나 뜻있는 여러 교수의 도움으로 학문으로서의 컴퓨팅과학 본질에 도전하고 수업하는 몇 권의 책을 출판하게 되었다. 이 책도 그중의 한 권이다.

이 책을 읽는 독자들은 이미 프로그래밍 코딩이나 언어를 이해하거나 어느 정도 숙달되었기 때문에 이『컴퓨팅과학 개론』과목의 개발에는 두 가지 주요 철학이 반영되어 있다. 첫째, 컴퓨터 언어는 컴퓨터가 작업을 수행하도록 하는 방법일 뿐만 아니라 컴퓨팅 사고의 방법론에 대한 아이디어를 표현하는 새로운 형식적 매체라는 것을 확립하려고 했으며, 프로그램은 사람과 사람 사이의 소통 도구라는 것이다. 둘째, 이러한 관점에서 특정 프로그래밍 언어의 구문이나 효율적인 알고리즘보다는 컴퓨팅과학의 학문적인 기초를 이해하도록 하는 것이다. 그러므로 이 책의 필수적인 내용과 목표는 이 과목을 학습하는 독자들이 컴퓨팅과학의 각 요소와 프로그래밍의 미학과 컴퓨팅 시스템에 대해 좋은 느낌을 갖게 하는 것이다. 즉, 잘 작성된 프로그램을 읽을 수 있어야 하고 프로그램에 담긴 원본 작성자의 정신과 스타일을 이해해야 한다는 것이다. 이러한 능력은 결코 컴퓨터 프로그래밍에만 적용되는 것이 아니라, 모든 엔지니어링 디자인에 공통적이다. 결국, 컴퓨팅과학의 혁명은 인간이 생각하는 방식과 인간이 생각하는 것을 표현하는 방식에서의 혁명이다.

이러한 과정에서 경북대학교 소프트웨어 교육원의 컴퓨팅과학 분야의 기초교육을 담당하시는 여러 교수님들의 계속적인 노력과 제안을 해 주었으며, 저자의 수년 동안 강의 자료와 참고자료를 모아 이 책을 출판하게 되었으며, "고석주 외, 4차 산업 시대의 컴퓨터학개론, 홍릉과학출판사, 2018"를 개정하는 의미도 포함하고 있다. 내용 중에 사용한 예의 일부는 컴퓨팅과학 분야 교육과정에서 일반적으로 많이 사용하는 것을 발췌하거나 사용했다.

이 책은 컴퓨팅과학의 기본적인 철학을 이해하는데 도움을 주는 새로운 교과서를 개발하기 위해 많은 노력을 기울였다. 그 결과로 학문으로서의 컴퓨팅과학의 본질과 정신과 재미를 담아내려 했으며, 언어, 객체, 컴퓨팅 시스템, 계산적 사고와 인공지능 등 여러 주제를 다루면서 사전 배경 지식이 없는 독자들을 위한 기초 과정에 더 적합하게 했다. 이 책은 한 학기의 입문 과정으로 개발하였지만, 독학하는 독자들과 프로그래밍 경험은 많지만, 컴퓨터과학 이론적 지식이 없는 사람들에게도 적합하도록 했다.

또한, 이 책에서는 프로그래밍 언어 파이썬 언어를 예로 사용하며, 언어의 구문 자체를 설명하지는 않는다. 이제, 대부분의 독자는 프로그래밍 언어의 구문을 이해하고 있을 뿐만 아니라, 간단한 프로그램은 스스로 작성할 수 있기 때문에 그럴 필요가 없다. 이것이 파이썬 언어의 장점이다. 파이썬은 리스프와 알골 언어의 힘과 우아함을 결합하므로 강력한 힘을 가지고 있다. 파이썬은 공식 홈페이지 다운로드 페이지www.python.org/downloads에서 윈도우용 파이썬 언어 패키지를 내려 받을 수 있다.

이 책과 유사한 것을 사용하여 가르치고 교양 수업을 담당하시는 경북대학교 소프트웨어 교육원의 기초교육부 교수님들도 이 과정의 여러 버전을 가르치고 개발에 도움을 주었으며 수년 동안 수업과 책에 많은 도움을 주었다.

이 책의 목표를 한 번 더 강조하면 컴퓨팅처럼 생각하기는 인간이 문제를 생각하는 방식과 세상을 이해하는 방식을 변화시켜, 새로운 사고방식을 배우도록 하는 것이다.

이 책에서는 컴퓨팅과학이 무엇인지에서 시작하여, 일반 컴퓨팅 시스템, 인터프리터와 컴파일러의 언어 번역을 포함하여, 데이터과학, 인공지능 등 컴퓨팅과학에 나오는 대부분 개념을 다시 설명했다. 이 책은 한 학기 주제의 강의 계획서를 따랐으나 한 학기에 모든 내용을 다룰 수 없으면 교수자가 일부를 선택하고 건너뛰어야 한다.

마지막으로 이 책의 집필과 출판 과정에서 도움을 준 관련된 많은 분에게 감사드린다. 그뿐만 아니라, 이 책을 사용하는 현재와 미래의 모든 독자에게 감사드린다.

저자

2023년 12월 대구 복현동에서

CONTENTS

제1장 컴퓨팅과학과 계산적 사고

제2장 계산적 발상과 기계

제3장 프로그램 = 데이터 + 알고리즘

CONTENTS

제4장

프로그램 구조

제5장

찾기와 정렬

제6장

객체 지향 프로그래밍

제7장 고급 프로그래밍 언어와 번역

제8장 파일처리와 데이터베이스 시스템

제9장 컴퓨터 운영체제

제10장 컴퓨터 시스템 조직

CONTENTS

01 컴퓨팅과학과 계산적 사고

1.1 개요

인류 역사에서 오랜 기간 동안 인간은 어떻게 생각하고 생각한 결과를 어떻게 자신의 밖으로 표현하는가를 연구해 왔다. 뿐만 아니라, 보고 들은 내용을 어떻게 지식으로 변환하고 저장하는가와 어떻게 꺼내는가에 대한 관심도 많았다. 인간은 많은 정보를 보고 듣고, 처리하고, 저장하고 수정하지만, 정보를 사용하는 것은 매우 작은 부분이다[1]. 인간은 주어진 문제를 해결하기 위해 정보를 활용하며 정보에 어떤 **의미**를 부여하기도 한다.

기술 변화에서 컴퓨터는 인간 문화에서 지적 능력을 엄청나게 변화 혹은 향상시켰다. 인간이 지적 능력을 향상하도록 한 것은 바로 **언어**였다고 할 수 있다. 언어는 인간의 생각을 더 효과적으로 전달할 뿐만 아니라 마음을 더 효과적으로 사용할 수 있는 능력을 제공하고, 또한 생각을 저장하고 전송할 수 있는 **쓰기**이다. 컴퓨팅과학은 궁극적으로 정신 역량을 증폭시키는 기계이다. 즉, 컴퓨터는 인간이 상상할 수 있는 모든 **지적 활동**을 기계화할 수 있도록 한다. 그러므로 컴퓨팅과학은 인간이 **문제를 해결하는 방식과 해결**할 수 있는 문제의 종류까지 근본적으로 변화시키고 있다. 디지털 컴퓨팅과학은 지난 80여 년 동안 다른 어떤 발명보다 세상을 더 많이 변화시켰으며 모든 인간의 삶에 스며들었다.

인간의 두뇌에서 이루어지는 이러한 일련의 과정을 **정보처리**라 하고 이러한 원리와 경험을 컴퓨터에게 적용하는 것이 **컴퓨팅과학**이라 할 수 있다.

그러므로 인간의 정보처리 과정을 알아낸다면 인간이 경험하지 않은 것도 생각하거나 추론할 수 있으며, 한 번도 접해 본 적 없는 문제도 스스로 해결할 수 있을 것이다. 더 나아가 인간의 정보처리 과정과 유사한 인공 기계를 구현할 수도 있을 것이다. 그러나 인간의 정보처리 과정은 매우 복잡한 일이다. 즉 앞에서 언급할 문제 해결 방법을 정형화하고 일반화하여 유사한 모든 문제에 적용하여 그림 1.1과 같이 최종 상태에 도달하도록 문제를 자동으로 풀어갈 수 있는 시스템을 구현할 수 있다. 이러한 자동화 시스템을 **컴퓨팅 시스템**이라 한다.

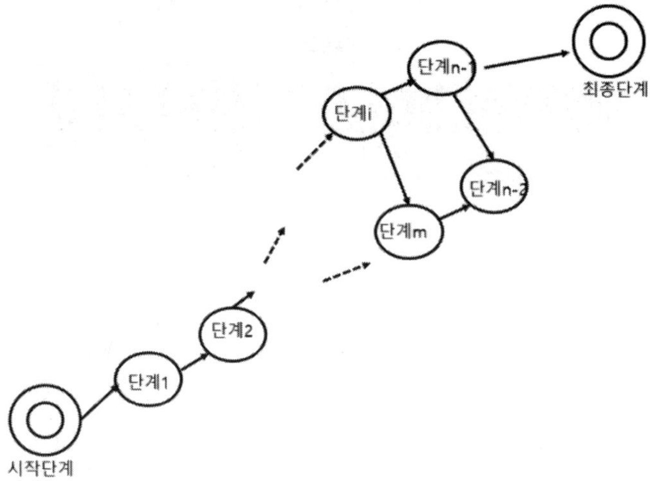

그림 1.1 정보처리 단계

현재는 물론 미래의 거의 모든 기술이나 예술, 과학과 인문학이 컴퓨팅에 의해 주도된다고 할 수 있으며, 이것은 흥미롭고 중요한 일일 것이다. 그러므로 컴퓨팅을 이해하면 인간의 마음, 문화, 우주의 본질에 대한 깊은 통찰과 의문을 밝힐 수 있을 것이다. 이것이 이 장의 초점이다. 정보처리 절차, 프로그램, 컴퓨터는 인간이 문제를 생각하는 방식과 세상을 이해하는 방식을 변화시키고 있다. 이 책과 이 장에서는 이러한 새로운 사고방식을 배우도록 한다.

1.2 정보 처리 절차와 프로그램

컴퓨팅과학은 정보 처리를 공부하는 학문이다. 정보처리 절차는 단계를 처리하는 순서이다. 각 단계는 어떤 방식으로든 주어진 상태를 변경하고 상태와 상태가 전이되어 모든 단계를 거친 결과는 어떤 **목표 상태**에 도달한다. 예를 들어, 라면을 끓이는 것은 처리 절차이지만 물과 수프 같은 물리적인 것을 포함하기 때문에 순수한 정보처리 절차는 아니다.

즉, 컴퓨팅과학은 물리적인 것보다 **추상적인 정보를 처리**하는데 중점을 두고 있다. 그러나 물리적 정보와 관념적인 정보 처리 사이의 경계가 모호한 경우가 많으며, 실제 컴퓨터는 물리 세계에서 작동한다. 즉, 사용자가 키보드의 키를 눌러서 코드로 된 전기 신호를 생성하는 물리 수단을 통해 입력을 받고, 처리 후에 화면에 표시되는 문자나 이미지 같이 물리적으로 출력을 생성한다(이런 기능적이고 물리적인 처리 절차는 산업 기술 시대에 필요한 학습이었다). 그러므로 이 장에서는 정보를 표현하고 조작하는 물리적 방법이 아니라 **추상적인 정보**에 초점을 맞춤으로써 정보에 대한 이해와 추론을 더 잘 할 수 있도록 컴퓨팅과학의 본질을 단순화한다.

그리고 **프로그램**은 정보처리 절차에 관한 기술(description)과 설명이다. 단계를 나열하는 것만으로도 처리 절차를 간단하게 설명할 수 있으므로, 단계에 대한 나열이 곧 **처리 절차**이다. 그리고 그 절차를 따르는 과정이 프로그램이라 한다. 아무런 조건 없이 단계를 따르는 기계적 절차를 **알고리즘**이라 한다. 이 알고리즘은 결국은 **종료**하게 되어 있는 기계적 절차이다. 예를 들어, 라면을 끓이는 절차를 포장지에 설명해 두었다고 하면, 단지 순서를 나열하는 것만으로 처리 절차를 설명하는 것은 제약이 있다. 즉, 자연어로 설명해 두었기 때문에 정확하지도 않고 모호하며, 순서를 올바르게 따르려면 명시되지 않은 많은 가정을 알아야 한다. 예를 들어, 수프의 양을 얼마를 넣어야 하는지 등과 "맛있게 드시려면"과 같은 말은 명확하지 않을 뿐만 아니라, 어디까지가 맛있는지 알기 어렵다. 그러므로 사용자가 이해하고 있다고 가정하고, 이 처리 절차의 최종 목표는 먹을 수 있는 라면을 만드는 것이기 때문에 여러 가지 의미를 추론해야 하고 가정해야 한다. 물론 절차에 더 많은 세부 정보를 추가하고, 더 정확한 언어를 만들 수도 있다. 그러나 정확하고 명료하게 작성하기 위해 많은 노력을 기울인다고 해도 자연어는 본질적으로 모호하다. 즉, 각 단계를 하나씩 나열하는 것보다 더 효율적인 설명 방법이 필요하다. 컴퓨터 프로그래밍을 하려면 처리 절차를 정확하고 간결하게 설명할 수 있는 도구가 필요하다. 처리절차는 기계에 의해 수행되므로 모든 단계를 설명해야 한다. 인간은 "상식"을 가지고 있으므로 모든 것을 남에게 의지 할 수는 없다. 그 대신 아무 생각없이 지시에 따라서 실행할 수 있는 **자동적**이고 **기계적**인 처리절차가 필요한 것이다.

컴퓨터는 아래를 수행할 수 있는 기계이다.

① 입력을 받는다. 입력은 사람이 키보드로 입력하거나, 네트워크를 통해 받거나, 컴퓨터에 부착된 센서에 의해 자동으로 제공될 수 있다.

② 아무 생각 없이 각 단계를 실행할 수 있는 기계적 절차, 즉 처리절차를 실행한다.

③ 결과물을 출력한다. 출력은 사람에게 보여주는 데이터일 수도 있지만 장치 작동 방식을 제어하는 전기 신호와 같이 컴퓨터 외부 세계에 영향을 미치는 모든 것이 된다.

오늘날, 컴퓨터 단말기는 마음과 몸이 우주와 연결되어 단말기 안의 비트들로 구성된 컨텐츠를 움직일 수 있는 **인터페이스**일 뿐이다. 즉, 컴퓨터는 다양한 형태로 존재하며 일상적으로 사용하는 자동차, 텔레비전, 카드, 전화와 같이 컴퓨터라고 생각하지 않을 수도 있는 장치에도 수천 대의 컴퓨터가 숨겨져 있다. 컴퓨팅과학의 주요 초점은 공간과 시간에 대한 실제적인 제한을 제외하고 불연속 입력(즉, 이산 입력)에 대해 가능한 모든 기계적인 계산을 수행할 수 있는 범용 컴퓨터에 있다.

1.3 문제 해결과 계산적 사고

계산적 사고(Computational Thinking)는 컴퓨팅 사고라고도 하며 컴퓨팅 과학의 개념과 기술을 활용하여 복잡한 문제를 체계적이고 효율적인 방법으로 해결하는 문제 해결 방식이다. 여기서 "계산적 사고"라는 용어 때문에 어렵게 생각할 수 있는데 **계산, 산수, 수학적**이라는 의미가 아니다. 즉, 수학 문제를 푼다는 것이 아니라, 주어진 문제를 컴퓨터가 어떻게 풀 수 있는지를 생각하는 것이다. 컴퓨터가 문제를 해결할 수 있도록 원칙과 기술을 적용하는 방법을 말한다. 여기에는 복잡한 문제를 더 작고 관리하기 쉬운 부분 문제로 나누고 알고리즘, 논리, 추상화를 사용하여 해법을 찾는 과정을 포함한다. 이러한 컴퓨팅 사고는 컴퓨터 프로그래밍에만 국한하지 않고 다양한 분야와 일상생활에 적용될 수 있다. 그러므로 컴퓨팅 사고의 주요 원칙과 기술은 아래와 같다.

분해: 문제를 더 작고 관리하기 쉬운 부분이나 풀기 쉬운 작은 문제로 나누는 것이다. 이는 개별 구성 요소에 초점을 맞춰 문제 해결 과정을 단순화한다.

패턴 인식: 데이터나 문제 안에서 패턴, 경향, 규칙성을 찾아낸다. 패턴을 인식하면 일반적인 문제를 해결하는 데 도움이 될 수 있다

> $ax + a^2y = a(x + ay)$와 같이 패턴을 만들 수 있다.

추상화: 불필요한 세부 사항을 제거하고 문제의 본질적인 측면에 집중한다. 추상화는 일반화된 모델이나 표현을 만드는 데 도움을 준다.

알고리즘 설계: 특정 문제를 해결하기 위한 단계별 절차나 지침을 개발한다. 알고리즘은 컴퓨팅 사고의 기본 개념이며 **의사코드**나 **순서도**로 표현하는 경우가 많다.

테스트와 디버깅: 처리 절차를 테스트하여 오류(버그)를 찾아내고 수정하여 해결 결과를 평가하고 개선한다.

추출 기법: 불필요한 세부 사항을 제거하고 문제의 본질적인 면에 집중한다.

데이터 표현: 표현 기술: 정보를 효율적으로 구성하고 저장하기 위한 적절한 데이터 구조와 표현을 선택한다. 예를들어 잘 정의된 필드(예: 이름, 주소)와 이들 간의 관계가 있는 테이블을 사용하여 관계 데이터베이스를 구성할 수도 있고 트리나 그래프를 구성할 수도 있다.

반복 기술: 순환 구조를 사용하여 코드 블럭을 반복적으로 실행하며, 종종 데이터 묶음을 처리한다.

이러한 기술을 통한 컴퓨팅 사고의 몇 가지 예를 살펴보자.

경로 계획: 등산 중에 한 지점에서 다른 지점으로 이동하기 위한 최단 경로를 찾아야 한다고 가정하자. 컴퓨팅 사고에는 문제를 가능한 경로 식별, 거리 계산, 최단 경로 최적화와 같은 단계로 나누는 것이 보통이다. 이것은 Dijkstra의 최단 경로 찾기 알고리즘 같은 방법으로 구현할 수 있다.

데이터 정렬: 오름차순으로 정렬해야 하는 숫자 리스트가 있는 경우에, 원소 비교나 교체와 같이 정렬 과정을 더 작은 단계로 나누어 컴퓨팅 사고를 적용할 수 있다. 이는 버블 정렬(Bubble Sort)이나 퀵 정렬(Quick Sort)과 같은 정렬 알고리즘과 같이 새로운 정렬 알고리즘 개발로 이어질 수 있다.

이와 더불어 계산적 사고를 위한 기술은 문제를 체계적이고 효율적으로 해결하기 위한 다양한 기술과 접근 방식이 있다.

정보 검색: 구글과 같은 검색 엔진에서 질의(문제)를 입력하면 복잡한 알고리즘을 통해 처리한다. 검색 엔진은 질의를 분해하고, 키워드를 식별하고(패턴 인식), 알고리즘을 사용하여 가장 관련성이 높은 결과의 순위를 매기고 검색자에게 보여준다.

프로그램 작성: 컴퓨터 프로그램 작성에는 분해(작업을 함수나 모듈로 분해), 알고리즘 설계(특정 계산을 수행하기 위한 코드 생성), 디버깅(에러 탐지와 수정)이 포함된다.

계산적 사고는 컴퓨팅과학뿐만 아니라 다양한 영역에 걸쳐 문제 해결에 있어 효율적인 기술이다. 이는 개인이 복잡한 문제에 보다 체계적이고 효율적으로 접근하여 보다 효과적인 해결법을 찾을 수 있도록 한다.

계산 문제를 해결할 때 적합한 기존 알고리즘을 찾거나 새로운 알고리즘을 개발해야 한다. 모든 수의 최종 결과를 미리 예측하는 것이 불가능하기 때문에 어떤 방법으로 해야 할지 추측하는 알고리즘이 있다. 일반적으로 잘 작동하지만 각 특정 문제에 대해 올바른 결과를 제공한다고 보장할 수 없는 알고리즘을 **휴리스틱 알고리즘**이라 한다.

문제 해결 단계와 정보의 양을 알기 위해, 다섯 마리의 동물 말, 돼지, 원숭이, 양, 닭으로 나타내는 띠 맞히기를 해보자. 이 과정을 **이진 질문 트리**로 구성할 수 있다.

각 띠를 시간이 이른 순서대로 나타내면 오(말), 미(양), 신(원숭이), 유(닭), 해(돼지)이다. 각 띠를 맞히는 결과에는 얼마나 많은 단계와 정보가 필요한지 알아보자. 가능한 결과는 다섯 개가 있으므로 다른 특별한 정보가 없다면 추측으로 올바른 값을 맞출 확률은 5분의 1이다. 그러므로 1-비트로는 띠 맞히기의 정보를 표현하기에는 충분하지 않다. 비트 한 개로는 값을 0과 1 두 개만 구별할 수 있기 때문이다. 그러므로 그림 1.2와 같이 다섯 개의 이진 질문을 해보자.

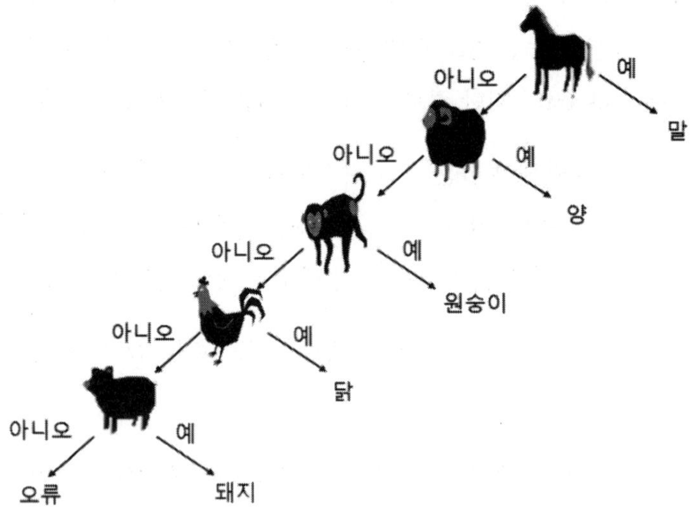

그림 1.2 이진 질문으로 띠 맞히기

그림 1.2의 게임에서 상대의 띠를 알아맞히려면(구별하려면) 최대 다섯 번의 질문이 필요하기 때문에 이 질문 방식은 아래처럼 5-비트가 필요하다.

- 말띠 입니까? → "예" 혹은 "아니오" (1-비트)
- 양띠 입니까? → "예" 혹은 "아니오" (1-비트)
- 원숭이띠 입니까? → "예" 혹은 "아니오" (1-비트)
- 닭띠 입니까? → "예" 혹은 "아니오" (1-비트)
- 돼지띠 입니까? → "예" 혹은 "아니오" (1-비트)

사실 3-비트면 충분함에도 이 방식은 5-비트를 사용하게 되고 시간도 소비되므로 비효율적이다.

그러면 질문을 다섯 번 하지 않아도 되는지 살펴보자. 질문하는 방식으로 "예"와 "아니오"가 동등하게 나타날 수 있도록 하면서, 맨 처음에 "말띠 입니까?"로 질문하지 않고 그림 1.3에서 보듯이 아래처럼 질문해 보자.

> "최소 원숭이보다 빠른 띠입니까?"

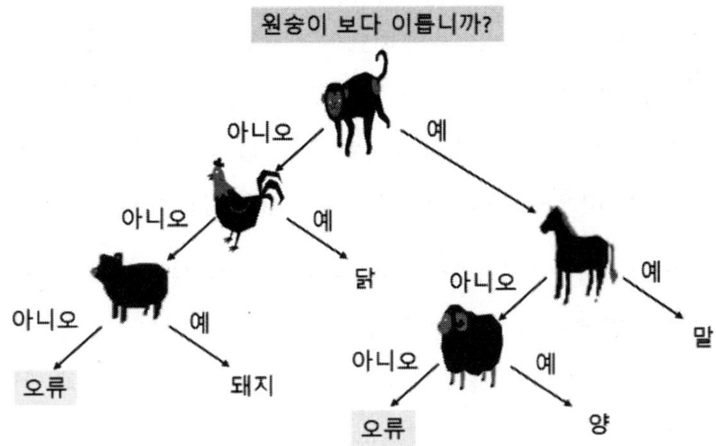

그림 1.3 띠 맞히기에서 다른 방법으로 이진 질문하기

이때 대답이 "예"라면, 결과는 원숭이띠, 양띠, 말띠뿐이다. 그러므로 닭띠와 돼지띠는 더 이상 비교하지 않고, 말띠와 양띠에서만 질문을 해보자. 그러면 아래와 같이 3-비트만 필요하다.

- 최소 원숭이띠보다 이릅니까? → "예" 혹은 "아니오" (1-비트)
- 말띠 입니까? → "예" 혹은 "아니오" (1-비트)
- 양띠 입니까? → "예" 혹은 "아니오" (1-비트)

마찬가지로 맨 처음 질문에 "아니오"라고 하면, 결과가 돼지띠와 닭띠라는 것을 알 수 있다. 그러므로 원숭이띠, 말띠, 양띠는 더 이상 비교하지 않고, 닭띠와 돼지띠에서만 질문을 한다. 이때도 3-비트만 필요하다.

- 원숭이띠보다 이릅니까? → "예" 혹은 "아니오" (1-비트)
- 닭띠 입니까? → "예" 혹은 "아니오" (1-비트)
- 돼지띠 입니까? → "예" 혹은 "아니오" (1-비트)

이처럼 3-비트이면 다섯 동물 모두 구별할 수 있다. 결국, 질문을 어떻게 하느냐에 따라 다섯 번을 물어볼 수도 있고, 세 번만 물어볼 수도 있다. 즉 다섯 단계(5-비트)가 필요할 수도 있고, 세 단계(3-비트)만 필요할 수도 있다.

이렇게 질문 수를 줄인다는 것은 정보를 처리하는 문제 해결 단계와 컴퓨팅 시간을 줄이는 것이고, 문제 해결 단계의 성능을 효율적으로 하는 것으로 컴퓨팅 파워를 높이는 것이다.

여기서 중요한 사실이 있다. 3-비트는 위의 질문 다섯 번 이상의 정보를 가질 수 있다. 각 질문으로 나타나는 예, 아니오의 1-비트 정보로는 전체 비트의 정보를 구할 수는 없다. 각 비트는 예-아니오 두 정보를 표현하므로 3-비트로 $2 \times 2 \times 2 = 8$ 개의 구별 가능한 정보를 표현할 수 있다. 일반적으로 n-비트를 사용하면 2^n개를 구별하는데 사용할 수 있다. 다시 말해, k개의 값을 구별하려면 $\log_2 k$ 비트가 필요하다. 위 띠 알아맞히기에서 약 $\log_2 5$개의 질문이 필요하게 된다.

문제해결을 위해 아이디어를 단순하게 하는 것은 단순한 문제이든 복잡한 문제이든 여러 생각을 하나로 결합하지 않고 한 번에 볼 수 있도록 서로 묶어서 관계에 대한 생각을 얻는 것이다. 또 다른 하나는 수반되는 다른 모든 아이디어와 분리하는 것이다. 이것을 **추상화**라고 한다. 따라서 모든 일반적인 아이디어가 만들어 진다.

이와 같이 계산 과정의 아이디어와 컴퓨팅 처리절차는 컴퓨터에 존재하는 추상적인 존재이다. 처리절차가 진화함에 따라, 처리절차는 **데이터**라고 하는 또 다른 추상적인 것을 조작해야 한다. 처리절차의 진화는 프로그램이라는 규칙 패턴에 따라 실행된다. 그러므로 인간은 처리절차를 지시하는 **프로그램**을 만든다. 사실상 인간이 생각하는 계산 과정은 다른 사람을 조정하는 것과 매우 유사하다. 보거나 만질 수도 없다. 즉, 물질로 구성되어 있지 않기 때문이다. 그러나 컴퓨팅 처리절차는 매우 실제적이며. 지적 작업을 수행할 수 있으며 질문에 답할 수도 있다. 인간이 처리절차를 수행하도록 프로그램을 작성하는 것은 원하는 작업을 정의하고 지시하도록 **프로그래밍 언어**의 **심볼**로 표현하여 구성한다.

컴퓨팅과학에 대해 여러 정의가 있지만 가장 잘 표현한 것은 컴퓨팅 과학의 핵심은 '문제해결을 위한 알고리즘'이다. 이 알고리즘에 대한 철저한 이해 없이는 컴퓨터과학을 이해하기 어렵다[4]. 즉, 컴퓨팅과학은 어떤 문제를 해결하기 위해 알고리즘을 설계하고 개발하는 과정이다. 이러한 개발 과정에는 아래 작업도 포함한다.

- 알고리즘이 정확하고 효율적인지를 판단하기 위한 알고리즘의 작동을 연구(형식적이거나 수학적 특성)
- 알고리즘을 실행할 수 있는 컴퓨터 시스템 설계 및 구축(하드웨어 구현)
- 프로그래밍 언어 설계하기와 알고리즘을 그 언어로 번역하기-하드웨어에 의해 실행될 수 있도록(언어적 실현)
- 이러한 문제를 해결하는 중요한 문제를 식별하고 정확하고 효율적인 소프트웨어 패키지를 설계하기(해당 응용 프로그램)

컴퓨팅 과학을 이해하기 위해 알고리즘이 무엇인지 좀 더 살펴보자.

여러 자료에 따르면 알고리즘(algorithm)은 연산의 반복을 포함하여 유한한 단계로 주어진 문제를 해결하는 과정이라고 되어있다. 넓게는 어떤 일을 수행하기 위한 단계별 방법이다. 일반적으로 말하면 어떤 특정 문제를 해결할 수 있도록 순서를 지정한 명령의 연속이다. 즉, 아래와 같은 것이다.

```
단계 1: 무언가를 하라.
단계 2: 무언가를 하라.
단계 3: 무언가를 하라.
        . .
        . .
        . .
단계 N: 종료.
```

이 순서에 따라 가면 마지막 단계 N에 도달하면 주어진 문제를 해결한 것이다.

또한 컴퓨팅 과학에서 형식으로 갖추고 방법을 표현하는 알고리즘이 왜 중요한가에 대해 간략하게 답하면 아래와 같다.

어떤 문제를 해결하기 위한 방법으로 형식을 갖춘 알고리즘으로 표현하면 그 답을 자동적으로 구할 수 있다.

형식화하여 알고리즘으로 한 번만 표현해 두면, 알고리즘 안에서 나타내고 있는 단계별 순서에 따라 수행하는 기계(혹은 프로그램을 작성)를 만들 수 있다. 혹은 직접 문제를 해결하지 않더라도 다른 사람에게 맡길 수도 있다.

기계는 (혹은 프로그램)는 문제를 해결하는 개념이나 아이디어를 이해할 필요도 없고, 이해하지도 못한다. 단지, 단계 1, 단계 2, ..., 단계 n처럼 쓰여진 순서에 따라 정확히 수행할 뿐이다. 컴퓨팅과학에서 알고리즘의 단계에 따라 수행하는 기계, 로봇, 대행하는 사람이나 필요한 경우에는 어떤 물건도 모두 '**컴퓨팅 에이전트**'라고 한다. 그러므로 **컴퓨팅 과학은 알고리즘으로 어떠한 문제를 해결하는 과학으로 보는 것**이다. 왜냐하면 컴퓨팅과학에서 연구하거나 개발하는 대부분의 일들은 아래와 같은 넓은 범위를 가지기 때문이다.

(1) 주어지는 문제에 대한 정확한 알고리즘을 새로이 발견해 내기도 하고,

(2) 알고리즘을 효율적이 되도록 다시 만들기도 하고,

(3) 문제의 특성과 알고리즘의 관계를 연구하거나,

(4) 알고리즘을 코딩하기에 알맞은 프로그래밍 언어를 개발하기도 하고,

(5) 알고리즘을 효율적이며 자동으로 실행하는 새로운 컴퓨터 시스템을 개발하기도 한다.

이처럼 모든 문제를 알고리즘만 있으면 모두 해결할 수 있는 것처럼 보이지만, 경우에 따라서는 알고리즘을 만들 수 없는 경우도 많다. 비록 있다 하더라도 수행하는 데 엄청 많은 시간이 소요될 수도 있다. 이와 같이 알고리즘은 존재하나 시간이 많이 걸리는 경우에는 알고리즘 보다는 새로운 구조를 가지는 컴퓨터 시스템(예를 들어, 병렬 컴퓨터, 병렬 알고리즘 등) 같은 새로운 기술을 개발하거나 **인공지능** 같은 다른 방법을 찾을 수도 있다.

알고리즘은 명확하고 정확하게 실행한다. 프로그램의 작은 에러(일반적으로 **버그** 또는 **결함**이라고도 함)도 복잡하고 예상치 못한 결과를 초래할 수도 있다. 그러므로 실제 프로그래밍에는 해당 영역의 전문성과 지혜가 필요하다.

이처럼 문제 해결은 문제를 발견하고 분석하고 해결하는 인지 과정이다. 이는 개인적, 직업적 상황부터 학문적, 기술적 과제에 이르기까지 삶의 다양한 측면에서 기본적인 기술이다. 아래는 문제 해결 과정과 관련된 핵심 요소이다.

문제 인식: 문제 해결의 첫 번째 단계는 문제가 존재한다는 것을 인식하는 것이다. 여기에는 현재 상황과 원하는 목표 사이의 불일치를 식별하는 것이 포함될 수 있다.

문제가 인식되면 이를 명확하게 정의해야 한다. 여기에는 문제의 성격, 범위와 관련된 제약 조건을 이해하는 것으로 **문제의 정의와 표현**이다. 문제를 명확하게 표현하면 생각과 정보를 정리한다.

목표를 명확히 설정하는 것은 매우 중요한데, 목표는 원하는 상태나 결과를 정의하여 문제 해결 과정의 방향을 제공한다.

그 외에 대체 해법을 생성하여 문제에 대한 브레인스토밍과 가능한 해결책을 도출한다. 여기서는 창의성과 확산적 사고가 중요하며, 목표는 다양한 여러 접근법을 만들어 둔다.

생성한 각 해법은 타당성, 효과성, 효율성, 윤리적 고려 사항 등 다양한 기준에 따라 평가하는데 대안 평가라 하며, 가장 적합한 해법을 식별하는 것이다. 대안 평가 후에는 구현할 해법을 결정한다. 장단점과 잠재적 위험을 고려한다.

선택한 해법을 구현 실행한다. 구현에는 소프트웨어 수정, 적용부터 비즈니스 전략 실행까지 다양한 활동이 있다.

구현 후에는 선택한 해법이 효과적인지 확인하기 위해 결과를 관찰한다. 필요하면 피드백과 지속적인 평가를 바탕으로 조정을 수행한다.

자기 검토와 경험을 통해 교훈을 얻어야 문제 해결 과정이 완료될 수 있다. 즉, 무엇이 잘 되었는지, 무엇을 개선해야 하는지 고려하고 전체 과정에서 배우는 것이다.

문제 해결은 반복 과정이다. 선택한 해법이 문제를 완전히 해결하지 못하거나 새로운 문제가 발생하면 조정이나 개선을 통해 과정을 다시 검토해야 한다.

문제 해결은 특히 전문가나 팀 환경에서 공동 노력으로 이루어지는 경우가 많으므로 성공적인 문제 해결을 위해, 효과적인 의사소통과 협업하는 능력이나 기술이 필수이다.

근본 원인 분석, 의사결정 트리, SWOT 분석 등 다양한 도구와 기술을 사용해 문제 해결 과정을 촉진하고 의사결정을 강화한다.

문제 해결은 훈련을 통해 개발되고 개선될 수 있다. 이는 분석적 사고, 창의성, 의사결정 및 적응성의 조합이다. 조직의 복잡한 문제이든 일상 문제이든 관계없이 문제 해결에 대한 **체계적인 접근 방식**이 중요하다. 그림 1.4는 문제 해결 단계이다.

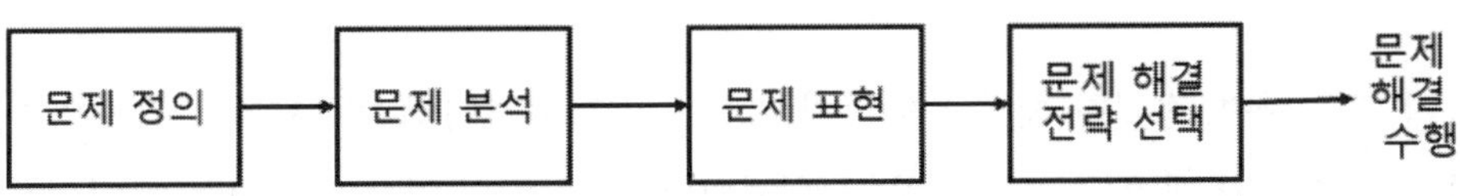

그림 1.4 문제 해결 단계

결국, 문제 해결에서 정의에 따른 과정은 문제를 풀어감에 따라 발생할 수 있는 상태의 집합 $(s_i, i = 1, ..., m)$과 문제를 풀기 위해 취할 수 있는 행동의 집합$(a_i, i = 1 ....m)$, 그리고 어떤 상태(s_i)에서 어떤 행동(a_i)를 취했을 때 그 결과 어떤 상태(s_j)에 도달하게 되는지를 기술하는 상태 변이함수 $f : (s_i, a_j) \mapsto s_k$ 로 문제를 정의하는 것을 생각해 볼 수 있다.

즉, 초기상태에서 시작하여 일련의 행동을 거쳐서 목적 상태에 이르는 과정이라 할 수 있다.

예를 들어 무작위로 나열된 0부터 9까지의 숫자열을 크기순으로 정렬하는 문제를 생각해 보자. 이 문제에서 하나의 상태란 특정 순서로 나열된 숫자열을 말하며, 행동이란 두 수의 위치를 바꾸는 것이다. 그림 1.5는 수의 정렬 문제에서 가능한 상태와 행동들을 보이고 있다. 이 때 문제의 초기상태는 무작위로 나열된 상태이며, 목적상태는 0부터 9까지 차례로 나열된 상태가 된다. 이러한 문제 해결이란, 초기상태에서 시작하여 일련의 행동(숫자들 사이의 위치 바꿈)을 거쳐서 목적 상태에 이르는 과정이라 할 수 있다. 그림 1.5는 초기 상태 s_1 에서 행동(숫자들 간의 위치 바꿈)을 거쳐서 최종상태 s_n 에 이르는 과정이다.

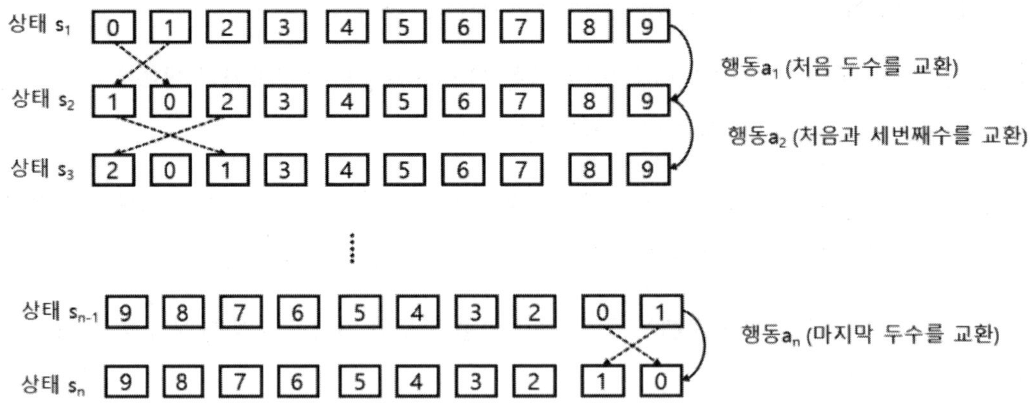

그림 1.5 숫자정렬 문제의 상태와 행동집합 예

문제 특성을 분석하는 것은 분할 가능한지, 행동의 수정이 가능한지, 행동의 결과 예측이가능한지, 해의 종류는 무엇인지, 요구되는 지식 수준 정도, 사용자와 상호작용이 필요한지 등을 고려하여 분석한다.

문제가 정의 되고 나면, 적절한 해결책을 찾기 위하여 먼저 **문제의 특성을 분석**한다. 주어진 문제의 특성을 알면, 지금까지 개발되어 온 여러 문제 해결 방법 중 어떤 것을 선택하는 것이 효과적일지 판단 할 수 있어서 해결책 모색에 도움이 된다. 그렇다면 문제의 특성은 구체적으로 어떤 것을 말하는 것인지 몇 가지 분석 기준이 되는 특성들을 살펴본다.

▣ 분할 가능한가?

복잡한 문제의 경우, 여러 개의 단순한 문제들로 분할하여 풀 수 있다면 좀 더 쉽게 접근할 수 있다. 예를 들어 함수 $f(x) = x^2 + \cos x + 5x^6 + e^{2x+3}$ 적분의 경우, 덧셈으로 연결된 각 항들로 분할하여 모두 4개의 간단한 식을 적분하는 형태로 나누어 볼 수 있을 것이다. 분할 가능한 문제의 경우, 처음 보기에 복잡해 보이는 문제라도 분할해서 접근함으로써 쉽게 풀 수 있는 경우가 많다.

▣ 행동의 수정이 가능한가?

풀이 단계가 적절하지 못하다고 판단된 경우, 지금까지의 풀이 과정을 무시하고 새롭게 시작하거나 혹은 어느 지점까지 되돌아가서 다시 시작하는 것이 가능한 문제들이 있는 반면, 그렇지 못한 문제들도 존재한다. 수식을 증명하는 문제의 경우, 풀이 과정이 잘못되었다면 간단히 무시하고 새로 시작할 수 있다. 그러나 체스게임의 경우는, 한번 둔 수는 다시 물릴 수 없는 것이 원칙이다. 이 밖에도 미로 찾기 문제의 경우처럼 지금까지의 행동을 무시할 수는 없지만, 어떤 지점까지 역순으로 되돌아가서 다시 시작할 수 있는 문제도 존재한다. 행동의 수정이 가능한 문제들의 경우, 그렇지 못한 문제들 보다 시도해 볼 수 있는 문제 풀이 방법들이 보다 다양해 진다.

▣ 행동의 결과가 예측가능한가?

하나의 상태에서 어떤 행동을 취했을 때 주어지는 결과에 대한 예측이 가능한지 여부도 중요한 특성 중의 하나이다. 숫자 정렬 문제의 경우, 두 숫자의 위치를 바꿈으로써 얻어지는 새로운 수열은 반드시 하나로 결정된다. 즉, 행동의 결과가 정확하게 예측가능하다. 그러나 바둑 게임에서는 어떤 수에 대해 상대방이 어떤 수를 둘 것인지는 알 수 없으므로 결국 행동에 대한 결과를 정확히 예측하는 것은 쉽지 않다. 이밖에도 행동의 결과가 확률적으로만 예측가능하거나 혹은 전혀 예측하기 힘든 문제들도 많이 존재한다.

▣ 요구되는 해의 종류는 무엇인가?

최종적으로 얻고자 하는 것이 하나의 상태로 정의되는 문제가 있는가 하면, 그 상태에 이르는 경로 자체가 원하는 해가 되는 문제도 존재한다. 또한 하나의 해를 찾으면 그것으로 만족되는 문제가 있는 반면, 다른 가능한 해들과의 비교를 통해 최적을 해를 찾아야 하는 문제도 있다. 후자의 경우를 "**최적화 문제(optimization problem)**"라고 하며, 전자의 경우에 비해 그 처리과정이 복잡해진다. 예를 들어 적분식 계산의 경우, 적분한 결과값을 얻는 것이 목적이므로 어떤 과정으로 계산했는지는 중요하지 않다. 또한 올바른 적분 결과값은 유일하게 정해지므로 일단 그 값을 얻게 되면 그것으로 풀이 과정은 끝나게 된다. 그러나 미로 찾기 문제의 경우, 원하는 해는 출구에 도달한 상태 그 자체가 아니라 출구 상태에 도달하기까지의 경로가 된다. 또한 만약 보다 빨리 출구에 도달하는 것이 목적이라면 현재 찾아진 해는 완전한 해가 아닐 수 있으며, 출구에 도달하는 또 다른 경로가 없는지 다시 탐색하여 이전에 찾은 해와 비교하는 과정이 필요한 최적화 문제가 된다. 이와 같이 얻고자 하는 해의 특성에 따라 풀이과정도 그에 맞추어 개발되어야 한다.

▣ 어느 정도의 지식이 요구되는가?

문제에 따라 필요로 하는 지식의 양과 수준도 매우 다양하다. 예를 들어 적분식 계산의 경우, 다항식, 삼각함수 등 기본적인 함수에 대한 적분 공식만 가지고 있으면 복잡한 적분식도 분할하여 접근함으로써 문제가 해결된다. 그러나 로보틱스나 컴퓨터비젼 시스템에서 요구되는 영상데이터로부터 물체를 인식하는 문제의 경우에는 다양한 물체들에 대한 지식이 필요하며, 각 물체가 가지는 여러 가지 변형들에 대한 지식 또한 필요하여 실로 방대한 양의 지식이 요구된다. 이 밖에 의료진단이나 날씨예측 시스템과 같이 전문적인 지식을 필요로 하는 문제들도 존재한다. 이와 같이 문제 해결의 위해 필요한 지식의 양이 어느 정도이며, 어떤 종류의 지식이 필요한지 판단하는 것도 문제풀이 시스템 개발에 앞서 반드시 필요한 과정이다.

▣ 풀이 과정에서 사용자와의 상호작용이 필요한가?

숫자 정렬과 같은 문제의 경우, 초기 상태가 주어지면, 해를 찾기까지 추가적인 정보를 필요로 하지 않고 컴퓨터 내부에서 일련의 과정을 거쳐서 최종해(정렬된 수열)를 얻게 된다. 그러나 그렇지 않은 문제들도 존재한다. 의료 진단 문제의 경우, 처음 주어진 정보를 이용하여 추론을 시작하여 어느 지점에 도달한 경우, 여러 가지 후보 해들 중 최종적인 해를 찾기 위하여 추가적인 검사나 환자로부터의 정보를 요구할 수 있다. 이와 같이 풀이 도중에 외부로부터의 피드백을 필요로 하는 문제의 경우 문제 풀이 시스템을 설계함에 있어서 그에 대한 고려도 함께 해 주어야 한다.

이와 같이 해결하고자 하는 문제의 특성이 어떠한지에 따라 보다 적절하고 효율적인 해결책을 찾을 수 있다. 그러므로 여러 문제 해결 전략 중에서 어떤 것을 적용하는 것이 좋을지 선택할 수 있다. 예를 들어 분할 가능한 문제이면, 분할 정복 방법을 적용할 수 있고, 풀이과정이 중요하지 않은 문제이면, 역추적 방법을 적용할 수도 있다.

1.4 문제와 지식 표현

문제 표현에는 실제 문제를 컴퓨터나 알고리즘이 이해하고 작업할 수 있는 형식으로 변환하는 작업을 말한다. 그러므로 문제 표현을 잘하면 문제 해결 과정이 성공적일 수 있다. 문제를 표현하는 방법에는 여러 가지가 있으며, 표현 방법은 문제의 성격과 문제 해결 방식에 따라 달라진다. 아래는 일반적인 문제 표현의 몇 유형이다.

여러 문제에서 해법은 **상태공간**이라는 일련의 상태로 표현될 수 있다. 상태는 특정 시점의 문제 구성을 나타낸다. 상태 공간 표현은 일반적으로 탐색 알고리즘 및 최적화 문제에 사용한다.

문제 트리에서 문제는 트리와 같은 계층 구조를 사용하여 표현할 수 있다. 트리의 각 노드는 하위 문제 또는 결정 지점을 나타내며 노드 사이의 간선은 이러한 하위 문제 사이의 관계를 나타낸다.

예를들어, 8개의 조각으로 이루어진 퍼즐을 한 칸씩 이동시켜 순서를 맞추는 슬라이딩퍼즐 문제를 생각해 보자. 그림 1.6은 퍼즐을 풀어가는 과정을 트리형태로 표현한다. 트리의 루트노드가 현재 상태이며, 이로부터 하나의 조각을 한 칸 움직이는 행동을 통해 얻어질 수 있는 상태가 그 자식노드로 나타나 있다. 또 각 자식노드에서 한 번의 행동으로 얻어질 수 있는 상태를 다시 연결하여 문제 공간을 트리 형태로 나타낸다. 이 문제의 해는 루트노드에서 시작하여 그림의 오른쪽 아래에 보이는 것과 같은 목적 상태 노드에 도달하는 경로를 찾는 것으로 볼 수 있다. 그래프의 특별한 형태로도 볼 수 있는 트리는 문제표현과 해의 탐색에 있어서 가장 많이 활용되는 방식으로 트리에서의 경로 탐색 문제에 해당한다.

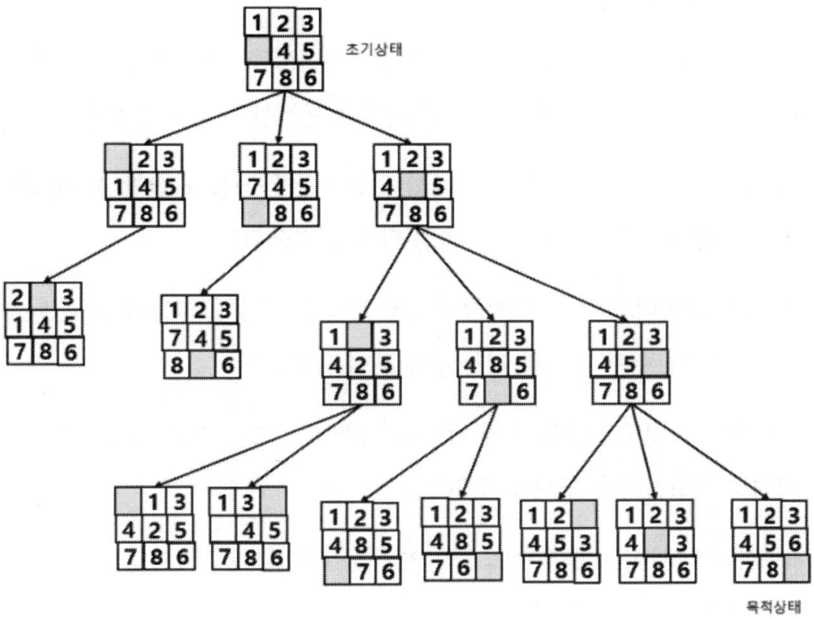

그림 1.6 문제 해결 단계를 트리 구조로 표현한 예

그래프는 다양한 문제에 사용되는 표현이다. 그래프의 노드는 엔터티를 나타내고 간선은 이러한 엔터티 사이의 관계를 나타낸다. 그래프는 네트워크, 종속성과 관계와 관련된 문제에 사용한다. 그림 1.7은 어떤 마을의 주택을 모두 연결하는 길을 나타내는 문제를 그래프로 표현한 것이다. 여기서 택배 기사가 배달을 위해 한 집도 빠지지 않고 가장 짧은 길을 택하는 문제를 해결할 수 있는 방법을 만들 수도 있다.

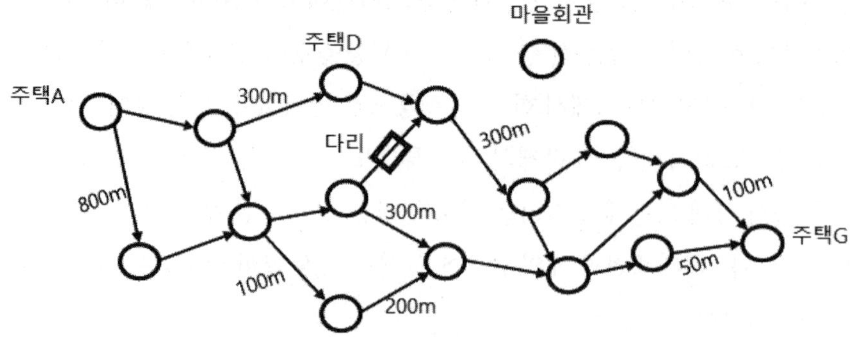

그림 1.7 마을의 주택 사이 이동 경로를 찾는 문제의 그래프 표현 예

일부 문제는 수학 방정식이나 모델을 사용하는 **수학적 모델**로 표현할 수 있다. 이는 주어진 목적 함수를 최적화하는 변수의 값을 찾는 것이 목표인 최적화 문제에서 흔히 적용한다.

규칙 기반 시스템에서는 일련의 규칙이나 논리적 설명으로 문제를 표현한다. 이러한 규칙은 다양한 변수나 조건 간의 관계를 정의하고 의사 결정 과정을 기술한다.

객체 지향 표현에서는 데이터와 동작을 캡슐화하는 객체를 사용하여 문제를 모델링한다. 이 접근 방식은 소프트웨어 엔지니어링과 인공 지능에서 많이 사용한다.

이와 같이 지식 표현에는 알고리즘을 통해 컴퓨터 시스템이 추론, 의사 결정, 문제 해결을 위해 활용할 수 있는 형태로 정보를 인코딩하도록 한다.

그러나 인공 지능에서의 지식 표현은 지능적인 행동을 나타낼 수 있는 시스템을 구축하도록 아래 유형을 적용할 수 있다.

논리적 표현은 명제, 규칙과 같은 논리적 진술을 사용하여 지식을 표현한다. 이 방식은 규칙 기반 시스템과 전문가 시스템에서 널리 사용한다.

의미 네트워크는 그래프와 유사하게 노드와 링크로 지식을 나타내며, 여기서 노드는 개념이나 객체를 나타내고 링크는 이들 사이의 관계이다.

프레임은 객체, 개념 또는 상황을 나타내는 구조이다. 속성, 값, 관계로 구성된다. 프레임은 복잡한 지식을 구성하고 표현하는 데 유용하다.

온톨로지는 일반적으로 계층 구조로 지식을 공식적으로 표현한다. 클래스, 하위 클래스, 클래스 간의 관계를 정의하여 정보를 구성하고 분류하도록 한다.

신경망은 기계 학습에서 지식 표현의 한 형태로 간주한다. 신경망은 데이터에서 패턴과 관계를 학습하여 예측이나 분류를 가능하게 한다.

이렇게 문제가 표현되는 방식은 해당 문제에 대한 지식이 구조화되고 활용되는 방식에 영향을 주기 때문에 효과적인 문제 표현과 지식 표현은 서로 연결되어 있다. 이러한 표현은 알고리즘 설계, 지능형 시스템 개발, 다양한 영역에서의 문제 해결을 위한 기초를 형성한다.

1.5 프로그래밍과 언어

프로그래밍은 문제 해결에 대한 처리 절차를 실제적으로 지적 작업을 통해 컴퓨터가 수행할 수 있는 인스트럭션으로 변환할 수 있도록 **심볼**로 표현하여 기술하는 행위이다. 이 심볼을 정의하는 규칙을 **고급 프로그래밍 언어**라 한다.

현재는 여러 유형의 고급 프로그래밍 언어를 사용하지만, 오늘날까지 사용한 고급 프로그래밍 언어는 컴퓨터 작동의 기본 원리에 따라 실행 순서의 제어에 종속되는 언어를 주로 사용해 왔다. 즉, **폰 노이만**의 **내장 프로그램** 개념에 따라, 프로그램 인스트럭션이 처리 절차에 따라 **차례**로 실행하는 과정을 흉내낸 절차형 언어(혹은 순차 언어, 명령형 언어, procedural, sequential, imperative)가 주류였으며, 폰 노이만 원리의 개념에서 벗어난 함수형 언어(functional)도 중요한 위치를 차지하고 있다. 고급 프로그래밍 언어는 여러 유형이 있으며, 각각 다른 특징을 가지고 있다.

1950년대 중반부터 프로그래밍 언어가 기계어나 어셈블리어에서 분리되어 고급 프로그래밍 언어로 진화하기 시작했다. 이때 등장한 고급 프로그래밍 언어 유형이 **절차형 프로그래밍 언어**와 **함수형 프로그래밍 언어**이다.

절차형 프로그래밍 언어는 어셈블리어 인스트럭션으로 구성되는 프로그램 일부를 같은 의미의 자연어에 가까운 정해진 문법 구문에 따른 문장으로 표현하는 언어이다. 다만, 처리 절차의 **제어 순서**에 따라 인스트럭션이 실행하는 폰 노이만 컴퓨터 구조 개념에서 메모리 주소나 인스트럭션을 지정하기 위해 어셈블리어처럼 프로그래머가 주소를 직접 지정하지 않아도 되었다. 수학 공식 사용하듯이 프로그램에서 변수나 상수를 정의하거나 선언하면 컴파일러가 스스로 주소를 지정하게 된 것이다. 다만, 프로그램이 실행하려면 고급 프로그래밍 언어로 작성된 프로그램이 문장 순서에 따라 실행되어야 하는 것은 폰 노이만의 개념에서 벗어나지 못했다.

위와 같이 컴퓨팅과학은 단순히 컴퓨터 프로그램을 작성하는 과정을 학습하는 것이 아니다. 프로그래밍 과정이 컴퓨팅과학의 주요 영역이지만 프로그래밍 언어와 컴퓨터는 도구일 뿐이다.

컴퓨팅과학(Computing Science)은 **계산적 사고**(Computational Thinking) 방식에 의한 문제 해결, 즉 컴퓨터 식으로 문제를 해결하는 과정이다.

컴퓨팅과학에는 소프트웨어 엔지니어링(대형 소프트웨어 시스템의 설계 및 구현), 데이터베이스 관리, 컴퓨터 네트워크, 컴퓨터 그래픽, 컴퓨터 시뮬레이션, 데이터 마이닝, 정보 보안, 프로그래밍 언어 설계, 시스템 프로그래밍, 컴퓨터 구조를 포함한 인간-컴퓨터 상호 작용, 로봇 공학, 인공 지능 등 다양한 영역이 있다.

컴퓨팅과학을 계산적 문제 해결로 정의하면 한 가지 특징은 알고리즘이라는 개념으로 나타난다. 현재는 **알고리즘을 특정 유형의 문제에 대한 답을 생성하기 위해 체계적으로 따를 수 있는 단계의 연속**으로 정의한다.

계산적 문제 해결의 본질은 문제의 관련 측면만 표현하면 되므로 관련 없는 세부 사항은 모두 생략할 수 있다. 그러므로 세부 사항을 생략하는 방식을 **추상화**라 한다.

이런 추상화는 컴퓨팅과학에서 많이 활용한다. 예를 들어, 공항에서 생일을 묻는 과정에서 여권 색상을 답하는 것은 의미가 없다. 의미 없는 상세 설명은 생략한다.

컴퓨팅과학은 이러한 방법을 사용하여 문제를 계산적으로 해결하기 위한 기존 알고리즘을 개발하거나 찾는 것이다. 그러므로 계산적 사고의 활용은 여러 영역에 발견되고 있다. 계산 생물학, 계산 의료, 계산 화학, 계산 인문학, 계산 물리학, 계산 경제학, 계산 창작, 계산 수학, 계산 섬유학, 계산 음악, 계산 재료학, 계산 건축학, 계산 광학, 계산 사회학, 계산 심리학, 계산 지능 등 다양하다.

연습문제

01 일상에서의 정보 처리의 예를 들고 절차를 기술하시오.

02 일상에서 정보 처리절차를 컴퓨팅 사고 단계로 기술하시오.

03 그림 1.3을 참고하여 100개의 오름순으로 정렬된 이름 카드에서 특정 이름 카드를 검색하는데 필요한 비교 횟수를 구하시오.

04 문제의 특성을 분석하기 위한 고려 사항을 나열하시오.

05 집에서 학교로 오는 여러 경로를 그래프로 표현하시오.

06 라면을 요리하는 문제를 계산적 사고(컴퓨팅 사고)로 해결하는 과정을 기술하시오.

07 프로그래밍 언어가 무엇인지 설명하시오.

02 계산적 발상과 기계

2.1 개요

앞에서 컴퓨팅과학이 무엇인지와 왜 중요한지 살펴보았다. 이 장에서는 이러한 컴퓨팅과학이 되기까지 인간과 컴퓨터의 관계를 살펴보자.

컴퓨팅 역사는 인간이 생각하고 계산하는 것을 편하게 하려는 시도에서 시작하기 때문에 매우 오래되었지만 보통 도구나 기계부터 이야기하는 경향이 있었다. 즉, 주판부터 각종 산술 계산용 기계 개발에 관심이 있었던 1600년대부터 주로 시작한다. 그러므로 컴퓨팅 과학이 아니라 수학이나 산술 계산의 편리부터 컴퓨팅의 역사가 시작한다고 이야기하는 게 일반적이다. 그러나 수학이나 산술에 대한 이러한 발상은 이미 3,000년 전 그리스, 이집트, 바빌로니아, 인도, 중국, 페르시안 등에서 시작했다고 할 수 있다. 이러한 시대적 문화가 오늘날 수학, 논리, 수체계 산술계산 등에서 중요한 역할을 하여 온 것도 사실이다.

예를 들어, 그리스인들은 기하학이나 논리 분야, 바빌로니아인과 이집트인은 제곱근, 곱셈 테이블과 선원이 사용하는 삼각법 테이블을 이미 개발했었다. 인도에서도 십진수의 기본 체계와 0의 개념을 도입하여 발전시켰고, 9세기 페르시아인들은 알고리즘식으로 문제를 해결하는 방법을 개발했다. 17세기 전반기에 산술계산의 단순화하고 자동화하기 위해 많은 개발이 있었으며, 이런 연구와 개발들은 16세기와 17세기 동안 천문학, 화학, 약학 등의 발전을 이끌었으며, 동시에 크기도 다양하고 복잡한 여러 수학적인 문제를 야기하게 되었고 그러한 문제를 풀거나 해를 구하려는 수많은 노력을 해 왔다[1].

2.2 상상에서 자동화 기계로

1614에 스코틀랜드 사람 존 네이피어(John Napier)가 수학 계산을 단순화 하는 로그 계산법을 발견했다. 17세기 초에는 계산 양을 줄여주는 기계장치를 발명했다. 즉, 1622년 부근에 슬라이드 자가 맨 처음 나타났으며, 1672년에는 프랑스 철학자이고 수학자인 블레이스 파스칼(Blaise Pascal)이 수학 연산이 가능한 계산기 중의 하나인 파스칼라인(Pascaline)을 개발했다. 이 기계는 "더하기"와 "빼기" 연산을 할 수 있었다.

독일의 수학자인 고트프리드 라이프니츠(Gottfried Leibnitz)는 영국의 아이작 뉴튼(Isac Newton)과 함께 대수학을 발명한 사람 중 한 명으로, 역시 자동으로 계산할 수 있는 기계의 아이디어를 제시했다. 이 라이프니츠는 파스칼 같은 여러 사람과 1674년에 "라이프니츠 회전바퀴"라는 기계식으로 작동하는 계산기를 만들었지만, 이 기계도 "더하기"와"빼기"만 가능하고 "곱하기"와"나누기"는 할 수 없었다. 파스칼과 라이프니츠가 개발한 이 기계는 수를 저장하고 연산을 수행하도록 여러 개의 톱니바퀴가 연동하도록 했다. 이 두 사람이 개발한 기술이 17세기의 기계식 계산기였다고 할 수 있다[1].

수학 계산을 하고 연산을 수행하는 이 초기의 기계는 계산을 어떻게 하면 기계적으로 자동화할 수 있는가와 어떻게 하면 속도를 높일 수 있는가를 보여줌으로써, 현대의 컴퓨터를 개발하는데 중요한 이정표가 되었다고 할 수 있다. 예를 들어, 17세기 수학자들은 수학 계산을 편하게 할 수 있는 테이블을 만들었는데, 손으로 계산하는 것보다는 몇 배 이상 빠르게 계산할 수 있었다. 그러나 이 들이 만든 슬라이드 자나 기계식 계산기는 오늘날 말하는 "컴퓨터"는 아니었다. 왜냐하면 두 개의 특징이 없었기 때문이다.

- 기계가 스스로 정보를 읽어서 저장할 수 있는 메모리가 없었고,
- 인스트럭션을 자동으로 수행하는 프로그래밍을 할 수 없었다.

오늘날 컴퓨터에서는 이 두 개가 기본적이고 아주 중요한 요소이기 때문이다.

2.3 방직기에서 프로그램 가능 장치로

여기에서 주목할 사항은 위의 두 특징을 모두 포함하는 최초의 "컴퓨팅 장치"는 수학 계산을 목적으로 만들어진 것이 아니라, 오히려 양탄자와 의복 제조에 사용되는 직기의 일부 부품이었다. 즉 방직기였다. 이것도 1801년 프랑스의 조셉 자커드(Joseph Jacquard)가 개발했는데, 이 시기는 유럽이 식민지 정책이 펼쳐질 때이며 아시아에서 가져온 면화 등과 양털로 의복을 제조하는데 많은 노동력이 필요하던 시기였다. 자커드는 직조 과정을 자동화하기 위해 패턴의 각 개별 행이 위버에 의해 설정되도록 천공 카드를 사용했다.

이 카드를 이용하여 원하는 패턴을 구성하도록 하여, 카드의 특정 위치에 구멍이 있으면 후크가 카

드를 통과하여 날실을 잡고 위로 올리도록 하고, 두 번째 실이 밑으로 통과하도록 한 것이다. 카드에 구멍이 없으면 후크가 통과 못하도록 하고, 실이 날실의 위나 아래를 통과했는지에 따라 특정 디자인이 만들어졌다. 천공 카드 각각은 한 줄의 패턴을 나타내었기 때문에, 이처럼 작동되는 자카드의 직조기는 다음과 같이 컴퓨터 개발에 있어서 매우 중요한 한 획을 그었다.

- 최초로 프로그램이 가능한 장치였다는 것이고,
- 일단 프로그램만 만들어지면 더 이상 전문가가 필요 없어진 것이다.

직조에 대한 전문 지식을 기계가 읽어 들여서 같은 작업을 반복하여 자동 수행하도록 시스템을 제어하는 것이기 때문이었다. 그러므로 이런 개념을 구성된 기계는 뒤이은 많은 사람들에게 영향을 주었다. 특히, 자동으로 계산하는 기계에 관심이 많았던 케임브리지 대학 수학 교수인 찰스 배비지(Charles Babbage)는 1823년에 파스칼과 라이프 니츠의 아이디어를 확장하여 "디퍼런스 엔진(Difference Engine)"이라는 기계를 개발하여, 6자리 수에 대해 더하기, 빼기, 곱하기, 나누기를 할 수 있도록 하여 복잡한 수학 문제와 다항식을 풀 수 있도록 했다. 그 후 배비지는 이 기계를 확장하여 20자리까지 계산할 수 있도록 정확도를 높였다. 1830년대에 와서 자리수가 더 많은 수를 계산할 수 있는 더 강력하고 범용 계산이 가능한 기계가 개발되었는데, 이 기계는 네 부분으로 나누어져 있었다.

- 자료를 연산하는 부분
- 자료를 저장하는 부분
- 천공 카드에 있는 인스트럭션을 처리하는 연산 부분
- 다른 천공 카드로 결과를 출력하는 장치

이미 200여년 전의 일이지만, 오늘날 말하는 컴퓨터가 만들어지기 전에, "분석엔진(Analytic Engine)"이라는 찰스 배비지가 제안한 이 기계는 설계면에서 볼 때 진정한 **현대식 컴퓨터**라고 할 수 있다. 즉, 오늘날 컴퓨터와 비교하여, 이 기계의 네 부분의 구성 요소가 기능면에서 사실상 같기 때문이다.'연산 장치','메모리', '처리기','입력/출력 장치'가 같다.

결국, 배비지의 아이디어는 여러 사람들에게 많은 영향을 주었으며, 많은 컴퓨터 과학자들이 이 "**분석 엔진**"을 최초의 "**컴퓨팅 시스템**"이라고 말하기도 한다.

이러한 파스칼, 자카드, 배비지의 영향을 받은 사람 중에 미국 인구 조사국의 통계학자 헤르만 홀러리스(Herman Hollerith)가 이민자 등의 통계 업무를 위해 카드를 통해 프로그래밍이 가능한 기계를 제작했다. 즉, 천공 카드로 입력한 자료를 자동으로 읽고, 집계하고, 분류할 수 있었다. 그래서 자료는 천공기라는 기계로 카드에 코드로 구멍을 뚫었는데 이 기계도 분석 엔진의 네 가지 구성 요소를 모두 가지고 있었다. 이 카드 기계가 자료처리가 필요한 여러 분야에서 사용되었으며, 그 결과로 1924년에 기계 회사 이름을 컴퓨팅 회사인 IBM(International Business Machine)으로 바꾸었다. 인간과 컴퓨터 관계의 역사를 알기 위해 1640년대와 파스칼 라인에서부터 1920년대까지 왔지만, 아직도 진정한 "컴퓨터 시대"에 진입하지는 못했다. 즉, 1930년대 말까지는 미국의 대공황 시기로 더 이상 연구에 진전이 없었고 더군다나 세계대전이 발발했다. 제2차 세계대전으로 인해 정보를 처리하는 각종 문제가 발생하고 정보처리를 하는 여러 방법이 대두되고 각종 문제를 해결하는 데 어려움을 가지게 되었고 또한 중요해 졌다. 즉, 이전의 재고관리, 판매분석, 급여 계산 같은 단순 연산에서 **미사일 탄도** 계산이나 **암호 해독** 같은 문제에서부터 병력 배치 등 군사와 관련된 다양한 연구가 진행하게 되었다. 이 결과로 미국 해군과 IBM은 1931년에 하버드의 하워드 에이큰(Howard Aiken) 교수와 공동으로 개발한 컴퓨터가 마크-1(Mark-I)이라 불리는 범용 전자-기계식으로 프로그램이 가능한 컴퓨터이다. 이 컴퓨터는 전자 릴레이, 자석, 기어를 사용하여 자료를 처리하거나 저장하는 컴퓨터이고. 이 때까지의 컴퓨팅 기계는 십진수 표현을 사용했는데, 마크-1은 이진수를 사용하는 **최초의 컴퓨팅** 장치였다. 즉, 진공관과 전류로 두 개의 이진값을 나타내며, 0은 "꺼짐", 1은 "켜짐"을 나타냈다.

마크-1에는 72개의 수를 저장할 수 있는 메모리 용량이 있었고, 4초라는 짧은 시간에 23자리 곱셈을 수행하도록 프로그래밍 되어있었다. 물론 오늘날 컴퓨터와 속도면에서 비교하면 아무 것도 아닐 수 있지만, 이 마크-1은 거의 15년 동안이나 운영되었고, 2차세계대전 동안 미 해군의 중요한 군사적인 문제를 해결하는데 큰 역할을 했다.

같은 기간 동안에 미 육군에서는 포 사격에서 목표까지의 거리, 현재 온도, 바람, 고도, 삼각법과 미적분 등 많은 요소에 의해 복잡한 계산이 필요한 문제를 해결하기 위해 1943년 미 육군과 펜실베이니아 대학 공동으로, 프레스퍼 에커트(J. Presper Eckert)와 존 메카시(John Mauchly)의 주도로 1946년에 에니악(ENIAC, Electronic Numerical Integrator and Calculator)이라는 전자 부품을 사용한 전자식 컴퓨팅 장치를 완성했다. 이 기계는 기계식이 아닌, 소위 최초의 **프로그램이 가능한 완전한 전자식 범용 컴퓨터**이다.

이 에니악은 마크-1보다 훨씬 빠르고, 10자리 숫자 두 개 더하기를 약 1/5,000초에 수행하고, 두 개의 수 곱하기를 약 1/300초에 수행할 수 있었으며, 마크-1보다 천 배는 빨랐다.

이 당시에 마크-1과 에니악만 있었던 것은 아니다. 이 두 컴퓨터가 인류 역사상 유명하기는 하지만, 결코 그 시대의 유일한 존재는 아니었고, 아이오와 주립 대학의 존 아타나소프(John Atanasoff) 교수가 클리포드 베리(Clifford Berry)와 ABC(Atanasoff-Berry Computer) 시스템을 이미 1939에서 1942 기간 동안 설계하고 제작한 첫 번째 전자식 컴퓨터이다. 그러나 이 시스템은 단지 연립 선형 방정식을 푸는 일에만 적용되었고, 일반적으로 인정을 받지는 못했다. 한편 영국에서는 1943년에 수학자이자 컴퓨터과학자인 앨런 튜링(Alan Turing)의 책임 아래 콜로서스(Colossus)라는 컴퓨터가 만들어졌다. 이것은 미국 이외의 국가에서는 최초로 개발된 컴퓨터 중의 하나로 독일의 에니그마 암호를 해독하기 위해 사용되었으나 이 역시 에니악만큼 인정을 받지 못했다. 왜냐하면 암호를 해독하는 비밀 컴퓨터였기 때문에, 전쟁이 끝나고도 몇 년 동안이나 기밀로 여겨 널리 알려지지 않았기 때문이다[1].

2.4 튜링 모델에서 인공지능까지

튜링의 추상 모델을 튜링 기계(TM, Turing Machine)로 알려져 있는데, 그림 2.1과 같이 표현할 수 있다.

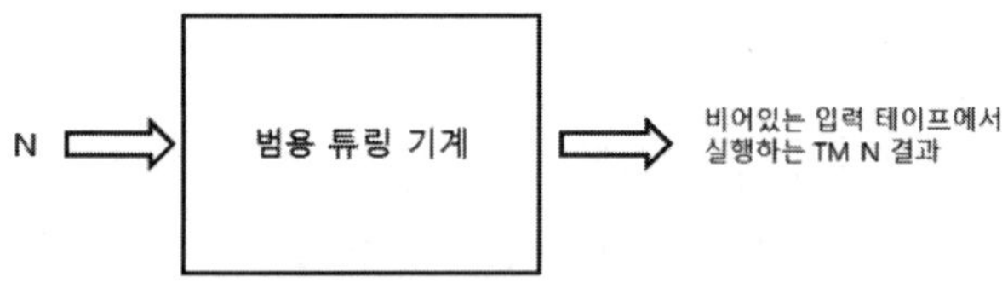

그림 2.1 범용 튜링 기계

그림 2.2의 범용 튜링 기계는 분할된 무한 테이프가 입력, 작업 저장, 출력으로 사용된다. 테이프 헤드는 테이프의 현재 사각형을 읽고 현재 테이프 사각형에 심볼을 쓰고 왼쪽 또는 오른쪽으로 한 위치를 이동할 수 있다.

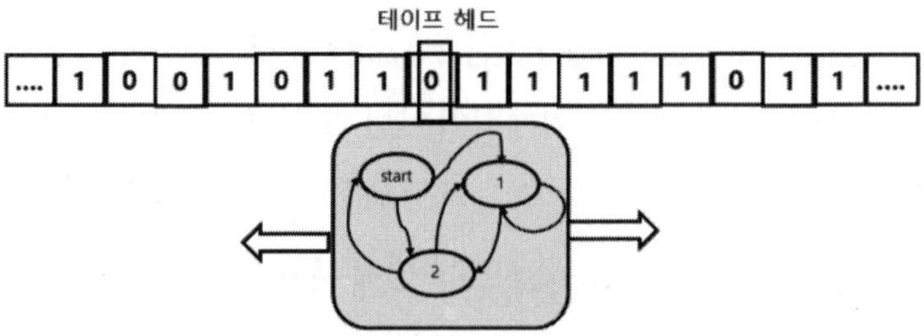

그림 2.2 튜링 기계 모델

튜링 기계 모델은 내부 상태를 추적하고 현재 상태와 현재 테이프 사각형이 일치하는 규칙을 따라 다음에 무엇을 할지 결정한다. 튜링 모델은 오늘날 컴퓨터에 가장 널리 사용되는 모델이다. 튜링은 현대 컴퓨터와 유사한 것이 존재하기 전인 1936년에 이미 이 모델을 개발했다. 튜링은 자신의 모델을 자동 컴퓨터 모델로 개발한 것이 아니라 기계 규칙을 따르는 인간이 수행할 수 있는 모델로 개발했다. 튜링 모델은 인간이 한 번에 제한된 양의 정보만 기억할 수 있다고 주장함으로써 기계 상태의 수를 제한해야 한다고 주장했다. 튜링 모델은 앞에서 설명한 모델과 같지만, 테이프의 심볼로 비트만 사용하는 대신, 튜링의 모델은 테이프의 알파벳으로 알려진 모든 심볼 집합 원소를 사용한다.

테이프: 테이프는 개별 셀로 나누어진 무한히 긴 스트립이다. 각 셀은 일반적으로 공백을 포함하는 유한한 심볼 집합 중 하나일 수 있는 심볼을 가질수 있다.

테이프 헤드: 테이프 헤드는 한 번에 한 셀 위에 위치하며 현재 셀의 심볼을 읽거나 새 심볼을 쓰거나 테이프에서 왼쪽이나 오른쪽으로 이동할 수 있다.

상태: 튜링 기계에는 유한한 상태 집합이 있다. 이는 현재 상태와 테이프에서 읽은 심볼의 조합을 기반으로 작동한다.

튜링 기계의 작동은 테이프 헤드가 특정 셀 위에 있고 기계가 특정 상태에 있을 때 수행할 작업을 지정하는 일련의 규칙에 따라 작동한다. 이러한 규칙에는 일반적으로 아래 내용이 포함된다.

- **읽기**: 컴퓨터가 현재 셀의 심볼을 읽는다.
- **쓰기**: 컴퓨터는 현재 셀에 새 심볼을 쓸 수 있다.
- **이동**: 기계는 테이프 헤드를 왼쪽이나 오른쪽으로 한 셀 이동할 수 있다.
- **변환**: 시스템이 새로운 상태로 변환된다.

튜링 기계는 다양한 계산을 수행할 수 있으며, 컴퓨터 과학의 계산 가능성과 복잡성을 이해하는 데 이론적 기반이 된다. 덧셈, 뺄셈, 곱셈 및 기타 수학 연산과 같은 문제를 해결할 수 있다. 또한 실제 컴퓨터의 작동을 모방하여 알고리즘으로 설명할 수 있는 모든 계산을 수행할 수 있는 범용 컴퓨팅 기계임을 입증할 수 있다.

튜링 기계가 덧셈을 수행하는 방법에 대한 간단한 예를 살펴보자.

```
  1101
+ 101
```

위와 같은 두 개의 이진수를 더해 본다. 튜링 기계는 숫자를 왼쪽에서 오른쪽으로 읽고 한 숫자에서 다음 숫자로 이동하여 함께 더한다. 테이프에 합계를 기록하고 필요에 따라 오버플로를 수행한다. 이 과정은 두 숫자의 끝에 도달할 때까지 계속한다.

단계1. 두 숫자(1과 1)의 가장 왼쪽 숫자를 읽는다.

단계2. 테이프에 합(10)을 쓰고 오른쪽으로 이동한다.

단계3. 다음 숫자 쌍(0과 0)에 대해 이 과정을 반복한다.

단계4. 필요에 따라 모든 숫자에 대해 이 과정을 계속한다.

단계5. 두 숫자의 끝에 도달하면 결과가 테이프에 표시된다.

이 예는 간단한 연산 세트를 사용하여 튜링 기계를 사용하여 덧셈과 같은 기본 계산을 수행하는 방법을 보여준다. 실제 컴퓨터는 더 복잡하지만 튜링 기계는 계산의 이론적 기본 개념만 보여주면서 작동을 집합으로 정의하고 계산 이론에서 그 중요성을 뒷받침하는 몇 가지 핵심 원리를 기반으로 구축된다.

튜링 기계는 결정론적이며 모호하지 않기 때문에 **결정적**(deterministic)이다. 즉, 주어진 상태와 심볼에 대해 기계의 동작이 잘 정의되어 있고 모호하지 않다. 엄격한 규칙 집합을 따르며 작동에 무작위성이나 모호성이 없다. 또한 튜링 기계는 범용 컴퓨팅 장치로 다른 컴퓨팅 장치의 작동을 모방할 수 있다. 이와 같이 튜링 기계는 컴퓨팅 과학의 이론적 발전과 계산 가능성 연구에 중요한 역할을 했으며, 알고리즘 연구의 기반이 되었다.

영국에서는 콜로서스가 정리되고 있는 같은 기간 동안, 독일에서는 콘라드 쥬세(Konrad Zuse)가 "Z1"이라는 컴퓨팅 장치를 개발하고 있었지만, 이 기계는 설계상으로는 범용이며 전자식인 에니악과 유사했지만 2차 세계대전이 끝날 때 까지 개발을 완료하지 못했다.

이러한 기계들이 ABC, 마크-1, 에니악, 콜로서스, Z1 등 어떠한 이름으로 불려졌더라도 의미로만 본다면 완전한 컴퓨터였다 즉, 메모리가 있고 프로그램이 가능했기 때문이다. 그러나 이때까지는 아직 현대식 컴퓨터 시스템으로 보지는 않았다. 이렇게 한 걸음씩 나아가 결국 1946년에 수학자인 존 폰 노이만(Von Neumann)이 개발했는데, "**내장 프로그램 컴퓨터**"라고 하는 새로운 개념의 컴퓨터 시스템을 제안했다.

이전까지의 컴퓨터도 "프로그래밍"할 수 있었지만, 그림 2.3과 같이 외부에서 전선, 커넥터, 플러그 보드 등을 사용하여 전문가가 하나하나 컴퓨터를 새로 조작해야만 했다. 즉, 메모리에는 오직 자료만 들어갔으며 인스트럭션은 들어갈 수 없었다. 따라서 어떤 문제를 풀려면, 전문가가 각 문제마다 컴퓨터 전체를 완전히 해체한 후, 다시 연결하여 전혀 다른 새로운 프로그램을 구성해야만 했었다. 예를 들어, 에니악에서는 보드에 약 6,000개의 개별 스위치가 있어서 모든 스위치를 새로 세팅해서 새로 프로그래밍하였는데 이것이 간단한 작업이 아니었다.

그림 2.3 1940년대 프로그램 가능 컴퓨터(에니악 컴퓨터)에서의 프로그램 세팅과 구동 (https://prezi.com/e16we00shlcg/194050/)

그러나 폰 노이만은 그림 2.4와 같이 컴퓨터의 동작을 제어하는 **인스트럭션**을 이진 값으로 코드화하여, 메모리 안에 **자료와 함께 저장**하도록 하는 시스템을 제안한 것이기 때문에 새로운 문제를 풀기 위해서 기계를 다시 세팅하는 대신 인스트럭션의 순서를 다시 배열하도록 한 것이다. 이것이 곧 오늘날의 프로그램을 만드는 작업인 것이다, 즉, **프로그램**이라는 것을 창조한 것이다.

그림 2.4 폰 노이만의 내장 프로그래밍 개념에서 메모리에 들어있는 기계어 코드는 주어지는 문제마다 달리 작성되며, 각 줄의 인스트럭션을 프로그램 카운터가 가리키는 번호인 메모리 주소의 순서대로(그림 2.4에서는 아래 방향 화살표에 따라) 처리기가 꺼내어 무슨 일(연산이나 동작)을 할 것인지를 해석하여 해당하는 데이터를 연산하거나 처리한다.이와 같이 메모리 안의 기계어 프로그램은 순서에 따라 순차적으로 하나씩 실행한다. 그림 2.4에서와 같이 0과 1로 표현된 코드들이 모여 프로그램을 구성하는데 이 0과 1로 구성된 프로그램을 **기계어 코드 프로그램**이라 한다.

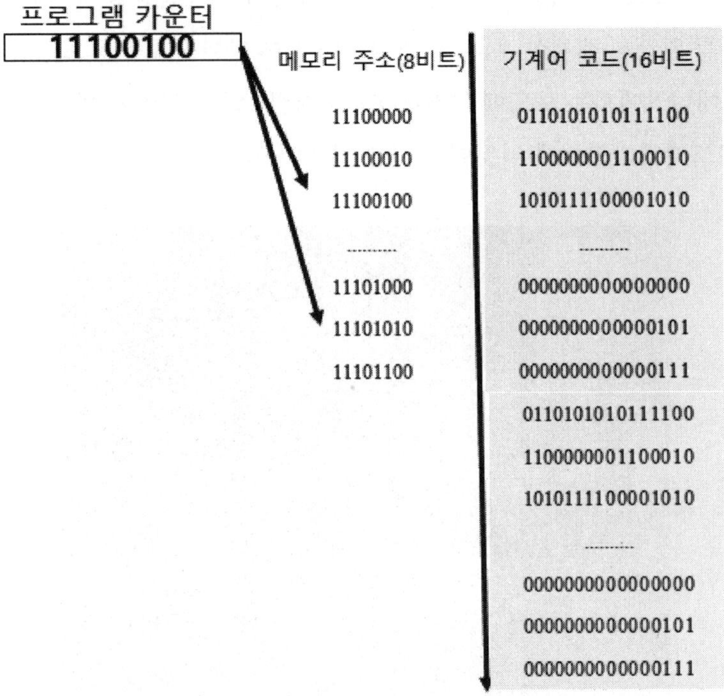

그림 2.4 폰 노이만의 내장 프로그래밍 개념

그 결과로 그를 존경하는 의미에서 이러한 개념의 **계산 모델**을 **폰 노이만 구조**라 한다. 폰 노이만의 이러한 아이디어가 구현되어, 1951년에 에드박(EDVAC-5)이라는 세계 최초의 "내장 프로그램 컴퓨터"가 만들어졌다.

이 기간에 에드삭(EDSAC-S)라는 내장 프로그램 컴퓨터가 영국 캠브리지 대학에서 개발되었다. 성능은 떨어지지만, 대부분 오늘날 컴퓨터와 매우 유사하고, 에드박과 에드삭은 오늘날 컴퓨터와 유사하게 프로그램을 실행할 수 있었다. 폰 노이만의 맨 처음 제안부터 지금까지 적어도 80여년 정도 되었다고 하더라도, 오늘날 모든 컴퓨터는 기본 개념에서 폰 노이만의 아이디어를 기반으로 한다. 비록 약간의 변화가 있고 그래픽 등의 사용으로 그 때의 에드박과는 다르다 하더라도 기본 개념과 원리는 거의 동일하다고 할 수 있다. 이 만큼 폰 노이만의 개념이 중요하고 굉장하다는 것을 보여 주는 것이다. 1950년 이후 컴퓨터 시스템 개발은 가히 혁명적으로 변해왔다고 할 수 있지만 기본 개념과 구조에서 유별나게 변한 것은 아니다.

1950년에서 1970년대의 기간에서는 소위 제1세대 컴퓨팅 시대라 하고, 최초로 기업에서 만들어진 컴퓨터인 IBM-701이 개발되었고, 곧바로 컴퓨터 시대의 선두 주자가 되었다. 대략 1957-1965

년 사이의 제2세대 컴퓨팅 시대는 컴퓨터의 크기와 복잡도에서 많은 변화가 있었다.

방대한 진공관이 수밀리미터 짜리의 트랜지스터 하나로 대치되었고, 메모리도 지름이 1/50 인치의 아주 작은 자기코어로 구성되었다. 이러한 기술은 컴퓨터 크기를 작게 만들었을 뿐만 아니라, 실행에서의 신뢰성도 증가시켰고, 가격도 떨어졌다. 최초로 수학공식을 처리하기 좋은 포트란(FORTRAN)이나 영어문장 형식의 코볼(COBOL) 같은 고급 프로그래밍 언어가 나타나는 시대가 되었으며. 이러한 물결은 프로그래머라는 직업이 생기게 했다.

제3세대 컴퓨팅 시대라고 하는 1965년에서 1975년까지 계속되었으며 이 시대를 집적회로 시대라고도 한다.트랜지스터, 저항, 콘덴서 등을 광학적으로 실리콘 위에 부식시켜 만드는 집적회로를 구성한 것이다. 이렇게 하여 크기가 줄어들고 저렴한 가격의 컴퓨터를 생산하게 된 것이다. 뿐만 아니라 대학에 컴퓨팅 과학을 체계적으로 연구하고 배우는 컴퓨터과학(Computer Science) 관련학과들이 생겨났다. 1975년에서 1985년까지를 제4세대 컴퓨팅 세대라고 하는데, 이 기간에는 마이크로 컴퓨터가 처음 나타났다. 1975년 1월에 세계 최초의 마이크로 컴퓨터인 알테어(Altair) 8800이 나타났다. 또한 이 시기에 최초의 컴퓨터 네트워크를 보게 되는데, 다른 사람과의 통신을 할 수 있는 기능이 들어감으로써, 컴퓨터 성능이 좋아지게 된다.

1985년부터 언제까지가 될지는 모르지만, 지금까지의 제5세대 컴퓨팅 시대는 너무 많이 그리고 빨리 변하고 있다.

대한민국에서는 1967년 4월 경제기획원 조사통계국이 인구 조사 때문에 최초로 컴퓨터가 도입되었다. 또한 1962년에 대한민국 최초로 서울대학교 전기공학과 이만영 박사가 아날로그 소형 전자계산기를 개발했고 가동에 성공했다. 이 컴퓨터가 대한민국에서 개발한 제1호 전자계산기이다. 그 외에도 여러 번 개발 시도가 있었는데, 1980년대 말 제5세대 인공지능 컴퓨터 개발 시도가 있었지만 3년 뒤에 개발을 멈추었다. 그 외에 타이컴 개발도 했고, 삼보컴퓨터도 개발했다.

1982년 5월은 대한민국 정보통신역사에서 아주 중요한 순간이다. 경상북도 구미에 있던 전자기술연구소와 서울대학교 사이에 세계에서 두 번째로 인터넷을 개통한다. 이것이 대한민국을 세계 최고의 인터넷 강국으로 올라서게 만드는 초석이 되었다.

이렇게 발전된 컴퓨팅 과학은 계산의 단순화와 자동화를 개발하려는 상상에서 시작하여 오늘날 인공지능으로 확장되었으며 대중적으로 사용하는 **생성적 사전 학습된 변환기**인 chatGPT를 출현시켰다. 여기서 chatGPT의 원리를 간략하게 살펴보자.

chatGPT는 언어 모델(LM: Language Model)로 거대언어모델을 기반으로 하는 인공지능 채팅 서비스이다. 언어모델에서 **모델**이라는 용어는 수학적 함수를 말한다. 주식이나 물가, 임금 등을 활용하여 몇 년 후의 경제 모델을 만들 수 있는 것과 마찬가지이다. 그러므로 언어모델을 다른 말로 하면 아주 복잡한 함수의 계산 과정을 거쳐서 결과로 나오는 값이다. 물론 간단한 계산은 아니며 아주 많은 복잡한 계산 과정을 거쳐야 하는데, 이 과정을 그림 2.5와 같은 인공 신경망을 통해 학습(혹은 딥러닝)하게 된다.

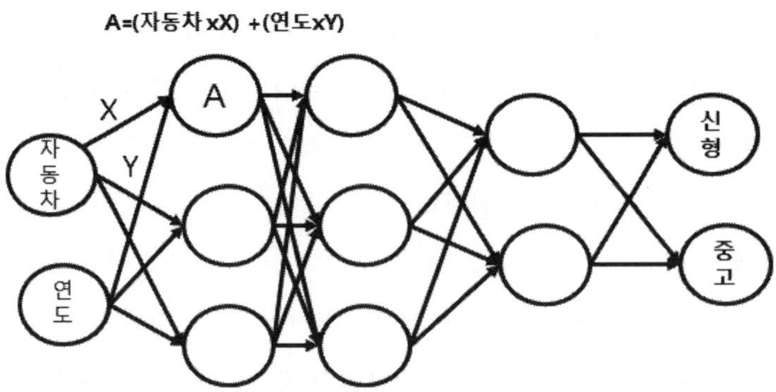

그림 2.5 간단한 신경망 구조와 동작 예

그림 2.5는 인공신경망(뉴럴 네트워크)라 하고 모델을 단순화한 것이다. 원(노드)과 원을 잇는 방향이 있는 간선을 '파라미터'라 하는데 GPT-3에는 천억 개가 넘는 파라미터가 있다. 바로 이 간선은 '곱하기' 하는 기능을 한다.

예를 들어 자동차와 생산 연도를 알고 있을 때 그 자동차의 성능에 따라 신형과 중고를 예측하는 인공지능 모델을 만든다고 하자. 그림 2.5에서 보는 것과 같이 자동차라는 값과 연도라는 값이 들어오면 **A=자동차** × X + **연도** x ×Y처럼 곱하고 더하여 다음 노드로 전달한다. 그러면 전달받은 노드는 두 노드에서 전달받은 값을 더하기 한다. 이와 같은 일을 반복하여 수억 개의 파라미터와 노드를 거치면 맨 오른쪽에 출력값이라고 하는 결과가 나온다.

자동차에서 어떤 숫자(X)를 곱해서 다음 노드로 보낼 것인지, 연도에서 어떤 숫자(Y)를 곱해서 다음 노드로 넘길 것인지를 계속적으로 수정하면서 X값, Y값 등을 조절하는 것이 인공지능의 '학습'이다.

그러므로 chatGPT는 그림 2.6과 같이 인터넷에 있는 수 많은 문서들을 학습해 다음 말을 예측할 수 있도록 설계된 확률 모델이다.

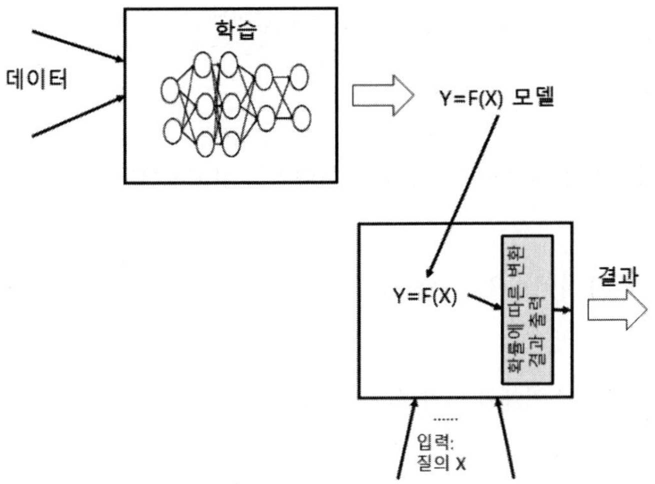

그림 2.6 chatGPT모델

즉, “xx병원”이라는 말로 질의하면 “AA시 …동”이라는 위치를 대답할지 “PP..진료과”라고 대답할지, 아니면 어떤 단어로 그다음 말로 이어나갈지를 학습된 자료에 의해 예측하게 된다. 그러므로 더 많은 데이터를 학습할수록 더 정확한 답을 찾아나갈 수 있다.

이처럼 학습을 마치면 인공지능이 생각하는 파라미터 값 등이 정해지게 된다. 그 결과 인간이 챗GPT를 사용하면 AI는 답을 '예측'한다. 사람이 어떤 이야기를 들었을 때 오랜 세월을 통해 축적한 경험으로 다음 일을 예측하는 지혜를 가지는 것처럼 언어모델은 수억 개의 '곱셈'과 '덧셈'을 이용해서 자신이 말해야 할 것, 혹은 그려야 할 그림 등을 학습하고 그 결과물을 보여주는 것이다.

연습문제

01 자카드 방직기와 현대 컴퓨터의 공통점과 차이점을 기술하시오.

02 계산기와 컴퓨터의 차이점을 기술하시오.

03 1 + 2를 계산하는 튜링 기계를 디자인해 보시오.

04 애니악과 폰 노이만 방식의 컴퓨터가 3.14*10*10을 계산하는 방법을 비교하시오.

05 chatGPT를 사용하여 소속된 대학과 학과의 역사를 조사하시오.

03 프로그램 = 데이터 + 알고리즘

3.1 정보

이 장에서는 컴퓨터가 사용하는 **데이터**와 **알고리즘**이 무엇인지 살펴보자. 인간에게는 자신을 둘러싸고 있는 주변상황에서 사람이 느끼거나 인지할수 있는 많은 자극이 있다. 즉, 인간이 느끼는 모든 자극이 **정보**이며 신호이다. 그림 3.1은 인간의 지식과 정보의 영역 관계이다.

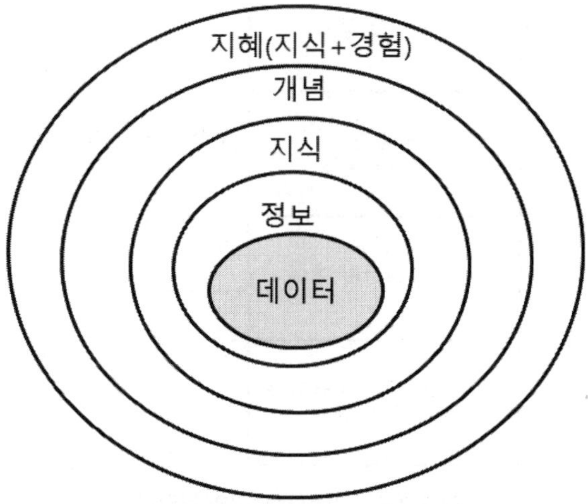

그림 3.1 인간 지식과 정보의 영역

이 정보는 사람과 사람 사이에 소통 수단으로 사용되기도 한다. 즉, 온도, 습도, 소리, 숫자, 문자, 말, 그림, 제스처 등 모든 것이 정보이다. 이 정보를 컴퓨터가 입력받아, 가공하고, 저장하고, 처리하고 출력하고 전송하도록 하려면 컴퓨터 하드웨어 안에 **디지털**로 표현되어 저장할 수 있어야 한다. 그리고 소리, 숫자, 문자, 언어, 그림의 각 데이터는 속성도 다르고 크기도 다르기 때문에 **컴퓨터 내부에 표현하는 방식**(기술)도 다를 수밖에 없다. 즉, 숫자와 문자는 다른 방법으로 표현하고 소리도 다른 방법으로 표현한다. 이와 같이 외부의 정보가 컴퓨터 내부에 구체적으로 표현된 속성을 디지털 정보인 **데이터**라 하고 컴퓨터의 연산과 동작에 따라 처리된다. 그러므로 **데이터**는 컴퓨터가 프로그램을 실행하면서 처리하는 **대상(객체, object)에 대한 컴퓨터 내부의 구체적인 표현**을 말한다. 이처럼 정보와 데이터에는 추상성과 구체성이라는 차이가 있다. 정보라는 것은 인간의 주위에서 발생하는 모든 신호를 말하기 때문에, 이러한 외부 자극에 의해 인지되는 모든 신호, 즉, 대량의 정보나 복잡한 정보를 인간이 손으로 직접 처리하기에는 한계가 있다.

3.2 데이터

복잡하고 다양한 정보를 컴퓨터로 처리할 수 있는 **대상**인 디지털(수치) 데이터로 변환해야 한다. 컴퓨터 메모리는 그림 3.2와 같이 **운영체제 영역, 사용자 프로그램 영역, 사용자 데이터 영역**, 시스템이 사용하는 **각종 자료 구조 영역** 등으로 나누어져 있으며, 사용자 프로그램은 실행 중에 사용자 데이터 영역의 데이터에 접근하거나 사용할 수 있다.

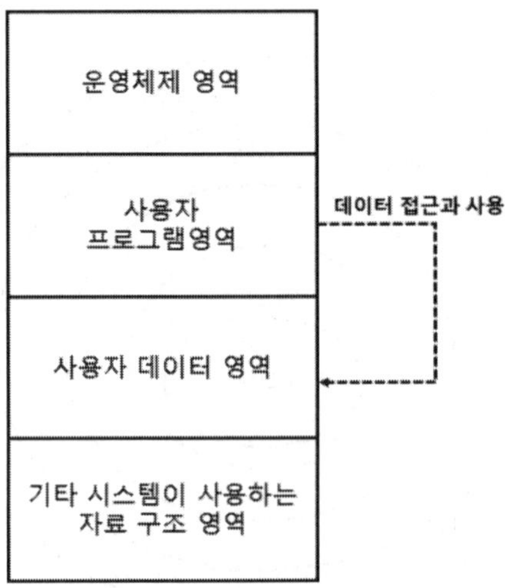

그림 3.2 컴퓨터 메모리의 분리된 영역

데이터 영역의 데이터는 각 데이터의 타입에 따라 컴퓨터 내부에 표현(저장)하는 모양(구조, 형식, 포맷, 타입)이 다르다. 즉, 숫자, 문자, 그림, 소리, 동영상 등 다양한 타입의 데이터가 있다. 이러한 데이터는 각 타입에 따라 컴퓨터 내부에 표현되는 구조가 다르지만 각 데이터마다, 처리하고자 하는 연산 동작이 있으며, 처리될 데이터가 저장된 위치를 알려주는 **포인터**(주소)가 있다. 그림 3.2와 같이 메모리 안에서 연산 동작과 처리될 데이터를 가리키게 한다. 예를들어, 그림 3.3에서 연산 동작으로 표현된 주소 1000번지의 연산 동작 ADD를 수행하면 이 연산이 처리하고자 하는 데이터 위치를 표현한 주소 1008에 저장된 값인 십진수 8의 16비트 이진수 값 **0000000000001000**를 처리 장치가 꺼내와서 연산되어질 다른 값과 ADD(더하여)하여 다시 저장하는 일을 한다. 이와같이 데이터는 컴퓨터의 처리기가 처리하고자 하는 **대상**이다. 다만 데이터의 속성에 따라 그 표현 방법인 **타입**이 다를 뿐이다. 살펴본 것과 같이 인간은 컴퓨터라는 물질적인 기계 장치에 추상 관념의 정보를 저장하기 위해 다양한 방법으로 표현하고 있다. 간단한 방법이 전기 신호(on, off)를 이용하는 이진(0, 1) 값이고, 이것을 조합하여 여러 코드를 만들어 문자, 소리, 그림 등을 표현하고 저장한다. 그러므로 데이터는 컴퓨터 안에 저장하고 처리되기 위해 **이진 값의 수치**로 표현되면서 기본 형식이나 구조화된 형식 등 다양하게 저장한다. 구조화된 형식의 복잡한 데이터는 기본 형식의 데이터들이 모여서 구조를 이루고 처리기가 처리하는 방법도 데이터 구조에 따라 다르다. 데이터가 이진 값으로 표현된다는 것은 정보가 **아날로그**가 아닌 **디지털**로 변환된다는 것이다. 즉, **이산** 데이터로 변환된다는 의미이다.

주소(저장 위치)	인스트럭션	
	동작코드	데이터 위치(포인터, 메모리 주소
	....	....
1000	ADD(더하라)	1008
1002	....	....
....		
1008	0000000000001000(8의 이진수 값,16비트)	
	...	...

그림 3.3 메모리 안에 저장된 연산 동작과 데이터 위치(주소) 예

이처럼 정보를 데이터로 표현하는 기본 단위를 **비트**라고 한다. 그러면 정보의 비트 하나는 정보 표현을 확실하게 나타낸다. 예를 들어, 어떤 질문에 "예" 혹은 "아니오"라는 답이 필요하다고 하면, 두 답 중에서 어느 것을 대답하든 가능성은 같다. 이러한 두 개의 가능한 답을 가진 질문을 **이진 질문**이라 한다. 비트 하나가 "예" 또는 "아니오"라는 두 개의 가능한 값만 가질 수 있기 때문이다.

```
"예"     ⇔   "1"
"아니오" ⇔   "0"
```

위와 같이 "0"과 "1"로 "예"와 "아니오"를 시각적으로 나타내는 것은 수학적 표현일 뿐이며 컴퓨터 내부에서는 전기 신호로 구현한다.

이런 이진 질문의 예로는 그림 3.4와 같이 동전 던지기를 들 수 있다. 앞면이 나오면 1이고 뒷면이 나오면 0으로 나타낼 수 있다. 마찬가지로 학생이 수업에 참석했으면 1로 결석했으면 0으로 표현할 수 있다. 그러므로 동전 던지기에서 정보의 양은 1-비트로 충분히 나타낼 수 있다. 1장의 그림

1.2와 그림 1.3에서 보았듯이 n-비트로 구별 가능한 정보로 표현할 수 있는 수는 2^n개다.

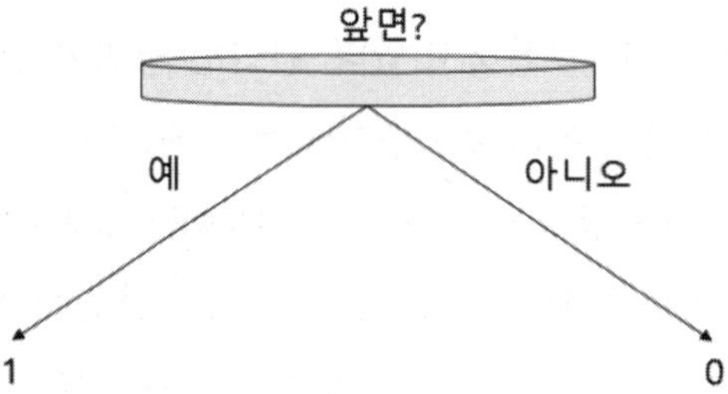

그림 3.4 동전 앞면 뒷면의 비트 표현

여기서 **트리 구조**에 대해 살펴보자. 그림 3.5는 무엇인가를 구별하는 **이진 질문 트리** 구조이다. 이런 구조를 **이진 트리**라 하는데, 컴퓨팅 과학에서 많이 사용하는 개념이다. 그림 3.5는 일반적인 트리 구조와 트리 구조의 일부(혹은 응용)인 이진 트리 구조이다.

그림 3.5에서 보듯이 트리 구조는 나무를 거꾸로 한 모양이며 각 원은 **정점(노드)**이며, 노드에서 다른 노드를 연결하는 선은 **가지**라 한다. 트리의 맨 위에 있는 노드를 **루트**라 하고, 맨 아래에 있는 노드들을 **잎**이라 한다. 그리고 중요한 것은 이 트리 구조는 **계층적인 구조**를 가지므로, 어떤 노드에서 여러 가지(경로)를 거쳐 다시 자신의 노드로 되돌아오는 길은 없다. 그러므로 루트에서 어떤 잎 노드까지 가는 경로는 반드시 한 개만 존재한다.

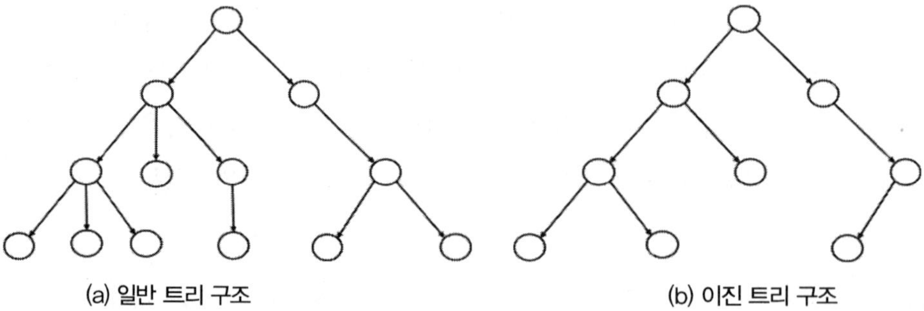

그림 3.5 일반 트리 구조와 이진 트리 구조

그리고 **이진 트리**는 어떤 노드에서 다른 노드로 가는 가지는 반드시 0, **혹은 1, 혹은 2 개** 만 존재하는 트리 구조이다. 즉, 가지가 하나도 없거나, 한 개만 있거나, 최대 두 개만 존재해야 한다. 그러므로 1장의 그림 1.2와 그림 1.3에서 무엇인가를 구별하기 위해 사용한 질문의 트리는 가지가 두 개만 존재하는 이진 트리이다.

정보를 지식이라 하면 애매하므로 정보를 명확하게 이해하기 위해, 정량적으로 측정하거나 표현할 수 있는 방법을 생각해 보자.

루트는 트리의 맨 꼭대기이고 잎은 맨 밑이다. 트리의 루트(뿌리)에서 각 잎까지는 고유한 경로가 있다. 따라서 트리의 깊이는 루트에서 잎까지 가장 긴 경로의 길이이다. 즉, 그림 3.5 트리의 깊이(depth) d에서는 최대 2^d개의 서로 다른 값을 구별할 수 있다. 1장의 그림 1.3 트리에서 이진트리 깊이 3에서 구별할 수 있는 서로 다른 값은 2^3이므로 8개이다.

데이터를 표현하는 또 다른 단위로 **바이트**를 정의하는데, 1-바이트는 8-비트로 한다. 따라서 정보 1-바이트는 여덟 개의 이진 질문에 해당하며, $2^8 = 256$ 개의 서로 다른 값을 구별하여 나타낼 수 있다. 그러므로 n비트로 더 많은 데이터를 표현할 수는 있지만 이해를 쉽게하기 위해 아래와 같이 $2^{10} = 1024$ 단위로 조정하여 표현한다.

> 1 킬로 바이트(1 Kbyte): $2^{10} = 1024$ 바이트
> 1 메가 바이트(1 Mbyte): $2^{20} = 1,048,576$ 바이트
> 1 기가 바이트(1 Gbyte): $2^{30} = 1,073,741,824$ 바이트
> 1 테라 바이트(1 Tbyte): $2^{40} = 1,099,511,627,776$ 바이트

따라서 1바이트의 정보는 8개의 이진 질문에 해당하며 2^8인 256개의 서로 다른 값을 구별할 수 있다. 그러므로 영어 알파벳은 1바이트인 8비트를 사용하여 256개로 A~Z,a~z,0~9와 %,#,@,!, ?같은 심볼을 구별하여 나타낼 수 있다. 더 많은 정보를 나타내려면 1000배로 확장하지 않고, 대신 2^{10}=1024배로 확장한다. 따라서 1킬로 바이트(KByte)는 1024바이트이다. 1메가바이트(MByte)는 2^{20}로 약 100만 바이트이다. 1기가바이트(GByte)는 2^{30}(약 10억)바이트이다. 1테라바이트(TByte)는 2^{40}(약 1조)바이트이다.

이 과정을 이진수 체계라 한다. 십진수 체계는 십진법을 기수로 사용하여, 십진수의 위치값은 10의 제곱으로 증가한다. 이진법은 이진법을 기반으로 사용하므로 이진수는 10자리만 있고 위치값은 증가한다.

예를 들어, 이진수 10010110은

> $1\times2^7 + 0\times2^6 + 0\times2^5 + 1\times2^4 + 0\times2^3 + 1\times2^2 + 1\times2^1 + 0\times2^0$
> $=128 + 0 + 0 + 16 + 0 + 4 + 2 + 0$
> $=150$

으로 십진수 값 150을 나타내고, 1의 위치에 따라 십진수 값으로 변환된다.

십진수 체계에서와 같이 각 이진수 값도 위치에 따라 다르기 때문에 더 **많은 비트**를 사용하면 더 큰 수를 나타낼 수 있으므로 비트가 충분하면 표현할 수 있는 숫자 범위는 더 커진다. 이진 결정 트리에서 본 것처럼 n-비트는 2^n개의 서로 다른 숫자를 나타낼 수 있으므로 유한개의 비트열을 사용할 수 있다. 정수는 각각의 자연수 n에 대응하는 두 개의 정수 n과 -n이 있다. 정수는 아래와 같이 나열할 수 있다.

```
… … -4, -3, -2, -1, 0, 1, 2, 3, 4, … …
```

디지털 컴퓨터는 **이산 값**으로 작동하므로 실수와 같은 연속 값은 컴퓨터에서는 표현하기 어렵기 때문에 근사값으로만 사용한다. 그러므로, 화면에 결과값으로 출력되는 숫자는 실제로는 그 값의 근사값이다. 예를 들어 1.999999999999와 2.0000000000는 자릿수가 다르더라도 같은 값으로 취급하여 결과값은 2.0을 출력한다. 이 기술적인 문제는 자리수의 무한 반복을 피하기 위해 약간의 제한을 가하여 숫자를 수정하는 방법으로 해결하는 것이다. 아날로그 컴퓨터는 연속적인 값으로 작동할 수 있지만, 이것이 디지털 컴퓨터의 한계이기도 하다. 오늘날 대부분의 컴퓨터는 디지털이므로 이러한 한계를 가지고 있다.

이처럼 숫자와 문자는 컴퓨터 안에 불연속적으로 표현할 수 있으나 그림은 연속적이며 대략적으로만 표현할 수 있다. 모든 문자열은 셀 수 있으며 각 문자마다 고유 코드를 부여함으로써 해당 코드로 문자를 표현하고 식별하도록 한다. 예를 들어 모든 문자를 알파벳 길이순으로 열거할 수 있다(여기서는 문자를 소문자로 제한한다).

```
a, b, c, …, z, aa, ab, …, az, ba, …, zz, aa, …
```

비트열로 자연수를 표현할 수 있다는 것을 알기 때문에 자연수의 모든 값을 나타낼 수 있다. 따라서 가능한 모든 문자열을 **표준 영어 알파벳** 문자로 제한하면 소문자(26), 대문자(26), 구두점(공백, 쉼표, 마침표, 줄 바꿈, 세미콜론)을 포함하면 57개의 서로 다른 코드를 나타낼 수 있다. 각 코드에 고유한 번호를 할당하고 아래처럼 해당 번호를 6비트로 코드화하여 표현할 수 있다. 6비트로는 64개의 값으로 문자를 구분할 수 있다.

- 영어 알파벳 소문자 (26)
- 영어 알파벳 대문자 (26)

• 구두점 (공백, 쉼표, 마침표, 줄 바꿈, 세미콜론) 등

이렇게 하여 57 개의 서로 다른 심볼이 있게 된다. 각 심볼에 고유 코드를 부여하고, 해당 코드를 6-비트로 나타낸다. 그러면 6-비트는 $2^6 = 64$개이며 나머지로 7개는 사용하지 않고 남겨 둔다. 이와 같이 심볼을 매핑하여 나타낸 결과는 아래 표 3.1과 같다.

표 3.1 6비트로 문자 표현

심볼(문자)	6–비트 표현	심볼(문자)	6–비트 표현
a	000000	…	....
b	000001	Y	110010
c	000010	Z	110011
d	000011	빈칸	110100
…	....	,	110101
p	001111	.	110110
q	010000	새줄	110111
…	....	;	111000
z	011001	사용 안함	111001
A	011010	사용 안함	111010
B	011011	사용 안함	111011
C	011100	사용 안함	111100
…	…	사용 안함	111101
F	011111	사용 안함	111110
G	100000	사용 안함	111111

위 표에서 알파벳을 나타내는 방법을 예로든 것이긴 하지만, 컴퓨터에서 사용하는 방법은 아니다. 컴퓨터에서 사용하는 방법은 일반적으로 사용되는 ASCII(American Standard Code for Information Interchange)의 7-비트를 사용하고, 128 개의 서로 다른 심볼을 나타낸다. 그러므로 더 많은 특수 문자와 각종 심볼을 표현한다.

이진수 10은 십진수 값 2를 나타내고, 이진수 100은 십진수 값 4를 나타낸다. 그러므로 이진수는 아래와 같이 정리할 수 있다.

표 3.2 4비트로 정수 표현

4-비트 이진수	십진수
0000	0
0001	1
0010	2
0011	3
0100	4
0101	5
0110	6
0111	7
1000	8
1001	9
.....	.....
1111	15
10000	16
.....	.....

마찬가지로 이진수 110, 1001, 10000000은 아래와 같이 변환하여 십진수 6, 9, 128 이다.

$$1\times2^2+1\times2^1+0\times2^0=6$$
$$1\times2^3+0\times2^2+0\times2^1+1\times2^0=9$$
$$1\times2^7+0\times2^6+0\times2^5+0\times2^4+0\times2^3+0\times2^2+0\times2^1+0\times2^0=128$$

위의 패턴을 살펴보면 이진수와 십진수의 관계는 아래와 같다.

$$\text{십진수 값}=B_m\times2^{m-1}+B_{m-1}\times2^{m-2}+B_{m-2}\times2^{m-3}+......+B_2\times2^1+B_1\times2^0$$

여기서 B는 각 비트의 값(이진 값 0 혹은 1)이고, m은 이진수의 비트 수이다. 즉, 2-비트이면 $m=2$이고, 8-비트이면 $m=8$이다. 그러므로 $m=8$이면 B_8은 비트열의 가장 오른쪽 1번째 비트 값부터 왼쪽으로 8번째 비트 값인 맨 처음(가장 왼쪽)에 나타나는 비트의 값이다.

이와 같이 이진수의 값은 이진수를 이루는 각 값의 위치에 종속하고, 비트를 더 많이 사용하면 더 큰 수를 표현할 수 있다. 그러므로 이진수를 m-비트로 표현이 가능한 개수와 표현할 수 있는 가장 큰 자연수는 아래와 같다.

- 표현 가능한 개수: 2^m
- 표현 가능한 가장 큰 자연수: $2^m - 1$
- 표현 가능한 가장 작은 자연수: 0

보통 말하는 "컴퓨터라는 것은 **디지털 컴퓨터**를 말하므로 데이터를 표현하는 비트와 비트 사이는 연속하지 않기 때문에, **이산 값**을 사용하고 실수와 같은 연속 값은 근사값으로 사용한다."는 것을 알 수 있다.

```
ABC → 011010011011011100
a, YZ; → 000000110101110100110010110011111000
```

문자열에서 빈칸도 한 문자를 차지한다. 57개의 문자를 나타내기 위해 6-비트를 사용한 것과 같이, 문자를 m개의 비트로 나타낼 수 있다. 문자가 표현된 이진 숫자를 다시 문자로 바꾸려면, 문자열을 6-비트씩 그룹으로 나누어 각 그룹을 해당하는 문자로 대치하여 역으로 매핑한다. 즉,

```
011010011011011100
```

는 6-비트 씩 011010 011011 011100의 세 그룹으로 나누어 각 6-비트에 문자를 대치한다. 그러면 ABC이다. 각 문자가 m-비트로 구성되는 문자 시스템에서 n-비트의 문자열이 있으면 $n \div m$ 개의 문자로 대치한다.

아래는 $m = 6$의 문자 시스템에서, $n = 36$의 문자열로 구성된 예이다. 이 경우에 $36 \div 6 = 6$개의 그룹이 문자로 매핑할 수 있다.

$m=6$	$m=6$	$m=6$	$m=6$	$m=6$	$m=6$
000000	000001	000010	000011	000100	011111
↓	↓	↓	↓	↓	↓
a	b	c	d	e	F

이제 **리스트** 데이터를 살펴보자. 리스트는 수학적으로 아래와 같이 순서없이 또는 순서가 있도록 나열한 객체를 말한다.

```
1 3 5 7 9 11 190 357
jan feb mar apr may june jul aug
comp, phy, meta, math, bio, soc
```

또는 괄호를 사용하거나 이름을 부여하여 리스트를 표현한다.

```
(1 3 5) 7 9 11 (190 357)
fruits = (apple, banana, orange, kiwi)
L1 = (1 3 5)
L2 = (190 357)
L3 = (L1, 7, 9, 11, L2)
100 (1 3 5) 200 300 400 (190 357)
```

리스트는 또다른 리스트를 포함할 수 있다. 리스트 안의 각 객체를 **원소**라 한다. 이런 리스트는 프로그래밍 언어에서 숫자, 문자, 또 다른 리스트처럼 저장한 데이터를 의미하기도 한다. 즉, 구조화 데이터로써 일반적으로 배열이나 구조체 등으로 표현하기도 하는데, 구조화된 데이터를 잘 모델링하려면 더 복잡한 데이터 구조가 필요하다. 또한 선착순 같이 반드시 순서가 정해진 리스트는 '**순서가 있는 리스트**'라 한다.

3.3 데이터 타입

이 절에서는 컴퓨터에서 표현하고 저장하는 데이터의 각 타입에 대해 좀 더 상세하게 살펴보자. 컴퓨터 내부에 표현하여 저장하는 데이터의 모양 즉 형식을 **데이터 타입, 자료형** 또는 **데이터 추상화**라 한다. 앞에서 살펴본 것과 같이 데이터 타입은 그 데이터의 속성에 따라 컴퓨터에 표현하는 기술적인 방식이 다를 수밖에 없다. 이것이 자료형 혹은 데이터 타입이다.

즉, 숫자와 문자, 소리는 속성이 다르기 때문에 각각 다른 기술로 표현되고 저장되어야 한다. 마찬가지로 숫자 역시 정수와 소수점이 있는 실수는 기술적으로 다르게 표현한다. 이와같이 컴퓨터에서 사용하는 모든 데이터에는 타입이 있다. 그러므로 컴퓨터 시용자는 프로그램의 올바른 작성과 실행을 위해 데이터의 타입을 이해하는 것이 중요하다. 이처럼 데이터에는 아래와 같이 여러 타입이 있다.

- 참 값과 거짓 값의 부울 데이터
- 정수와 실수의 숫자 데이터

- 문자
- 소리, 그림, 동영상
- 함수와 프로시저(데이터로써의 함수와 프로시저 임)

데이터 객체로써의 함수와 프로시저는 데이터 타입을 나타내고, 파이썬 언어에서는 내장함수 프로시저와 구별하기 위해 **맨 앞의 문자**는 대문자로 표기한다.

3.4 알고리즘

1장에서 컴퓨팅 과학에서 가장 기본되는 개념인 계산적 사고와 문제를 해결의 방법을 간략하게 설명했다. 이 절에서는 컴퓨팅 과학의 핵심 요소인 알고리즘 자체와 문제를 해결하기 위한 알고리즘 방식을 구체적으로 살펴볼 것이다. 그리고, 예를 들어 특정 문제에 적용하도록 한다. 즉, 리스트에서 특정 값 찾기, 최대값이나 최소값 찾기같은 문제를 알고리즘으로 표현해 본다.

알고리즘을 표현하기 전에 먼저 알고리즘을 어떻게 표현할 것인가를 생각해야 한다. 즉, 명확하고 정확하며 모호하지 않은 알고리즘을 표현하기 위해 어떤 표기법을 사용하면 좋은지를 판단한다. 한 방법으로 인간이 사용하는 글이나 말인 **자연어**를 사용할 수는 있지만 자연언어는 표현이 애매모호할 수 있다. 즉, "스프를 적당히 넣어라"같은 표현은 "적당히"가 어느 정도 인지 알 수 없다. 컴퓨터는 이러한 표현을 이해할 수 없기 때문이다. 이와같이 자연언어는 따라가기도 어렵고, 명확하지도 않으며 구조화되어 있지도 않다.

또한 직접 고급 프로그래밍 언어로 작성하면 그 언어를 알고 있어야 하고 알고리즘을 필요할 때는 다른 언어로 다시 변환해야 한다. 알고리즘은 추상화 수준에서 설계를 하는 것이므로 사용자가 알고리즘을 만들 때, 세미콜론이라든가 대문자 같은 것에 신경을 쓸 필요가 없다.

그러므로 인간과 인간 사이의 소통에도 어려움이 없으며, 컴퓨터 프로그래밍 언어로 변환하기도 쉬운 "코드 비슷한 코드"인 **의사코드**로 표현하는 방법이 있다. 알고리즘을 표현하거나 설계할 때 컴퓨팅과학에서는 대부분 의사코드(Pseudocode)라는 표기를 사용한다. 이 코드는 실제로 컴퓨터 안에서 실행하지는 않지만, 프로그래밍 언어의 문장을 나타내기 위해 설계된 영어 형식의 문장 구조들이다. 이 의사코드는 "코드 비슷(유사)하다"는 의미이다. 즉, 간단하면서, 읽기도 쉽고, 특별히 엄격하게 정해진 문법 규칙이 없다(사실 자세하게 기술하지 않는 프로그래밍 언어라고 하기도 한다). 다만 잘 정의된 구조로 된 몇 개의 문장만 있기 때문에, 의사코드로 작성된 알고리즘은 구조면에서 가시적이고, 이해하기 쉬우며 대부분의 프로그래밍 언어와 유사하여, 알고리즘에 있는 문장을 컴퓨터 프로그램으로 번역하기가 상대적으로 간단하다.

지금부터 알고리즘 표기에 사용하는 세 종류의 동작인 **순차** 동작, **조건** 동작, **반복** 동작에 대해 알아보자. 또한 이 절에서 표현하는 의사코드 구조나 표현 방식은, 임의로 수정하거나 고쳐서 사용할 수도 있다. 의사코드의 특성 중 하나는 알고리즘을 설계하는 데 반드시 따라야 하는 정해진 규칙이 있는 게 아니므로 문제를 해결하거나 생각하기 위해서는 개인적으로 얼마든지 변형하여 적용할 수 있다.

순차 동작: 순차 동작은 알고리즘을 위에서 아래로 실행 순서에 따라 차례로 수행하는 동작을 말한다. 이 동작에는 세 개의 기본 동작이 있는데, **산술 계산**, **입력**, **출력**이다.

산술 계산하는 인스트럭션과 결과를 저장하는 인스트럭션은 아래와 같다. 여기에서 인용 기호“ ”안에 있는 단어나 절은 특별한 원소를 나타내는데, 알고리즘으로 표기할 때는 반드시 삽입해야 하는 것들이다.

```
“변수”의 값을 “산술 연산 수식의 계산 결과 값”으로 넣어라.
```

위의 의미를 가지는 문장을 아래와 같이 의사코드로 표기한다.

```
Set the value of“variable” to “arithmetic expression”
```

혹은 아래처럼 표기할 수 있다.

```
variable ← arithmetic expression
```

이 동작은 산술 연산 수식“arithmetic expression”을 수행하여 결과를 구한 후에, 그 결과를 “변수”에 저장한다. **변수**는 자료의 값을 가지고 있는, 저장된 위치의 이름이다. 이 변수라는 것은 값을 넣을 수도 있고, 또 값을 빼낼 수도 있는 우편함에 비유하기도 한다.

아래를 살펴보자.

```
“carry”의 값을 “0”으로 넣어라.
```

위의 의미를 가지는 문장을 아래와 같이 의사코드로 표기한다.

```
Set the value of carry to 0
```

이 경우에 산술 연산 수식을 먼저 계산하는데 이 경우에는 상수 값 0이다. 그 다음에, carry 라고 하는 변수 안에 그 결과 값을 저장한다. 만약 carry가 이 연산 앞에서 계산한 값을 이미 저장한 상태라면(예를 들어, 5가 있다면), 이미 저장된 값 5는 무시되고(지워지고) 새로운 값인 0을 저장한다. 이 동작의 연산 결과를 시각적으로 살펴보면 아래와 같다.

carry | 0 |

원의 면적을 구하는 다른 예를 살펴보자.

```
area의 값을 (3.14×R²)으로 넣어라.
```

위의 의미를 가지는 문장을 아래와 같이 의사코드로 표기한다.

```
Set the value of area to (3.14×R²)
```

혹은

```
area ← 3.14×R²
```

로 표현한다. R값은 이미 앞에서 계산을 통하여 만들어진 값으로 저장되어 있다고 하자. 그러면 이 경우에는 산술 연산 수식 $3.14 \times R^2$을 먼저 계산하고 결과를 구한다. 이 결과는 area라고 하는 변수에 저장된다. 그러나 R이 앞에서 이미 계산한 값을 가지고 있지 않다면, R값을 모르기 때문에 이 연산을 수행할 수 없다(혹은 컴퓨터 안에 이미 남아있던 임의의 "자료(쓰레기라고도 함)"를 가지고 틀리게 연산한다). 그러므로 에러가 발생하고 알고리즘은 올바르게 종료하지 않는다. 종료는 하더라도 결과는 틀리게 된다.

이외에도 아래 예를 기술할 수 있다.

```
Set the value of c(i) to (a(i) + b(i) + carry)
Set the value of i to (i + 1)
Set the value of c(m) to carry
```

아래 문장과 의사코드는 같은 것이다.

```
Add a and b to get c
Set the value of c to (a + b)
c ← a + b
```

즉, 문법적으로는 다를 수 있지만 알고리즘 표현에서는 의미가 없다.

이처럼 의사 코드는 어떤 의미가 부여될 정도로 엄격한 규칙이 있는 것이 아니며, 개발하고자 하는 알고리즘이나 아이디어를 적절하게 표기하는 것이다.

이러한 순차연산과 더불어 두 개의 순차적인 동작을 수행하는 연산으로 컴퓨터의 외부와 소통하는 연산이 있는데, 바로 입력과 출력이다.

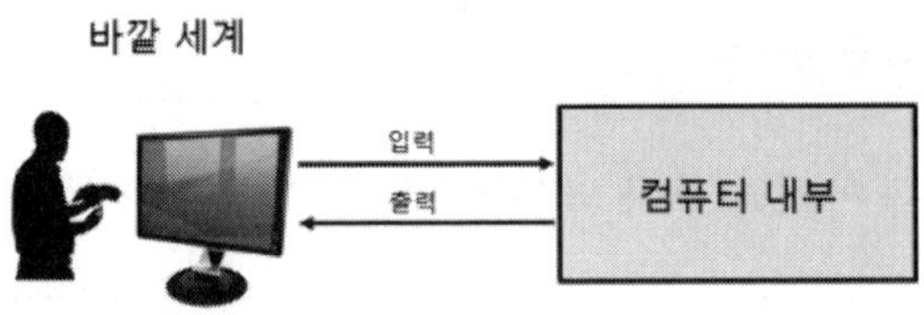

입력 동작은 컴퓨팅 에이전트가 작동하는 컴퓨터 내부로 외부에서 사용자가 자료를 넣는 것이고, 이 자료는 컴퓨터 내부에서 실행하면서 사용된다. **출력** 동작은 컴퓨터 내부에서 실행한 결과로 발생한 자료를 외부로 내 보내는 일을 수행한다. 이러한 작업은 보통 컴퓨터 시스템의 키보드, 스크린, 마우스, 프린터, 하드 드라이브, CD/DVD, USB 드라이브 등 여러 주변 장치를 통하여 이루어진다. 그러나 알고리즘을 설계 할 때는 보통 이러한 세부적인 사항까지는 신경 쓰지 않는다. 다만, 자료는 알고리즘이 수행하면서 요구할 때만 제공(입력)하고, 마찬가지로 결과도 알고리즘이 외부에 자료를 보여 줄 필요가 있을 때만 출력하게 된다.

입력과 출력에 대한 의사 코드 인스트럭션은 아래와 같다.

```
입력: Get values for "variable", "variable", L(5),. .L(i), .
출력: Put the values of "variable", "variable", L(5), L(i+3). . .
```

예를 들어, 아래와 같은 입력 표현을 살펴보자.

```
Get a value for r, the radius of the circle
```

알고리즘이 이 코드에 도달하면 자료 값을 변수 r에 할당한다. 그러므로 이 코드에 의해 자료를 받아들인 변수 r은 자료를 **메모리의 어느 위치**에 저장하고, 다음 코드를 수행한다.

아래의 출력 동작을 살펴보자.

```
Put the value of area
```

알고리즘에서 이 코드를 수행하기 전에 이미 원의 면적을 계산했다면 이 인스트럭션은 그 결과 값을 모니터나 프린터를 통하여 컴퓨터 외부로 내보내고 사용자가 볼 수 있도록 한다. 그러나 가끔은 결과를 출력해야 하는 자리에 어떤 메시지를 출력하기도 하는데, 이는 연산을 수행하는 도중에 "에러조건"때문에 계산을 더 이상 수행할 수 없는 경우가 발생하여, 아래 동작을 수행한다.

Put the message 'sorry, error occurs.'

산술 계산, 입력, 출력의 세 개의 순차 동작을 사용하여 간단하게 알고리즘을 작성할 수 있게 되었다. 아래는 도보로 평균 시속 4km를 갈 수 있는 등산객이 6시간 동안 몇 km를 갔는지를 계산하는 알고리즘이다. 입력은 등산한 시간(시간), 평균 시속(Km)과 6 시간 후의 등산 거리(km)이다.

등산객이 등산한 거리 계산 알고리즘

단계	동작
1	Get values for average speed, time
2	Set final position value ← average speed × 6
3	
4	Put average speed, time, final position value
5	Stop

실습 3.1

아래 각각에 대해 의사코드를 작성하시오.

1. 자료 값으로 x, y, z를 입력으로 읽어 들이고, 이 세 값의 평균을 출력하는 알고리즘
2. 입력으로 원의 반지름 r 값을 읽어 들이고, 출력으로 원의 면적과 둘레를 계산하는 알고리즘
3. 한 달 동안 사용한 전력량(킬로와트)과 1킬로와트 당 전기료를 읽어 들인다. 그러면 사용한 전기료는 얼마인지 계산하여 출력하는 알고리즘

선택과 반복 연산

위의 알고리즘에서 등산객이 6시간 동안 갈 수 있는 거리를 계산하는 동작을 보았다. 이 동작은 처음부터 마지막 종료까지 한번만 실행하면 종료하게 된다. 즉, 필요한 부분을 선택하여 실행하거나 어떤 부분을 반복하여 다시 실행할 수는 없다. 이 알고리즘은 순수하게 맨 위에서부터, 맨 아래까지 일직선으로 한 번만에 지나가고 마는 것이다. 그러나 실제로 생활에서는 한 번에 끝나지 않고 필요한 부분을 선택하여 실행하거나, 반복하여 실행하는 경우가 많다.

이와 같이 필요한 부분을 선택하여 실행하거나, 반복하여 실행하는 경우가 필요한데, 의사코드에서는 선택 **동작**과 **반복 동작**을 추가할 수 있다. 이러한 조건에 따라 선택하거나 조건에 따라 반복하여 실행하도록 하는 두 개의 동작을 **제어 동작**이라 한다. 이 제어 동작은 알고리즘에서 순차적인 제어의 흐름을 필요할 때는 조건에 따라 변경하도록 한다.

조건 문장은 알고리즘에서 "묻고-답하기" 동작으로, 알고리즘에서 묻고 난 후에 물음의 결과에 따라 수행할 다음 동작을 선택하도록 한다. 이 때 묻는 방법에는 다양한 방법이 있는데, 대체로 if/then/else와 같은 조건 문장을 사용하며 아래의 형식과 구조로 이루어진다.

```
If "a true/false condition" is true then
            참일 때의 동작 블럭
else (or otherwise)
            거짓일 때의 동작 블럭
```

이 코드의 의미는 아래와 같다.

1. '참' 인지 '거짓'인지를 결정하기 위해, 맨 첫 줄에 있는 true/false 조건을 계산한다.
2. 계산한 조건식의 결과가 '참'이면, 처음에 알고리즘의 동작을 모아놓은 블럭인 '참일 때의 동작 블럭'을 수행한다. 그리고 나서 두 번째 블럭인 '거짓일 때의 동작 블럭'은 완전히 벗어난다.
3. 계산한 조건식의 결과가 '거짓'이면, 처음에 알고리즘의 동작을 모아놓은 블럭인 '참일 때의 동작 블럭'을 벗어나고, 바로 두 번째 블럭인 '거짓일 때의 동작 블럭'을 수행한다.
4. 일단 해당하는 '동작 블럭'이 완료되면, if/then/else 코드 다음에 나오는 동작부터 실행을 계속한다.

그림 3.6은 이러한 if/then/else 문장의 실행과정을 시각적으로 보여준다. 다이아몬드처럼 생긴 박스에서 조건을 검사하고 조건이 '참'이면, T1, T2, T3, . . . 로 이름이 붙여진 동작을 순서에 따라 실

행하고, 조건이 '거짓'이면 F1, F2, F3, ...로 이름이 붙여진 동작을 순서에 따라 차례로 실행한다. 이 두 경우 모두, if/then/else 바로 뒤에 따라 나오는 문장 S로 가서 계속 실행한다.

기본적으로 if/then/else 문장은 두 개의 선택 중에서 '이것'아니면 '저것'이라는 오직 하나만 선택하도록 한다.

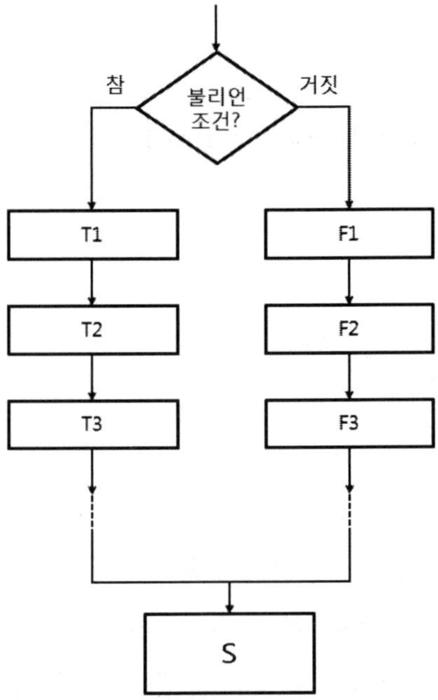

그림 3.6 if/then/else 코드의 실행과정

if/then/else 코드는 아래 예처럼 표기할 수 있다.

```
If (c(i) ≥ 10) then
        c(i) ← c(i) - 10
        carry ← 1
else
        carry ← 0
```

조건 (c(i) ≥ 10)는 참이거나 거짓만 될 수 있으며, 참이면 다음 줄로 가서 아래를 수행한다.

```
c(i) ← c(i) - 10
carry ← 1
```

그리고 거짓이면, 위의 두 동작을 수행하지 않고 넘어가서, carry를 0으로 할당하는 아래 블럭을 수행한다.

```
carry ← 0
```

순환 구조는 코드의 특정 부분을 반복 수행한다. 반복을 수행하는 여러 방법 중에서 아래와 같은 while 코드를 먼저 살펴보자.

```
While ("a true/false condition") do step i to step j
     step i: operation
     step i + 1: operation
          .
          .
          .
      change condition value
     step j: operation
```

이 코드는 일단 **조건 계산**이라는 "true/false condition"를 계산하고, 참인지 거짓인지를 결정한다. 참이면, 단계 i에서 부터 단계 j까지의 모든 동작을 수행하는데, 이 단계 i에서 단계 j까지 안에 있는 모든 동작으로 이루어진 블럭을 **순환 몸체**라 한다. 순환 몸체 전체를 모두 실행하고 나면, 알고리즘은 다시 계산 조건을 계산하고, 계속 참이면 또 순환 몸체를 i에서 j까지 다시 수행한다. 이 때 순환 몸체 안에서 조건을 변화시키는 값은 새로운 값으로 변해야 한다. 그래야만 변환 조건 값에 따라 순환 몸체를 계속 반복 수행할 것인지 아닌지를 판단할 수 있다.

이 순환 과정은 계산 조건이 **거짓**이 될 때까지 계속되고, 순환 몸체의 실행이 끝나는 점에서 순환의 바로 뒤에 있는 문장인 단계 j+1로 진행한다. 만약에 계산 조건이 어떤 이유로 결코 거짓이 되지 않게 되면, 알고리즘의 가장 기본 속성인 '종료한다'는 원칙이 깨지게 되어 '에러'가 발생하고 무한히 순환을 반복하게 된다. 이런 경우를 **무한 순환**이라 한다.

그림 3.7은 while 순환 구조를 시각적으로 표현한 것이다, 다이아몬드 박스에서 계산 조건을 계산하여, 참이면 순환 몸체의 동작인 S1, S2, S3,...를 실행하고 나서, 다시 순환의 꼭대기로 가서 조건을 다시 계산한다. 조건이 거짓이면 순환은 끝나고, 알고리즘은 순환 다음에 있는 문장인 Sn을 실행한다.

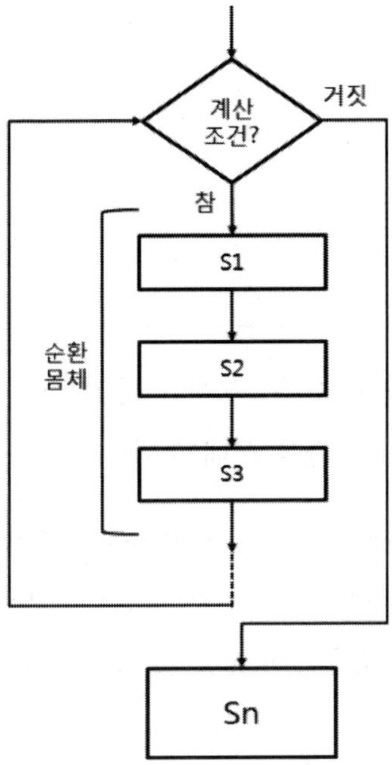

그림 3.7 While 순환의 실행

순환에 대한 간단한 예를 살펴보자.

```
단계      동작
1      count ← 1
2      While (count ≤ 100) do step 3 to step 5
3         square ←count × count
4         Put the values of count and square
5         count ← count + 1
```

단계 1은 count가 1로 초기화되어 있고, 다음 동작은 (count ≤ 100)에 의해 결정된다. 그리고 나서 순환 몸체를 수행한다. 여기서는 단계 3, 4, 5인 세 개의 코드이다. 이 세 코드는 count의 제곱을 계산하고(단계 3), count와 square를 출력한다(단계 4). 순환 몸체 안에 있는 마지막 동작(단계 5)에서 count가 2가 되도록 1을 더한다. 순환의 처음 조건에서(count가 100보다 크게 되면) 다시 실행할 것인지 아닌지를 결정한다. 현재는 count가 2이기 때문에, 알고리즘은 다시 순환 몸체를 수행한다. 이 순환을 전체적으로 본다면, 아래와 같이 1에서 100까지의 각 수를 제곱하여 표를 만드는데, 100번 수행한다는 것을 알 수 있다.

```
   1          1
   2          4
   3          9
   .
   .
   .
 100         10,000
```

순환의 100번째 끝에서 count의 값은 101로(단계 5) 증가되어 계산 조건 검사에서 거짓('100보다 작거나 같다'가 아니므로)이 되므로 순환을 끝내게 된다.

아래 예는 한 번 계산을 수행한 후에 순환을 반복할 것인지 아닌지를 묻는다. 이 알고리즘은 사용자에게 '예(Y)'나 '아니오(N)'를 입력할 때까지 기다리는 것으로 사용자가 '아니오'를 입력해야만 순환을 멈추게 된다. 처음에는 response 값이 'Y'로 초기화되어 있다.

```
단계                    동작
1   response = 'Y'
2   While (response = 'Y') do steps 3 through 11
3     ......
4     .....
5     ....
6     ....
7
10     Put the message '다시 실행할까요?'예 Y' 혹은 '아니오 N'를 입력하시오!
11         Get response
12       stop
```

순환을 수행하는 구조가 while 구조 외에도 여러 형식이 있다. 예를 들어, 알고리즘에서 줄 번호를 제거하고 순서대로 실행하도록 한다. 반복할 순환의 범위(do steps i through j 까지)를 순환의 몸체 안에 단계 번호를 명확하게 기술하는 것 보다는 순환의 끝임을 표시하도록 End of Loop 구조를 사용한다(아니면 유사한 구조를 사용한다). 이러한 방법은 아래처럼 작성할 수 있다.

```
While ("a true/false condition") do
        operation
        .
        .
        .
        operation
End of the loop
```

위에서처럼 순환 몸체에 단계 번호를 명확하게 쓰지 않고, 두 개의 줄 "While . . ."와 "End of the loop"로 순환 범위를 나타낸다.

이러한 순환 유형을 **미리검사 순환**이라 하는데, 계산 조건을 매 순환을 시작하기 전에 미리 검사한다. 그러므로 어떤 경우에는 순환이 한 번도 실행되지 않을 수도 있다. 왜냐하면 계산 조건이 초기에 이미 거짓으로 할당되어 있을 수도 있기 때문이다.

또 따른 순환 구조는 **나중검사 순환**이 있는데, 이것 역시 순환을 제어하기 위해 계산 조건으로 참/거짓을 사용하는데, 매 순환을 다시 실행할 것인지를 순환 몸체의 맨 끝에서 조건을 검사한다. 보통 아래와 같이 Do/While 문장으로 표현한다.

```
Do
operation
operation
.
.
.
While ("a true/false condition")
```

이 유형은 순환 몸체 안에 있는 각 동작을 순환 몸체의 맨 마지막에 있는 참/거짓의 조건을 검사를 하기도 전에 한번은 수행하게 된다. 그 후에 조건이 거짓이면, 순환을 끝내고, 순환 바로 다음 동작을 실행한다. 조건이 참이면, 순환 몸체를 다시 실행한다. 그러므로 이 Do/While 구조에서는 순환 몸체는 **반드시 한 번**은 실행되어 진다. 그림 3.8은 Do/While 순환 구조의 개념을 보인다.

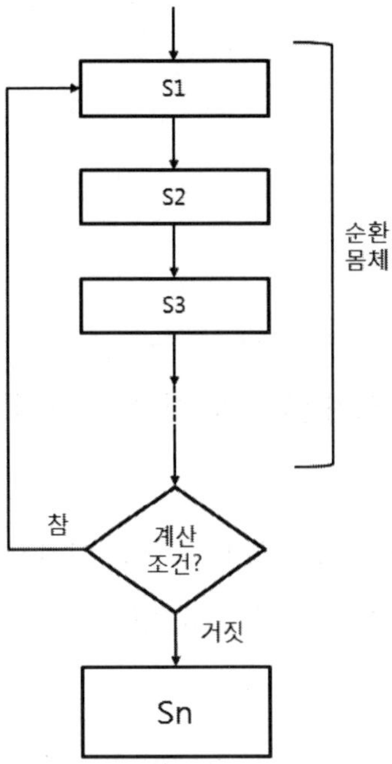

그림 3.8 나중검사를 하는 Do/While 순환 구조

실습 3.2

1. x ≥ 0 이면, y 에 1을 할당하고, x < 0 이면, y 에 2를 할당하는 if/then/else 문장을 쓰시오. x 값은 이미 있다고 가정한다.
2. 세 개의 값 x, y, z 를 읽어 들인다. x 가 양의 수이면, 이 세 값의 평균을 출력하고, 0 이거나 음의 수이면, 평균을 계산하지 않고 "잘못된 자료입니다"라고 출력하는 알고리즘을 작성하시오.
3. x < 0 이면 y = y + 1을, x = 0 이면 y = y - 10을, x > 0 이면 y = y + y를 계산하는 if/then/else 문장을 쓰시오. x 값은 이미 있다고 가정한다.

3.5 알고리즘으로 하는 문제해결 예

이 절에서는 앞에서 언급한 동작들을 사용하여 컴퓨팅 과학에서 많이 사용하는 여러 문제를 해결하는 알고리즘을 개발해 보자.

3.5.1 전화번호부에서 원하는 이름 찾기

주어진 문제의 해를 구한다는 것은 **알고리즘 발견**이라고 할 수 있는데, 문제-해결 과정에서 매우 도

전적이고 창의적인 부분이다. 인공지능, 경험 등 많은 분야가 같이 결합되어야 하거나 포함되어야 한다. 지금부터는 좀 더 많은 자료를 취급하는 알고리즘을 살펴보자.

전화번호부에서 주어진 '어떤 사람의 이름'을 위치를 찾는다.

10,000명에 대한 전화번호와 이름이 있는 전화번호부가 있다고 가정하자. 각 이름은 N1, N2, N3, . . . , N10,000이고, 각 이름에 대한 전화번호는 T1, T2, T3, . . . , T10,000이다. 문제를 간단하게 하기 위해, 전화번호부에 있는 이름은 동일인은 없으며, 알파벳 순서로 되어있지도 않다. 그러므로 아래와 같이 10,000개의 이름과 번호가 쌍으로 나열되어 있다.

```
이름        전화번호
N1           T1
N2           T2
N3           T3
 .            .
 .            .
 .            .
N10,000     T10,000
```

이름을 NAME으로 쓴 개인의 이름을 입력하는 알고리즘을 만들어 보자. 이 알고리즘은 전화번호부에 있는 10,000명의 이름을 하나씩 비교하여 같은 이름이 있는지를 검사한다. 찾기를 원하여 입력한 이름 NAME이 저장된 어떤 이름 값 Nj와 같으면, 그 이름은 찾은 것이다. j는 1과 10,000사이에 있는 값으로 알고리즘에서 그 사람의 이름이 있는 전화번호의 위치이자 출력 값 Tj이 된다. 그러나 10,000개를 모두 비교하였으나 NAME이 전화번호부에 없으면 이 알고리즘에서는 "찾는 번호가 없습니다"를 출력하도록 한다. 무엇인가를 찾는 이러한 유형의 알고리즘은 우편번호 찾기, 기차표 찾기, 도서관의 도서 찾기 등 현실의 여러 곳에 적용되고 있다.

이 전화번호부에서는 이름이 알파벳 순으로 나열되지 않았기 때문에, 이름을 비교하고 찾는데 속도를 높일 유별난 방법을 사용할 필요는 없다. 이름을 임의로 나열되어 있기 때문에 전화번호부 목록에서 처음부터 하나씩 끝까지 차례로 비교하는 방법 외에는 더 효율적인 방법은 없다. 이렇게 순차적으로 끝까지 하나씩 비교하면서 원하는 값을 찾는 기법을 **순차 탐색**이라 한다. 순서없이 나열한 목록에서 원하는 값을 찾는 방법 중에서는 가장 일반적인 방법이다. 아래는 이 순차 탐색으로 알고리즘이다.

```
단계      동작
1       Get values for NAME, N1, . . . , N10,000, and T1, . . . , T10,000
2       If NAME = N1 then put the value of T1
3       If NAME = N2 then put the value of T2
4       If NAME = N3 then put the value of T3
.         .
.         .
.         .
10,000  If NAME = N9,999 then put the value of T9,999
10,001  If NAME = N10,000 then put the value of T10,000
Stop
```

위 알고리즘에서는 특이한 점을 발견할 수 있다. 알고리즘이 너무 길다는 것이다. 비교하는 조건 검사가 10,000개나 있어야 한다. 그러므로 실행 속도도 매우 느릴 것이다. 우연히 찾고자 하는 이름, *NAME*이 *N*1에 있어서 금방 찾게 되면, *T*1이 출력되어 좋겠지만 그래도 알고리즘은 이름 하나만 찾고 종료하는 게 아니므로, 비록 한 개를 찾았더라도, *NAME*은 *N*2, . . . , *N*10,000 위치의 모든 자료를 비교하기 위해 9,999개의 모든 조건 동작을 실행해야 한다. 사람 같으면 상식적으로 하나를 찾고 나면 금방 마칠 것이다. 그러나 컴퓨터 시스템은 이러한 상식이 있거나 스스로 판단할 수 없다. 반면에 컴퓨터는 알고리즘은 기계적으로 처음부터 마지막까지 모두 실행해야만 종료한다. 만약 100,000명의 전화 번화를 탐색한다고 하면 매우 효율적이지 않다.이 알고리즘은 길 뿐만 아니라, 효율적이지도 않다. 또한 잘못되어 있다. 찾고자 하는 이름인 *NAME*이 목록에 없으면 찾는 이름에 목록에 없다는 메시지도 없이 단계 10,002에서 간단하게 종료해 버린다. 이 알고리즘은 목록에 찾는 이름이 있을 때만 정확하게 찾을 수 있도록 설계된 것이다.

이러한 문제는 **반복**이라는 좋은 개념을 활용하지 못했다는 것이다. 동작 10,000개를 따로 따로 기술하지 말고, 단 한 문장만 기술한 다음 **인덱스**를 주어 10,000번(더 이상도 가능)을 반복 수행하도록 함으로써 원하는 답을 구할 수 있다. 앞에서 이미 학습한 순환 구조(주어진 문장의 블럭을 여러 번 실행하는)를 활용하는 것이다. 이러한 순환은 대부분의 알고리즘에서 보통 한 번 이상은 사용하게 된다.

아래 알고리즘은 위의 순차 탐색 알고리즘을 순환을 사용하여 다시 작성한 것이다. 변수 *i*는 **인덱스**(혹은 **포인터**)로 사용한 것으로 목록에 있는 모든 이름 각각을 가리킨다. 즉, *Ni*는 목록에 있는 *i* 번째 이름을 나타낸다. 그러므로 이 알고리즘은 매 번 *i*의 다른 값으로 문장의 그룹인 블럭을 반복적으로 실행한다. 변수 *i*는 마치 손으로 이름을 하나씩 가리키면서 이동하는 것과 같다. 아래는 순환이 있는 순차 탐색 알고리즘이다.

```
단계        동작
1       Get values for NAME, N1, . . . , N10,000, and T1, . . . ,T10,000
2       i ← 1
        Found ← 'NO'
3       While (Found = 'NO') do steps 4 through 7
4           If (NAME ==Ni) then
5                Put the telephone number of that person, Ti
6                Found ←'YES'
            elseif (NAME !=Ni)
7                i ← i + 1
8       Stop
```

맨 처음 순환에서 인덱스 i값은 1이고, NAME이 목록에서 맨 처음의 이름인 Name(1)와 같은지 아닌지를 검사한다. 같으면 결과 값을 출력하고 Found를 'YES'로 할당한다. 그리고 단계 4에서 7까지를 건너뛰어 종료한다. 그러나 원하는 NAME이 아니면, i가 1 증가되어 2로 되고, 순환을 다시 실행한다. 다음 단계 4에서 NAME이 목록에서 두 번째 이름인 N(2)와 같은지 비교한다. 이런 방법으로 문장 "If (NAME ==NAme(i)) then"하나로 10,000개의 이름에 대하여 모두 비교하면서 검사한다. 즉, 매번 다른 i값을 가지고 이 문장 하나를 반복하여 실행한다. 이것이 바로 반복의 장점이다.

그러나 이 알고리즘도 아직 완전하지도 않고 정확하지도 않다. 찾고자하는 이름인 NAME이 전화번호부 목록에 없으면 정확하게 돌아가지 않는다. 이 문제는 원하는 이름을 도중에 찾게 되거나, 이름이 없어서 목록의 맨 끝까지 도달하게 되어 순환을 마쳐야만 해결될 수 있다. 순환을 마치게 되면 Found 값을 검사함으로써 그 때에야 무슨 일이 발생하는지를 정확히 결정할 수 있다. Found 값이 'NO'이면, 인덱스 i의 값이 10,000을 초과하기 때문에 순환은 정지하게 되는데, 원하는 NAME은 찾지 못했지만 목록은 모두 탐색했다. 즉, 목록의 맨 끝까지 찾아보았지만 원하는 이름을 찾지 못했기 때문에 알고리즘은 적당한 메시지를 출력하도록 해야 한다.

그러므로 아래는 이러한 특징을 가지는 순차 탐색 문제를 반복적인 방법으로 해결하는 알고리즘이다. 이 순차 탐색 알고리즘은 전화번호부에서 이름을 가지고 전화번호를 찾는 정확한 방법이다. 위의 알고리즘에서 언급한 알고리즘에 대한 요구사항을 모두 만족하는 것이다. 즉, 순서화도 잘 되어 있고, 각 동작은 명확히 정의되어 있으며, 효율적으로 계산이 가능하고, 제한 횟수 실행 후에는 원하는 결과를 가지고 반드시 종료하도록 되어 있다. 더군다나, 겨우 10 단계로 작성되어 있다. 같은 문제를 해결하는 방법이라 하더라도 알고리즘이 표현이나 길이에서 똑같은 방법으로 설계되지는 않는다. 아래는 위에서 설계한 알고리즘 보다 매우 다르게 설계되었다.

```
#  순차 탐색 알고리즘

단계        동작
1       Get values for NAME, N1, . . . , N10,000, and T1, . . . , T10,000
2        i ← 1
        Found ← 'NO'
3       While (Found == 'NO') and (i ≤10,000) do steps 4 through 7
4           If (NAME ==Ni)then
5              Put the telephone number of that person, Ti
6              Found←'YES'
            else (NAME != Ni)
7              i ← i + 1
8       If (Found == 'NO') then
9           Put the message '찾는 번호가 없습니다'
10      Stop
```

여기에서 보인 알고리즘은 전화번호부의 이름이 알파벳 순이 아니라는 가정에서 시작하였다. 그러나 실생활에서는 순차 탐색 보다 더 좋은 알고리즘을 설계할 수 있다. 이름이 알파벳 순서로 나열되어 있는 경우에는, 이러한 사실을 이용하면 탐색 과정에서 더 좋은 방법이 나올 수 있다. 예를 들어 '박'으로 시작하는 이름은 알파벳 순서에서 중간 쯤 되기 때문에, '전'으로 시작하는 이름은 '박'의 위치에서 이전 까지는 무시하고, '박' 이후부터 찾게 될 것이다. 이러한 아이디어를 반영하면 더 빨리 탐색하는 알고리즘을 설계할 수 있다. 그러면 '가'의 위치인 맨 처음부터 차례로 탐색하는 순차 알고리즘 보다 빠른 알고리즘이 된다.

이러한 여러 유형의 탐색 방법은 알고리즘 설계에서 매우 중요한 개념이다.

어떤 문제를 해결하기 위한 알고리즘 선택은 그 문제에서 필요로 하는 자료를 구성하는 방법에 따라 많은 영향을 받는다. 즉, 자료를 어떻게 구성하는가에 따라 알고리즘은 여러 방법으로 다양하게 설계할 수 있다.

알고리즘이란 결과를 만들기 위한 어떤 자료를 처리하는 방법이다. 그러므로 자료를 어떻게 구조화하는가에 따라 알고리즘 선택에 많은 영향을 주고, 또한 얼마나 빨리 원하는 결과를 만들어 내는가에도 많은 영향을 준다.

3.5.2 가장 큰 값 찾기

이번 알고리즘은 앞에서 설명한 순차 탐색 방법을 이용하여 목록에서 가장 큰 값을 찾는 것이다. 이러한 "최대값 찾기" 알고리즘은 최소값 찾기, 작은 변화의 발견 등 여러 분야에 응용되고 있다. 예를 들어, 수능 시험 성적에서 가장 높은 성적은 몇 점인가? 올해 가장 많은(낮은) 수익을 올린 기업은 어디인가? 또는 같은 물건을 가장 싸게 판매하는 가게는 어디인가? 등 많은 곳에 활용되고 있다. 이러한 물음에 답을 제공하려면 이 알고리즘을 실행한 결과를 답으로 하게 된다.

이 알고리즘을 다른 여러 분야에 적용하려면 마치 "블럭 쌓기" 같은 방법으로 만들 수 있다. 즉, 개발하려는 Find Largest 알고리즘은 순서가 없이 나열된 들을 올림착순으로 정렬(*sorting*)하는 알고리즘을 사용하게 된다. 이 올림차순으로 하는 정렬은 목록 A에 있는 가장 큰 값을 '찾고', '제거'한다. 그 후 목록 B의 마지막 위치에 찾은 가장 큰 값을 이동한다. 아직 A에 남아있는 수들 중에서, 가장 큰 수를 찾아서 다시 B로 이동하는 이러한 동작을 반복한다. 이 알고리즘은 3.7에서 자세히 다룬다.

컴퓨팅 과학에서 "블럭 쌓기"라는 개념은 매우 중요한 것으로, 이 장에서의 모든 알고리즘은 순차 동작, 조건 동작, 반복 동작을 블럭처럼 차례로 쌓아서 전체적으로 구성한 것이다. 그러나 알고리즘은 한 번 개발되면, 다른 복잡한 알고리즘을 개발하는데 또 다른 블럭처럼 사용된다. 예를 들어 '정렬' 알고리즘을 개발하는데 "최대값 찾기" 알고리즘을 사용하는 것과 같다. 그러므로 **라이브러리**라고 하는 유용한 알고리즘을 모아놓은 것을 활용하기도 한다. 이 라이브러리는 알고리즘 설계나 개발에 아주 유용하게 사용할 수 있다.

지금부터 이 절에서 해결하고자 하는 문제를 형식적으로 표현해 보자.

n ≥ 1 인 n 값이 있고, 목록에는 A1, A2, . . . , An인 n개의 수가 있는데 모두 다른 수이다(같은 수는 없다). 이 목록에서 가장 큰 수와 가장 큰 수가 있는 위치를 찾아서 출력하시오.

예를 들어서, 목록에 다섯 개의 수를 포함하고 있다고 하자,

```
19, 41, 12, 63, 22 (n = 5)
```

그러면 알고리즘은 가장 큰 수인 63을 찾고, 이 수가 있는 위치인 4번째라는 4를 출력한다. 이 경우에는 같은 수는 없기 때문에 가장 큰 수는 오직 한 번만 나타난다.

이 문제를 기술한 문장을 보고 어떻게 알고리즘을 구할 수 있을까? 또한 어떻게 하면 정확하게 만

들고, 또한 효율성이 있도록 할 것인가?

알고리즘을 작성하기 전에 먼저 제일 큰 값을 찾고자 하는 목록이 있어야 할 것이다. 그러므로 목록의 크기를 나타낼 변수, n의 값이 있어야 하고, 이어서 이 n 개의 원소를 가지는 목록의 값 A1, A2, . . . , An 이 있어야 한다. 이것은 아래와 같이 표현할 수 있다. 그러면 자료가 입력되고 알고리즘을 만들 수 있다.

```
Get a value for n, the size of the list
Get values for A1, A2, . . . , An, the list to be searched
```

일단, 목록에는 하나 이상의 값이 있으며, 맨 처음에 있는 원소, A(1)를 가장 큰 값으로 가정한다. 그러므로 아래와 같이 형식을 갖춘 의사코드로 표현한다.

```
largest ← A(1)
```

작성하고자 하는 알고리즘에서는 가장 큰 값이 나타나는 위치를 결정해야만 한다. 즉, 이 값을 저장하려면 목록 안에서 위치를 추적하기 위해 largest 이라는 변수를 만들어 사용한다. 목록에서 맨 처음 원소를 largest로 했기 때문에 변수 location을 아래와 같이 1로 초기화 한다.

```
location ← 1
```

이제 목록 A에서 남아있는 원소 중에서 가장 큰 값을 찾을 준비가 된 것이다. 그러나 아래 문장같은 것을 표현하려면 좀 더 신경을 써야 한다. 이미 앞에서 언급한 순차 탐색 알고리즘에서 본 것처럼 잘못 기술할 수 있다.

```
If the second item in the list is greater than largest so far then . . .
```

이 문장은 목록에서 정확히 두 번째 원소만 검사하게 된다. 그러나 알고리즘은 세 번째, 네 번째, 다섯 번째 등으로 계속하여 검사하도록 설계되어야 한다. 그러므로 반복하는 아이디어를 사용해야 한다. 원하는 결과를 얻으려면 많은 시간이 걸리기 때문에 순환 구조를 반복하여 실행한다.

이러한 문제를 해결하려면, 순차 탐색 알고리즘에서 사용한 같은 기법을 사용하면 된다. 즉, 목록에서 세 번째, 네 번째, 다섯 번째 등으로 하지 않고, 실행하는 동안 다른 값으로 순환 구조를 반복할 수 있도록 변수 i를 사용하여 i-번째라고 쓸 수 있도록 한다. 이러한 아이디어를 사용하면 아래와 표현할 수 있다. 그러면 i 값에 따라 다른 값으로 실행할 수 있다.

```
if (A(i) > largest) then . . .
```

이렇게 하여 한 문장으로 목록에서 n 개의 값을 모두 차례로 검사하도록 한다. 목록의 맨 처음 값이 자동으로 가장 큰 값으로 할당했기 때문에 i의 처음 값은 2이다. 이제 목록에서 두 번째 원소를 찾기 시작해 보자.

```
.
.
.
 i ← 2
.
.
.
If (A(i) > largest) then . . .
```

then 다음에는 묵슨 동작이 들어가야 하는지 살펴보자. 앞에서 이미 가장 큰 값(largest)과 위치(location)를 재할당하는 과정을 언급하였다.

```
If (A(i) > largest) then
largest←A(i)
location ← i
```

만약 A(i)가 largest 보다 크지 않으면 알고리즘이 아무 것도 하지 않도록 해야 한다. 이렇게 하려면 if/then 코드가 아래처럼 무엇인가 하도록 else 절을 포함하도록 해야 한다.

```
else
    Don't do anything at all to largest so far and location
```

이렇게 하면 되는데, 보통 아무 것도 하지 못하게 하는 코드는 어떤 의미있는 정보를 수행하지 않기 때문에 알고리즘에서 생략되곤 한다.

가장 큰 값(largest)과 위치(location) 값을 재할당을 하든 안 하든, 알고리즘에서는 목록의 다음 원소로 이동해야 한다. Ai 와 i-번째를 사용하기 때문에 간단하게 i 값에 1을 더하고, if/then를 반복하면서 다음 원소로 이동한다. 이 반복에 대한 전체 윤곽으로 보면 아래와 같다. Goto는 동작들을 '건너뛰라'는 의미의 코드이고, Label1은 건너 뛰어갈 위치를 지정하는 '표시(label)'이다.

```
Label1: If (A(i) > largest) then
            largest ← A(i)
            location ← i
            i ← i+1
       Goto Label1
         .
         .
         .
```

위의 코드를 보면 순환이 영원히 무한 반복하게 되어 있다. 이렇게 되면 잘못된 것이기 때문에 유한 반복 후에 멈추도록 해야 한다. 그러면 어떻게 해야 정지하는가? 또한 언제 답을 출력하고 실행을 멈추는가?

조건 동작 "If (A(i) > largest) then . . ."는 A(i)가 목록 A의 실제 원소 값을 표현할 때만 의미가 있다. 즉, A는 1에서 n 까지의 번호가 있는 n 개의 원소를 가지고 있고, i 값은 1에서 n 까지의 범위를 가지기 때문이다. 만약 i > n 이면 순환은 목록 전체를 모두 찾았으며, 그 때 종료하게 된다. 이제 가장 큰 값(largest)과 위치(location)를 출력하자. 기본적인 순환 구조를 사용하여 반복을 아래처럼 기술할 수 있다.

```
While (i ≤ n) do
         If A(i) > largest then
            Set A(i)←largest
            Set i← location
    Add 1 to the value of i←i+1
End of the loop
```

이제 알고리즘에서 필요로 하는 각 조각을 모두 만들었다. 이 조작들을 모아 하나로 결합만 하면 된다. 아래는 완성된 '가장 큰 값을 찾는 알고리즘'이다. 이 알고리즘에는 단계 번호는 쓰지 않는다. 매우 크거나 복잡한 알고리즘에서는 단계 번호를 쓰지 않는 것이 보통이다.

가장 큰 값을 찾는 알고리즘

```
Get a value for n, the size of the list
Get values for A1, A2, . . . , An, the list to be searched
largest ←A(1)
location ←1
i ← 2
While (i ≤n) do
    If (A(i) > largest) then
       largest← A(i)
       location ←i
       i←i+1
End of the loop
Put out the values of largest so far and location
Stop
```

실습 3.3

1. 가장 큰 값을 찾는 알고리즘을 가장 작은 값을 찾는 알고리즘으로 수정하시오. 무엇을 수정하면 되는지 설명하시오.
2. 가장 큰 값을 찾는 알고리즘에서 빈 목록이라면 즉, n = 0 이라면 어떤 일이 일어나는지 설명하시오. 그리고 n = 0 인 경우에도 실행하여 종료하도록 수정하시오.
3. 가장 큰 값을 찾는 알고리즘에서 원소가 꼭 한 개만 있으면 즉, n = 1 이라면 어떤 일이 일어나는지 설명하시오. 에러없이 종료하도록 수정하시오.

3.6 알고리즘 분석과 효율성

알고리즘의 효율성을 측정한다는 것은 **알고리즘을 분석**한다고 하고 컴퓨팅 과학에서는 매우 중요한 부분이다. 이러한 분석을 위하여 개발한 순차 탐색 알고리즘을 살펴보자.

앞에서 언급한 순차 탐색 알고리즘을 10,000 개의 이름을 가지는 목록이 아니라, n 개의 원소를 가지는 목록으로 가정하자. 그러면 알고리즘의 일부는 아래와 같이 수정된다.

```
1       Get values for NAME, N1, . . . , Nn, and T1, . . . , Tn
2        i ← 1
         Found←'NO'
3       While (Found == 'NO') and (i ≤ n) do steps 4 through 7
         .
         .
         .
```

이 알고리즘의 가장 중요한 부분은 목록 안에 있는 이름(NAME)을 찾기 위해 목록의 내용을 반복하여 비교하는 것이다. 즉, 이름을 발견하거나 없더라도 목록의 마지막 내용까지 비교하는 것이 본질이다. 이러한 비교는 단계 4에서 단계 7까지로 이루어진 순환 구조인 단계 4에서 일어난다. 부수적인 작업으로는 인덱스 i를 초기화해야 하고, 출력을 하고, Found 를 조절하고, 인덱스를 목록의 끝까지 이동시키는 것이다. 왜 이러한 주변 작업도 고려해야할까?

인덱스와 Found의 초기값을 할당하는 것은 코드 한 개만 실행하면 되는 것이다. 출력하는 코드도 한 개면 충분하다. 단계 5에서 이름(NAME)이 목록 안에 있는지 물어보는 것이나, 단계 9에서 이름(NAME)이 목록 안에 없는지를 물어보는 것도 한 코드이다. 비록 순환 속의 한 부분 일지라도 코드 5는 오직 한 번 ((if NAME == N(i)) 만 출력하는 것으로 쓰여졌고, 마찬가지로 Found 를 'YES' 할당하는 것도 단계 6에서 한번(if (NAME ==s N(i)) 만 나타난다. 그러나 오직 한 번 만 실행하는 이러한 코드의 실행은 알고리즘 전체의 실행과 분석에는 큰 영향을 주지 않기 때문에 무시할 수도 있다.

단계 7에서 매 번 비교 때마다 인덱스가 목록 아래로 한 번 이동하게 된다. 그러므로 알고리즘의 전체 작업량을 알기 위해서는 간단하게 비교한 회수를 세고, 인덱스가 이동한 작업량에 어떤 상수를 곱하여 구할 수 있다. 매번 비교 때마다 인덱스는 한번 이동하기 때문에 상수는 2가 될 수 있다. 그러므로 작업을 두 배로 할 수 있다. 이름(NAME)을 목록(Ni)에서 하나씩 글자로 비교하는 것 보다는 i에 1을 더하는 것이 적은 일이기 때문에 일이 적을 수도 있다. 이러한 작은 상수는 의미가 없을 수 있기 때문에 중요하지는 않다.

다시 한 번 살펴보면, 이 알고리즘의 기본 작업은 목록에 있는 원소를 NAME 으로 하나씩 비교하는 것이다. 한 번 비교는 단계 4에서 단계 7까지의 순환에서 매 순환 마다 일어난다. 그러므로 순환이 몇 번이나 실행하는가를 알아야 하는 것이다. 물론, 이름(NAME)을 찾았는지와 못 찾았는지 혹은 언제 찾았는지에 따라 다르다.

이 알고리즘의 최소 작업량은 이름을 목록의 맨 처음 위치에서 찾았을 때이다. 오직 한 번만 비교를 했고, 즉시 순환을 빠져 나오도록 되어 있기 때문이다. 이런 경우를 **최선의 경우**라고 하고 가장 적은 작업을 수행한 것이다. 반면에 **최악의 경우**는 가장 많은 작업을 하는 경우이다. 즉, 이름이 목록의 맨 끝에 있거나 아예 없으면, 비교를 목록의 크기 만큼해야 한다. 그러므로 가장 많은 비교를 수행해야 한다. 이러한 상황에서 이름은 순환이 종료되기 전까지는 목록에서 n 개의 이름(NAME)을 모두 비교해야 한다. 왜냐하면 FOUND 가 YES 로 할당 (if NAME ==N(n)) 되거나, 아니면 인덱스 i 값이 n 값을 초과 (if NAME is not in the list)하기 때문이다.

그러나 NAME 이 목록의 중간에 있을 때는 1(최선의 경우)과 n(최악의 경우) 사이의 비교 회수가 들 것이다. 만약 이름이 목록의 여러 위치에 임의로 있도록 하고 순차 탐색 알고리즘을 여러 번 실행하면서, 매번 수행한 비교 회수를 센다면 수행된 평균 비교 회수는 대략 n/2 이다(실제로는 정확한 평균은 n/2보다는 약간 높게 나온다). 이름이 목록 안에 있기만 한다면 평균이 왜 n/2와 같이 나오는지를 이해하기는 어렵지 않다(사실 순환이 대략적으로 평균 n/2번 실행한다). 마약에 이름(*NAME*)이 목록의 중간에 있다면 대략 n/2의 비교가 필요하고, 만약 이름이 중간 이전에 아무 곳에나 있으면, 약 반 정도의 시간이 소요되고, 중간 이후에 있으면, 또 반 정도의 시간이 소요된다. 즉, 적게 일을 하거나 일을 많이 하거나 적당히 균형이 잡히게 된다.

이것은 어떤 이름 하나를 찾아내는데 이 만큼의 평균 비교 회수가 필요하다는 의미이다. 즉, 목록에 이름이 10개가 있으면 약 5번의 비교 회수가 필요하고, 1000개가 있으면 약 500번의 비교 회수가 필요하다 것이다. n 값이 작을 때(말하자면 수백에서 수천 정도)에는, 평균인 경우의 n/2 값이나 최악인 경우의 n 값으로는 컴퓨터가 알고리즘을 빨리 실행하고, 원하는 값을 짧은 시간 내에 구할 수 있다. 그러나 컴퓨터는 일반적으로 작은 문제만을 다루는 것이 아니기 때문에, 자료의 크기(n)가 매우 큰 경우의 문제를 푼다고 가정해야 한다. 예를 들어, n 값이 20,000,000명 정도는 되는 전화번호부 같은 것이다. 예를 들어 순차 탐색 알고리즘을 1초에 50,000 번의 비교를 수행하는 컴퓨터에서 실행한다면, 어느 위치에 있는 이름을 찾는데 필요한 비교 시간은 아래와 같이 약 200초(약 3분 정도) 이상이 소요된다.

$$\frac{20{,}000{,}000}{2} \text{ 비교회수} \times \frac{1}{50{,}000} \text{ 초/비교회수} = 200\text{초}$$

여기에 인덱스를 이동시키는 요소인 상수를 포함하면 실제로는 더 많은 시간이 소요된다. 목록에 이름이 없다는 것까지 결정하기 위한 비교까지 수행한다면 7분 정도는 소요될 것이다. *n* 값이 클 때 이와 같은 많은 시간이 소요된다면, 순차 탐색 알고리즘은 시간적인 면에서 효율적이라고 말하기 어렵다.

n 개의 이름이 있는 목록에 대해 순차 탐색 알고리즘을 수행하는데 필요한 비교회수를 정리하면 아래와 같다.

최선의 경우	최악의 경우	평균의 경우
1	n	n/2

이것을 살펴보면 최악의 경우와 평균의 경우 둘 다 자료의 크기(목록에 있는 이름의 수) n 에 종속된다. 자료가 더 커지면 찾는데 작업량이 더 많아지는 것은 당연하다. 알고리즘이 수행하는 작업은 일반적으로 주어진 문제에서 입력되는 자료의 크기에 따라 종속되고, 이 자료의 크기에 따라 수학적인 공식으로 표현할 수 있다. 이름을 찾는 순차 탐색 알고리즘에서는 입력하는 크기는 목록에 있는 이름의 개수(즉, 목록 크기, n)와 같다.

더불어 순차 탐색 알고리즘의 공간적인 효율성에 대하여 살펴보자. 이 알고리즘은 이름이 있는 목록을 저장해야하고, 입력으로 찾고자하는 이름(NAME)을 저장한다. 또한 인덱스 값 i와 Found에 대한 저장 장소도 필요하다. 그러나 이 두 개의 단순 변수 값을 저장하는 공간은 목록을 저장하는 공간에 비하여 크게 중요하지는 않다. 그러므로 순차 탐색 알고리즘은 그렇게 많은 저장 공간을 사용하지 않기 때문에 공간적으로는 효율적이라고 말할 수 있다.

지금까지는 순차 탐색 알고리즘의 분석에 대하여 알아보았다. 그러나 부수적인 요소인 상수에 대해서는 언급하지 않았는데 이 상수에 대하여 알아보기 위해 **크기의 정도-정도 n(Order of Magnitude-Order n)**에 대하여 알아보자.

순차 탐색 알고리즘의 동작이 과정에서 최악의 경우에는 n 개의 이름에 대해 n 번 비교하는 것이다. 이 때 c 는 부수적인 작업을 나타내는 상수 요소이다. 즉, cn 은 총 작업량을 의미한다. c 가 2라는 값을 가진다고 가정하면, n값과 2n 값은 아래와 같다.

n	2n
1	2
2	4
3	6
.	.
.	.
.	.

이 값들은 그림 3.9와 같은데, 총 작업량으로써, n 값이 변함에 따라 2n 이 어떻게 변하는가를 보이고 있다.

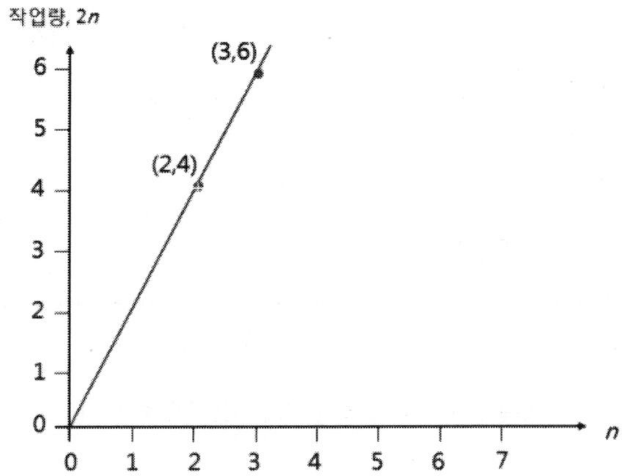

그림 3.9 작업량 = 2n

그림 3.10은 n 값이 변함에 따라 cn 값이 어떻게 변하는가를 보이고 있다. 여기에서 c = 1, c = 1/2, c = 2 로 c 값은 임의의 값이다. 그림 3.11은 c 의 세 값에 대하여, n 값이 변함에 따라 cn 의 증가율을 다른 관점에서 보이는 것이다.

그림 3.10과 그림 3.11 둘 다 n 값의 증가에 따라 작업량 cn 의 증가하고 있음을 보이고 있지만 증가 비율은 다르다. c = 1 일 때는 작업량이 n 값과 같은 비율로 증가하고 있으며, c = 2 일 때는 작업량이 n 값의 두 배의 비율로 증가하고 있고, c = 1/2 일 때는 작업량이 n 값의 반의 비율로 증가하고 있다. 그러나 그림 3.10에서는 이 그래프 모두 n 값에 대하여 같은 직선 모양을 따른다는 것을 보이고 있다. 일정한 시간(상수)인 n 값에 따라 변하는 모든 것을 **크기 n 의 정도**라 하며, O(n) 이라 쓰고, '**오더 n (Order n)**'이라 읽는다. 이와 같이 알고리즘은 시간의 효율성을 나타내는 '크기의 정도'에 따라 분류할 수 있다. 이러한 방법을 적용하면 순차 탐색 알고리즘은 최악의 경우와 평균의 경우 모두에서 O(n) 알고리즘이 된다.

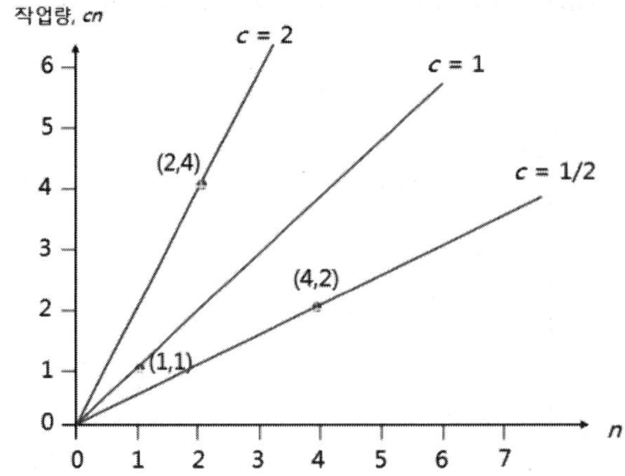

그림 3.10 c 값의 변화에 따른 작업량 = cn

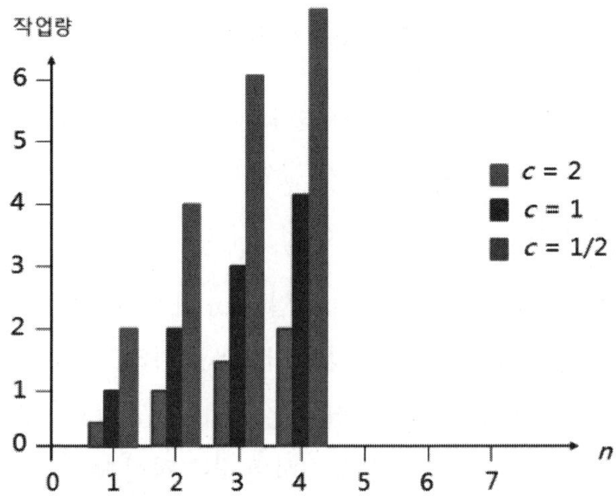

그림 3.11 c 값의 변화에 따른 작업량 = cn의 증가

지금까지 관심이 많은 프로그램을 설계하기 위한 데이터와 알고리즘 개발하는 과정을 살펴보았다. 또한 문제해결을 알고리즘으로 어떻게 해결하는지에 대한 개념도 알아보았다.

어떤 문제를 해결하기 위해 정확한 알고리즘을 기술적으로 설계한다는 것은 정확성에 더하여 효율성과 유용성도 컴퓨팅 과학에서 검증되어야 하는 것 중이 하나이다.

좋은 프로그램은 잘 구성된 데이터와 잘 짜여진 알고리즘으로 구성되는 것이다. 즉, 훌륭한 알고리즘이 데이터를 잘 처리하여 실행하면서 정확한 결과를 내는 것이 중요하다. 결국 프로그램은 아래와 같다.

프로그램 = 데이터 + 알고리즘

3.7 좀 더 복잡한 문제 해결

3.7.1 분할정복법과 정렬문제

분할정복법은 의미대로 전체를 작게 쪼개어 즉, 분할하여 작은 것부터 처리하는 문제 해결 방법이다. 하나의 큰 문제를 두 개 이상 여러 개의 작은 문제로 나누어 해결한 후, 이것을 통합하여 큰 문제의 해를 찾는 방법으로 분할된 작은 문제들은 원래 주어진 큰 문제와 그 크기만 다를 뿐 같은 목적을 가진다. 만약 분할된 작은 문제의 크기가 마찬가지로 쉽게 해결되기 힘든 크기라면, 다시 더 작은 크기로 나누어 해결하도록 한다. 분할정복법은 합병정렬을 예로 들 수 있다. 합병정렬은 그림 3.12와 같이

1) 분할단계:두 개의 수열로 분할한다
2) 정복단계:두 수열을 각각 정렬한다
3) 병합단계:정렬된 두 수열을 순서를 유지하면서 병합한다.

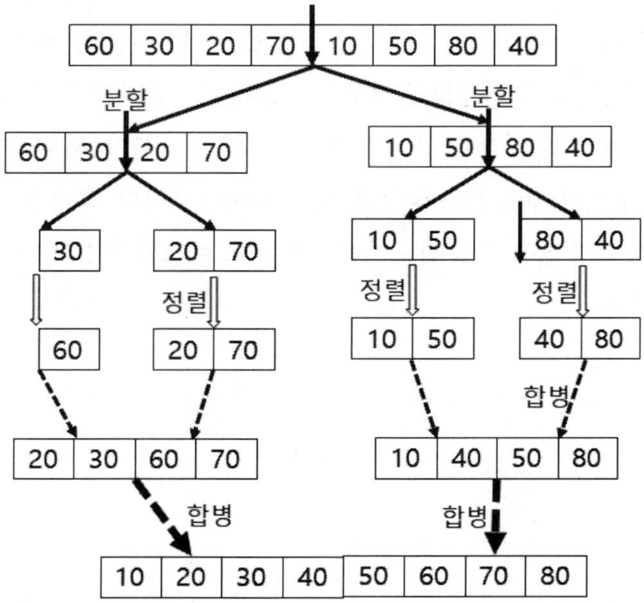

그림 3.12 분할정복법에 의한 수의정렬 예

n개의 수로 이루어진 수열이 주어지면 먼저 그것을 분할하여 $n/2$개의 수로 이루어진 수열 2개를 얻는다(분할단계). 이어서 분할된 두 수열을 각각 정렬한다(정복단계). 마지막으로 정렬된 수열을 병합하여 최종 결과를 얻는다(병합단계). 그런데, 정복단계에서 처리해야 하는 일은 역시 수열을 정렬하는 것으로, 단지 크기만 **반으로 줄어들었을 뿐**, 원래 분할 전의 문제와 동일한 작업임을 알 수 있다. 만약 정복단계에서 처리해야 하는 수열이 간단히 정렬 가능한 충분히 작은 크기의 수열이라면 바로 정복 가능할 것이나, 일반적으로는 그렇지 못하므로, 결국 다시 그 수열을 분할하여 정복하는 전략을 취해야 한다. 다시 말해, $n/2$크기의 두 수열 각각에 대하여 다시 $n/4$크기의 수열로 나누는 분할-정복-병합의 과정을 수행하게 된다. 이와 같이, 분할정복방법에서는 처음 주어진 큰 문제를 분할-정복-병합하는 일련의 과정이 충분히 작은 수열이 얻어질 때까지 반복적으로 처리되는 특성을 가지고 있는데, 이를 재귀적 처리라 한다.

3.7.2 탐욕적 방법과 최단경로 탐색

탐욕적 방법은 제한된 조건에서 **얻고자 하는 이익이 최대**가 되도록 하는 해를 찾는 문제로 최적화 문제에 주로 적용한다. 최적해를 찾아가는 일련의 과정에서, 각 단계의 부분해를 선택하면서 현재 단계에서 최선이라고 생각되는 것을 선택하는 과정을 반복적으로 적용해 가는 방법이다. 그러나 찾아진 해가 최적인지를 검증하는 단계가 필요하다. 대표적으로 **다익스트라** 알고리즘이 있는데 네비게이션을 비롯해, 인터넷에서 최단 네트워킹 경로를 탐색하는 기술 등 최적화 응용 분야가 있다. 그림 3.13은 탐욕적 방법으로 최단경로를 탐색하는 문제를 해결하는 과정이다.모든 주택A에서 F까지 연결하는 길에서 모든 집을 갈 수 있는 가장 짧은 길을 탐색한다. A에서 시작하여 각 단계별로 연결된 길 중에서 현재 가장 짧은 길을 찾는다 즉, 부분해를 구한다. 그러면 B로 가는 길이 나오고 현 단계인 B에서 다시 가장 짧은 길을 찾으면 C를 찾는다. 이러한 방법 반복하여 최종적으로 단계 5의 최단 경로를 구한다.

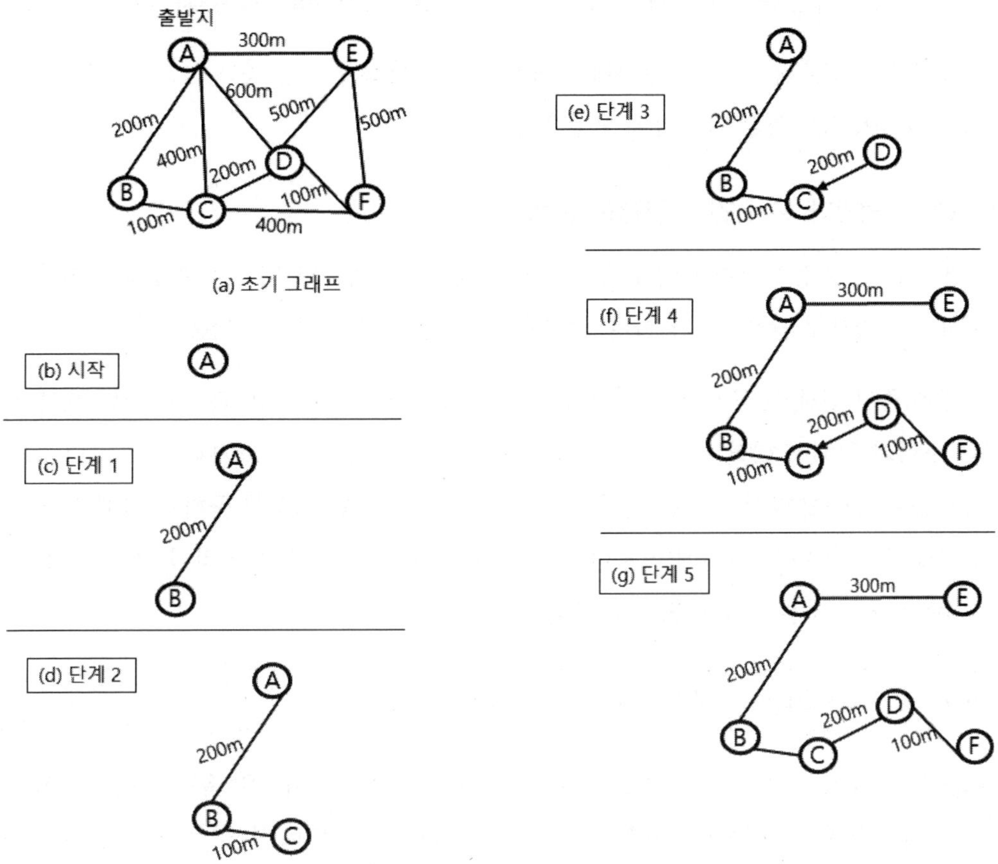

그림 3.13 탐욕적 방법에 의한 최단 경로 탐색 방법 예

이와같이 탐욕적 방법은 한 번에 해를 찾는 대신 단계적으로 조금씩 해에 가까워지는 부분해를 찾아가는 방법을 취한다. 최적해를 찾아가는 일련의 과정에서, 각 단계의 부분해를 선택함에 있어서 이전 단계의 선택이나 이후 단계의 선택과는 상관없이 현재 단계에서 최선이라고 생각되는 것을 선택하는 과정을 반복적으로 적용해 가는 방법이기 때문에 "탐욕적"이라는 말처럼 각 부분 단계마다 항상 가장 좋은 것을 선택한다는 의미가 포함되어 있다. 예를 들어, 산 정상을 찾아서 올라가는 경우에, 숲으로 덮여있는 산 속에서 정상까지의 길은 보이지 않는다면, 각 지점에서 눈으로 볼 수 있는 부분적인 산세만 보고 그 안에서 가장 높은 지점까지 올라갈 수 있는 최단 경로를 찾아서 일단 그 곳까지 간 후, 다시 그 지점에서 같은 방법으로 다음 지점까지의 최단 경로를 선택하는 식으로 등산을 할 수 있을 것이다. 이러한 방법은 결국 최정상(최종목표)까지 도달하기 위한 경로를 몇 개의 지점(중간목표)으로 나누어, 각 지점에서 다음지점까지의 최단 경로(최선의 부분해)를 선택하는 과정의 반복을 통해 전체 경로(최종해)를 찾는 것과 유사하다. 특별히 산 정상에 오르는 것

에 비유될 수 있는 이런 문제에 탐욕적 방법이 적용된 경우를 **언덕오르기 방법**이라 하기도 한다.

탐욕적 방법을 적용할 때 각 부분 단계에서 최적이 되는 해를 선택한 것으로, 이것들의 결합이 결과적으로, 최적이 되는 해를 만든다는 보장은 없다.

3.7.3 동적 계획법과 도시 간 최단경로 탐색

그림 3.13과 같이, 특정 범위까지의 값을 구하기 위해 다른 범위까지의 값을 이용하여 효율적으로 값을 구하는 방법으로 답을 재활용한다. 즉, 앞에서 구했던 답을 뒤에서 이용한다.

어떤 문제를 풀기 위해 그 문제를 더 작은 문제의 연장선으로 생각하고, 과거에 구한 해를 활용한다. 답을 구하기 위해서 했던 계산을 계속해야 하는 종류의 문제에서 효과적이다. 그림 3.14(a)는 마을 지도를 간략하게 다시 표현한 것이며, 두 주택 사이의 최단 거리를 구하기 위해 앞에서 구한 거리를 아래와 같이 다음 계산에 활용한다. 그림 13.7(b)는 두 주택 사이의 최단 경로이며, 그림 13.7(c)처럼 문제를 부분 문제로 쪼갠 것이다.

$$D(A_1, A_n) = \min\{d_{12} + D(A_2, A_n), d_{13} + D(A_1, A_n)\}$$

동적계획법은 분할정복법과 마찬가지로 하나의 큰 문제를 작은 문제들의 결합을 이용하여 해결한다. 그러나 작은 문제와 큰 문제 사이의 의존 관계를 보다 효율적으로 활용한다는 측면에서 분할정복법과 차이가 있다. 간단한 예로, 피보나치수열을 계산하는 문제를 생각해 보자. 피보나치수열의 n번째 항인 F_n은 $n-1$번째 항과 $n-2$번째 항의 합으로 계산되어, $F_n = F_{n-1} + F_{n-2}$로 재귀적인 정의가 가능하다. F_n의 값을 분할정복법에 의해 계산한다면, 먼저 이를 F_{n-1}의 값과 F_{n-2}의 값을 각각 계산하여 합하는 분할-계산-합산의 전략을 취할 수 있을 것이다. 그런데 피보나치수열 문제는, 즉, F_{n-1}의 값을 구하는 부분문제를 풀기 위해서는 F_{n-2}의 값이 필요하다. 이와 같은 부분문제들 간의 의존성을 고려하지 않고 단순히 분할-정복과정을 반복하면 같은 항의 피보나치수열 값을 여러 번 반복해서 계산하게 되어 결국 계산시간의 낭비를 가져온다. 동적 계획법에서는 이러한 의존관계를 활용하여 F_1부터 순서대로 각 항의 값을 계산해가면서 이전에 계산한 항의 값을 다음 항 계산에 활용하는 접근법을 취한다.

이와 같이, 동적 계획법에 의한 문제풀이에서는 작은 문제와 큰 문제들의 의존관계 (혹은 재귀적 관계)를 잘 파악하여 이를 효과적으로 이용하는 것이 핵심이 된다. 동적 계획법에 의한 문제풀이 과정은 다음 두 단계로 정리할 수 있다.

- 재귀관계식 정의: 큰 문제와 이를 분할한 작은 문제 간의 재귀적 관계 (의존관계)를 정의한다.
- 문제 해결: 작은 문제부터 큰 문제 순으로 문제를 해결한다.

이 과정에서도 알 수 있듯이, 동적계획법은 일단 큰 문제와 작은 문제 사이의 의존적 관계가 정의되고 나면, 그 것을 충분히 활용하기 위하여 작은 문제부터 풀이 시작하여 그 결과를 큰 문제를 푸는데 활용하는 진행흐름을 가진다. 따라서 이와 같은 문제 풀이 방식을 **상향식 방법**이라 한다.

동적계획법이 적용될 수 있는 문제들은 매우 많다. 여기서는 대표적인 예 중 하나인 두 지점 사이의 최단경로 찾기 문제를 이용하여 동적계획법의 구체적인 적용방법을 살펴보자. 이미 앞 에서 출발점이 하나로 정해져 있을 때, 나머지 각 지점에 이르는 최단경로들을 모두 찾는 문제를 살펴보았다. 여기서는 간단하지만 내비게이션과 같은 실제 시스템에서 더 많이 활용되는 문제인 출발점과 시작점이 정해진 문제를 생각한다. 그림 3.14(a)에서 모두 n개의 주택을 각각 하나의 노드로, 그리고 서로 연결된 상태를 간선으로 나타내었다. 그림에서 두 주택 A_i와 A_j는 서로 직접 연결되어 있고, 그 거리는 d_{ij}이다. 이 문제의 목적은 도시 A_1에서 주택 A_n에 이르는 최단 거리 $D(A_1, A_n)$을 찾는 것으로 그림 3.14(b)에 상징적으로 나타내었다.

이 문제를 동적 계획법으로 풀기 위해서는 원래 문제에 대하여 그 보다 작은 문제를 이용하여 그 중복관계를 나타낼 수 있어야 한다. 그림 3.14(c)에 그 개념적인 관계를 나타내었다. 주택 A_1에서 주택 A_n에 이르는 경로를 한꺼번에 찾을 수는 없으므로, 먼저 출발주택 A_1과 직접 연결된 주택을 찾으면, A_2와 A_3가 있다. 이 두 주택 중 어떤 것을 경유지로 하느냐에 따라 두 경로가 존재하고, 각 경로에 대한 거리를 계산할 수 있다. 그림 3.14에서 볼 수 있듯이 주택 A_2를 거쳐서 최종 목적지 까지 가는 경로의 거리는 A_1에서 A_2까지의 거리 d_{12}와 A_2에서 A_n에 이르는 최단거리 $D(A_2, A_n)$의 합으로 나타낼 수 있다. 마찬가지로 A_3를 거쳐서 가는 경우에 대한 거리도 계산할 수 있으며, 이 두 경우 중 더 작은 값을 가지는 경우가 최종적인 경로로 선택된다. 이것은 위의 식 $D(A_1, A_n) = \min\{d_{12} + D(A_2, A_n), d_{13} + D(A_1, A_n)\}$와 같다. 이와 같이 $D(A_1, A_n)$를 계산하는 문제는 주택의 수가 하나 줄어든 조금 작은 문제 $D(A_2, A_n)$와 $D(A_3, A_n)$를 이용하여 나타낼 수 있다. 만약 $D(A_2, A_n)$가 한 번에 쉽게 구해진다면 풀이는 간단하지만 그렇지 않으면, 이를 다시 더 작은 문제를 이용하여 나타내는 과정을 반복해야 한다. 이렇게 하여 충분히 간단한 문제부터 차례로 풀어나감으로써 최종적인 해를 얻는 것을 동적계획법이라 한다.

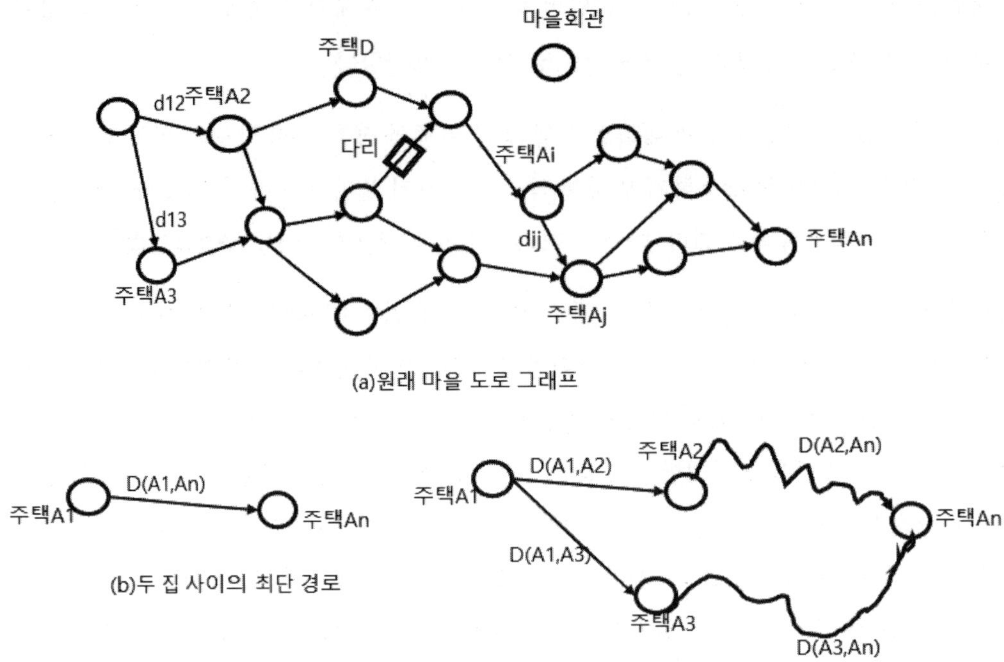

(c)부분 문제로 표현한 큰 문제

그림 3.14 동적 계획법에 의한 최단경로탐색 문제 해결 예

이외에도 일정 부분을 역추적하여 이전의 과정으로 되돌아와서 다른 방법을 고려하는 역추적 방법과 배낭문제와 규칙 집합 탐색 등 다양한 경험적인 문제해결 방법이 있다. 규칙 집합 탐색은 비교적 적은 양의 지식을 바탕으로 논리적 추론 과정으로 해결되는 문제에 적합하다.

연습문제

01 깊이가 n인 이진 트리 구조에서 최대 노드의 수는?

02 n-비트로 표현할 수 있는 정보의 수는?

03 n-비트로 표현할 수 있는 정수의 범위는?

04 좌표 (x1, y1)이 (100, 200)이고, 대각선 위치에 다른 좌표 (x2, y2)이 (400, 600)로 주어진 사각형이 있다. 이 사각형의 면적과 둘레를 구하는 알고리즘을 작성하시오.

05 어떤 변수 x 에 값에 대하여, x2, sin(x), 1/x 의 세 값을 출력하는 알고리즘을 작성하시오. 이 x 값은 1에서 200까지 연속으로 1씩 증가하면서 반복한다.

06 아래 각 계산 동작을 수행하는 의사코드 코드를 쓰시오.

a. 밑이 b 이고, 높이가 h 로 주어진 값으로 삼각형의 면적을 구하시오.

b. 은행 잔고가 B 인 통장에서 일 년에 이자가 I 인 경우에 일 년 후의 통장 잔액을 구하시오.

c. D시에서 F시까지의 거리는 1,450Km이다. 자동차로 가면 보통 4시간이 걸린다. 자동차의 평균 속도는 얼마인지 계산하시오.

07 오직 순차 동작 만 사용하여 아래 조건을 만족하는 알고리즘을 쓰시오. 현재 은행 잔고는 B 이고, 일 년에 이자는 I 이고, 수수료는 S 이다. 현재 잔고 B 에서 시작하여 일 년 동안 얻은 이자와 일년 후의 잔액을 출력하시오. 이 때 이자는 매달 복리로 계산하고, 수수료는 일 년 뒤에 한 번만 계산한다.

08 오직 순차 동작 만 사용하여 아래 조건을 만족하는 알고리즘을 쓰시오. 이번 학기에 세 번의 시험과 기말시험을 쳤다. 기말 시험은 다른 시험에 비해 두 배의 가중치를 준다. 이 네 번의 시험 성적의 합과 평균을 구하고 출력하시오.

09 아래 조건을 만족하는 알고리즘을 if/then/else 를 활용하여 쓰시오.

a. y 값이 0이 아니면 x ÷y 를 계산하고 출력하고, y 가 0이면'0 으로 나눌 수가 없습니다'를 출력한다.

b. 반지름 r 이 1.0보다 크거나 같으면 반지름 r 로 원의 면적과 둘레를 계산하고, 아니면, 둘레만 계산하시오.

10 출석일수, 보고서 10개, 중간고사, 기말고사의 네 쌍으로 된 성적을 20명에 대하여 읽어 들인다. 그리고 보고서의 합을 30%, 중간고사 30%, 기말고사 40%를 합한 후에, 결석일수(15-출석일수)를 매주 2점으로 환산하여 총점에서 뺀다. 반드시 순환 구조를 사용하여 각 학생의 성적 합계와 평균을 구하고 출력하는 알고리즘을 쓰시오.

11 어떤 사람이 매일 저축을 하는데, 매일 어제 저축액의 두 배의 금액을 저축한다. 즉, 3월 1일부터 첫날은 10원, 둘째 날은 20원, 셋째 날은 40원, ... 이와 같이 매일 저축하는 금액이 늘어난다. 이렇게 저축을 하면 3월 31일까지 저축한 금액은 모두 얼마인지 지금까지 저축한 총 금액을 출력하는 알고리즘을 쓰시오, 반드시 순환 구조를 활용하여 반복하도록 하시오.

12 문제 6처럼 저축할 때 총액이 800,000원이 넘는 날은 몇 월 며칠인지 알아내어 출력하는 알고리즘을 쓰시오.

13 본문의 순차 탐색 알고리즘이 무한 순환에 들어가지 않고, 일정 회수만큼 순환 후에는 항상 종료한다는 것을 수학적으로 증명하시오.

14 본문에서 언급한 순차 탐색 알고리즘에서 목록에 같은 이름(NAME)이 여러 개 있어도 모두 찾을 수 있는 알고리즘을 작성하시오. 이 때 같은 이름을 모두 찾아 출력하고, 동시에 이름에 대응하는 전화번호도 모두 출력한다. 또한 마지막에 같은 이름에 몇 번 있었는지도 출력한다.

15 본문에서 언급한 가장 큰 값을 찾는 알고리즘을 이용하여 '가장 작은 값'을 찾는 알고리즘을 작성하시오.

16 본문에서 언급한 가장 큰 값을 찾는 알고리즘을 이용하여 가장 큰 값이 여러 개 있어도 모두 찾을 수 있는 알고리즘을 작성하시오. 이 때 가장 큰 값이 있는 위치를 모두 출력하시오.

17 본문의 가장 큰 값을 찾는 알고리즘에서 아래 코드를

While (i ≤ n) do

아래의 각 조건처럼 수정한다면 어떤 일이 발생하는지 자세히 설명하시오.

a. While (i ≥ n) do

b. While (i < n) do

c. While (i = n) do

18 본문의 가장 큰 값을 찾는 알고리즘에서 아래 코드를

If Ai > largest so far then . . .

아래의 각 조건처럼 수정한다면 어떤 일이 발생하는지 자세히 설명하시오.

a. If Ai ≥ largest so far then . . .

b. If Ai < largest so far then . . .

19 1에서 200까지의 양의 정수에서 소수, N, 을 찾는 알고리즘을 작성하시오. 소수는 1과 자신으로는 나누어지지만, 그 외의 어떠한 수로도 나누어지지 않는 수이다. 이 때 출력은 소수인 경우에는 "N 소수"로, 소수가 아닌 경우에는 "N 소수 아님"으로 출력한다.

20 k ≥ 0 와 N1, N2, . . . , Nk 같이 k 개의 수를 저장한 목록이 있다. 이 목록 안에 있는 수들의 순서를 역으로 바꾸는 알고리즘을 작성하시오. 예를 들어, 목록에 N1 = 5, N2 = 13, N3 = 8, N4 = 27, N5 = 10 (k = 5)와 같이 있다면, N1 = 10, N2 = 27, N3 = 8, N4 = 13, N5 = 5 와 같이 바꾼다.

21 1에서 200까지의 양의 정수에서 소수를 찾는 문제 14의 알고리즘을 완성했다면, 이 알고리즘을 1 에서 n 까지의 양의 정수에서 소수를 모두 찾는 알고리즘으로 수정하고 아래에 답하시오.

a. 이 알고리즘을 분석하는 과정을 쓰시오.

b. 크기의 정도를 계산하시오.

04
프로그램 구조

4.1 개요

앞에서 컴퓨터에서 사용하는 데이터와 알고리즘에 대해 살펴보았다. 이미 언급했지만 프로그램은 데이터와 알고리즘으로 이루어진다.

제어 흐름은 폰 노이만 컴퓨터 구조의 절차형 프로그램에서 인스트럭션이 **실행하는 순서**이다. 그러므로 고급 프로그래밍 언어에서의 **제어 구조**는 프로그램 인스트럭션의 제어 흐름을 결정하는 문장이다. 프로그래밍 언어가 제공하는 제어 구조에는 순차 제어, 선택 제어, 반복 제어의 세 기본 형태가 있다. 순차 제어는 명령이 작성된 순서대로 실행되는 묵시적인 제어 형태이다. 순차 제어로만 구성된 프로그램은 "선형 프로그램"이다. 선택 제어는 명령을 선택적으로 실행하는 제어문에 따라 제공되며, 반복적 제어는 조건에 따라 인스트럭션의 지정 영역을 반복적으로 실행하는 반복 제어문에 의해 제어가 제공된다. 각각은 주어진 조건을 기반으로 한다. 문장 블럭과 해당 블럭의 실행을 제어하는 제어문은 모두 제어 구조이다. 선형적으로 실행하는 순차 구조만 있는 프로그램은 거의 없다. 대부분 프로그램은 이 세 개의 제어 형태를 모두 조합하여 사용한다. 아래에서 순차 구조와 이어서 선택제어와 반복제어에 대해 살펴보자.

이 장에서는 주어진 데이터를 처리 절차에 따라 어떻게 수행하는지 살펴보기 위해 구체적인 프로그램 구조를 살펴보고 각 구조를 조합하고 결합하여 전체 프로그램을 구성하는 과정을 살펴본다. 파이썬과 같은 절차형 프로그래밍 언어는 대체로 순차구조와 제어 구조를 결합하여 주어진 문제를 해결하는 과정이 일반적이다. 프로그램의 순차구조와 제어 구조의 특성 그리고 간단한 예를 파이썬 언어로 살펴본다.

4.2 순차 구조

3장에서 살펴본 것과 같이 컴퓨터는 폰 노이만의 개념으로 메모리공간에 저장된 기계어 코드 프로그램이 프로그램 카운터의 내용(주소, 위치)에 따라 지정된 순서대로 차례로 실행한다. 즉, 프로그램은 기본적으로 순차적인 구조를 가지고 있다. 이와같이 순차적으로 실행하도록 하기 위해 사용자가 작성하는 프로그램도 순서를 변경하거나 반복하는 특별한 경우를 제외하고는 순차적인 구조를 지니도록해야 하는데 순차적으로 실행하기 편리하도록 표기하는 파이썬 표현은 산술 연산을 위한 수식과 입력이나 출력에 대한 표현이다. 즉 아래와 같이 기술한 순서대로 실행하는 프로그램 구조가 **순차구조**이다.

```
단계 i :    input('수강과목을 입력하세요: ')
단계 i+1 :  input('학번을 입력하세요: ')
```

4.2.1 수식

이제 파이썬 쉘에서 아래를 입력하고 결과를 관찰해 보자.

```
score = 100
score
id(score)
grade = score
grade
grade + 20
grade
```

파이썬에서 수식은 어떤 값, 변수, 연산자, 함수 호출의 조합으로 나타내는 표현식이다. 이 때 함수 호출은 호출된 함수의 결과 값인 **스칼라** 값이다. 수식은 파이썬 프로그램의 블럭이며 연산을 수행하고, 변수에 할당하거나 더 큰 수식의 일부로 사용할 수 있는 값을 생성하여 큰 수식에 사용되기도 한다.

아래는 파이썬 **수식**의 구성 요소이다.

값: 숫자(5, 3.14), 문자열("Subjects, Physics!") 또는 부울 값(True 또는 False)과 같은 상수값이 될 수 있다.

변수: 메모리에 값을 저장한다. 수식에서 변수를 사용하여 연산할 값을 나타낸다.

연산자: 값이나 변수에 대해 연산을 수행하는 기호이다. 일반적인 연산자에는 +(덧셈), -(뺄셈), *(곱셈), /(나눗셈), //(바닥 나누기), %(나머지 계산), **(지수, 제곱), ==(같음), !=(같지 않음), <(보다 작음), >(보다 큼), <=(작거나 같음), >=(크거나 같음) 등이 있다. 여기서 연산자 //는 정수 나누기의 결과를 구하지만 결과는 소수이하를 절사한 값(아래쪽 정수)을 몫으로 취한다. 즉, 5//2=2이며,9//2=

4, -15//4=-4이다.

아래는 파이썬 **수식**의 예이다. (프롬프트 >>>은 생략한다.)

```
# Addition,더하기
x = 5
y = 3
result = x + y

# String concatenation, 스트링 접속
sugang = "subject,"
name = "physics"
message = sugang + name
```

아래는 파이썬 비교 **수식**이다

```
# 비교 수식
score = 70
is_passt = score >= 60
```

함수 호출: 수식에서 함수를 호출하여 더 복잡한 작업을 수행할 수 있다. 함수 호출의 결과는 수식의 일부가 될 수 있다.

아래는 파이썬 **수식**의 함수 호출이다.

```
# Function call in an expression 수식에서 함수 호출
def area(x):
    return x ** 2

garo = 4
rect_area = area(garo)

조건 수식(삼항 연산자)
x = 10
y = 5
max_value = x if x > y else y # x가 y보다 크면 max_value는 x이고,
                              # 아니면 y이다.

리스트 이해 (새 리스트를 만드는 수식)
#digits 안에 있는 각 x에 대해 제곱한다.
digits = [1, 2, 3, 4, 5]
```

```
squared_digits = [x ** 2 for x in digits]  # 리스트 이해

람다 수식(익명 함수)
square = lambda x: x ** 2
result = square(3)
```

위 예에서는 파이썬에서 수식을 사용하여 값을 계산하고, 문자열을 조작하는 다양한 연산을 수행하는 과정을 볼 수 있다. 수식은 기본 산술처럼 간단할 수도 있고 함수 호출과 조건부 논리를 통합하는 것처럼 복잡할 수도 있다.

4.2.2 변수

위 수식에서 표기한 문자로 쓰인 이름인 x, y, result, sugang, name,score,num, rect_area, max_value,squared_numbers는 특정한 값을 지정하는 것이 아니라 필요할 때마다 임의의 값을 지정할 수 있는 이름이다. 이 이름은 새로운 값을 지정할 때마다 새로운 값을 가지며 변할 수 있기 때문에 **변수**라 한다.

이 변수는 그림 4.1과 같이 컴퓨터 안에서 메모리의 어떤 위치를 지정하는 이름으로 사용한다. 즉, 어떤 값을 저장한 메모리의 주소 위치를 사용자는 알기 어렵기 때문에(컴파일러에 의해 자동 생성된다)그 위치를 이 변수라는 이름으로 대신하여 사용한다. 이 변수는 정수형이나 실수형등 선언이나 정의에 따라 타입으로 지정되며 지정된 타입과 같은 타입의 값을 저장한다.

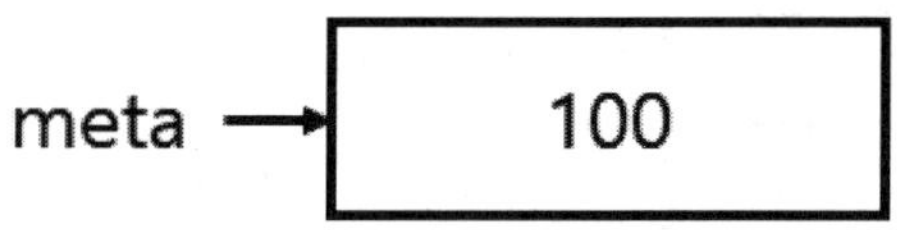

그림 4.1 메모리에 변수 이름 붙이기

그러므로 다른 변수가 원래 값이 있던 메모리 주소의 위치를 참조(그 주소의 값을 사용하거나 다른 값을 그 주소에 할당하는 일)하지 않으면 그메모리 위치는 할당된 값은 계속 유지된다. 즉, 그 위치 값을 변수 이름으로 계속 사용할 수 있다. 파이썬에서는 아래와 같이 프로그램 실행 도중에 같은 변수 이름이 다른 타입의 값으로 사용될 수도 있다.

```
var = 12      #정수형
var = 12.45   #실수형
var = 'Hello' #스트링
```

변수는 값과 연관된 이름이며, 할당 연산자 =는 변수에 값을 할당하는 데 사용한다. 불변값은 변경할 수 없는 값이다.

수식에서는 할당 기호 =의 오른쪽이 먼저 계산된 다음 그 결과 값이 할당기호 =의 왼쪽에 있는 변수에 할당된다. 변수는 그림 4.2에서 보는 것처럼 다른 변수에 값을 할당할 수도 있다.

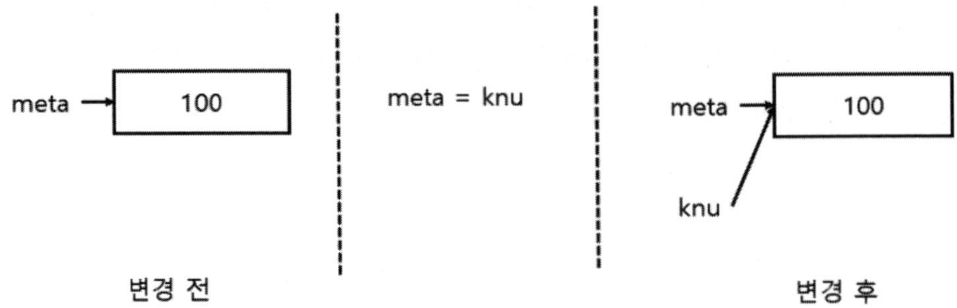

그림 4.2 다른 변수에 변수 할당

그림 4.2의 변경전 변수 meta가 가리키는 위치에 있는 값 100이 파이썬 프로그램에서 meta = knu를 실행하면 변경후와 같이 두 변수 meta와 knu모두 같은 위치의 100을 가리키고 두 변수 meta와 knu 모두 100을 할당한 것과 같이 같은 값을 가진다. 그러므로 한 변수 meta를 meta = meta +15로 연산하고 할당하면 meta는 그림 4.3과 같이 새로운 값 115가 할당된다.

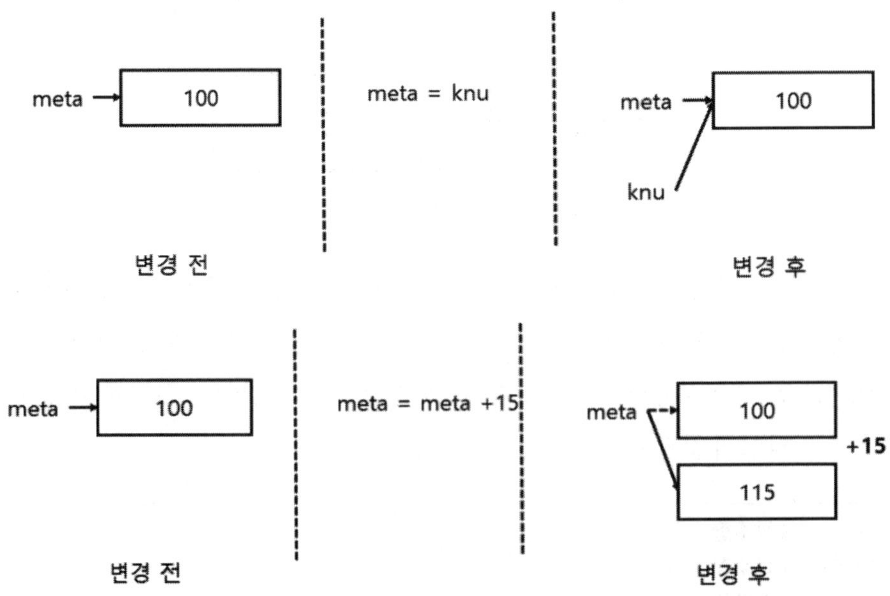

그림 4.3 변수 값 변경

변수 meta와 knu는 모두 메모리의 동일한 리터럴 값 100가진다. 이를 확인하는 한 가지 방법은 내장 함수를 사용하는 것이다.

id, ... id(meta) ... id(knu)처럼 id 함수는 메모리의 특정 값(객체)을 식별하는 어떤 고유 번호를 생성한다. 변수는 서로 구별되어야 하므로 값을 공유하면 사용자가 원하지 않은 문제가 발생할 수도 있다. 즉, 그림 4.3에서 meta 값이 변경되면 변수 knu도 그에 따라 변경된다. 따라서 그림 4.4에서 보는 것처럼 둘 중 하나(또는 둘 다)가 재할당될 때까지 meta와 knu 둘 다 계속 같은 값을 참조한다. 변수 meta와 knu는 모두 메모리의 동일한 리터럴 값 100을 참조한다.

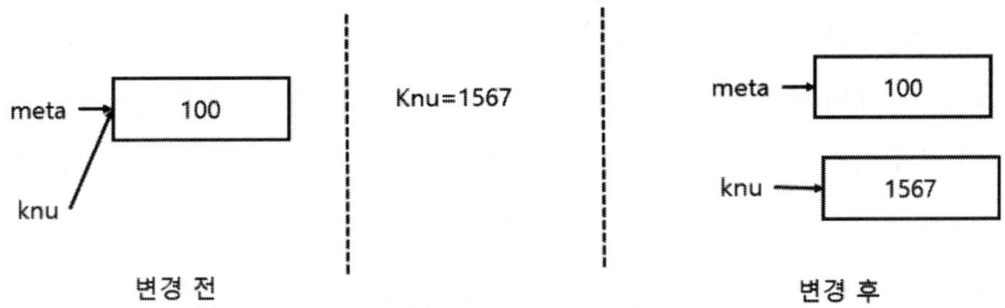

그림 4.4 변수 재할당

그림 4.4처럼 변수 knu에는 값 1567을 가리키는 메모리의 새 위치를 참조하는 값이 할당된다. 변수 knu가 참조한 이전 메모리 위치는 변수 meta가 여전히 참조하고 있으므로 계속 유지되고, 결과적으로 meta와 knu는 서로 다른 값을 가리키므로 더 이상 같은 값이 아니다. 이처럼 한 변수가 다른 변수에 할당되면 참조된 값이 할당된다.

변수 knu에 어떤 값이 할당된 후에는 메모리 위치가 더 이상 참조되지 않으면 운영체제는 그 메모리 위치에 다른 값을 할당할 수 있다. 즉, 그 메모리 위치 할당을 해제한다는 것이며 운영체제는 "**현재 사용 중**"에서 "**재사용 가능**"으로 변경하는 것을 의미한다. 파이썬에서 메모리 할당 해제는 **쓰레기 수거**(garbage collection)이라는 프로세스에 의해 자동으로 수행한다. 쓰레기 수거는 메모리에서 더 이상 사용되지 않는 위치를 자동으로 확인하고 할당을 취소하는 과정이다. 파이썬 프로그램을 실행하는 동안 쓰레기 수거 프로세스가 실행된다.

변수는 이름이 정해진 일반 식별자로 사용할 수 있지만 일반 식별자로 사용할 수 없는 미리 정의된 식별자가 있다. 이러한 식별자를 **키워드**(예약어)라 하고 파이썬 프로그래밍 언어에서 미리 정의된 의미를 갖는 식별자이므로 "일반" 식별자로 사용할 수 없다. 사용하면 에러가 발생한다.

아래는 파이썬 키워드(예약어)이다.

```
and as  assert  break  class  continue def del  elif  else except
finally  for  from  global if import  in  is  lambda  nonlocal
not or pass  raise return  try  while  with yield  false  none true
```

4.2.3 연산자

앞에서 변수를 살펴보았으므로 연산자와 피연산자가 결합되어 수식을 형성하는 방법을 살펴보자. 특히, 파이썬에서 산술 수식이 어떻게 계산되는지 살펴보자. 수식은 가장 일반적으로 연산자와 피연산자의 조합으로 구성된다. 또한 단일 리터럴이나 변수로만 구성될 수도 있다. 따라서 4*(3 + k) 만으로도 수식이다. 이 수식에는 4와 (3 + k)라는 두 개의 하위 수식이 있다. 하위 수식(3 + k) 자체에는 3과 k라는 두 개의 하위 수식이 있다. 숫자 타입으로 계산되는 수식을 **산술 수식**이라 한다. 하위 수식은 더 큰 수식의 일부인 수식이다. 하위 수식은 위에 표시된 대로 괄호를 사용하여 표시할 수 있다. 따라서 수식 4 * (3 + 2)는 곱 연산자의 두 피연산자는 4와 (3 + 2)이다.

따라서 결과는 20이다. 대신 수식을 (4 * 3) + 2로 작성하면 14로 계산된다.

하위 수식도 수식이므로 모든 하위 수식에는 자체 하위 수식인 4 * (3 + (2 * 1)) → 4 * (3 + 2) → 4 * 5 → 20이다. 괄호를 사용하지 않으면 파이썬의 연산자 우선 순위 규칙에 따라 수식이 계산된다.

파이썬 쉘에서 아래를 입력하고 결과를 관찰하고 분석하시오.

```
(2 + 3) * 4 ...
2 + ((3 * 4) + 8)
2 + (3 * 4)
2 + 3 * (4 + 1)
```

연산자 우선 순위

연산자가 피연산자와 피연산자 사이에 나타나는 표현하는 방식을 **중위 표기법**이라 한다. 예를 들어, 수식 4 + 3은 + 연산자가 두 피연산자 4와 3 사이에 나타나기 때문에 **중위 표기법**이다. 연산자를 피연산자 앞에 배치하는 방식을 **전위 표기법**이라하고, 뒤에 배치하는 방식을 **후위 표기법**이라 한다. 파이썬에서는 **중위 표기법을 사용하고 리스프에서는 전위 표기법**을 사용한다.

```
+ 4 5   #결과 9, 전위 표기법(prefix notation)
4 + 5   #결과 9, 중위 표기법(infix notation)
4 5 +   #결과 9, 후위 표기법(postfix notation)
```

전위 표기법, 중위 표기법, 후위 표기법 각각의 연산 방법과 과정도 다르다. 또한 컴퓨터 구조나 프로그래밍 언어에 따라 각기 다른 방식을 사용한다.

4 * (3 + 5) 표현도 중위 표기법이므로 여기에는 *와 +라는 두 개의 연산자가 포함되고 괄호는 (3 + 5)가 하위 수식이다. 그러므로4와 (3 + 5)는 곱셈 연산자의 피연산자이므로 전체 수식은 32로 계산된다. 아래와 같이 괄호가 생략되면 어떻게 될까?

```
4 * 3 + 5
```

이것은 아래처럼 계산한다.

```
4 * 3 + 5 → 12 + 5 → 17
```

각 프로그래밍 언어에는 연산자 우선순위에 정의된 **연산자 우선순위**라는 연산자 적용 순서에 대한 규칙에 따라 계산한다. 이것은 특별한 경우외에는 일반적으로 수학에서의 연산 우선 순위와 같다. 아래는 파이썬 연산자에 대한 우선 순위이다.

연산자 우선순위		의미	결합순서(계산 순서)
**	높음	지수, 제곱	오른쪽에서 왼쪽으로
-		단일 마이너스	왼쪽에서 오른쪽으로
* / // %		곱하기 나누기 절사 나누기 나머지	왼쪽에서 오른쪽으로
+ -	낮음	더하기 빼기	왼쪽에서 오른쪽으로

비록 괄호가 필요하지 않더라도 과용하지 않으면 명확성을 높이고 가독성을 높일 수 있다면 적당히 사용하는 것도 좋다.

순차구조로 실행하는 파이썬 문장으로 데이터를 입력하는 input과 출력하는 print 내장함수가 있다. 파이썬에서 입력과 출력은 사용자와 상호 작용하거나 파일 또는 기타 외부 자원에서 데이터를 읽고 쓰는 데 필수적이다. 다양한 내장 함수와 방법으로 입력과 출력 작업을 수행할 수 있다. 아래는 파이썬의 입력과 출력이다.

input: input()는 이미 만들어져 있는 내장 함수로 키보드에서 사용자 입력을 받는 데 사용한다. 사용자가 입력한 문자 줄을 읽고 문자열로 반환한다. name = input("소속과 이름을 입력하세요: ") print("대한 university,"+ name + "!") 이 예에서 input() 함수는 사용자가 소속과 이름을 입력하기를 기다리고 입력되면 name변수에 입력한 값을 저장한다.
print: 이 print() 함수는 내장 함수로 파이썬에서 데이터를 출력하는 가장 흔한 방법이다. 이 함수는 한 개 이상의 인자를 가지고 화면에 출력한다. score= 85 print("Your score is", score) Your score is 85

또한 print( ) 함수 안에서 + 연산자를 사용하여 문자열과 변수를 연결할 수도 있다.

format 사용 출력 파이썬은 f-strings, format( ) 메서드와 % 연산자를 포함하여 출력의 형식을 지정하는 다양한 방법도 제공한다. 아래는 f-문자열 사용 예이다. subject = "computing" score = 90 print(f"{subject} is {score} Mark good. ")
출력결과 computing is 90 Mark good.

이와 같이 순차구조를 이루는 문장은 프로그램에서 각 문장이 순서에 따라 차례로 실행한다. 이것은 폰 노이만의 컴퓨팅 개념에 따라 기계어 프로그램 코드가 차례로 실행한다. 그림 4.5에서 파이

썬 순차 프로그램 구조는 메모리에서 운영체제의 제어 아래 순차적으로 실행하는데 프린트 내장 함수는 이 print 함수 자체가 출력을 수행하는 것은 아니고 출력을 수행하기 위해 운영체제에게 출력을 요청한다. 이것을 사용자 프로그램이 운영체제에게 **시스템 호출**한다고 한다. 그러면 운영체제는 이 시스템 호출이 어떤 것인지 해석하여 출력 중에서도 print 한다는 것으로 판단하면 입출력 관리 시스템에게 지시하여 해당 장치를 구동하도록 한다. 이때 출력에 필요한 데이터 값을 인자로 전달한다.

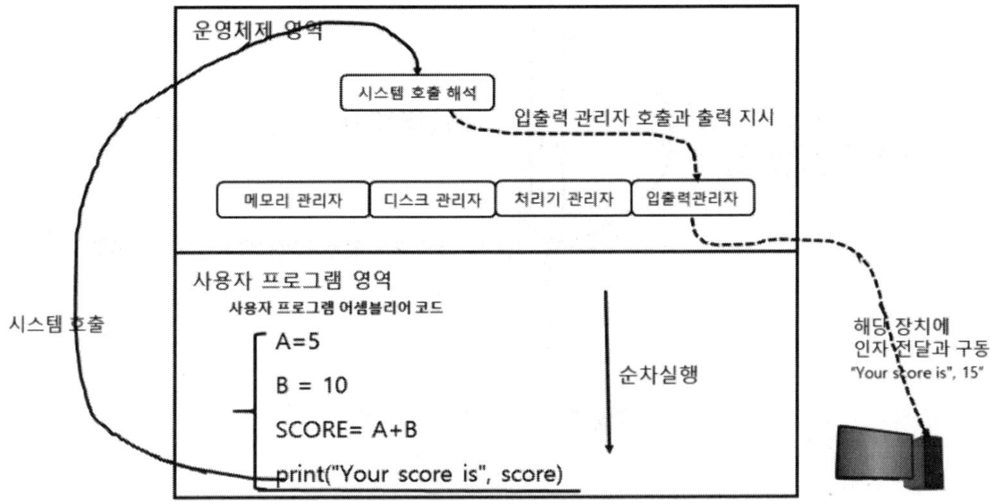

그림 4.5 print 시스템 호출 과정

4.3 선택 구조

파이썬에서 선택 구조는 조건문이라고도 하는데, 프로그램 코드 안에서 어떤 조건을 바탕으로 특정 부분을 수행하는 결정을 한다. 파이썬에서 가장 일반적으로 사용되는 선택 구조에는

```
if 문
if-else
if-elif-else
```

가 있으며, 이러한 구조를 사용하여 특정 조건이 충족되는지 여부에 따라 다른 코드 블럭을 실행하여 프로그램의 흐름을 제어할 수 있다.

이제 선택 구조를 형성하는 각 문장의 구조와 특성을 살펴보자.

if 문

이 문장 구조는 그림 4.6과 같이 프로그램의 순차 실행 중에 어떤 조건을 묻는 수식의 결과에 따라 특정 조건이 충족되는지 여부를 결정하고 충족되면 B1 코드 블럭을 실행하고 충족하지 않으면 B1 블럭의 다음 문장인 A위치에서 실행하고 B1 코드 블럭 실행을 모두 마치면 이어서 A위치부터 프로그램 실행 흐름을 계속한다.

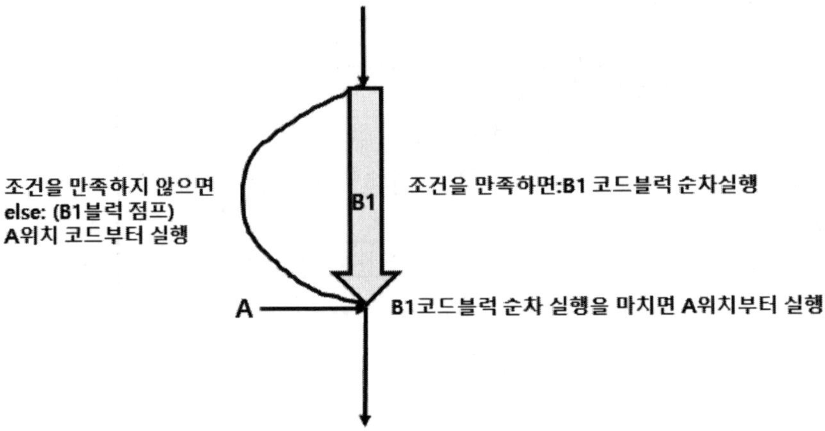

그림 4.6 if 문장의 제어 흐름

아래는 if 선택 구조에 대한 예이다.

```
score = 85
if score >= 80:
    print("학점은 B입니다")
```

이 경우에는 if 블럭 안에 있는 코드는 조건 score >= 80이 참 일 때만 실행한다.

if–else 문

이 문장 구조는 그림 4.7과 같이 프로그램의 순차 실행 중에 어떤 조건을 묻는 수식의 결과가 참이면 B1 코드 블럭을 실행하고 충족하지 않으면 B1 블럭을 건너뛰어 B2 코드 블럭을 실행한다. 그리고 B1 코드 블럭 실행을 모두 마치면 이어서 B2코드 블럭도 실행한다. 그러므로 B1 코드 블럭 실행을 마친 후에는 의미 없는 B2 코드 블럭을 실행하지 않도록 하려면 이 if구조를 빠져나오도록 해야 한다.

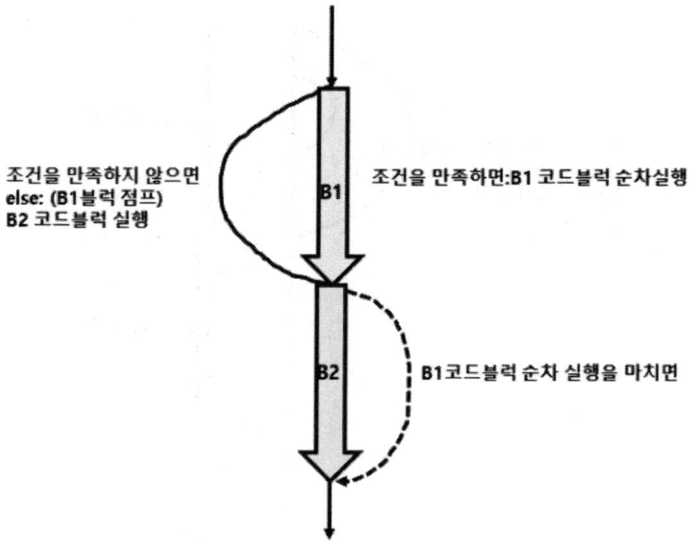

그림 4.7 if–else 문장의 제어 흐름

아래는 if-else 선택 구조에 대한 예이다.

```
score = 85
if score >= 60:
    print("You are passed.")
else:
    print("You are fail.")
```

if–elif–else 문:

이 문장 구조는 그림 4.8과 같이 프로그램의 순차 실행 중에 어떤 조건을 묻는 수식의 결과가 참이면 B1 코드 블럭을 실행하는데 이 B1 코드 블럭안에서 elif에 의해 다시 if 구조를 실행한다. 만약 모든 elif를 실행해도 만족하지 않으면 마지막 else에 의해, B1블럭을 건너뛰어 B2 코드 블럭을 실행한다.

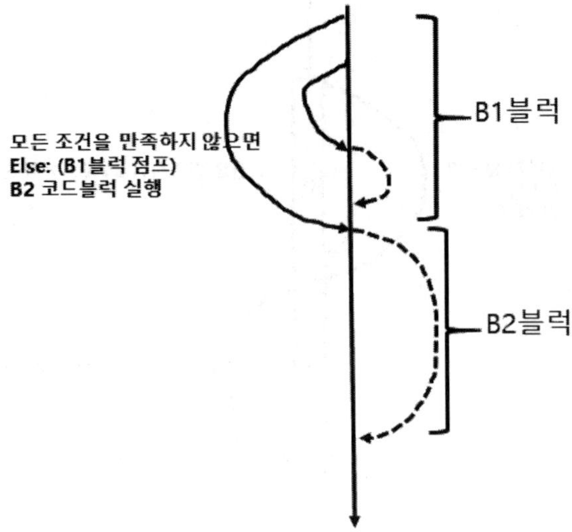

그림 4.8 if–elif–else 문장의 제어 흐름

아래는 if-elif-else 선택 구조의 예이다.

```
grade = 85
if grade >= 90:
    print("A입니다")
elif grade >= 80:
    print("B입니다")
elif grade >= 70:
    print("C입니다")
elif grade >=60:
    print("D입니다")
else:
    print("F입니다")
```

이 예에서 성적이 85인 경우 두 번째 조건에 해당하므로 출력은 'B'가 된다.

이와 같이 파이썬의 기본 선택 구조는 위와 같다. 또한 이를 중첩하여 보다 복잡한 의사 결정 논리를 만들 수도 있다. 예를 들어, 다른 if 블럭 내에 if 문을 포함하거나(중첩된 if 문) 여러 elif 문을 사용하여 여러 조건을 확인할 수 있다.

중첩된 조건 구조:

조건에 따른 선택 구조를 다른 선택구조 안에 배치하여 중첩할 수도 있다. 이를 통해 보다 복잡한 의사결정이 가능하다. 아래는 **중첩된 if 문**의 간단한 예이다.

```
math = 95
physics= 95

if math >= 95:
    if physics >= 95:
        print("You are class A. ")
    else:
        print("You are class B. ")
else:
    print("You are class C. ")
```

지금까지 살펴본 것과 같이 선택 구조는 프로그래밍의 실행 흐름을 제어하는 기본이므로 다양한 조건에 따라 프로그램의 흐름을 제어하고 코드를 더욱 유연하게 만들고 다양한 상황에 반응하도록 할 수 있다. 이 if 문은 반드시 아래처럼 파이썬의 헤더라고 하는 if와 else 뒤에 콜론(:)을 표기해야 한다. 콜론이 뒤에 오는 특정 키워드이다. if 문에서는 else 부분을 생략할 수도 있다.

같은 구조의 중첩 문장의 일부인 헤더는 같은 위치만큼 들여쓰기를 해야 한다. 그렇지 않으면 구문 에러가 발생한다.

파이썬에서 헤더 뒤에 오는 명령문 모음을 **스위트**(일반적으로 **블럭**)라 한다. 특정 모음의 블럭 모두 같은 위치로 들여쓰기 되어야 한다. 헤더와 연관된 문장 모음 **절**이라 한다. 그러므로 파이썬의 복합문은 하나 이상의 절로 구성될 수 있다. 각 들여쓰기 수준에는 보통 4개의 공백이 사용되지만 원하는 만큼의 공백을 사용하여 들여쓰기 할 수 있다.

```
if physics >= 95:
       print(physics)

if physics <= 90:
    score = score*0.75
    print(score)
```

선택 구조의 if 문장은 컴퓨터 내부에서 실행 동안의 의미는 그림 4.9와 같이 조건에 따라 실행이 필요한 블럭인 B1이나 B2로 점프(goto)하여 실행하고 실행을 마치면 점프하여 if문 구조를 벗어난다.

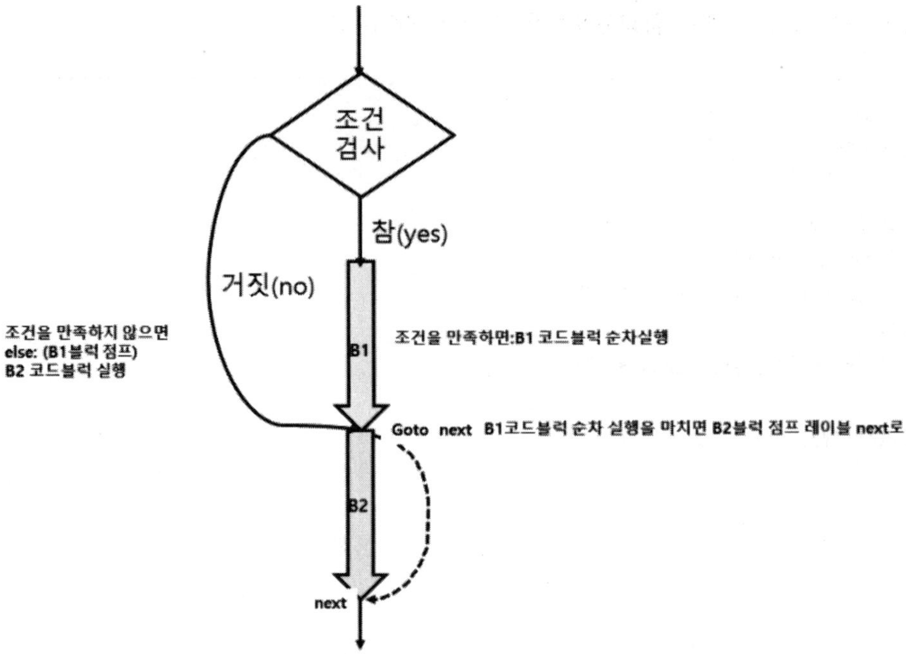

그림 4.9 선택 구조 if 문장의 제어 흐름의 의미

선택 구조 문장은 컴퓨터 내부에서 실행 동안의 의미는 그림 4.9와 같이 조건에 따라 실행이 필요한 블럭인 B1이나 B2로 점프(goto)하여 실행하고 실행을 마치면 점프하여 if문 구조를 벗어난다. 이와같이 'goto label'의 의미로 필요한 위치로 점프해야하는 이유는 바로 제어 중심의 폰 노이만 구조 컴퓨터에서 기계어 프로그램 코드가 순차적으로 실행하기 때문에 선형적으로 나열된 필요한 코드 블럭으로 가거나 불필요한 블럭을 건너뛰어야 하기 때문이다. 선택 구조가 컴퓨터 내부에서의 의미는 위와 같다고 하더라도 파이썬 언어에서는 이 **goto 문장을 사용하지 않는다(예약어 goto가 없다)**.

파이썬에서 goto 문장

파이썬에서는 **goto 문은 사용하지 않는다**. 다른 프로그래밍 언어와 같이 키워드(예약어)가 아니다. 파이썬은 객체지향 프로그래밍 특성을 가진 언어이므로, 프로그램을 이해하기 어렵거나 유지 관리가 어렵지 않도록 하기 위해 이 goto 문을 의도적으로 없앴으며 사용하지 않는다. 즉, 이 goto에 의해 프로그램을 이리 저리 추적하려면 이해하기 어려울 뿐만 아니라 읽기도 불편하다. 그대신 파이썬은 if, while, for, function 호출과 같은 다른 제어 흐름 문을 통해 **구조화**되고 읽기 쉬운 코드를 작성하도록 한다. 즉, goto를 사용하면 코드가 더 복잡하고 오류가 발생하기 쉬우며 디버그하기 어려워질 수 있으므로 대부분의 프로그래밍 언어에서 가능하면 사용하지 않는 것이 좋다. goto를 사용하는 대신 잘 구조화된 제어 흐름 구문, 함수, 클래스를 사용하여 코드를 작성하는 것을 습관화해야 한다.

goto 문을 사용한 다른 언어의 코드를 파이썬으로 변환해야 한다면 동일한 논리를 위해 파이썬의 기본 제어 흐름 구조를 사용하여 결과가 다르지 않게 코드 구조를 재조정하는 **리팩토링**해야 한다. 이 리팩토링은 주로 가독성을 높이고 유지보수를 편하게 하며 버그를 없애거나 새로운 기능을 추가하는 행위는 아니다. 이렇게 하면 코드를 더 쉽게 유지 관리하고 작업하기 쉽게 만들 수 있다.

선택 구조 외에도 프로그램의 실행 순서를 변경하거나 흐름을 제어하는 경우는 특정 부분을 반복하는 구조도 있다.

4.4 반복 구조

프로그램에서는 순환이라고 하는 반복 구조를 사용하여 그림4.10과 같이 프로그램의 실행 순서를 바꾸어 특정 코드 블럭을 여러 번 반복하여 실행하도록 실행 흐름을 제어할 수 있다. 반복을 순환(loop)이라는 용어와 혼용하기도 한다.

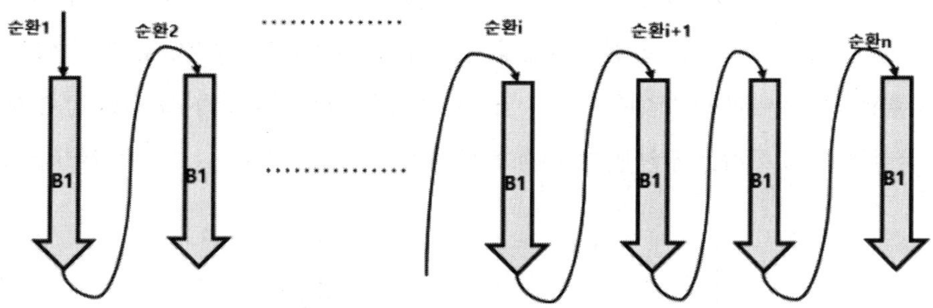

그림 4.10 프로그램 실행 중 반복 흐름 제어

이와 같이 반복하는 구조는 반복할 블럭을 반복하여 실행할 것인지 아닌지를 판단하는데 그림 4.11과 같이 반복해야할 블럭의 앞에서 검사할 수도 있고 일단 반복해야할 블럭을 한번은 실행한 후에 블럭 아래에서 검사할 수도 있다. 반복해야할 블럭의 앞에서 검사할 때는 조건을 만족하는 경우 즉, 참일 때 순환 블럭을 실행하고, 블럭의 아래에서 검사할 때는 조건을 만족하지 않을 경우 즉, 거짓일 때 순환 블럭을 실행한다.

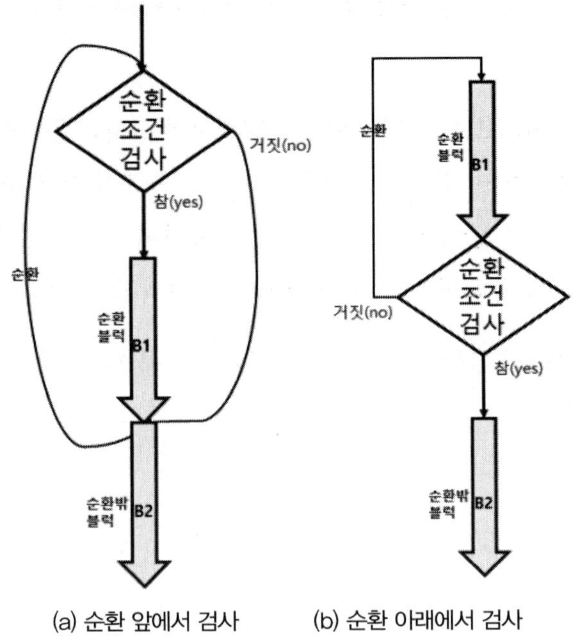

그림 4.11 반복을 위한 조건 검사 위치

또한 프로그램을 반복하는 유형으로 그림 4.12처럼 반복하는 횟수만큼 반복 실행할 수도 있고, 조건을 검사하여 조건에 따라 조건을 만족할 때까지 반복 실행할 수도 있다. 조건 검사에 따라 반복하는 경우에는 순환 블럭 안에서 조건을 검사하는 값이 항상 변해야 한다. 그래야만 변한 값에 따라 언젠가는 반복 실행을 멈추어야 하기 때문이다. 만약 조건 값이 변하지 않으면 조건을 만족하지 않기 때문에 반복을 무한히 실행하는 **무한 반복(순환)**에 빠질 수 있다. 이경우를 무한 순환이라 한다.

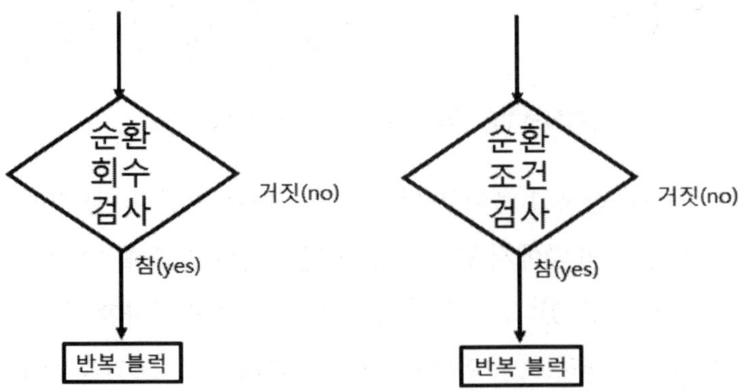

그림 4.12 반복을 위한 조건 검사 방식

프로그래밍 언어에서는 여러 유형의 반복 구조를 제공하지만 파이썬에서 가장 일반적으로 사용되

는 순환은

```
for 구조
while 구조
```

가 있다. 이러한 순환 구조는 서로 다른 목적으로 사용되지만 둘 다 특정 코드 블럭을 반복하여 실행하도록 한다.

아래에서 예와 함께 파이썬의 반복 구조에 대해 살펴보자

4.4.1 for 구조:

for 순환 구조는 보통 반복 회수에 따라 반복 블럭을 제어하거나, 리스트, 튜플 또는 문자열과 같은 시퀀스의 원소를 반복하려는 횟수를 아는 코드 블럭을 실행할 때 주로 사용한다.

```
courses = ["math", "physics, "chemistry"]

for subject in courses:
    print(subject)
```

이 예에서 for 반복은 코스의 원소를 반복하고 각 과목을 인쇄한다.

4.4.2 while 구조:

while 순환은 특정 조건이 True인 동안 코드 블럭을 반복적으로 실행하려는 경우에 사용한다.

```
count = 0
while count < 100:
    print(count)
    count += 1     # count 값이 순환 블럭 안에서 변해야 한다.
```

이 예에서 while 순환은 count 변수의 값이 100에 도달할 때까지 계속 실행한다. 그러므로 0에서 99까지의 값을 인쇄한다. count 값이 100이 되는 순간 while count < 100:에 의해 count < 100이 성립하지 않기 때문에 순환 블럭을 빠져 나오고 더 이상 반복 순환을 실행하지 않는다.

아래에 다른 예를 살펴보자.

```
sum = 0
student = 1

n = int(input('최대값을 넣으세요. ')
while   student<=n:
        sum = sum + student
        student = student +1
```

위 예에서는 사용자가 입력한 주어진 (양수) 값 n에 대해 처음 n개의 정수를 합하는 파이썬의 while 순환이다. while 문의 조건이 true인 한 순환 내의 문장이 반복 실행된다. 조건이 false가 되면 반복은 종료되고 while 순환 다음의 첫 번째 문으로 제어가 이동하여 계속 실행한다. 맨 처음 순환에 도달할 때 조건이 거짓일 수도 있으므로 이 때는 순환이 실행되지 않을 수도 있다. 이 예에서 사용자가 값 3을 입력했다고 가정하면, student 변수는 1(카운터 변수라 함)로 초기화되므로 처음 while 문에 도달하면 student , <= 3으로 true가 됩니다. 따라서 순환 안의 문장이 실행되고 합계는 student는 합계 1로 업데이트됩니다. sum이 0으로 초기화되어 있으므로 sum은 1이 됩니다. 마찬가지로 student는 변경되어 2가 할당된다.

처음 순환을 통과한 후 제어는 순환의 "상위"로 되돌아가고 조건이 다시 참인 것으로 확인되어 순환이 두 번째로 실행된다. 이 반복에서는 sum과 student가 모두 3이 된다. 다음 반복에서도 조건은 여전히 true이므로 순환이 세 번째로 실행한다. 이번에는 sum이 6이 되고 student가 4가 된다. 따라서 제어가 순환의 맨 위로 돌아오면 조건은 False가 되고 순환은 종료한다. 따라서 sum의 최종 값은 아래와 같이 6이다.

반복	sum	student	student <=3	sum = sum +student	student = student +1
1	0	1	true	(1)sum = 0+1	(2)student = 1 +1
2	1	2	true	(3)sum = 1+2	(3)student = 2 +1
3	3	3	true	(6)sum = 3+3	(4)student = 3 +1
4	6	4	false	순환 종료	

4.4.3 range를 사용한 반복

range() 함수를 사용하여 반복할 일련의 숫자를 만들 수 있다. 이는 for 순환과 함께 자주 사용한다.

```
for i in range(5):
    print(i)
```

range(5)가 0부터 4까지의 숫자 시퀀스를 생성하기 때문에 이 코드는 0부터 4까지의 숫자를 인쇄한다.

```
break 문으로 순환 종료
```

순환 블럭 안에서 break 문을 사용하여 특정 조건에 따라 순환 블럭을 실행 도중에 빠져나가서 반복을 종료한다.

```
digits = [1, 2, 3, 4, 5, 6, 7, 8, 9, 10]

for no in digits:
    if no == 6:
        break
    print(no)
```

이 예에서는 digits 안에 있는 원소 즉 각 숫자를 1, 2, 3, 4, 5, 6 까지 하나씩 인쇄하다가 숫자 6을 만나면 순환을 중단하여 종료되므로 이 블럭 안에서 숫자는 1부터 5까지만 인쇄한다.

```
continue문으로 반복
```

continue 문은 순환의 현재의 반복을 건너뛰고 다음 반복으로 건너뛴다.

```
digits = [1, 2, 3, 4, 5, 6, 7, 8, 9, 10]

for no in digits:
    if no % 2 == 0:
        continue
    print(number)
```

이 예는 continue 문을 사용하여 digits 안의 원소가 짝수이면 인쇄하지 말고 다음 반복으로 건너뛰어 실행하여 digits라는 리스트에서 홀수만 인쇄한다.

지금까지 프로그램 실행에서 기본적인 제어 구조를 파이썬 언어를 예로 살펴보았다. 사용자의 특정 요구 사항에 따라 for 순환과 while 순환 중에서 선택하고 break이나 continue같은 제어문을 조합하여 반복 제어 동작을 미세하게 조정할 수 있다.

4.5 제어를 위한 논리 수식과 관계 수식

위에서 선택 구조와 반복 구조를 살펴보았다. 선택 구조에서 특정 영역을 선택하거나 반복 구조에서 특정 영역을 반복하려면 주어진 조건을 만족해야하는데, 이 주어진 조건을 검사하여 프로그램 흐름을 제어하려면 **논리 수식과 관계 수식**을 사용한다. 이 때 논리 수식과 관계 수식을 표현하기 위해 부울 대수를 활용하는데, 부울 데이터에는 컴퓨터에서 True와 False로 표시되는 두 개의 부울 값이 있다. 부울 수식은 부울 값으로 계산하는 수식이다. 부울 수식은 선택 및 반복 제어문의 조건을 나타내는 데 사용한다.

다음으로 부울 수식을 살펴보자.

4.5.1 관계 연산자

파이썬에서의 관계 연산자는 일반적인 관계비교 연산을 수행한다. 관계수식은 부울 결과로 계산되므로 부울 식의 타입이다. 이러한 연산자는 숫자 값뿐만 아니라 문자열과 같이 순서가 있는 모든 값에 적용한다. 두 값이 같은지 확인하기 위해 비교 연산자 == 를 사용하는데, 등호가 할당 연산자로 사용되므로 (단일) 등호 = 대신 이 기호를 사용한다. digit = 10은 변수 digit에 값 10을 digit == 10는 변수 digit에 있는 값이 10과 같은지를 비교하라는 의미이다.

또한, !=는 단순히 '같지 않다'는 키보드 문자가 없기 때문에 부등식에 사용한다. 문자열 값은 일반적으로 사전 순서를 따른다. 예를 들어, 'A'의 유니코드(ASCII) 값은 65이고 'B'는 66이므로 'Apple'는 'Banana'보다 작다. 그러나 'atom'은 'Beer'보다 크다(Beer보다 뒤에 온다). 소문자(97, 98, . . .)의 유니코드는 대문자(65, 66, . . .) 보다 뒤에 온다. ord 함수를 사용하여 모든 문자의 인코딩을 알 수 있다. 그러므로 관계 연산자 ==, !=, <, >, , , <=, . >=는 순서가 있는 모든 값에 적용될 수 있다.

4.5.2 멤버십 연산자

파이썬은 멤버십 연산자 페어를 제공한다. 이러한 연산자를 사용하면 특정 값이 지정된 값 리스트 안에 있는지 쉽게 확인할 수 있다. in 연산자는 특정 값이 주어진 리스트에 있는지 확인하는 데 사용하며, 발견되면 True를 반환하고 그렇지 않으면 False를 반환한다. not in 연산자는 반대 결과를 반환합니다.

멤버십 연산자를 사용하여 특정 문자열이 다른 문자열 안에 나타나는지 확인할 수 있다. 관계 연산자와 마찬가지로 멤버십 연산자를 사용하여 부울 수식을 구성할 수 있다. 아래 표는 불리언 논리의 진리표이다.

x	y	a and y	x or y	not x
false	false	false	false	true
true	false	false	true	false
false	true	false	true	
true	true	true	true	

파이썬은 특정 값이 주어진 값 리스트에 있는지 여부를 결정하기 위해 in과 not in 멤버십 연산자를 사용한다.

4.5.3 부울 연산자

George Boole이 제시한 부울 대수는 숫자 값이 아닌 참/거짓을 기반으로 하는 **대수학**이다. 부울 대수에는 파이썬에서 and, or로 표기하는 부울(논리) 연산자 집합이 있다. 이러한 논리 연산자를 사용하여 복잡한 부울 수식을 구성할 수 있다. 부울 연산자는 **not, and, or**이다. 논리형 and는 두개의 피연산자가 모두 참 true인 경우에만 true이다. 그렇지 않으면 거짓 false이다. 논리 or는 피연산자 중 하나 또는 둘 다 참일 때만 참이고, 두 피연산자가 모두 거짓일 때만 거짓이다. 논리 not은 단순히 진리 값을 뒤집는다. False는 True가 되고 True는 False가 된다. 아래는 불리언 수식 표현 예이다.

```
(nzero !=0)
 not (nzero == 0)

(nzero !=0) and (nzero !=7
 not (nzero == 0 or nzero == 7)

(nzero >=0) and (nzero>=7)
 (not nzero < 0 and (not nzero > 7)
 not (nzero < 0 or nzero > 6)

(nzero <0) or (nzero>7)

 (not nzero >= 0 and (not nzero >= 7)
 not (nzero >= 0 or nzero <= 6)
```

4.6 부프로그램 제어구조

부프로그램은 어떤 프로그램의 블럭 일부를 독립적인 별도의 프로그램으로 구성하여 순차 실행 도중에 제어를 그 별도의 블럭으로 이동하여 실행한 결과를 실행에 계속 사용하는 개념이다. 그림 4.13(a)는 선택 구조에서 실행하는 블럭 A로 그 결과값은 순차 실행에 의해 블럭 B로 전달되어 계속 실행한다.

그러나 (b)는 같은 블럭 A를 별도의 부프로그램으로 구성함으로써 그 결과값을 **가져와서** 블럭 A가 있던 **위치 다음**부터 연속하여 실행한다.

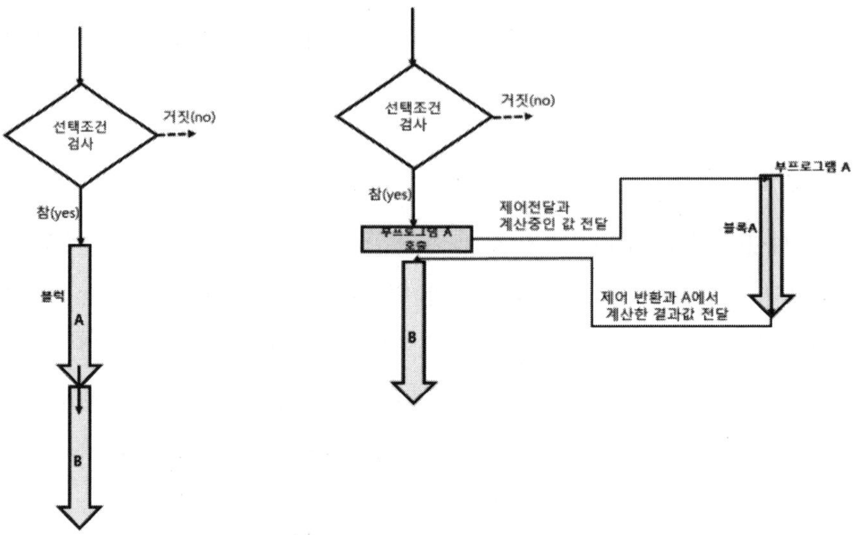

(a)블럭 A 결과값이 블럭B로 전달 (b) 부프로그램 구조

그림 4.13 부프로그램 제어 이동 개념

프로그램에서 부프로그램은 특정 작업이나 블럭을 수행하는 독립적인 코드 단위로 프로그래밍 언어에 따라 보통 **서브루틴**(subroutine), **함수**(function), **프로시저**(procedure), **메소드**(method)라 한다. 경우에 따라서는 프로그램을 더 작고 관리하기 쉬운 단위로 나누고, 코드 재사용에 사용하고, 프로그램 전체 코드의 전반적인 구성과 가독성을 향상시킨다.

부프로그램에는 일반적으로 아래 특징이 있다.

- 프로그램 내에서 부프로그램을 식별하는 부프로그램 **이름**이 있다.
- 부프로그램으로 제어를 전달하는 프로그램을 호출 프로그램이라하고 부프로그램을 호출된 프로그램이라 하는데, 호출 프로그램에서 호출 전까지 실행하던 값을 부프로그램에 전달하

는 값을 언어에 따라 **매개변수**(parameters) 혹은 **인자**(argments)라 한다. 그러므로 부프로그램에서는 이 인자를 입력 값처럼 받아들이고 부프로그램에서 선언한 변수와 기타 필요한 값을 혼합하여 사용한다.

- 부프로그램 실행 결과로 발생한 결과 값을 호출 프로그램으로 반환할 수 있다. 이것을 **반환값**이라 한다.
- 부프로그램은 프로그램의 다른 부분에서 호출할 수 있는 특정 작업을 **캡슐화**한다.

아래는 부프로그램의 개념을 위한 파이썬의 간단한 예이다.

```
# 두 개의 인자를 사용하는 "add_digits"라는 함수를 정의한다.

def add_digits(a, b):
    result = a + b
    return result  # 더한 결과를 반환한다.

# 인자를 가지고  add_digits라는 부프로그램(여기서는 함수)를 호출하고 결과를 저장한다.

sum_result = add_digits(7, 8)
print(“The sum is:”, sum_result) # 결과를 인쇄한다.
```

이 예에서는

- add_digits는 두 개의 인자 a와 b를 사용하는 이름을 가진 부프로그램(함수)이다.
- 함수 내부에서는 a와 b의 덧셈을 수행하고 return 문을 이용하여 그 결과를 반환한다.
- 그런 다음 인자 7과 8을 사용하여 add_digits 함수를 호출하고 결과는 변수 sum_result에 저장된다.
- 마지막으로 “The sum is: 15”이라는 결과를 인쇄한다.

부프로그램 구조와 제어 흐름

프로그래밍 언어에서 부프로그램의 제어 흐름은 부프로그램 내의 문장이 실행되는 순서를 말하는데 부프로그램은 호출 프로그램의 다른 부분에서 호출할 수 있는 독립적인 코드 블록 단위이다.

파이썬 부프로그램의 제어 흐름을 살펴보자.

진입점: 호출 프로그램의 다른 부분에서 부프로그램이 호출될 때 부프로그램의 진입점에서 제어가 시작한다.

순차 실행: 기본적으로 부프로그램 내의 문장은 위에서 아래로 하나씩 순차적으로 실행한다.

인자: 부프로그램은 부프로그램 내에서 사용할 수 있는 인자수(입력 값)를 사용할 수 있다.

반환 값: 부프로그램은 결과로 값을 반환할 수 있다.

제어 반환: 부프로그램 실행이 끝나면 호출 직후 코드의 지점으로 제어가 반환된다.

```
# Main program
print("Program start")

# Calling the "add" function
x = 5
y = 3
sum_result = add(x, y)

# 여기서 제어가 add 함수로 들어간다.
그리고 함수 안에서 순차 실행이 시작된다.
print(f"The sum of {x} and {y} is {sum_result}")

# 함수 호출 문 바로 다음으로 제어가 반환된다.
print("Program end")
```

이 예에서는

- 제어 흐름은 인자 x 및 y와 함께 호출될 때 add 함수의 진입점에서 시작한다.
- add 함수 내에서는 순차적으로 실행되고 결과를 반환한다.
- 함수 호출 후에는 함수 호출문 바로 다음 지점으로 제어가 복귀된다.
- 그런 다음 프로그램은 계속하여 순차적으로 실행한다.

이 프로그램에서 출력은 부프로그램의 제어 흐름을 나타내는 것일 뿐이다. 함수 호출에서 시작하여 함수의 코드를 실행하고 값을 반환한 다음 프로그램의 나머지 부분을 계속 진행한다. 부프로그램 내의 제어 흐름은 코드를 모듈화하고 코드를 더욱 체계화하고 유지 관리하기 쉽게 만든다.

이와 같이 프로그램에서 제어 흐름은 한 문장에서 다음 문장으로 이동하는 방식을 결정하며 조건문, 반복, 부프로그램의 호출의 영향을 받는다.

아래에서 파이썬 예를 살펴보자.

```
# 어떤 수가 홀수인지 짝수인지 판단하는 함수를 만들어 보자.
def is_even_or_odd(number):
    if number % 2 == 0:
        print(f"{number} is even. ")
    else:
        print(f"{number} is odd. ")

# Function to print digits from 1 to n.
def print_digits_up_to_n(n):
    for i inrange(1, n + 1):
        print(i)

# Main program
print("Program start")

# Sequential execution
print("This is a sequential execution. ")

# Conditional execution
is_even_or_odd(7)

# Looping
print("Printing digits from 1 to 5:")
print_digits_up_to_n(5)

# Function calls
print("Calling one function from another:")
def main_function():
    print("Inside the main function. ")
    is_even_or_odd(8)

main_function()

print("Program end")
```

이 예는

- is_even_or_odd와 print_digits_up_to_n이라는 두 함수가 있으며 각각 제어 흐름의 서로 다른 면을 보인다.
- is_even_or_odd는 조건 실행을 사용하여 숫자가 짝수인지 홀수인지 검사한다.
- print_digits_up_to_n은 순환을 사용하여 1부터 n까지의 숫자를 인쇄한다.

- main_function에서는 main_function 내에서 is_even_or_odd를 호출하여 함수 호출을 보인다.
- 기본 프로그램은 순차적 실행 경로를 따르며 함수 호출 전후에 메시지를 인쇄한다.

이 프로그램의 출력은 순차 실행, 조건부 실행, 루프 및 함수 호출을 포함한 함수의 제어 흐름을 보인다. 파이썬에서는 부프로그램을 함수로 사용한다. 또한 부프로그램은 다른 부프로그램을 호출할 수 있다. 그러나 자신을 호출한 프로그램은 호출할 수 없다. 프로그래밍 언어에 따라 자신을 호출한 프로그램을 호출할 수도 있는데, 이 경우는 **재귀적 호출** 즉, **리커젼**이라 한다.

프로시저와 함수

프로시저와 함수는 모두 일반적으로 사용되는 구문이지만 목적이 다르다. 각 요소에 대해 프로시저와 함수 사이의 주요 차이는 아래와 같다.

호출 규칙:

프로시저는 일반적으로 이름으로 호출되며 반환 값을 기대하지 않는다. 함수는 이름으로 호출되며 반환 값을 변수에 할당하거나 수식에 사용할 수 있다.

또한 프로시저는 특정 작업을 수행하지만 값이나 인자를 반환하지 않을 수 있으며, 프로그램 상태를 변경하거나 다른 곳에서 사용해야 하는 결과를 생성하지 않고 작업을 수행하는 작업에 자주 사용한다. 거기에 비해 함수는 특정 작업을 수행하는 코드 블럭이지만 결과값으로 값이나 수식을 반환하고, 함수는 계산을 수행하고 프로그램의 다른 부분에서 사용할 수 있는 결과를 반환해야 할 때 사용한다.

아래는 파이썬 예이다.

```
def print_message():
    print("Hello, fresh students!")

def add_numbers(a, b):
    return a + b
```

일부 동적 타입 언어에서는 프로시저가 값을 반환하지 않기 때문에 타입 설명이나 선언이 필요하지 않을 수 있다. 함수는 특히 정적으로 타입이 지정된 언어에서 반환 값의 타입을 지정하기 위해 타입 주석이 필요한 경우가 많다. 함수 이름이 타입을 가진다.

프로시저는 사이드이펙트(부작용, 원데이터 갱신)로 인해 재사용되는 코드에 사용되는 경우가 많지만 함수와 동일한 방식으로 코드 재사용을 추구하지 않는다. 함수는 다양한 입력으로 호출하고 필요할 때마다 반환 값을 사용할 수 있으므로 코드 재사용을 위해 설계한다.

```
def Greeting(name):
    print(f"Hello, {name}!")

# Calling the procedure
Greeting("Students")
```

이 예에서 Greeting 함수는 어떤 값도 반환하지 않기 때문에 프로시저이다. 인사말을 출력하는 작업만 수행한다. Greeting("Students")을 호출하면 "Hello, Students!"가 출력된다. 그러나 다른 추가 계산에 따른 결과는 생성되지 않는다.

아래는 두 숫자의 합을 계산하고 결과를 반환하는 함수이다.

```
def add_numbers(a, b):
    result = a + b
    return result

# Calling the function and using the returned value
sum_result = add_numbers(3, 4)
print(f"The sum is: {sum_result}")
```

이 예는 add_numbers 함수는 계산(덧셈)을 수행하고 값(결과)을 반환하는 함수이다.. add_numbers(3, 4)를 호출하면 합계(7)를 계산하여 반환한 다음 이를 sum_result 변수에 저장하고 인쇄한다. 이 반환된 값은 추가 계산이나 할당에 사용할 수 있다.

따라서 주요 차이점은 프로시저(Greeting)는 값을 반환하지 않고 작업(인쇄)을 수행하는 반면, 함수(add_numbers)는 계산을 수행하고 프로그램의 다른 곳에서 사용할 수 있는 값을 반환한다.

이와같이 함수를 이용하여 문제를 쪼개어, 복잡한 작업을 특정 작업을 수행하기 쉬운 더 작은 함수나 메서드로 쪼갠다.

이러한 컴퓨팅 사고력은 컴퓨팅과학 뿐만 아니라 다양한 영역의 광범위한 문제에 적용될 수 있다. 이러한 기술을 문제 해결에 통합함으로써 복잡한 문제에 보다 효과적이고 체계적으로 접근하여 더 나은 해법을 얻을 수 있다.

연습문제

01 100명의 전화번호가 이미 저장되어 있는 리스트에서 특정 번호를 찾는 프로그램 구조를 파이썬으로 작성하시오

02 100명의 전화번호 TEL과 이름 NAME이 이미 저장되어 있는 두 리스트에서 특정 이름을 찾으면 이름과 번호를 출력하는 프로그램 구조를 파이썬으로 작성하시오

03 동적 계획법에 의한 최단경로탐색 예를 파이썬으로 작성하고 단계별로 출력하시오.

04 구구단 표를 작성하는 프로그램 구조를 파이썬으로 작성하시오.

05 찾기와 정렬

5.1 개요

이장에서는 리스트에서 특정 원소를 찾는 방법과 정렬하는 방법을 살펴본다.

아래 그림의 나열한 과일 중에서 내가 찾고자 하는 사과가 있다고 하자.

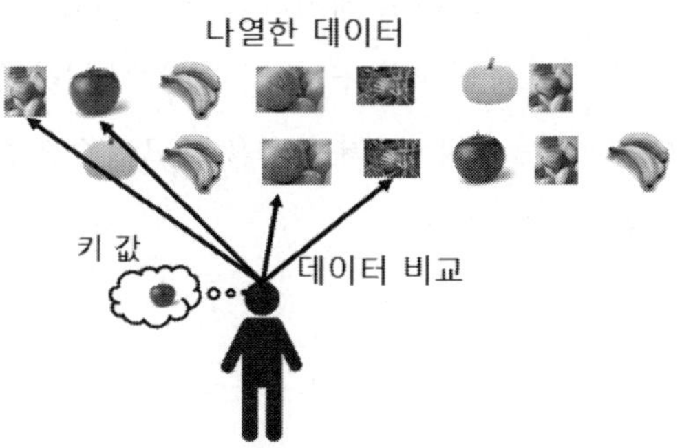

그러면 인간은 머리 속에서 찾고자 하는 과일이 있다면 위치나 데이터, 사진, 등의 정보를 활용하여 차례로 비교할 것이다. 그러므로 사전 자료를 가지고 비교한다. 즉, 찾기에 필요한 데이터와 행위는 아래와 같다.

- **나열된 데이터**: 나열한 데이터는 이미 준비 혹은 입력되어 있는 데이터로 작게는 하나에서부터 크게는 수십억 개의 자료가 된다.
- **비교할 대상**: 비교하고자 하는 대상은 찾고자하는 데이터로써 위 그림에서 사과가 된다. 이것은 **키 값**이라하고 이 키 값과 나열한 데이터를 주어진 방법으로 같은지를 비교하면서 찾을 때까지 혹은 마지막 데이터까지 수행한다.
- **비교하는 동작**: 나열한 데이터와 키 값을 비교하는 일이 비교동작인데 프로그램에서는 알고리즘으로 표현할 수 있다.

이제 컴퓨터에서 찾기를 수행하자. 아래 그림처럼 찾기를 원하는 주어진 키 값 10을 메모리 안에 저장되어 있는 데이터하고 차례로 비교하고 같으면 찾은 것이다.

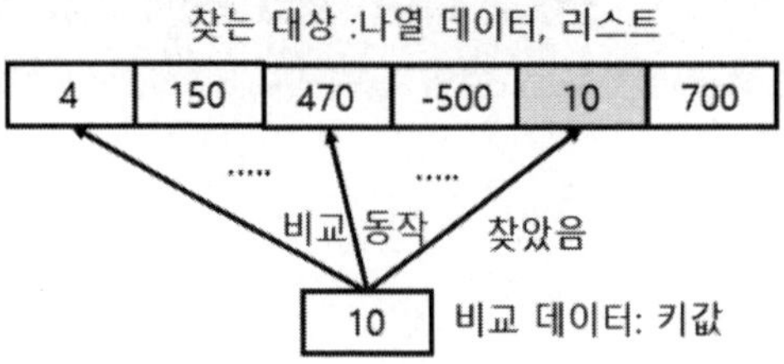

이러한 과정을 구체화하려면 컴퓨터 안에 저장되는 데이터가 있어야 하는데 아래와 같이 리스트 혹은 배열을 선언하고 데이터를 읽거나 다른 방법으로 저장한다. 키 값을 저장할 변수를 지정 한다. Mem[1], Mem[2],..와 같이 배열을 선언하고 데이터를 저장한다. 비교할 값을 읽어온다. 순환문 구조를 사용하여 같은 값인지를 차례로 비교한다. 키 값과 같으면 '찾았다'는 메시지와 해당 '데이터(값)'를 출력한다. 아래에서 데이터를 찾는 여러 방법을 알고리즘으로 표현해 보자. 이와 같이 데이터를 찾는 방법을 **탐색**이라 한다.

5.2 선형 탐색

그림 5.1과 같이 하트 스티커와 사람 얼굴 스티커가 들어있는 A와 B 두 그룹의 26개 상자가 있다. A 그룹에서 하트 스티커를 찾으려면 A부터Z까지 순서대로 상자를 하나씩 열어보고 하트가 있으면 찾은 것이다.

그러므로 **찾고자하는 객체(키,하트 스티커), 비교 대상과 순서대로 상자를 이동하는 행위가 있어야 한다.**

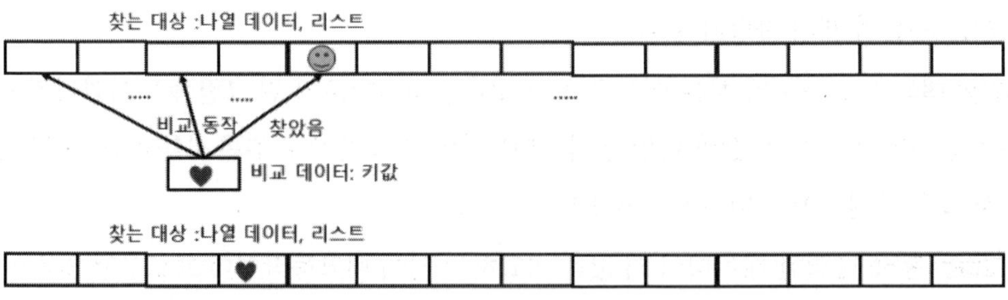

그림 5.1 하트 스티커와 얼굴 스티커가 숨겨진 상자들

이와같이 차례대로 하나씩 비교하면서 특정 원소를 찾는 방법을 **선형 탐색**이라 한다. 이미 3장에서 언급하였지만 이 경우에 스티커를 몇 번 만에 찾았는지 살펴보자.

- 가장 빨리 찾을 경우는 어떤 경우인가? 왜 그런가?
- 가장 늦게 찾을 경우는 어떤 경우인가 ? 왜 그런가?

가장 빨리 찾는 경우는 맨 처음 상자를 열었을 때 하트 스티커를 발견하는 경우이다. 즉, **한 번 만**에 찾는 경우이다. 그러면 가장 늦게 찾을 경우는

물론 모든 상자를 하나씩 다 열어보고 하트 스티커를 검사하고 없어서 마지막 상자를 열었을 때 하트 스티커를 발견하는 경우이다. 그러므로 26 번 만에 찾고자하는 대상을 찾는다. 그러면 **평균적**으로 몇 번 만에 찾을 수 있는지 일반화하여 계산하면 아래 식과 같다.

$$\frac{(\text{가장 빨리 찾는 비교 횟수}) + (\text{가장 늦게 찾는 비교 횟수})}{2}$$

그러므로 그림 5.1에서는 $\frac{(1)+(26)}{2} = 13.5$로 대략 14번 비교한다는 결과가 나온다. 즉, 데이터 수가 많아지면 그 데이터 수의 절반 가량회수 만큼 비교해야 원하는 객체를 발견할 수 있다는 의미이다. 그러므로 나열한 리스트 데이터 N개가 있으면 특정 객체를 찾는 회수는 평균적으로 $\frac{1+N}{2} \approx \frac{N}{2}$ 이다. 여기서 N이 아주 크면 N+1은 N과 같이 취급할 수 있다. 이러한 선형 탐색 방법은 컴퓨팅 시스템에서 데이터가 많을수록 그리고 순서없이 나열되어 있을수록 탐색 시간이 오래 걸린다. 이것은 컴퓨터를 활용하는 면에서 알고리즘 개발과 프로그래밍은 물론 컴퓨터 운용 시간이나 비용 등 다방면에서 아주 중요한 이슈이며 컴퓨팅 사고 기법을 연구하는 동기가 되기도 한다.

이 방법에서 아래 세 개의 문제를 발견할 수 있다.

- 이 방법은 언제 종료하는가? 즉, 하나를 발견되면 출력을 하고 계속 반복 수행한다.
- 만약 같은 데이터가 여러 개 존재하면 어떻게 할 것인가? 즉, 한 개만 발견하고 같은 데이터지만 다른 곳에 있는 데이터는 탐색하지 않는 것인가? 계속 탐색하려면 어떻게 하여야 하는가?
- 만약 저장된 데이터의 마지막 까지 탐색하였지만 같은 데이터가 없어서 발견하지 못한다면 어떻게 되는가?

그러면 더 빨리 찾는 방법은 없는지 살펴보자.

5.3 이진 탐색

그림 5.2와 같이 숫자가 크기 순서대로 나열된 상자가 있다.여기에서 하트 스티커가 있는 5221 상자를 찾아보자.

먼저, 5221 값을 찾기 위해 전체 상자 수 26개의 중간 위치인 $\frac{(1)+(26)}{2}=13.5$로 14 번째 상자 N을 열어본다. 이 상자의 값은 3311이고 찾는 값 5221이 아니다. 데이터는 크기가 순서대로 나열되어 있기 때문에 5221은 3311보다 뒤 쪽에 있다. 그러므로 3311보다 앞쪽에 있는 데이터 리스트는 이미 탐색할 필요가 없다는 것을 알았다. 그러므로 같은 방법으로 3311 보다 뒤쪽에 있는 상자 수의 중간 위치인

위치인 $\frac{(14)+(26)}{2}=20$로 20번째 상자인 T를 열어본다. 이 상자의 값은 6632이며 5221은 이 값보다 앞쪽에 있다. 다시 중간 위치인 $\frac{(14)+(20)}{2}=17$를 계산하여 상자Q를 열어본다. 마찬가지로 4664는 찾는 값이 아니다. 5221은 4664 뒤쪽에 있으므로 다시 $\frac{(17)+(20)}{2}=18.5$로 19번째 6591도 아니다. 이제 $\frac{(17)+(19)}{2}=18$로 상자 R을 열어보면 찾고자하는 5221 값이 하트 스티커를 탐색한다. 이런 방법으로 원하는 객체를 찾는 방법을 **이진 탐색**(Binary Search) 방법이라 한다.

이진탐색 방법에서는 몇 번 만에 내가 원하는 스티커를 찾았는지 살펴보자.

우선 14, 20, 17, 19, 18의 순서로 원하는 데이터 리스트를 5번 비교하여 찾았다. 만약 선형탐색으로 찾는다면 18번 비교하여 찾을 것이다.

이와 같이 어떤 방법을 사용하는가에 따라 탐색 효율성이 달라진다. 컴퓨팅 사고와 알고리즘의 효율성이 중요한 이유이다.

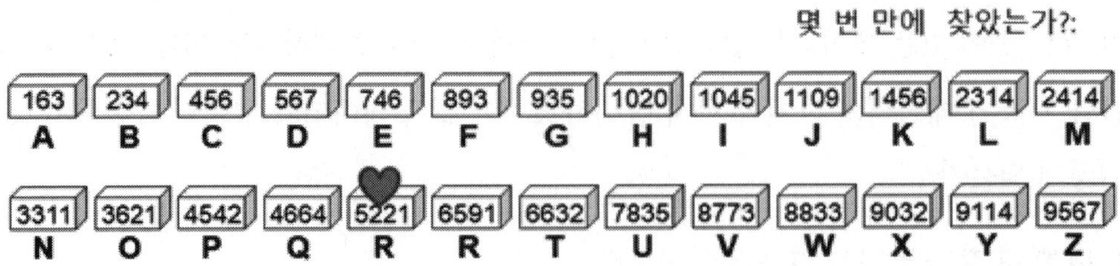

그림 5.2 크기 순서대로 나열한 데이터

모아 놓은 터이터를 크기 순서로 나열하는 과정을 **정렬**(sorting)이라 하는데 이 정렬은 탐색과 마찬가지로 어떤 조사를 위해 지역별, 나이별, 성별 등으로 분류하거나 컴퓨터 운영체제에서 파일을 용량 크기순으로 나열하거나, 편집 일자순으로 나열하는 등 중요하게 활용된다. 이 정렬은 주어진 데이터 원소를 오름차순이나 내림차순으로 재배열하는 과정이다. 이러한 정렬도 방법이나 효율성에 따라 다양한 유형이 있다. 아래에서 몇 개의 정렬 방법을 살펴본다.

5.4 선택 정렬

선택 정렬(selection sort)은 탐색과 위치 교환을 동시에 수행함으로써 정렬한다. 나열된 데이터 원소 중에서 정렬되지 않은 가장 작은 값이나 가장 큰값을 가진 데이터 원소를 선택하고 이 데이터 원소와 비교하면서 아래와 같이 데이터 원소 사이의 위치를 교환하는 정렬 방법이다. 오름차순이나 내림차순에 따라 가장 작은 값이나 가장 큰값을 찾아 맨 앞에 놓고 두 번째 값을 찾아 두 번째 놓는 방법이다.

예를 들어, 데이터 리스트가 [window, algorithm, compiler, graphic, python, network, data]처럼 주어지면 오름차순으로 아래와 같이 정렬을 수행해 보자. 데이터 원소가 모두 7 개이므로, 총 6번의 단계를 거치면서 데이터 원소가 재배열 된다. 아래 각 단계에서 음영으로 처리된 데이터 원소는 각 단계별로 정렬된 결과를 나타낸다. 단계 6에서 데이터 원소 python의 위치가 확정되면, 데이터 원소 window은 마지막으로 위치가 자동으로 정해지기 때문에 정렬이 완료된다.

(**단계** 1) 탐색된 최소값 algorithm을 선택하여, 첫 번째에 위치시킨다.

[algorithm, window, compiler, graphic, python, network, data]

(**단계** 2) 나머지 데이터 원소 중에서 탐색한 최소값 compiler을 선택하여, 두번째 위치로 이동한다.

[algorithm, compiler, window, graphic, python, network, data]

이제 algorithm와 compiler은 정렬된 상태이다.

(**단계** 3) 나머지 데이터 원소 중에서 탐색한 최소값 data 를 선택하여, 세번째에 위치시킨다.

[algorithm, compiler, data, graphic, python, network, window]

이제 algorithm compiler data 은 정렬된 상태이다.

(**단계** 4) 나머지 데이터 원소 중에서 탐색한 최소값 graphic를 선택하여, 네번째에 위치시킨다.

[algorithm, compiler, data , graphic, python, network, window]

이제 algorithm compiler data graphic은 정렬된 상태이다.

(단계 5) 나머지 데이터 원소 중에서 탐색한 최소값 network을 선택하여, 다섯 번째에 위치시킨다.

[algorithm, compiler, data , graphic, network, python, window]

(단계 6) 같은 과정을 반복하여 탐색한 최소값 python을 선택하여, 여섯 번째에 위치시킨다. 그러면 정렬된 최종 결과 리스트는 아래와 같다.

[algorithm, compiler, data , graphic, network, python, window]

5.5 삽입 정렬

삽입 정렬(insertion sort)은 나열된 데이터 리스트에서 현재 선택된 값을 데이터 리스트 중에 삽입할 위치를 찾아 재배열하면서 정렬하는 방법이다. 아래에서 삽입 정렬도 선택 정렬처럼 단계별 정렬 과정에서 데이터 리스트의 앞부분은 이미 정렬된 부분이며, 뒷부분은 아직 정렬이 안 된 부분이다. 이삽입 정렬은 이미 정렬된 부분에 아직 정렬되지 않은 데이터를 비교하여 삽입할 위치를 탐색하면서 수행한다. 즉, 첫 번째 데이터를 이미 정렬된 부분으로 간주하여 두 번째 데이터부터 삽입 위치를 탐색한다. 삽입 정렬은 아래와 같이 수행한다.

주어진 데이터 리스트가 [window, algorithm compiler, graphic, network, python, data]와 같다. 데이터 원소가 모두 7 개 이므로 6번의 단계를 거치면서 데이터가 재배열 된다. 음영으로 처리된 데이터 원소는 단계별로 정렬된 결과이다.

(단계 1) 데이터 algorithm을 데이터 window0 앞에 삽입한다.

[algorithm, window, compiler, graphic, python, network, data]

(단계 2) 데이터 compiler을 데이터 window 앞에 삽입한다.

[algorithm, compiler, window, graphic, python, network, data]

(단계 3) 데이터 graphic을 데이터 window 앞에 삽입한다.

[algorithm, compiler, graphic, window, python, network, data]

(단계 4) 데이터 원소 python을 데이터 원소 window 앞에 삽입한다.

[algorithm, compiler, graphic, python, window, network, data]

(단계 5) 데이터 원소 network을 데이터 원소 python 앞에 삽입한다.

[algorithm, compiler, graphic, network, python, window, data]

(단계 6) 데이터 원소 data 을 데이터 원소 graphic 앞에 삽입한다. 러면 정렬된 최종 결과 리스트는 아래와 같다.

[algorithm, compiler, data , graphic, network, python, window]

5.6 버블 정렬

버블 정렬(bubble sort)은 나열된 데이터 리스트에서 인접한 두 데이터 원소를 비교하여 작은 값이나 큰 값을 뒤로 보내는 과정을 반복하여 수행한다.

즉, 데이터 리스트에서 첫 번째 데이터와 두 번째 데이터를 서로 비교하여 교환으로 정렬하고, 이어서 두 번째와 세 번째 데이터 원소를 비교와 교환을 하면서 데이터 리스트의 마지막 데이터 원소까지 비교와 교환을 반복하면서 모든 데이터 원소가 정렬될 때까지 반복한다. 그러면 모든 데이터 원소 정렬이 이루어진다.

주어진 데이터 리스트 [window, algorithm, compiler, graphic, network, python, data]로 오름차순의 예를 들어보자.

데이터 원소가 7개이므로 7번의 단계를 거치면서 데이터 원소가 재배열된다. 밑줄이 있는 데이터는 비교하여 정렬된 결과이며, 각 단계가 끝날 때마다 뒤쪽 끝부터 데이터의 순차적 정렬이 이루어진다. 음영으로 나타난 데이터 원소는 각 단계에서의 부분 정렬 결과이다.

(단계 1) 첫 번째 반복

[algorithm, window, compiler, graphic, python, network, data]

[algorithm, compiler, window, graphic, python, network, data]

[algorithm, compiler, graphic, window, python, network, data]

[algorithm, compiler, graphic, python, window, network, data]

[algorithm, compiler, graphic, python, network, window, data]

[algorithm, compiler, graphic, python, network, data , window]

(단계 algorithm) 두 번째 반복

[algorithm, compiler, graphic, python, network, data , window]

[algorithm, compiler, graphic, python, network, data , window]

[algorithm, compiler, graphic, python, network, data , window]

[algorithm, compiler, graphic, network, python, data , window]

[algorithm, compiler, graphic, network, data , python, window]

(단계 compiler) 세 번째 반복

[algorithm, compiler, graphic, network, data , python, window]

[algorithm, compiler, graphic, network, data , python, window]

[algorithm, compiler, graphic, network, data , python, window]

[algorithm, compiler, graphic, data , network, python, window]

(단계 data) 네 번째 반복

[algorithm, compiler, graphic, data, network, python, window]

[algorithm, compiler, graphic, data, network, python, window]

[algorithm, compiler, data , graphic, network, python, window]

(단계 5) 다섯 번째 반복

[algorithm, compiler, data, graphic, network, python, window]

[algorithm, compiler, data, graphic, network, python, window]

(단계 6) 여섯 번째 반복

[algorithm, compiler, data , graphic, network, python, window]

(단계 7) 여섯 번째 반복에서 데이터 algorithm, compiler만 정렬하면 데이터 리스트 전체가 정렬된 결과이다.

[algorithm, compiler, data , graphic, network, python, window]

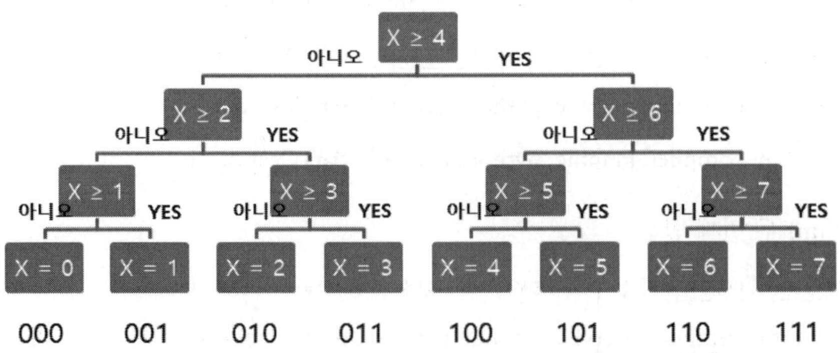

그림 5.5 0에서 7까지의 숫자 중에서 한 개를 알아내는 결정 트리

연습문제

01 이진 탐색에는 어떤 전략이 있었는지 설명하시오. 데이터 리스트가 순서대로 나열되어 있지 않아도 이진 탐색이 적용될 수 있는지 설명하시오.

02 100개의 상자가 있을 때 이진탐색으로 몇 번의 비교로 상자의 위치를 찾을 수 있을까?
1,000개의 상자가 있을 때와 100만개의 상자가 있을 때는 어떤 차이가 있나?

03 데이터 원소가 N개 있는 경우에 이진 탐색으로 탐색하는 평균 비교 회수를 구하는 공식을 만드시오.

04 똑같이 생긴 양념통 10개가 있다. 양념통 9개는 10g짜리 소금이 들었고 양념통 1개는 9g짜리 설탕이 들어 있다. 무게 저울을 단 한 번만 써서 9g 설탕이 들어있는 양념통을 찾으시오.

05 상대방에게 0에서 7까지의 숫자를 생각하도록 하고 질문을 하면서 생각하는 숫자를 알아내는 게임을 한다. 이 경우에 그림 5.5와 같이 0~7 사이의 중간 정도의 수인 4를 먼저 제시하고 4보다 큰지 작은지를 묻고 그 결과에 따라 작은 쪽과 큰 쪽의 수 그룹에서 같은 방법으로 묻고 답하기를 반복하여 최종으로 생각하고 있는 0에서 7까지의 숫자 중에서 한 개를 알아낸다. 이런 추론은 이진 결정트리로 수행할 수 있다.

06 객체 지향 프로그래밍

6.1 개요

절차적 문제 해결(Procedural Problem Solving)은 문제를 작은 문제로 분리하고 프로시저(함수, 서브루틴)를 만들어 문제를 해결하는 방법이다(4장 프로그래밍의 구조 참고). 이러한 프로시저의 집합을 **라이브러리(library)**라고 한다. 전통적인 문제 해결 방법으로써 생산성을 높이고, 유지보수를 쉽게 하려고 사용되어 왔다. 그러나 복잡한 문제에서는 프로시저들의 구조가 복잡하고 중복된 작업이 많아지는 문제점이 있다. 이러한 단점을 보완한 새로운 문제 해결 모델이 객체 지향 문제해결이다.

객체 지향 문제 해결(Object Oriented Problem Solving)은 자동차와 같은 구체적인 실제 사물과 회사와 직원, 학생과 교사 등과 같은 사물 간의 관계를 모델링하기 위한 접근 방식이다. OOP는 객체들의 상호작용을 통해서 문제 해결 절차가 나열된다. 반면에 C 프로그래밍 같은 절차적 프로그래밍(Procedural Programming)은 프로세스가 함수 단위로 순서대로 진행된다.

OOP는 이러한 객체를 생성하고 사용하기 위하여 객체를 모델링해야 한다. OOP에서 라이브러리는 클래스의 집합니다. 객체를 모델링 한다는 것은 객체의 공통적인 속성과 기능을 찾아 추상화하는 것이다. '나'라는 객체와 나의 친구 객체, 나의 아버지 객체의 공통 속성과 기능을 찾아보자. 공통 속성에는 이름, 나이, 전화번호 등이 있다. 공통 기능에는 '말하기', '달리기', '잠자기' 등이 있다. 이러한 공통 속성과 기능을 하나의 추상화된 단어인 '사람'으로 정의하는 것을 객체 모델링이라고 하고, 그 결과물이 클래스(class)이다. 인스턴스(instance)는 객체와 같은 의미로 사용된다. '나'라는 객체는 사람 클래스의 인스턴스이다. 객체 지향 문제 해결은 현실 세계의 객체들을 모델링하여 소프트웨어를 개발하는 것을 목표로 하며, 객체를 재활용할 수 있도록 모듈화 하는 것이다.

6.2 모듈(module)

모듈은 시스템에서 쉽게 추가, 제거 또는 교체할 수 있는 부품이다. 일반적으로 모듈은 그 자체로는 동작하지 않는다. 컴퓨터 하드웨어에서 모듈은 쉽게 교체할 수 있도록 설계된 구성 요소이다. 컴퓨터 소프트웨어에서 모듈은 특정 기능을 전담하는 로직이다. 프로그래밍에서 모듈은 전체적으로 추가되거나 쉽게 재사용할 수 있도록 설계된 코드 모음이다. 모듈(module)이란 프로그램을 구성하는 구성 요소로, 관련된 데이터와 함수를 하나로 묶은 단위를 의미한다. 모듈 프로그래밍은 문제를 분해하여 부품화하고 다시 연결하는 것이다. 보통 하나의 소스 파일에 모든 함수를 작성하지 않고, 함수의 기능별로 따로 모듈을 구성한다. 이러한 모듈을 합쳐 하나의 파일로 작성하는 방식으로 프로그래밍 한다. 프로그램 코드를 기능별로 나눠서 독립된 파일에 저장하여 관리하는 방식을 **모듈화 프로그래밍**이라고 한다.

그림 6.1에서 자동차를 생산하기 위하여 단가, 기능 등을 고려하여 설계도를 작성한다. 설계도는 기능을 세분화하여 부품으로 나누고, 부품과 부품 간의 연결(interface)을 정의한다. 세분화된 설계도를 바탕으로 협력업체에 부품 생산 요청을 한다. 자동차 생산 업체에서 모두 부품을 만드는 것보다 협력업체와 협업을 하면 생산 단가와 공정을 단축할 수 있다. 부품을 조립하여 완성차가 만들어진다. 이러한 부품을 사용하면 새로운 자동차를 생산할 때 재사용할 수 있으며 자동차에 문제가 있을 때 문제가 되는 부품만 교체하면 된다. 모듈을 사용하면 이러한 유지보수가 용이하고 비용도 줄일 수 있다.

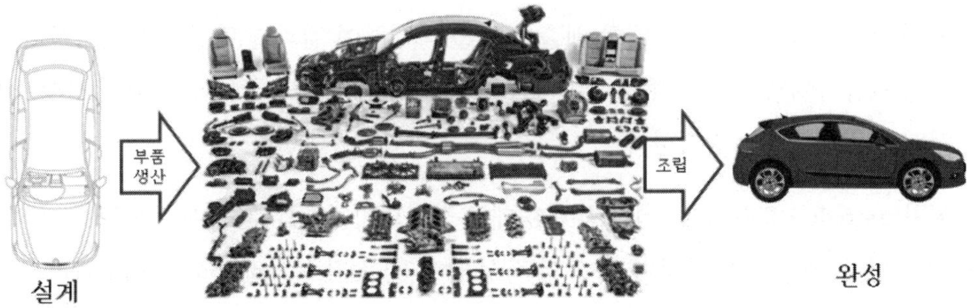

그림 6.1 모듈(부품)화에 의한 상품 생산

그림 6.2는 모듈을 사용한 소프트웨어 생산과정이다. 문제를 작은 문제로 분해하고 분석하여 모듈 단위로 문제를 정의한다. 모듈은 함수로 정의하는 방법과 클래스로 정의하는 방법이 있다. **함수**를 정의하고 모듈을 구현하는 방식을 **절차적 프로그래밍**(6.3절, 7장 참고)이라고 하고, **클래스**를 정의하고 모듈을 구현하는 방식을 **객체지향 프로그래밍**(6.4절 참고)이라고 한다.

모듈의 집합을 **라이브러리(library)**라고 한다. 모듈은 자체 제작(사용자 정의) 모듈과 외부(제3자 제공) 모듈로 나뉜다. 모듈을 설계된 절차에 따라 조립하여 소프트웨어를 완성한다.

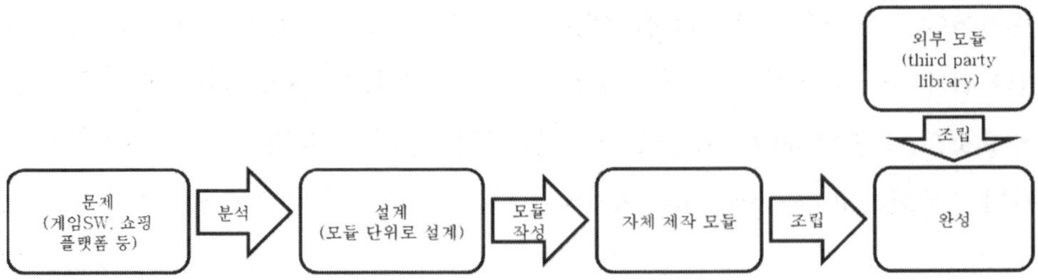

그림 6.2 모듈에 의한 소프트웨어 생산

6.3 절차적 문제 해결

절차 지향 문제 해결은 문제 해결을 위한 과정(알고리즘)을 순서대로 나열하여 문제를 해결하는 접근 방법이다. 즉, 문제를 해결하는 절차를 작성하는 관점을 우선시하는 접근 방법이다. 수학 문제가 있을 때, 풀이 과정을 거쳐 문제에 대한 정답을 구하는 과정과 동일하다. 일상의 업무에서 문제 해결은 절차적으로 이루어지는 것처럼 보인다.

예를 들어 영업부의 팀장이 2분기 매출 분석을 하고 보고서를 작성하는 업무가 있다고 가정하자. 그림 6.3과 같이 팀장은 매출 분석 담당자에게 2분기 매출 통계를 구해줄 것을 요청한다. 매출 분석 담당자가 팀장이 요청한 2분기에 대한 매출 통계를 작성하여 결과를 팀장에게 전달한다. 팀장은 보고서 작성 담당자에게 매출 통계를 주면서 보고서 작성 엄부를 요청한다. 보고서 작성 담당자는 보고서 작성하여 팀장에게 전달한다.

이러한 절차(procedure 또는 process)는 함수 형태로 정형화할 수 있다. 즉, 매출 보고서 작성에서 각 구성원(영업 팀장, 매출 분석 담당자, 보고서 작성 담당자)을 함수(function 또는 procedure)로 정의할 수 있다. 절차 지향 문제 해결은 문제를 작은 문제로 분해하고 이것을 함수로 만드는 것이다.

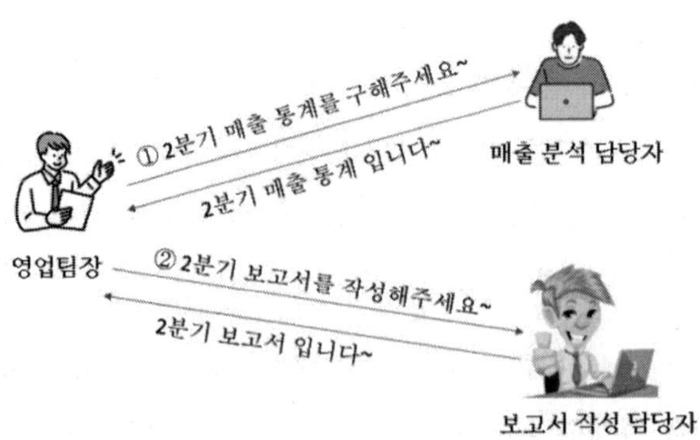

그림 6.3 매출 보고서 작성 문제해결을 위한 절차

크고 복잡한 문제가 주어졌을 때는, 해결하기 쉬운 여러 개의 작은 문제로 나누어 단순화된 문제를 함수로 작성하는 하향식 프로그래밍(top-down programming) 방법을 쓰는 것이 좋다. 하향식 프로그래밍 방법은 크고 복잡한 문제에만 적용할 수 있는 것이 아니라 작은 문제에도 프로그램의 길이 단축, 프로그램의 가독성(readability), 프로그램의 수정 및 확장, 코드의 재활용을 위해서 적용할 수 있다.

6.4 객체 지향적 문제해결

세상은 객체(object)로 채워져 있다. 객체는 유형, 무형의 인식되는 모든 것이다. 그림 6.4의 공원의 전경에서 사람, 반려 동물, 자전거, 킥보드, 벤치, 구름 등의 객체로 채워져 있다. 세상은 객체 간의 상호작용에 의하여 만들어 진다. '사람'의 실체(Instance)가 그림 6.4에 나타나는 사람 객체들이다.

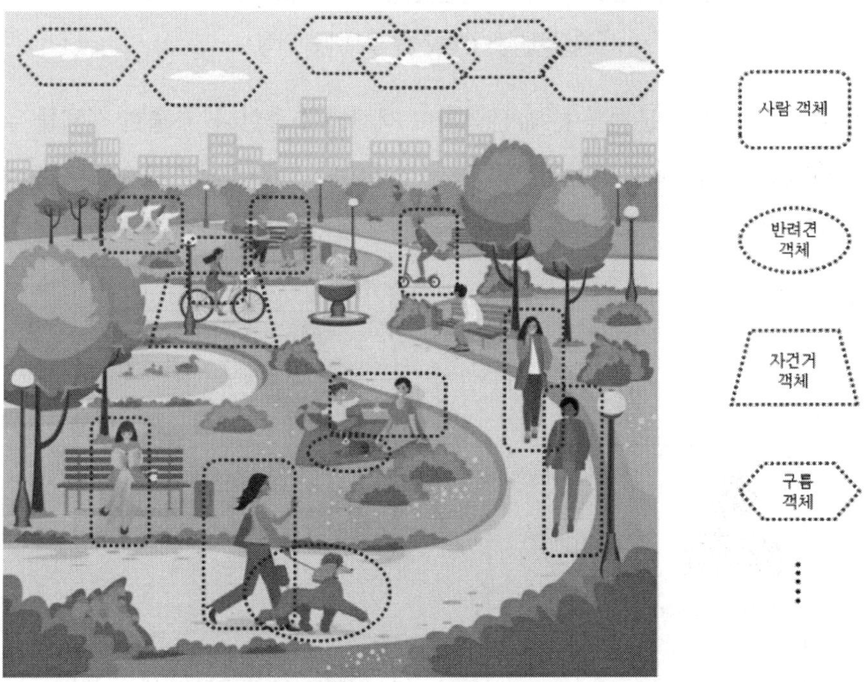

그림 6.4 객체로 이루어진 세상(그림 출처 : pixabay)

그림 6.5와 같이 '사람'은 사회적 합의에 따라 만들어진 추상적인 단어이다. 추상화된 '사람'은 실제로 존재하지 않으며 '사람 객체'들의 공통적인 **속성(attribute)**과 **행위(behavior)**를 추출하여 만들어진 관념적인 키워드이다.

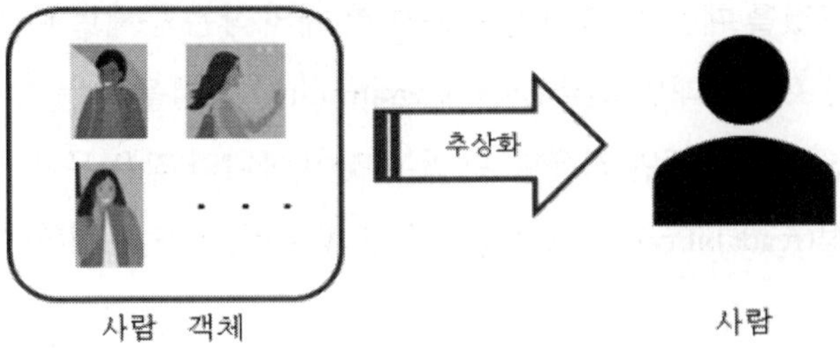

그림 6.5 객체의 추상화

객체 지향적 문제 해결은 문제에 나타나는 객체를 추출하고 객체를 추상화하여 클래스(class)를 모델링한다. 클래스로부터 객체를 생성하고 객체 간의 상호 작용을 통하여 문제의 결과를 구한다.

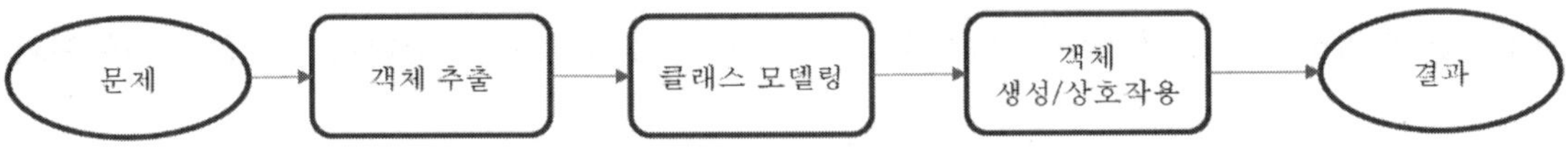

그림 6.6 객체 지향 문제해결 과정

객체 지향 문제 해결 과정은 문제를 분해/분석하여 객체를 추출한다. 추출한 객체를 일반화, 추상화를 거쳐 객체의 틀(template)과 같은 클래스를 모델링한다. 클래스로부터 **실체화**(istantiation)하여 객체를 생성하고 객체 간의 상호작용을 통하여 문제의 결과를 도출한다(그림 6.7 참고).

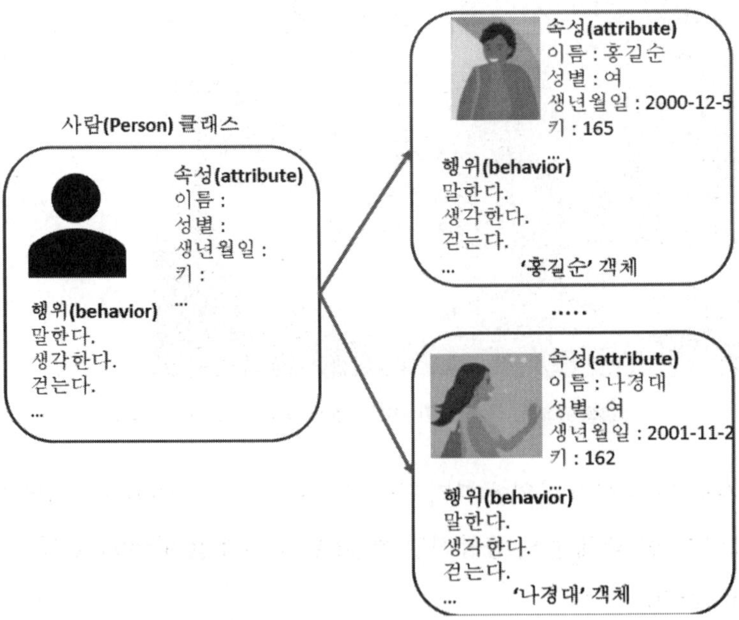

그림 6.7 클래스의 실체화(Instantiation)

그림 6.7에서 사람(Person) 클래스는 속성(이름, 성별 등)과 행위(말한다. 생각한다. 등)로 모델링 된다. 행위를 메서드(method)라고도 한다. 메소드는 공통된 기능(로직)을 모아 놓은 것이다. 다음은 그림 6.7 사람(Person) 클래스를 Python으로 모델링한 예이다.

```
class Person:
        name = None
        gender = None
        birth = ''
        height = None

        def talk(self, other):

        def think():
                ...
```

Python에서 가시적으로 보이는 것은 모두 객체이다. 다음 예에서 정수 '1'은 int 클래스의 객체임을 확인할 수 있다. 내장 함수 print 또한 클래스이다.

```
>>> type(1)
<class 'int'>
>>> type(print)
<class 'builtin_function_or_method'>
```

int 클래스의 속성과 메서드는 dir 내장함수를 사용하여 다음과 같이 확인할 수 있다.

```
>>> dir(int)
['__abs__', '__add__', '__and__', '__bool__', '__ceil__', '__class__',
...
'__sub__', '__subclasshook__', '__truediv__', '__trunc__', '__xor__', 'as_integer_ratio',
'bit_count', 'bit_length', 'conjugate', 'denominator', 'from_bytes', 'imag', 'numerator',
'real', 'to_bytes']
```

그림 6-8은 print(1+2)를 실행하는 과정이다. int 클래스의 객체 '1'과 '2'를 생성한다. 덧셈을 외부의 함수에서 실행하는 것이 아니라 int 클래스의 add 메서드에서 덧셈을 실행하여 '3' 객체를 구한다. print 클래스의 객체를 생성할 때 '3'객체를 전달한다. print 클래스의 객체는 전달 받은 객체를 표준 출력에 출력한다. print 클래스의 객체에서 '3'을 문자열로 변환하는 것이 아니라 객체 '3'의 str 메소

드가 문자열로 변환한다. 즉, 절차적 프로그래밍과 달리 객체 지향 프로그래밍에서는 객체에서 주체적으로 데이터를 처리한다.

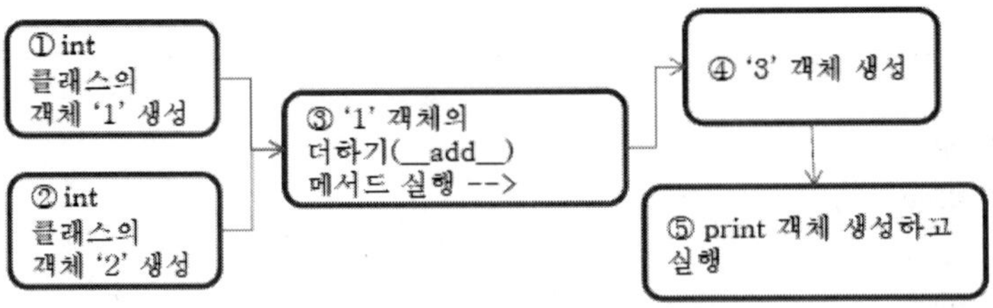

그림 6.8 print(1+2) 실행 과정

6.5 객체의 상호 작용(interaction)

객체와 객체 간의 상호 작용은 객체의 속성과 메서드를 사용하여 이루어진다. 다음은 클래스를 실체화하여 객체를 생성하는 예이다. 일반적으로 객체의 속성이나 메서드를 참조하기 위하여 .(dot) 연산자를 사용한다.

```
son = Person()              # son 객체 생성
son.name = '나경대'          # son 객체의 name 속성에 접근
son.walk()                  # son 객체의 walk 메서드 호출
```

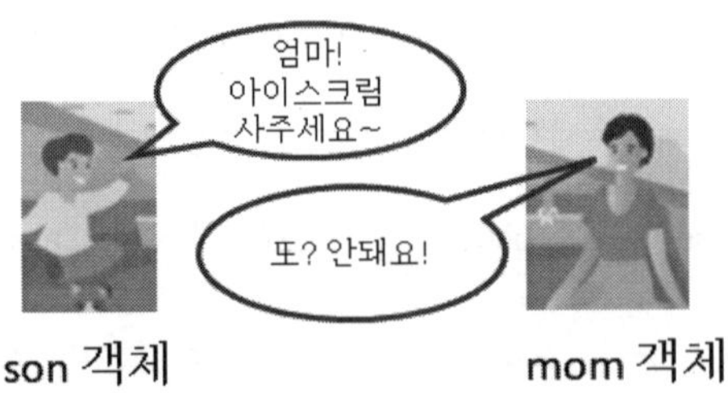

그림 6.9 생활에서의 객체간의 상호작용

```
son = Person()
son.name = '나경대'
mon = Person()
son.name = '김은지'
son.talk(mom, "아이스크림 사주세요") # son --> mon 메시지 전송
mon.tal(son, "안돼요")  # mon --> son 메시지 전송
```

갭슐화(encapsulation) 또는 **정보 은닉(information hiding)**은 객체 간의 상호작용에서 최소한의 속성과 메서드를 공개(public)하고 나머지는 비공개(private)로 모델링하는 것이다. 이것은 객체의 독립성을 높임으로써 객체의 모듈화를 지향한다. 객체의 모듈화를 높이면 재사용성이 높아진다. 일반적으로 속성을 모두 비공개로 하고 속성은 메서드를 사용하여 우회 접근할 것을 권장한다.

공개(public) : 다른 객체에서 사용 가능

반공개(protected) : 상속 받는 객체(자식 클래스의 객체)에서 사용 가능

비공개(private) : 다른 객체에서 사용 불가능

Person 클래스에서 height 속성을 비공개로 하기 위하여 다음과 같이 __(under line 두 개, mangling)를 사용한다.

```
name=None       # 공개 속성
__height = 0    # 비공개 속성
```

상속(inheritance)은 한 클래스가 다른 클래스의 속성과 메서드를 취하는 것이다. 새로 형성된 클래스를 자식 클래스라고 하고 자식 클래스를 파생한 클래스를 부모 클래스라고 한다. 자식 클래스는 부모 클래스의 속성과 메서드를 재정의 하거나 확장할 수 있다. 즉, 자식 클래스는 부모의 모든 속성과 메서드를 상속하지만 자신에게 고유한 속성과 메서드를 지정할 수 있다. 즉, 상속을 통해서 클래스를 작성하면, 적은 양의 코드로 새로운 클래스를 작성할 수 있고 코드를 공통적으로 관리할 수 있다. 따라서 코드의 재사용성을 높이고 코드의 중복을 제거하여 프로그램의 생산성이 높아지고 유지보수 비용을 낮출 수 있다.

그림 6.10에서 class Student(Person)로 자식 클래스 Student 클래스는 Person 클래스로부터 상속을 받는다. Student 클래스는 Person 클래스의 속성 이외에 학번이나 성적과 같은 추가 속성이 필요하기 때문이다. Adult 클래스 또한 Person 클래스의 속성 이외에 회사, 주급 등의 추가 속성이 있으므로 Person 클래스의 자식 클래스이다.

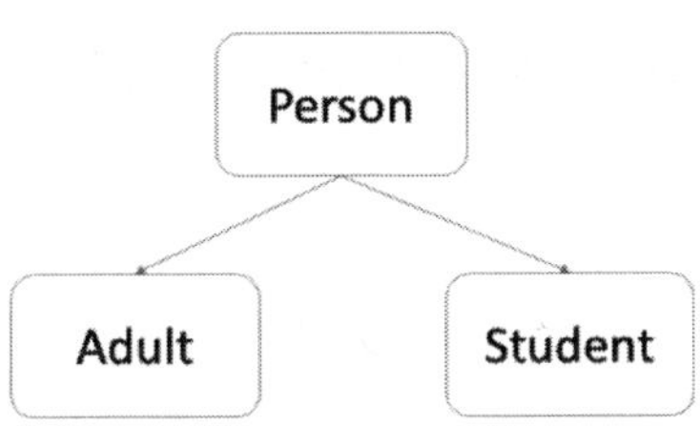

그림 6.10 클래스 상속 모델링

다음은 그림 6.10 클래스 모델을 Python 클래스로 표현한 것이다.

```
class Person:
     def __init__(self, name, age, phone):
         self.name = name
         self.age = age
         self.phone = phone

class Student(Person):
    def __init__(self, name, age, phone, school):
        Person.__init__(self, name, age, phone)
        self.school = school

    def study(self):
        print("%s에서 열공 중..." % self.shool)

class Adult(Person):
    def __init__(self, name, age, phone, company):
        Person.__init__(self, name, age, phone)
        self.company = company

    def work(self):
        print("%s에서 근무 중..." % self.company)
```

오버라이딩(overriding)은 부모 클래스로부터 상속받은 메서드를 다시 정의하는 것이다. 부모 클래스의 메서드를 재정의 하거나 확장하여 기능을 업그레이드할 수 있다. 오버라이딩하기 위해서는 부모 클래스의 메서드와 다음 조건이 만족해야 한다.

- 메서드 이름이 같아야 한다.
- 매개 변수가 같아야 한다.

그림 6-11에서 Person 클래스의 sayHello() 메서드를 Adult, Student 자식 클래스에서 오버라이딩하고, Other 자식 클래스는 오버라이딩 하지 않았다. 각 클래스의 인스턴스는 오버라이딩된 메서드를 사용하고 그렇지 않다면 부모 클래스로부터 상속받은 메서드를 사용한다.

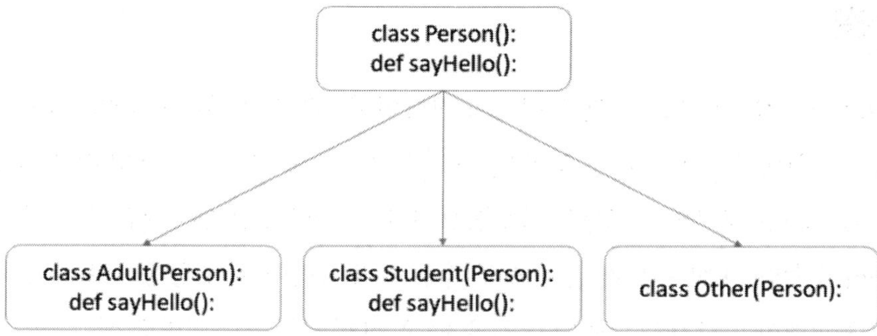

그림 6.11 클래스 상속 모델링

메서드를 오버라이딩 함으로써 메서드를 규격화(표준화)하여 모듈화를 극대화할 수 있다. 다음 예제 코드의 리스트가 Person의 하위 클래스의 객체를 가지고 있을 때, 객체의 형태와 관계없이 표준화된 메서드 say_hello()를 투명하게 실행할 수 있다.

```
lst = [Student("나경대", 20, "010-1234-3333", "KNU"),
       Adult("나부친", 48, "010-7890-7777", "SwEdu"),
       Other(None, None, None)]
for p in lst:
    p.say_hello()
```

메서드 오버라이딩을 사용하면 다른 객체에서 우회적으로 메서드를 실행할 수 있다. 다음과 같이 Adult 클래스에 덧셈(+)하는 기능을 추가할 수 있다. Object 클래스의 __add__ 메서드를 Adult 클래스에서 오버라이딩하면 + 연산자를 사용하여 add 메서드를 우회적으로 투명하게 사용할 수 있다.

```
class Adult(Person):
    .....
    def __add__(self, other):
        print("우리는 하나가 되었어요")
        return Adult("{}♡{}".format(self.name, other.name), self.age + other.age, None, None)

dad = Adult("나부친", 48, "010-7890-7777", "SwEdu")
mom = Adult("우모친", 48, "010-7777-1234", "KNU")
print(dad + mom)
```

6.6 모듈화

객체 지향 프로그래밍에서 모듈이란 클래스의 집합이며 라이브러리라고 한다. 실제 프로그래밍에서는 파일로 구성된다. 프로그래밍을 할 때 규모가 어느 정도 큰 프로그램의 경우 기능별로 나누어 여러 파일에 코드를 구분하여 모듈로 작성함으로 코드 작성과 관리가 쉬워지고, 이미 작성된 코드를 재사용하기 쉽다. 또한 규모가 큰 작업의 경우 여러 사람이 함께 공동으로 작업할 때 프로그램을 모듈별로 설계하고 각자가 나누어 작업을 한 후 전체 모듈을 통합하면 생산성이 높아진다.

세 가지 유형의 모듈이 있다. 컴파일러나 인터프리터에서 기본적으로 하는 표준모듈과 사용자가 직접 만들어서 사용하는 사용자 정의 모듈, 그리고 외부에서 제공하는 서드 파티(3rd party) 모듈로 구분된다. 외부 모듈을 사용하기 위해서는 모듈을 설치해야 한다.

다음은 Python에서 random 모듈을 사용하여 1~45사이의 숫자 5개를 무작위로 생성하는 예이다.

```
import random
for i in range(1, 6):
    print(random.randrange(1, 46), end=' ')
```

random 클래스가 내장 라이브러리 저장 폴더에 random.py로 저장되어 있다. random 클래스의 메서드 randrange를 호출할 수 있다. 객체를 생성해야 사용할 수 있는 메서드와 달리 객체를 생성하지 않고 사용할 수 있는 메소드를 클래스 메서드라고 한다.

다음은 사용자 정의 모듈을 만들고 사용하는 예이다. MyModule.py에 MyClass를 모듈화한다. MyClass를 사용하기 위하여 main.py에서 import MyModule을 명시해야 한다. 모듈이름은 파일이름과 동일하다.

main.py

```
# main.py

import MyModule

m =  MyModule.MyClass()
m.method1()
```

```
# MyModule.py

class MyClass:
    def method1(self):
        print('Hello')

    def method2(self):
        print('Python')
```

다음은 my_world 모듈에 클래스를 정의하고 메서드 오버라이딩을 사용하여 정렬 기준을 클래스에서 정의하고 정렬하는 예이다.

```
#my_world.py
class Person:
    def __init__(self, name, age, phone):
        self.name = name
        self.age = age
        self.phone = phone

    def __lt__(self, other):
        return self.name < other.name

    def __repr__(self):
        return "(이름:{}, 나이:{}, 전화번호:{})".format(self.name,self.age,self.phone)

class Student(Person):
    def __init__(self, name, age, phone, school):
        Person.__init__(self, name, age, phone)
        self.school = school

    def say_hello(self):
        print("%s의 학생 %s입니다"%(self.school, self.name))

class Adult(Person):
    def __init__(self, name, age, phone, company):
        Person.__init__(self, name, age, phone)
        self.company = company

    def say_hello(self):
        print("%s의 회사원 %s입니다"%(self.company, self.name))
```

다음은 my_world 모듈의 모든 클래스를 사용(from my_world import *)하는 예이다.

```
#main.py
from my_world import *
if __name__ == '__main__':
    persons = [Student("나경대", 20, "010-1234-3333", "KNU"),
               Adult("나부친", 48, "010-7890-7777", "SwEdu"),
               Student("유절친", 19, "010-3456-5555", "ANU")]
    print(sorted(persons))
```

결과는 다음과 같이 Person 클래스에서 오버라이딩한 lt 메서드의 정의에 따라 이름순으로 정렬되었다. sorted() 함수는 리스트의 원소 객체에서 __lt__() 메서드의 True, False 리턴 값에 따라 정렬된다. 정렬 기준은 name 속성이다. 이름의 역순으로 정렬하려면 return self.name > other.name과 같이 부등호를 수정한다.

```
[(이름:나경대, 나이:20, 전화번호:010-1234-3333),
(이름:나부친, 나이:48, 전화번호:010-7890-7777),
(이름:유절친, 나이:19, 전화번호:010-3456-5555)]
```

연습문제

01 결과와 같이 입금, 출금, 조회를 위한 SimpleAtm 클래스를 구현하시오.

결과

```
KNU 은행입니다.
------------------------------
1. 입금
2. 출금
3. 조회
0. 끝
------------------------------
메뉴[1,2,3,0] : 1
입금할 금액: 10000
입금액: 10000.0
잔고 = 10000.0
------------------------------
1. 입금
2. 출금
3. 조회
0. 끝
------------------------------
메뉴[1,2,3,0] : 2
출금할 금액: 5000
출금액: 5000.0
잔고 = 5000.0
------------------------------
```

02 numpy, matplotlib 모듈을 사용하여 $y = x^2$ 을 2x1의 그래프를 다음과 같이 시각화하시오.

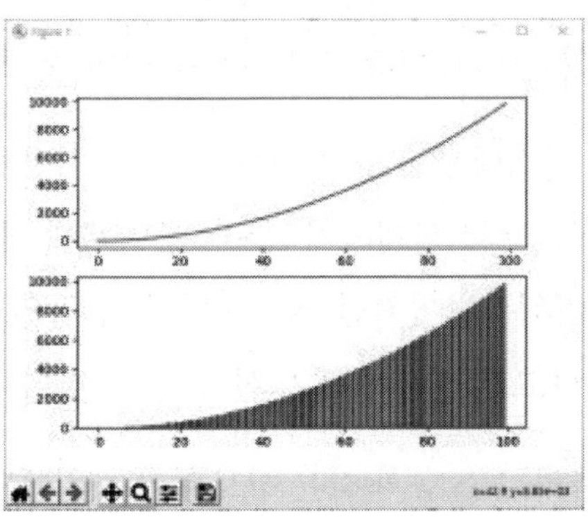

07 고급 프로그래밍 언어와 번역

7.1 개요

고급 프로그래밍 언어는 컴퓨터와 인간 사이에서 상호작용 수단에서 프로그램 개발을 목적으로 출현했다. 그렇기 때문에, 고급 프로그래밍 언어는 이 알고리즘을 컴퓨터의 기계 언어로 번역하여 프로그램이 실행 할 수 있도록 한다. 또한, 고급 프로그래밍언어는 프로그래밍 방법에 큰 영향을 주며, 컴퓨터에 대한 이해와 활용에 매우 큰 영향을 끼쳐왔다. 이 장에서는 다양한 고급 프로그래밍 언어의 구조와 특성을 살펴보고, 컴파일러의 번역 방법을 살펴본다.

7.2 고급 프로그래밍 언어 유형과 특성

이 절에서는 다양한 프로그래밍 언어가 어떻게 컴퓨터와 소통하며 컴퓨터를 더 잘 이해하는 데 도움을 줄 수 있는지 오늘날 많이 사용하는 몇 개 언어의 특성들을 살펴본다. 프로그래밍 언어는 개발 철학과 구현 방법에 따라 다양하게 분류할 수 있는데 이 절에서는 크게 절차형 언어, 객체지향 언어, 특수 목적 언어를 살펴본다.

7.2.1 절차형 프로그래밍 언어(procedual Programing Language)

1장에서 언급한 것과 같이 1950년대 중반부터 고급프로그래밍 언어가 출현하기 시작했는데, 폰 노이만 구조의 프로그램 제어 흐름에 따라 알고리즘의 각 단계를 따라가며 문제를 해결하도록 프로그래밍하는 언어가 절차형 언어이다. 대표적인 절차형 언어 몇 개의 특징을 살펴보자.

C 프로그래밍 언어는 컴퓨터 시스템 프로그램 개발에 많이 사용하는 절차형 언어이다. 시작은 **UNIX 운영체제**에 사용할 것을 목적으로 설계하여 UNIX 운영체제 대부분이 이 언어로 개발되었다. 고급 프로그래밍 언어이지만 어셈블리어처럼 메모리와 각 장치의 주소를 사용자가 직접 취급할 수 있도록 컴퓨터 구조에 밀착하고 간결하게 표기 할 수 있는 것이 특징이다.

시스템개발용 언어는 기억장치의 주소 등과 같은 하드웨어 자원까지 취급 대상으로 할 수 있는데,

C언어에서는 이러한 어셈블리어 수준에서 사용가능하고, 데이터 형이나 함수 등의 고수준 언어의 개념도 잘 적용하고 있다. 또한 프로그램을 다른 구조의 컴퓨터에 이식하는 것도 간단하다.

다른 프로그래밍 언어와 연동하여 사용할 수 있으며, 시스템 소프트웨어 개발에 주로 사용한다.

범용 프로그래밍 언어이며, 구조화 프로그램에서 요구하는 기본적인 제어구조를 제공하고, 함수(function) 선언이나 정의문들을 모아 놓은 집합으로 구성되고, 분할 컴파일을 할 수 있어서 함수 정의부 밖의 외부 변수를 정의함으로써 컴파일 단위가 다른 함수의 외부 변수를 참조할 수도 있다. 프로그램에서 함수를 호출할 때, **값에 의한 호출**(Call by Value)은 인자 값만 넘겨주는 호출 방식을 따르고 있고 값은 반환하지 않으며, **참조에 의한 호출**(Call by Reference)에서는 주소를 인자로 전달하여 주소연산과 자료의 주소를 자유롭게 조작하여 값을 반환한다.

아래에 pow함수를 이용해 1KB인 2^{10}(2의 10승)을 계산하는 프로그램을 예를 들어 보자.

```
#include <stdio.h>
#include <math.h>
int main()
{
        double result, a, b;
        a=2; b=10;

        reault=pow(a, b);

        printf("1KB는 %.1f Bytes 입니다.\n", result);;

        return 0;
}
```

위의 프로그램이 수행되는 과정은 그림 7.1과 같다.

위 프로그램 예에서 보듯이 C언어는 함수의 집합으로 이루어지며, 절차(순서)가 뒤바뀌면 값이 다르게 나오거나 에러가 발생한다. 이와 같이 절차형 언어가 가지는 규칙을 가장 잘 표현하고 있다.

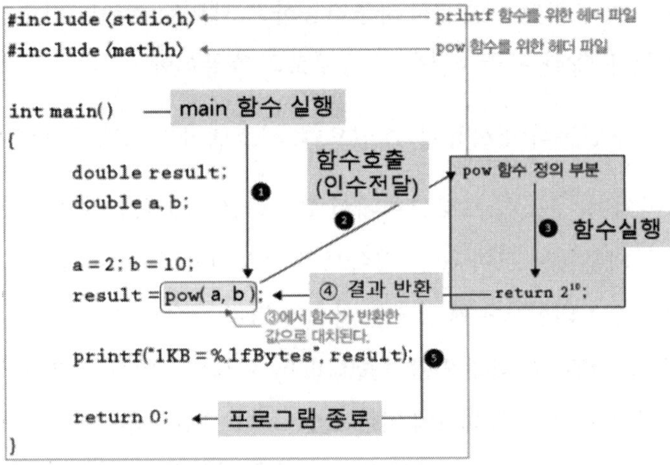

그림 7.1 C 프로그램 실행과정

포트란(Fortran)은 1954년대 중반 과학계산용으로 개발한 고급 프로그램 언어로 FORTRAN수식 변환기(FORmularTRANslator)이다. 포트란은 알골과 함께 과학 계산용으로 주로 사용되는 언어이며, 산술 심볼(+, - 등)를 그대로 사용할 수 있으며, 삼각함수, 지수함수, 대수함수 등과 같은 기초적인 수학 함수들을 직접 호출하여 쓸 수 있는 언어이다.

과학기술용 언어라는 강점으로 포트란은 대표적인 제3세대 컴퓨터 언어로 1980년대까지 널리 활용되었다.

아래는 포트란의 간단한 예이다.

```
      program circle
      real r, area
c  This program reads a real number r and prints
c  the area of a circle with radius r.
      write (*,*) 'Give radius r:'
      read  (*,*) r
      area = 3.14159*r*r
      write (*,*) 'Area = ', area

      stop
      end
```

위예에서 맨 앞의 C는 주석이며, 각 문장은 8번째 열부터 작성한다. 각 문장은 한 줄에 기술하고 다음 줄에 연결하려면 다음 줄의 7번째열에 0과 빈칸이 아닌 임의의 문자를 표기한다. 그러면 그 줄은 위줄과 연결한 문장이라는 의미이다. 1-6열 사이는 숫자로 된 레이블이 표기되는 열이다.

7.2.2 함수형 프로그래밍 언어(functional programming language)

함수형 프로그래밍 언어는 제어를 중심으로 하는 절차형 프로그래밍 언어에 대응되는 언어로 프로그램 실행이 제어가 아닌 데이터의 흐름을 중심으로 실행하도록 하는 언어이다. 이 언어는 **튜링**이 제시한 프로그래밍에 대한 **추상화 모델**(튜링 기계)을 기반으로 하고 있다. 즉, 폰 노이만식 제어의 흐름에 따라 프로그램 인스트럭션을 차례로 실행하지 않고, 그림 7.2와 같이 수식 A=b+c*d-e를 처리하는 각 함수에 입력되는 데이터를 중심으로 하여 **데이터 흐름**에 따라 병렬로 실행한다. 그림 7.2에서 연산자 *와 +는 입력하는 두 값을 처리하는 처리기이다. 그러므로 사용자는 처리기 하나가 연산자 *와 +에 대응하는 함수로써 처리기가 함수 하나를 처리한다고 생각하고 프로그래밍 한다. 이와 같이 함수형 프로그래밍 언어는 데이터의 흐름에 중심을 둠으로써 **데이터 플로우 언어**라고도 하며, **심볼**이라는 데이터를 처리하기 쉽도록 하기 때문에 **인공지능 언어**유형으로 분류한다.

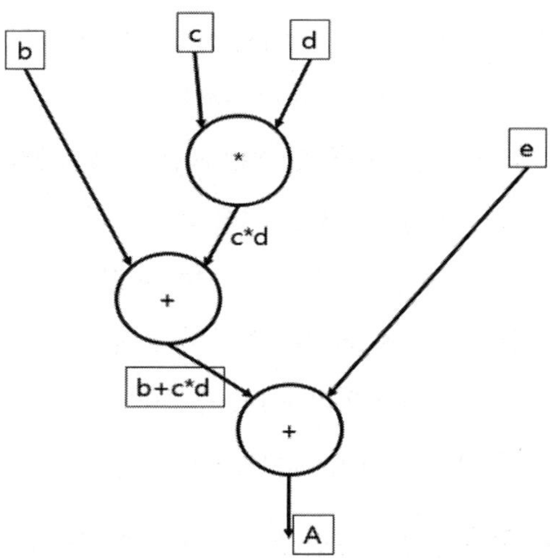

그림 7.2 함수형 프로그래밍 언어의 실행 예

인공지능 언어의 대표로 함수형 프로그래밍 언어와 논리 프로그래밍 언어가 있다.

함수형 프로그래밍 언어는 수학에서의 함수를 데이터를 처리하는 기본 연산자로 취급하고 제어 상태의 변화(인스트럭션의 순서)와 주소가 있는 데이터(변수)를 사용하지 않는 프로그래밍 언어이다. 그러므로 절차형 프로그래밍에서는 제어 상태를 바꾸는 것을 강조하는 것과 달리, 함수를 적용하는 것이 중요하다. 프로그램은 문장이 아닌 수식이나 함수선언으로 수행하는 선언적 프로그래밍 형식을 가진다[1,2] 이 함수형 프로그래밍은 1930년대에 계산가능성, 결정문제, 함수정의, 함수응용과 재귀를 위해 개발된 형식체계(formal system)인 람다(Λ, λ) 대수(algebra)에 기본을 두고 있다. 그 후에 출현한 여러 함수형 프로그래밍 언어들은 이 람다 대수를 발전시킨 것으로 볼 수 있다.

수학적 함수와 절차형 프로그래밍에서 사용되는 함수는 차이가 있는데, 절차형 프로그래밍 언어에서는 호출된 함수에서 인자의 값을 변경하여 저장하면 이 함수를 호출했던 주 프로그램에서 함수에 전달한 인자인 사용 중이던 변수의 값이 변경되는 **부작용**(side effect)이 생길 수도 있다. 이 때문에 절차형 함수는 **참조 투명성**이 없고, 같은 코드라도 실행하는 프로그램의 상태에 따라 다른 결과값을 낼 수도 있다. 그러나 함수형 프로그램에서는 함수의 출력값은 그 함수에 입력된 데이터의 값에만 종속하므로 인수 x에 같은 값을 넣고 함수 f를 호출하면 항상 f(x)라는 결과가 생성된다. 프로그램에서 이러한 부작용을 제거하면 프로그램의 동작을 이해하고 예측하기가 훨씬 쉽다. 이것이 함수형 프로그래밍 언어의 주요 속성이다.

최초의 순수 함수형 프로그래밍 언어는 산업이나 상업적 소프트웨어 개발 분야보다는 학계에서 많은 관심을 받았다. 그러나 common Lisp, Scheme, ISLISP, closure, Racket, Erlang, OCaml, Haskell, Scala, F# 같은 주요 함수형 언어들이 여러 영역에서 산업적이고 상업적인 응용 프로그램 개발에 사용되고 있다. 함수형 언어는 통계 분석에 많이 사용하는 R, 심볼과 수론과 수학에 많이 사용하는 매스매티카 , J, K와 Kx 시스템 기반에서 나온 Q, XQuery/XSLT (XML), Opal같은 특정 분야의 프로그래밍 언어(Domain Specific Language)에서도 사용되고 있다. 특정 분야에서 많이 쓰이는 **선언적 언어**나 도구인 SQL과 lex/Yacc는 특히 변수의 값이 변하지 않도록 하기 위해 함수형 언어의 요소를 사용하고 있다. 사용자가 "list Name, Score>80"와같이 성적이 80 보다 큰 학생 이름을 열거하라는 데이터베이스 질의 형식을 선언적 표현이라 한다. 즉, 사용자가 무엇을 하라고 순서를 지시하는 것이 아니라 질의를 통해서 선언하는 표현이기 때문이다.

함수형 프로그래밍은 반드시 함수형 언어로만 프로그래밍 할 수 있는 것은 아니다. 즉, 절차형인 펄 프로그래밍 언어에는 함수형 프로그래밍 개념을 적용하도록 추가했다. 또한 C# 3.0에서도 함수형 개념에서 사용할 수 있는 구문을 추가했다. 이와 같이 1930년대의 람다 대수는 수학적 추상화였지만, 함수형 프로그래밍의 기반이 되었다.

맨 처음 개발된 함수형 프로그래밍 언어는 IPL이며, 리스프는 함수형 프로그래밍 언어로, 현대적인 함수형 프로그래밍 언어의 특징을 가지고 있다. 더 나아가 리스프를 발전시키고 간단하게 만든 언어가 스킴(Scheme)이다.1970년대에 ML이 개발되었고, 그 후 미란다(Miranda)가 개발되었다. 그 후 ML의 여러 "아류"가 개발되었고, 현재 가장 많이 쓰이는 언어는 OCaml이라고 할 수 있다[2].

1980년대에 순수 함수형 언어인 하스켈이 개발되었지만, 학문적 목적이나 특별한 영역에서 주로 활용되고, 오늘날 인공지능에 이 함수형 언어가 각광을 받고 있으며 그 특성을 누구나 알아두어야 하는 언어가 되었다. 그러므로 컴퓨팅 과학을 폰 노이만 컴퓨터 구조의 개념에서 벗어나 새로운 학문적 창의성과 도전을 위한 노력을 가지는 것이 중요하다.

7.2.3 객체지향 언어(OOP, Object Oriented Programing Language)

객체지향프로그램은 앞에서 설명한 C, Pascal, Fortran 등과 같은 절차형 언어(procedure-oriented programming)가 크고 복잡한 프로그램을 구축하기 어렵다는 문제점을 해결하기 위해 1980년대에 들어서면서부터 소프트웨어 생산성의 위기를 극복하는 수단으로 탄생된 프로그래밍 방식이다. 절차지향 언어와 비교하여 객제지향 언어의 가장 큰 차이점은 객체, 클래스, 상속이라는 개념을 기본으로 하여 프로그래밍을 전개한다는 것이다. 절차형 언어에서는 코드 전체를 여러 개의 기능부분 예를들어, 인쇄하는 함수부분과 유저로부터의 입력을 받는 함수부분 등으로 분할하는데, 이와 같이 각 함수부분을 구성하는 코드를 **모듈**이라 한다. 절차형 언어에서는 프로그램을 여러 기능으로 나누고 이들 모듈을 편성하여 프로그램을 작성하면, 각 모듈이 처리하는 데이터에 대해서는 전혀 고려하지 않는다. 다시 말해, 데이터 취급이 완전하지 않고 **현실 세계의 문제**를 프로그램으로서 표현하는 것이 어렵다.

이러한 절차형 프로그래밍이 가지는 문제를 해결하기 위해 탄생된 객체지향프로그래밍은 새로운 방식의 프로그래밍 접근 방법으로 프로그래밍을 함에 있어서 객체라는 작은 단위로서 객체를 만들고 객체를 **조립**하는 것을 목표로 모든 처리를 기술하는 프로그래밍 기법으로서, 모든 처리는 객체에 대한 요구의 형태로 표현되며, 요구를 받은 객체는 자기 자신 내에 기술되어 있는 처리를 실행한다. 이 방법으로 프로그램을 작성할 경우 프로그램이 단순화되고, 생산성과 신뢰성이 높은 시스템을 구축할 수 있다.

예를 들어, 반 친구들은 모두 이름도 다르고 개성도 다르지만 '사람'이라는 동일한 존재들이다. 여기에서 '사람'처럼 하나의 추상화된 클래스가 있고 사람의 속성을 가진 미영이, 영수, 철수 등 각각의 개인들이 있는 것처럼 객체라는 하나의 큰 틀을 만들고 그 속성들을 지닌 존재들을 만들어내는 것이 객체지향 프로그래밍 개념이다.

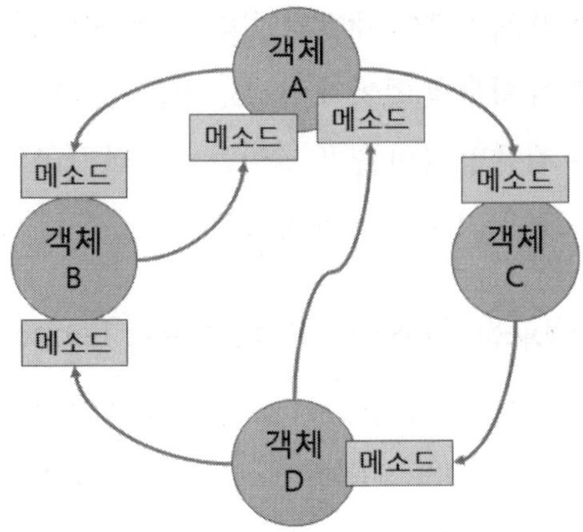

그림 7.3 객체지향 프로그래밍 구조

객체지향 언어는 한 언어로서 추상화, 캡슐화(은닉), 상속성, 다형성의 특징을 가진다. 이 개념은 1960년 중반에 유행한 시뮬레이션 언어의 SIMURA에서 유래한 것이다. 모든 데이터를 객체(object)로 취급하며, 이 객체에는 클래스(class)의 개념이 있어서 상위와 하위의 관계가 있다. 클래스의 구체적인 예가 인스턴스(instance)이다. 객체 사이는 메시지의 송신으로 상호 통신한다. 가장 특징적인 것은 각 클래스에 그 메시지를 처리하기 위한 방식이 있다는 것이다. 어떤 인스턴스에 메시지가 도래하면 그 상위 클래스가 그것을 처리한다. 현재 객체지향 개념은 프레임 표현 형식과 융합하여 인공지능을 위한 소프트웨어 기법의 하나로 되어 있다.

객체지향 언어의 기본 구성요소는 아래와 같다.

객체(object): 데이터와 메소드로 구성된다.

데이터(data): 객체가 가지고 있는 정보로서 속성 이라고도 한다.

메소드(method): 객체가 메시지를 받아 실행해야할 구체적인 연산을 정의한다.

클래스(class): 코드 작성의 기본 단위이며 객체들을 찍어낼 수 있는 설계도/템플릿 역할을 한다.

메시지(message): 객체들간의 상호작용을 위한 수단으로 사용되며 메시지를 받은 객체는 메소드를 수행한다.

아래에서 대표적인 객체지향 프로그래밍 언어들에 대해서 알아보도록 한다.

1980년대까지 널리 사용된 프로그래밍 전문 언어는 C이지만 C언어 역시 한계에 부딪치게 되었고 이에 따라 고도로 복잡한 프로그램을 관리하기 위하여 C++가 탄생했다.

C++는 C 언어의 문법을 대부분 사용할 수 있으며, 객체지향성이 더해진 C 언어의 확장형이라고

생각할 수도 있다.

자바(Java)는 문법적인 특성은 파스칼이 아닌 C++의 조상인 C 언어와 비슷하며 가장 큰 특징은 컴파일된 코드가 플랫폼 독립적이다. 자바 컴파일러는 자바 언어로 작성된 프로그램을 바이트코드라는 특수한 바이너리 형태로 변환한다. 바이트코드를 실행하기 위해서는 다음 그림7.4와 같은 JVM(자바 가상 머신, Java Virtual Machine)이라는 특수한 가상 머신이 필요한데, 이 가상 머신은 자바 바이트코드를 어느 플랫폼에서나 동일한 형태로 실행한다.

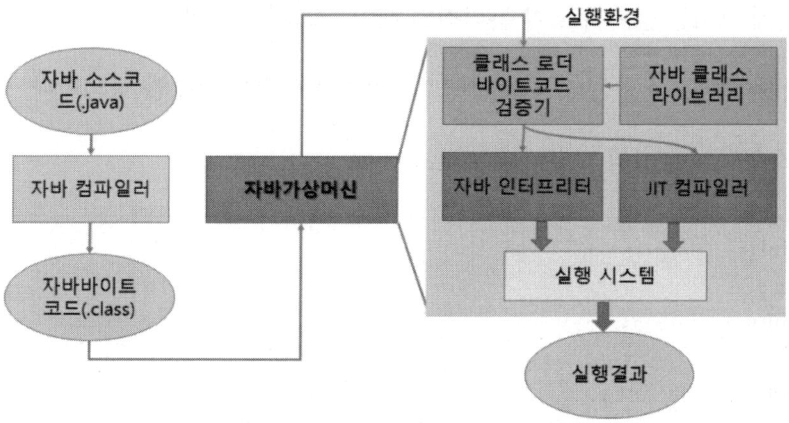

그림 7.4 자바가상머신과 실행 과정

자바로 개발된 프로그램은 CPU나 운영 체제의 종류에 관계없이 JVM을 설치할 수 있는 시스템에서는 어디서나 실행할 수 있으며, 이 점이 웹 애플리케이션의 특성과 맞아떨어져 폭발적인 인기를 끌게 되었다.

객체 지향 프로그래밍 언어로서 보안성이 뛰어나며 컴파일한 코드는 다른 운영 체제에서 사용할 수 있도록 클래스(class)로 제공된다. 객체 지향 언어인 C++ 언어의 객체 지향적인 장점을 살리면서 분산 환경을 지원하며 더욱 효율적이다.

자바 언어의 특징은 아래와 같다.

자바는 간단하고 (simple), 유지 보수 비용이 적다. C++를 기반으로 개발되었음에도 C++에서 혼란을 일으키는 부분을 제거했다. 예를 들면 연산자 오버로딩, 다중 상속 같은 것들이다. 그리고 C++에서 문제가 되는 기억 장소 경영 문제를 자동 쓰레기 회수와 할당(auto garbage collection)으로서 극복했다. 그러므로 프로그래머는 이것에 더이상 신경을 쓸 필요가 없다.

자바는 객체 지향 언어이며, 보안에 강하다. 자바 아키텍처는 중립적이다

바이트 코드를 만들어내며 이 바이트 코드는 다양한 플랫폼에 설치된 자바 인터프리터에 의해 해석되기 때문에 어떠한 플랫폼에서도 실행 가능하다. 이식성이 높다.

파이썬(Python)은 플랫폼 독립적이며 인터프리터식, 객체지향적, 동적 타이핑(dynamically typed) 대화형 언어이다.

문법 구조에서 가장 잘 알려진 특징은 들여쓰기를 이용한 블록 구조를 들 수 있다. 줄마다 처음 오는 공백으로 눈에 보이는 블록 구조가 논리적인 제어 구조와 일치한다.

아래는 파이썬에서 재귀 호출을 사용하여 팩토리얼을 계산하는 함수를 정의한다.

#파이썬으로 작성한 팩토리얼 계산하는 프로그램 예

```
def factorial(x):
    if x == 0:
        return 1
    else:
        return x * factorial(x - 1)
```

이와 같이 파이썬에서는 **들여쓰기가** 필수적이다.

7.2.4 특수 목적 언어

비절차형 언어는 컴퓨터가 처리해야할 절차를 구체적으로 지시하지 않고 사용자가 원하는 결과를 컴퓨터에게 지시하면 컴퓨터가 미리 입력된 절차와 방법에 따라 그 결과를 출력시키는 프로그래밍 언어이다. 대표적인 언어로는 SQL과 같은 데이터베이스 언어가 여기에 속한다.

스크립팅 언어는 컴파일(compile)을 하지 않고, 작성해서 바로 실행시킬 수 있는 언어로 컴파일하지 않고 변수 타입을 선언하지 않는다는 특징이 있다. 멀티미디어 소프트웨어의 시나리오를 기술하기 위한 전용의 기술 언어로서 시나리오 스크립트 언어라고도 한다. 저작 도구(AT)로 멀티미디어 소프트웨어를 작성할 경우, 겉으로는 프로그램 언어를 사용하고 있지 않은 것처럼 보이지만 내부에서는 스크립팅 언어로 프로그램이 생성되고 있다. 대표적인 스크립트 언어로 자바스크립트와 액션스크립트가 있다.

SQL(Structured Query Language)는 데이터베이스 관리시스템에서, 데이터베이스에 접근할 수 있는 데이터베이스 하부 언어로서 구조화 질의어라 한다. 데이터 정의어(DDL)와 데이터 조작어(DML)를 포함한 데이터베이스용 질의언어(query language)의 일종이다. 특정한 데이터베이스 시스템에 한정되지 않아 널리 사용된다. 초기에는 IBM의 관계형 데이터베이스인 시스템에서만 사용되었으나 지금은 다른 데이터베이스에서도 널리 사용한다.

HTML(HyperText Markup Language)는 인터넷 서비스의 하나인 월드 와이드 웹을 통해 볼 수 있는 문서를 만들 때 사용하는 프로그래밍 언어의 한 종류로 가장 단순한 형태의 웹 언어이다. 웹 서버에 HTML 문서를 저장하고 있다가 클라이언트가 특정 HTML 페이지를 요청하면 해당 HTML 문서를 클라이언트로 전송한다. 그러면 클라이언트는 이 웹 페이지를 해석하여 웹 브라우저에 표현해 주기 때문에 이런 웹 페이지를 정적(Static) 웹 페이지라 한다. 그림 7.5는 웹 프로그래밍 언어의 동작 과정이다.

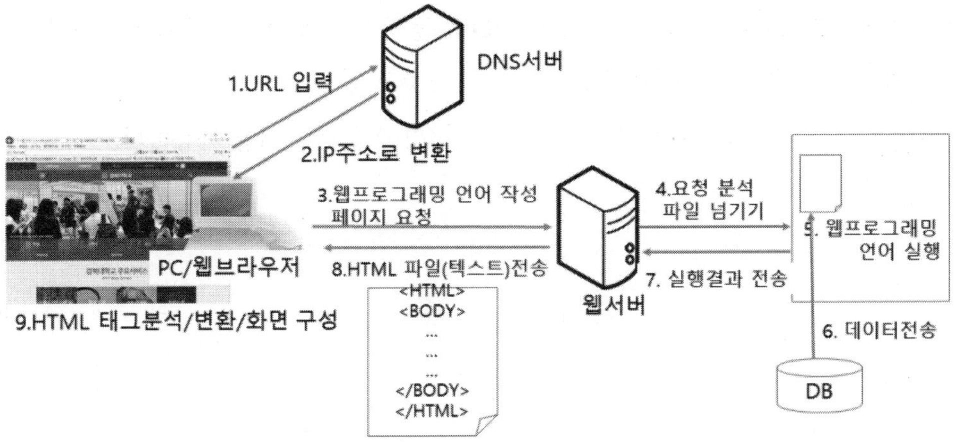

그림 7.5 웹 프로그래밍 언어의 동작 과정

7.2.5 기타 프로그래밍 언어

R 언어는 통계와 데이터 분석을 위한 오픈 소스 프로그래밍 언어 및 개발 실행 환경으로, R Development Core Team에 의해 유지보수 및 확장이 이루어지고 있다. R언어의 소스 코드는 주로 C, 포트란 등으로 개발되었으며, 문법적으로는 AT&T 벨 연구소가 개발한 S언어와 스킴(Scheme)을 참고하고 있다. R은 GNU 프로젝트의 일부로 GNU GPL(General Public License) 하에서 자유롭게 사용 가능하며, 다양한 운영체제를 위한 프리 컴파일(pre-compiled)된 바이너리 버전이 제공되고 있다.

R은 CRAN(The Comprehensive R Archive Network)에서 다운로드하여 설치 가능하며, 윈도우즈, 맥, 유닉스, 리눅스 등에서 동작한다.

R은 아래 특징이 있다.

- 인터프리터 언어로 일반적으로 명령어 라인 인터프리터를 통해 실행 가능하다.
- 함수를 이용한 절차지향(procedural programming)뿐만 아니라 객체 지향 프로그래밍도 지원한다.
- 벡터, 배열, 행렬 등의 동적 데이터형 및 고차 함수, 고수준의 내장 함수 등을 기반으로 통계에 적합한 분석 환경을 제공한다.
- 행렬 등의 복잡한 데이터 구조에 최적화된 고속 임베디드 함수를 내장하고 있다. 빠른 계산이 요구되는 경우 외부 프로그램과 동적 링크가 가능하다.
- 데이터의 그래프, 플롯(plot) 기능 등 뛰어난 시각화 기능을 제공한다.
- 다른 통계 소프트웨어의 입출력 포맷 및 ODBC를 통한 각종 데이터베이스에 접근 가능하며, 웹 등의 다양한 데이터 소스와의 연결 기능을 갖추고 있다.
- 명령의 문법이 단순하기 때문에 교육 및 실무 현장에서 모두 이용 가능하다.

연습문제

01 고급 프로그래밍 언어를 배우는 이유를 설명하시오

02 절차형 언어와 객제지향 언어를 비교하여 설명하시오

03 심볼을 객체 지향언어의 구성요소에 대해 설명하시오

04 절차형 언어와 비절차형 언어와 차이점을 설명하시오

05 스트립팅 언어에 대해 간략하고 설명하고 교재에서 언급한 스크립팅 언어 이외의 종류를 찾아 설명하시오

06 웹 프로그래밍 언어의 역할에 대해서 간략하게 설명하고 동작 원리를 설명하시오

07 애플에서 만든 스위프트 언어에 대해여 설명하시오

08 본문에 언급된 언어 이외의 고급 프로그래밍 언어를 찾아 언어에 대해 소개하고 설명하시오

7.3 프로그래밍 언어 번역

이 절에서는 고급 프로그래밍 언어를 번역하는 과정을 살펴본다.

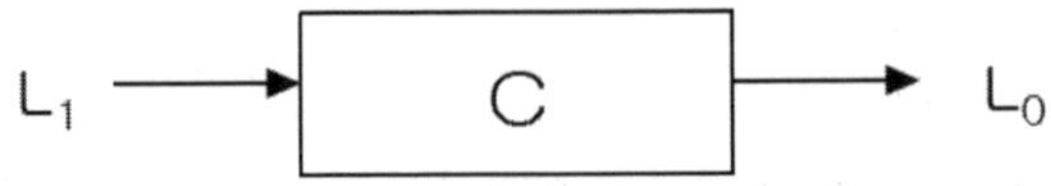

그림 7.6 어떤 원시 언어 L_1을 목적 언어 L_0로 변환하는 자동번역기

그림 7.6은 어떤 고급 프로그래밍 언어 L_1으로 작성된 프로그램을 입력으로 하면 자동번역기는L_1을 입력으로 하여 번역 결과로 L_0을 생성한다.

여기서 $L_1 = L_0$이다. 즉, 어떤 고급 프로그래밍 언어를 자동으로 번역한 결과와 어떤 번역기를 통해 번역하여 얻은 결과를 다시 역으로 번역한 결과는 같다. 자동번역기는 그림 7.1과 같이 특정 언어(L_1)를 입력하여 다른 언어(L_0)로 변환하는 시스템 소프트웨어이다.

그림 7.1에서 보듯이 자동번역기 C는 원시 언어 L_1를 목적 언어 L_0로 변환한다. 이러한 방법으로 원시 프로그램을 목적 프로그램으로 변환하는 자동번역기를 대부분 고급 프로그래밍 언어에서는 **컴파일러**라 한다. 그러나 베이직 초기버전, 스몰톡, 루비, 펄, 하이퍼 텍스트 전처리기(PHP), 파이썬 등의 고급 프로그래밍 언어에서는 컴파일러와 기능이 약간 다른 번역기인 **인터프리터**가 번역한다[1]. 어떤 고급 프로그래밍 언어는 컴파일러와 인터프리터 기능을 둘 다 제공하기도 한다. 이와같이 고급 프로그래밍 언어를 번역하는 것은 **인터프리터**와 **컴파일러**라는 시스템 소프트웨어가 수행하는데,인터프리터는 고급 프로그래밍 언어의 원시 코드를 번역과 동시에 직접 실행하는 소프트웨어이며 코드를 한 줄씩 읽어 기계어나 중간 코드로 변환한 뒤 직접 컴퓨터 처리기에서 실행한다. 이러한 인터프리터는 실행 전에 원시 코드 전체를 기계어 코드로 변환하고 기계어 코드 전체를 일괄 실행하는 컴파일러와 달리 코드를 한 줄씩 또는 작은 단위로 실행하면서 점진적으로 번역한다.

먼저, 고급 프로그래밍 언어 맥락에서 인터프리터가 고급 프로그래밍 언어를 번역하거나 처리하는 과정은 아래와 같다.

읽기와 구문 분석→실행→동적 타입 지정

1) BASIC, Smalltalk, Ruby, Perl, Hypertext Preprocessor, Phython

읽기와 구문 분석

프로그램의 원시 코드를 읽고 구문을 분석한다. 즉, 프로그램을 추상 구문 트리(Abstract Syntax Tree,AST)와 같이 작업하기 쉬운 형식으로 분리한다. 구문 분석에서는 문법 구문과 의미가 올바른지 확인한다.

실행

인터프리터는 코드를 한 줄씩 또는 작은 블럭 단위로 번역하고 실행 처리한다.각 실행문이나 수식을 기계어나 중간 코드 형식으로 변환한. 그런 다음 컴퓨터의 처리기나 가상 머신(Virtual Machine, VM)에서 이러한 명령을 직접 실행한다.

동적 타입 지정

대부분의 인터프리터는 **동적 타입**(Dynamic type)을 지정한다. 즉, 데이터 타입이 실행할 때(런타임)에 결정된다. 앞에서 언급한 것과 같이 원시 프로그램에서 선언된 타입이 아닌 현 실행문의 바로 전에 실행되면서 결정된 데이터 타입이 현 실행문이 실행할 때의 데이터 타입으로 적용된다. 그러므로 유연성은 향상되지만 주의하지 않으면 실행할 때 에러가 발생할 수도 있다.

대화형 쉘

인터프리터는 명령줄 인터페이스(Command Line Interface, CLI)나 REPL(Read-Eval-Print Loop) 같은 대화형 모드에서 자주 사용된다. 그러므로 인터페이스에서 코드를 한 줄씩 입력하고 즉시 실행 결과를 확인할 수 있다. 이것은 보통 스크립팅과 프로토타이핑에 사용된다.

느린 실행

변환된 언어는 실행 도중에 번역을 수행하기 때문에 번역 단계로 인해 일반적으로 기계어로 일괄 컴파일된 언어보다 실행 속도가 느리다. 그러나 다른 컴퓨터에서 실행할 수 있도록 하는 이식성과 편리한 디버깅에서는 장점이라 할 수 있다.

이와같은 인터프리터를 사용하는 고급 프로그래밍 언어에서는 신속한 개발과 프로토타입 제작이 필요한 작업에 많이 선택된다.

반면에 C, C++, Java와 같은 컴파일 언어는 실행 전에 전체 원시 코드를 기계어 코드로 변환한다. 이로 인해 실행 속도가 빨라지지만 개발 및 디버깅 주기가 길어질 수 있다.

인터프리터와 컴파일러 사이의 선택은 특정 사용 사례, 개발 속도 및 성능 요구 사항을 포함한 다양한 요소에 따라 달라진다. 오늘날 많은 시스템에서는 스크립팅과 신속한 개발을 위한 인터프리터와 성능이 중요한 애플리케이션을 위한 컴파일러와 함께 두 가지를 조합하여 사용한다.

이와 같이 인터프리터와 컴파일러는 고급 프로그래밍 언어의 기계 언어 코드로의 번역은 물론이며, 아래와 같은 모든 컴퓨팅과학 분야에 적용되고, 관련 도구를 개발하는데 매우 중요하게 사용한다.

- 운영체제의 명령어 해석, 데이터베이스 질의어 해석
- 인터넷 웹 브라우저 해석, 모바일 단말기의 명령어 인식
- 인공지능의 규칙 해석, 자연어 처리, 어떤 자연어를 다른 자연어로 번역
- 임베디드 시스템의 코드 최적화, 빅데이터 분석, 데이터마이닝의 문서 분류
- 의미 추출, 요약, 웹 페이지 분석, 특정 워드 프로세서의 문서를
- 다른 워드 프로세서의 문서로 변환(예, HWP문서 파일을 MS워드 파일로)
- 필기체 인식, 제스처 인식 등

또한 모바일 단말 장치를 포함한 컴퓨터 사용자와 컴퓨터 시스템 사이를 연결하는 **인간과 컴퓨터 상호작용**을 지원하는 **시스템 소프트웨어**이다.

이 장에서는 인터프리터와 컴파일러가 고급 프로그래밍 언어를 어떻게 기계 언어 코드로 번역하고 실행하는지를 살펴본다. 먼저, 많이 쓰이는 아래와 같은 수식을 살펴보자.

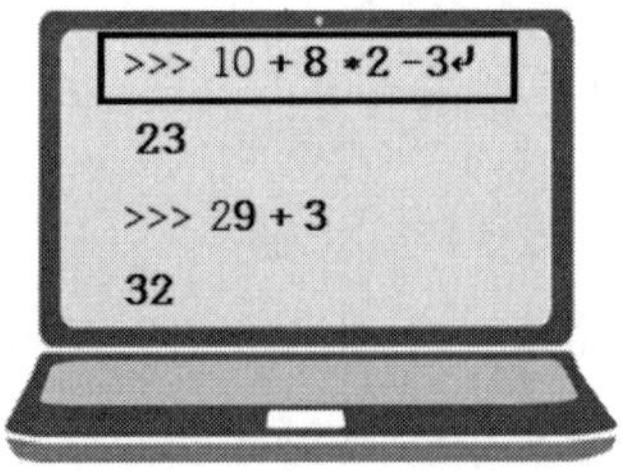

이렇게 입력한 수식의 첫 번째 값 10을 읽는다. 그러나 이 값은 연산자가 아니므로 아직 계산을 수행하지 않는다. 방금 읽은 이 값 10은 나중에 계산에 쓰기 위해 **스택의 톱**에 저장한다. 그리고 + 연산자는 더하기 할 피연산자가 두 개 필요한데, 한 개는 이미 읽어 들인 10이고, 나머지 한 개는 아직 입력하지 않았기 때문에 스택에 +를 저장하고 읽기 포인터를 다시 숫자 8로 이동한다. 10이나 8은 아직 숫자로 인식하지 못하고 문자로 인식하고 읽어 들인 다음, 번역 과정에서 숫자로 변환한다. 즉, 12는 1과 2의 문자열이며 번역과정에서 1×10+2로 12(십이)의 값으로 인식한다.

이러한 과정을 반복 수행하여 이제 방금 읽어 들인 수자는 8이다. 그러므로 + 연산자는 이미 읽어 들인 두 개의 피연산자인 10과 방금 읽어 들인 피연산자 8을 계산한다. 그러나 이 수식 전체를 살펴

보면 8 * 2의 수식이 존재한다. 즉, 10 + 8을 계산하기 전에 **연산자 우선순위 규칙**에 따라 8 * 2을 먼저 계산한 후에 10을 더해야 한다. 이제 8을 스택에 **저장**[2]하고, 연산자 *도 두 개의 피연산자가 필요한데, 아직 한 개는 입력되지 않았기 때문에 * 연산자도 스택에 저장한다. 마찬가지 방법으로 읽기 포인터가 피연산자 2를 읽어 들인다. 이런 과정을 반복하여 읽기 포인터가 –를 가리킨다. 그러면 아래와 같다.

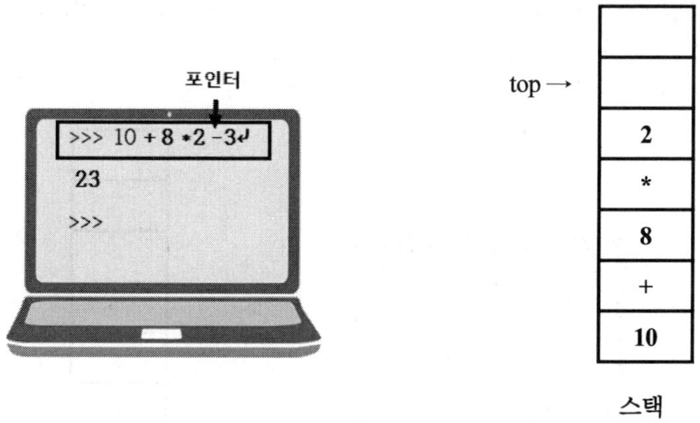

여기서 방금 읽어 들인 - 연산자는 * 연산자 보다 운선 순위가 낮기 때문에, 현재 스택에 저장되어 있는 문자를 톱부터 아래로 세 개 항목인 2 * 8을 꺼내어 계산하여 16을 만든다. 이러한 과정을 **환원**[3](혹은 **축소**, 스택 길이가 축소 됨)이라 한다. 그러면 스택 내용은 아래와 같다.

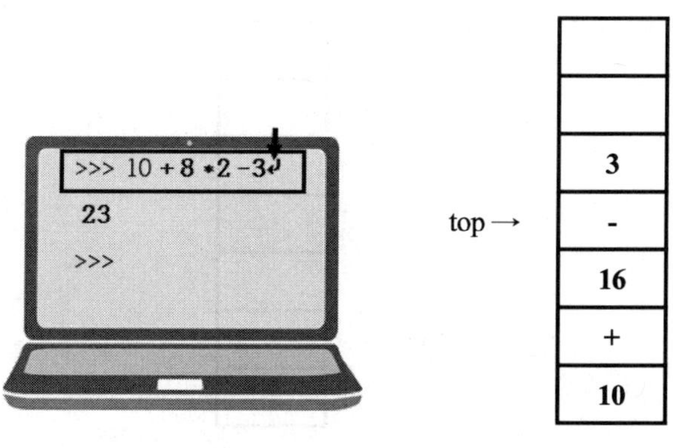

2) shift

3) Reduce

저장되어 있는 내용에서 -연산자와 + 연산자의 우선순위를 비교한다. 이 때 우선순위가 같기 때문에 입력 문자를 스택에 저장할 수도 있고, 스택 내용을 계산하여 환원할 수도 있다. 여기서는 스택에 저장한 내용을 줄이기 위해 스택 내용을 계산한다(+ 연산자가 계속 나타나면 계속 저장하기도 어렵다. 100개 정도 나타난다면?).

- 연산자 역시 피연산자가 두 개 필요하므로 읽기 포인터를 이동한다. 이러한 과정을 문장 마침 심볼 ↲ 가 나타날 때 까지 계속하여 반복한다. 그러면 최종적인 입력 형식과 스택 상태는 아래와 같다.

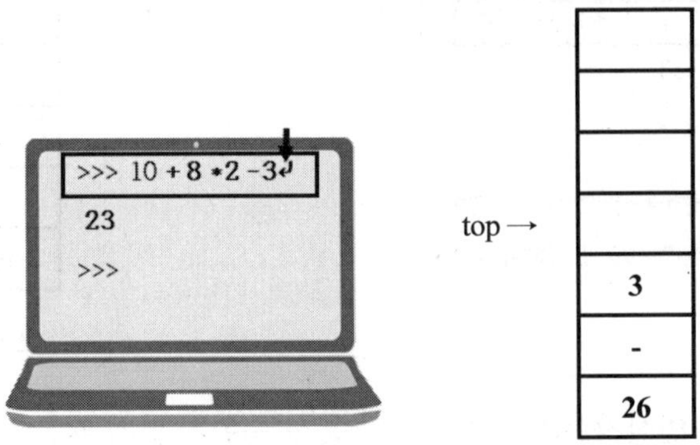

읽기 포인터가 입력 문자열의 끝을 알리는 심볼 ↲ 에 도달했기 때문에 더 이상 읽어올 문자는 없다. 그러므로 스택에 저장된 내용은 아래처럼 최종 결과가 남는다.

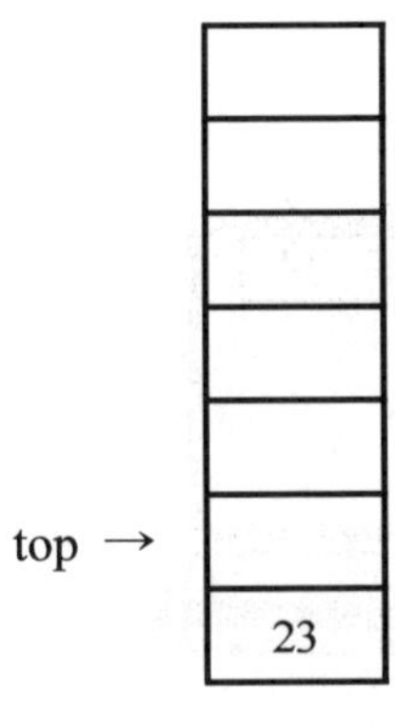

이와 같이 산술 수식 10 + 8 * 2 - 3↲ 가 계산되었다. 이 과정 이것이 탁상용 계산기나 인터프리터 안에서 수식을 처리하는 과정이다.

번역기는 이러한 번역 외에도 연산자에 대해 우선순위뿐 아니라 **연관규칙**[4]도 중요하게 처리하는

4) Associativity

데, 아래 산술 수식을 예로 살펴보자.

15 - 7 – 20

이 수식은 같은 우선순위의의 연산자를 아래처럼 왼쪽부터 오른쪽으로 차례로 연산하여 결과는 -12이다.

(15 - 7) - 20 = -12

그리고 x^3와 같은 제곱 연산(예로 어떤 프로그램에서는 x^3와 같이 표기)은 가장 오른쪽부터 왼쪽으로 가면서 계산하기도 한다. 즉, 2^2^2는 아래와 같이 연산한다.

2^2^2 = $2^{(2^2)}$ = 2^4 = 16

나중(Lazy,레이지) 연산은 인터프리터나 컴파일러가 코드를 보고 나중에 연산하는 것으로 프로그램 실행 속도로 보아 지금 당장 보다는 나중에 연산하는 것이 효율적이라고 판단되면 나중에 연산한다. 예를 들어, 호출된 함수에서 당장 반환하여 사용되지 않을 실행문 결과나 수식 결가는 나중에 계산할 수 있다.

```
def func(a, b):
    return a + 15
func(5, 5 + 7)
```

이 예에서 인자 5+7은 함수 func내부에서 쓰이지 않으므로 즉시 계산할 필요가 없다는 것이다. 거기에 비해 즉시 계산하는 것을 **엄격한(strict)** 연산이라 한다.

이와같이 어떤 고급 프로그래밍 언어도 결국은 컴퓨터 안에서 실행해야하기 때문에 컴퓨터가 이해할 수 있도록 해야 한다. 즉, 입력되는 수식을 컴퓨터가 정해진 규칙에 따라 **기계어 코드**로 번역해야 한다.

컴퓨터는 인터프리터나 컴파일러라는 번역을 맡은 소프트웨어를 포함한 기계이기 때문에 기계적인 자동 번역 과정이 필요하다. 다시 말하면, 고급 프로그래밍 언어로 작성된 **원시 프로그램**을 컴퓨터가 실행할 수 있는 **목적 프로그램**(기계어 코드)으로 변환하는데 어떤 주어진 규칙에 따라 번역한다. 이것이 **자동번역기**가 필요한 이유이다.

이제 아래에서 컴파일러의 번역 과정을 살펴본다. 컴파일러는 그림 7.7의 단계를 거친다. 어떤 문제를 해결하는 프로그램이 이미 만들어진 다른 프로그램을 자신의 문제를 해결하는데 사용할 수도 있다. 이런 종류의 프로그램은 이미 정확하다고 검증되었기 때문에 어떤 문제를 해결하는 프로그램의 일부로 삽입할 수 있다. 이런 특별한 기능을 수행하는 목적코드를 **라이브러리**라 한다. 그러므로 어떤 프로그램은 운영체제에게 자신의 목적코드 안에 다른 목적코드 복사를 요청할 수 있다. 그러면 시스템 소프트웨어인 **링커**는 목적코드를 라이브러리에서 가져와 요청한 프로그램의 목적코드 안의 필요한 위치에 삽입한다. 이렇게 하여 최종적으로 만들어진 목적코드를 실행가능한 프로그램이라 한다. 그림 7.7은 고급 프로그램을 컴파일러가 번역하여 기계어 목적코드로 번역하는 과정이다. 물론 컴파일러는 어셈블러 보다 더 지능적이고 많은 일도 수행한다. 어셈블러는 어셈블리어를 기계어 인스트럭션과 일대일 대응으로 번역하지만, 컴파일러는 고급 언어 프로그램을 같은 의미를 가지는 여러 개의 기계어 프로그램으로 번역할 수 있다.

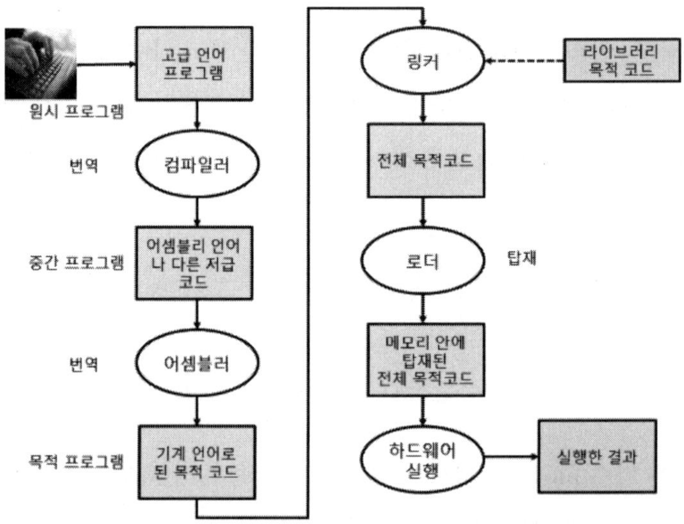

그림 7.7 컴파일러의 고급 언어 프로그램 번역 과정과 실행

원시 프로그램→어휘분석→구문 분석→의미분석→중간코드 생성→ 기계어 코드 생성→ 코드 최적화→적 프로그램→메모리 탑재→실행

원시 프로그램은 고급 프로그래밍 언어로 작성한 프로그램이다. 목적 프로그램은 기계 언어로 번역된 프로그램이다. 이 목적 프로그램을 로더라는 시스템 프로그램이 메모리에 탑재하면 운영체제의 도움을 받아 실행한다. 컴파일의 각 단계를 좀 더 살펴보자.

7.3.1 어휘 분석

어휘분석은 입력되는 문장을 식별자, 연산자, 심볼 단위로 어휘를 분리하고 각 어휘에 속성을 부여하는 과정이다. 이 때 분리된 각 어휘를 토큰이라 하는데 토큰은 더 이상 분리할 수 없는 어휘 단위이다. 즉 입력된 수식 10 + 8 *2 -3 ↲ 는 아래와 같이 어휘를 분석한다. 즉, 상수는 타입에 따라 그 속성을 부여하고 연산자와 각 심볼(심볼)도 속성을 부여한다.

토큰	속성
10	상수(정수)
+	연산자(더하기)
8	상수(정수)
*	연산자(곱하기)
2	상수(정수)
-	연산자(빼기)
3	상수(정수)
↲	심볼(문장끝)

어휘분석 과정을 통해 생성한 토큰 열은 다음 단계인 구문분석의 입력으로 사용되며 문법 구문과 일치하는지를 확인하여 일치하면 실행할 수 있는 코드를 생성하고 일치하지 않으면 구문 에러 메시지를 발생한다.

7.3.2 구문분석

이미 사용하거나 알고 있는 고급 프로그래밍 언어는 여러 유형이 있으며, 번역하는 방법도 언어 유형에 따라 적용되는 기법이 다르며 각각 다른 특징을 가지고 있다. 이절에서는 컴파일러가 번역하는 과정과 문법을 기술한다. **구문분석**은 컴파일러가 프로그램이 정상적으로 올바르게 작성되었는지를 알기 위해 프로그램의 각 문장이 문법 구조에 맞게 구성되었는지를 분석한다.

7.3.3 문법과 언어

각 문장이 제대로 작성되었는지를 알기 위해서는 각 문장을 주어진 문법과 대조하면서 문법 구조를 분석하는데, 이렇게 하려면 각 고급 프로그래밍 언어에 따른 문법이 구성되어 있어야 하며 컴파일러는 이 문법에 따라 자동으로 문법 구조를 분석한다. 언어에 따라 문법을 어떻게 구성하는지 살펴보자.

알파벳은 심볼의 모음이다. 그러므로 **언어**는 이 알파벳으로 생성할 수 있는 모든 조합이다. 예를들어, 알파벳

A={ a b c }

이면 이 알파벳으로 생성할 수 있는 언어는 a, b, c를 결합하여 만들 수 있는 모든 조합이다. 즉,

a, b, c, aa, bb, cc, abc, acc, acb, aa,bb,cc,

baa,aaaa,bbbb,cccc,....

등이다. 즉, 의미를 제외한 외형상으로 보이는 언어는 알파벳의 조합이다. 다시 말해서, 단어는 알파벳의 모음이고, 문장은 단어들의 조합이다. 그러므로 언어는 **문법 규칙**에 따른 단어들의 모음이다. 문법 규칙은 알파벳에서 언어가 생성되는 규칙을 **구조적**으로 표현하는 방법이다.

결국, 언어라는 것은 알파벳의 모음이므로 문법 규칙만 따른다면 언어가 올바르게 구성되었는지 분석할 수 있다.

또 여러 문장으로 작성된 원시 프로그램의 각 조각을 어떻게 문법 구조의 영역으로 하나씩 묶어 나아가고 최종적으로 하나로 묶은지를 살펴보자. 즉, 컴파일러가 문장 a = b + c;를 문법에 따라 어떻게 묶는지를 살펴 볼 필요가 있다.

컴파일러는 고급 프로그래밍 언어의 **구문 구조**(신택스)라 하는 **문법**을 수학적으로 나타낸 형식적인 표현을 가지고 있다. 이 문법으로 컴파일러가 프로그램을 토큰으로 분해한 문장을 분석한다. 이러한 문법을 구조적으로 표현하는 방법으로 BNF(Backus-Naur Form)[5] 표기법이 있다.

이 BNF에서 고급 프로그래밍 언어의 구문 구조는 **규칙의 집합**으로 표기되는데, **생성**이라고도 한다. 이렇게 어떤 고급 프로그래밍 언어에 대한 문법 규칙이 모두 모인 것을 **문법**이라 하는데, BNF 규칙 한 개는 아래처럼 표기한다.

왼쪽 ::= "정의"

BNF 규칙 표기에서 **왼쪽**은 에이브럼 놈 촘스키(Avram Noam Chomsky)의 언어 분류 방법에 따라 여러 개의 심볼이 올 수 있는데, 오늘날 고급 프로그래밍 언어에 많이 사용하는 문맥 자유문법(Context Fre Grammar)은 오직 **심볼 한 개**로만 표기한다. 즉, < >속에 <Expression>, <Assignment> 같이 표기한다. 그리고 이 BNF 표기에서 연산자 ::=는 왼쪽에 있는 심볼에 대해 오른쪽에 나타나는 내용을 문법적으로 **'정의한다**(생성한다)'는 의미이다. 이 정의는 오른쪽에 몇 개의 개체를 표기하는데, 개체가 하나도 없을 수도 있고, 한 개만 표기될 수도 있고, 여러 개를 표기할 수도 있다. 예를 들어, <할당문>을 BNF로 표기하면 아래처럼 표기한다.

<할당문> ::= <변수> = <수식>;

---

5) John Backus와 Peter Naur가 설계한 표기법

문법 구조에서 이 규칙은 왼쪽에 있는 <할당문>가 <변수> = <수식>; 로 정의한다는 것을 의미한다. 이 때 <변수> 바로 다음에 할당 심볼인 =가 따라 나오고, 그 다음에는 <수식>와 ;가 나타난다는 것이다. 그러므로 할당문이 올바르다는 것은 이 네 개의 개체가 순서에 따라 차례로 정확하게 나타나야 한다는 것을 말한다. 괄호< > 속의 심볼은 무엇인가 더 정의할 수 있다는 **넌터미널 심볼**이라하고, = 같이 괄호가 없는 심볼은 더 이상 생성 혹은 정의할 수 없다는 의미의 **터미널 심볼**이라 한다.

이와같이 BNF 표기법은 터미널 개체와 넌터미널 개체 두 개의 개체로 표기하는데, 두개체 모두 생성 규칙의 오른쪽에 표기할 수 있다. **터미널**은 고급 프로그래밍 언어로 원시 프로그램을 작성할 때 나타나는 예약어, 변수, 상수 등의 어휘 분석에서 분리한 토큰이다. 아래 각각은 파이썬의 터미널 심볼이다.

if elif area x y 3.14 = + * == ( ) : def

이 터미널의 중요한 특성은 문법 규칙에서 더 이상 다른 규칙을 생성하지 않는다. 즉, 각 문법 규칙이 생성하는 다른 문법 규칙에서 마지막으로 나타나는 단말 심볼이다.

BNF의 **넌터미널**로 프로그램에 사용하는 토큰이 아니고 고급 프로그래밍 언어의 문법 규칙을 구성하고 설명하는 데만 표기한다. 예를 들어, <할당문> ::= <심볼> = <수식>;에서 < > 로 묶여진 <할당문>, <변수>, <수식>을 말한다. <더하기 연산자> ::= + 에서는 <더하기 연산자>가 넌터미널이고 + 는 터미널이다.

BNF 문법에서는 **시작 심볼**라는 특수 넌터미널도 사용한다. 컴파일러가 문법 구조를 따라 정확하게 분석하면서 이 시작 넌터미널에 도달한다. 시작 넌터미널에 정확하게 도달하면 이 프로그램은 올바르게 작성되었다고 판단하고 분석을 종료한다. 그러므로 각 문법은 이 시작 넌터미널에서 부터 생성한다.

넌터미널은 다른 문법 구조를 생성하면서 여러 개의 다양한 구조를 생성해 낼 수도 있다.

그러므로 <수식>와 <할당문> 같은 넌터미널은 여러 개의 문법을 정의하고 생성한다. 예를 들어, 문법 규칙의 왼쪽에 <수식>이라는 넌터미널이 있는 문법에서 적어도 한 개(혹은 한 개 이상)의 생성 규칙이 존재해야 한다. 즉, 할당문은 더하기 수식은 물론 곱하기 수식같은 다른 사칙 연산과 혼합 연산도 생성할 수 있다. 예를들어 a= b+c*k, a=b=c, d= b-p 등이다.

생성 규칙은 다른 터미널과 넌터미널에서 어떻게 수식을 구성하는가를 알려준다.

<수식> ::= "수식 정의"

이와 같이 할당문에 대해서도 구조를 정하는 적어도 한 개(혹은 한 개 이상)의 규칙이 존재해야 한다.

<할당문> ::= "할당문 정의"

문맥 자유 문법의 BNF 표기에서 터미널은 ::=왼쪽에 나올 수 없으며, 넌터미널은 왼쪽에 반드시 한 개만 나와야 한다. 이 BNF 표기에 사용하는 세 개의 심볼인 <, >, ::= 는 **메타심볼**이라 하는데, 다른 언어의 특성을 표기하는데 사용한다. 이 외에도 | 는 '또는', '혹은'을 의미하는 것으로, 여러 개의 문법 규칙을 정의할 수 있다는 것을 의미하는데, 여러 개의 정의에서 한 개를 선택할 수 있음을 말한다. 그러나 여러 개의 규칙을 정의하는데 반드시 이 | 를 표기해야 할 필요는 없다. 즉, 아래와 같이 표기할 수 있다.

<수식> ::= <심볼> + <심볼>
<수식> ::= <심볼> * <심볼>
<수식> ::= <심볼> - <심볼>
<수식> ::= <심볼> / <심볼>

이와 같이 <수식>은 여러 개로 정의 되는데, 아래와 같이 하나로 정의할 수 있다.

<수식> ::= <심볼> + <심볼> | <심볼> * <심볼>
| <심볼> - <심볼> | <심볼> / <심볼>

산술 수식의 연산자를 나타내는 문법 규칙도 마찬가지이다. 즉, **산술 연산자**는 + 혹은 – 혹은 * 혹은 /를 사용할 수 있다는 의미이다.

<산술 연산자> ::= + | - | * | /

만약 수를 정의하는 넌터미널인 <digit>를 | 없이 정의한다면 아래와 같다.

<digit> ::= 0
<digit> ::= 1
<digit> ::= 2
<digit> ::= 3
<digit> ::= 4
<digit> ::= 5
<digit> ::= 6

<digit> ::= 7

<digit> ::= 8

<digit> ::= 9

이렇게 길게 표기하기 불편하므로 문법 표기가 길어지지 않도록 | 를 활용하여 아래처럼 줄일 수 있다.

<digit> ::= 0 | 1 | 2 | 3 | 4 | 5 | 6 | 7 | 8 | 9

마지막으로 메타 심볼 중ε를 사용할 수 있는데(반드시 이 심볼은 아니어도 된다), **'아무 것도 없는 문자열'**의 의미로 넌터미널이 '빈 것'을 정의한다고 한다. 이 때 비어있다는 것을 의미하기 위해 심볼 ε으로 표기한다. 예를 들어, 부호있는 정수를 정의해 보자. 이 부호 있는 정수는 23, +567, -432처럼 정수 앞에 +나 - 부호가 나올 수도 있지만, 양의 정수에는 +부호를 붙이지 않아도 된다. 그러므로 아래와 같이 BNF를 정의한다.

<부호 있는 정수> ::= <부호> <수>

<부호> ::= + | - | ε

<수> ::= 0 | 1 | 2 | 3 | 4 | 5 | 6 | 7 | 8 | 9

7.3.4 파싱 트리

BNF 규칙에서

<더하기 연산자> ::= +

는 문법 구조 <더하기 연산자>는 연산자가 한 개인 +를 정의한다.

결국 구문분석은 원시 프로그램에 있는 문장을 분석하여 BNF에서 ::= 오른쪽에 나타나는 개체의 순서와 토큰이 같은 순서로 나타나면, 정확하게 작성된 것으로 보는 것이고 규칙의 왼쪽에 있는 문법 개체로 교체한다. <할당문>을 예로 들어 보자.

<할당문> ::= <변수> = <수식>;

<수식>::= <변수><연산자><변수>;

<변수>::= a | b | c | d

<연산자>::= + | * | - | /

에서 생성할 수 있는 문장 중에서 a=b+c;가 생성될 수 있다. 그러므로 컴파일러는 네 개의 개체인 <변수>, =, <수식>, ; 를 순서대로 부딪히게 된다. a=b+c;에서 이 네 개의 개체가 BNF 규칙의 순서와 같기 때문에 왼쪽에 있는 개체인 <할당문>으로 교체된다. 이와 같이 컴파일러는 ::=의 오른쪽에 있는 각 개체를 확인하면서 그림 7.8과 같이 왼쪽 <변수>로 교체해 나아간다. 이러한 과정을 **파스 트리를 생성**한다고 한다.

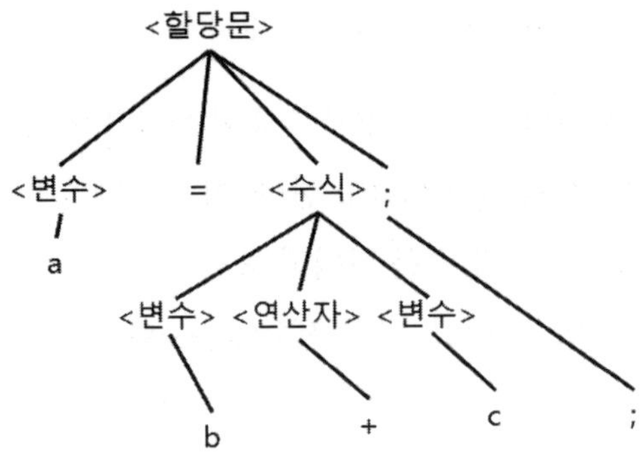

그림 7.8 할당문 문법 규칙을 분석하는 파싱 트리 생성

그림 7.8에서 네 개의 개체인 <변수>, =, <수식>, ;는 <할당문>이라는 문법 에서 **생성되어**진다고 한다. 그러므로 BNF 규칙을 **생성** 혹은 **생성 규칙**이라 한다.

이와 같이 파싱 트리(parsing tree, 파스 트리)는 프로그램의 올바른 문장에 대해 문법 구조에 따라 트리 구조로 나타낸 것이다. 그러므로 올바르지 않은 문장은 문법에서 파싱트리를 생성할 수 없다. 문맥 자유 문법은 파싱 트리로 나타낼 수 있다. 여기서 루트 노드(root node)는 **시작 넌터미널**로 표시되고, 내부의 모든 노드(internal node)는 넌터미널로 표시되고 모든 말단 노드(leaf node)는 단말(terminal)로 표시된다. 한 문법 규칙이 $A ::= \alpha_1 \alpha_2 \alpha_3 \alpha_4 \alpha_5 \alpha_6 \alpha_n$ 이면파싱 트리는 그림 7.9와 같이 표현된다.

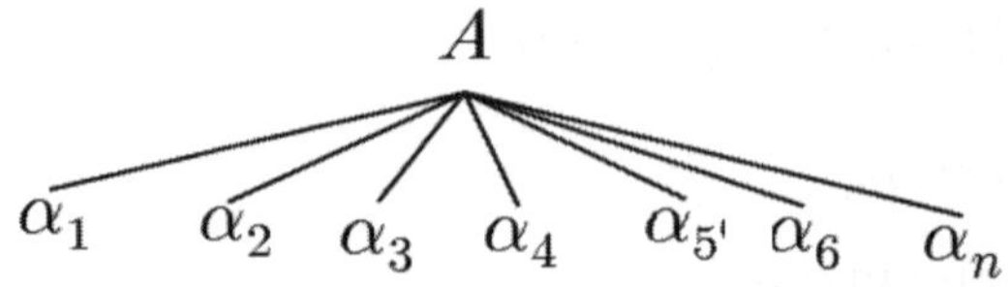

그림 7.9 구문 규칙 $A ::= \alpha_1\alpha_2\alpha_3\alpha_4\alpha_5\alpha_6\alpha_n$에 대한 파싱 트리

어떤 문맥 자유문법 G = (V, T, P, S)가 있으면, 파싱트리는 아래 규칙이 있다.

1. 루트 노트는 시작 넌터미널 S로 시작한다.
2. 모든 말단 노드는 반드시 단말(T, Terminal,터미널 심볼) 혹은 ε(입실론)이다.
3. 모든 내부 노드는 반드시 넌터미널(N, Nonterminal, 넌터미널 심볼)이다.
4. 문맥 자유문법 G = (V, T, P, S)에서 P생성규칙(P, Production Rule, P)이다.
5. 생성규칙에 따라 트리 구조가 생성된다.

파스 트리가 생성되면, 터미널 노드를 왼쪽부터 순서대로 나열한 문자열 a = b + c ;이 프로그램의 문장 하나가 된다.

사실 전체 프로그램에 대해서는 시작 넌터미널 S 에서 시작하는 파싱 트리 하나로 구성된다.

예를 들어, 그림 7.8 파싱트리에서는 a = b + c ;이다.

앞에서 살펴본 BNF 표기, 문법, 언어에 대하여 간략하게 살펴보았다. 이러한 파싱 트리를 생성하는 과정을 구문분석이라 하며 다른 말로 파싱이라고도 한다. 이과정은 파서가 이러한 문법 정보를 이용하여 수행한다. 그림 7.10은 일반적인 파서의 구조이다. 파서는 문법과 입력 토큰을 비교하면서 문법에 맞는지를 분석하고 올바르면 결과로 파스 트리를 생성한다. 필요하면 일시 저장을 위해 스태같은 자료구조를 사용한다.

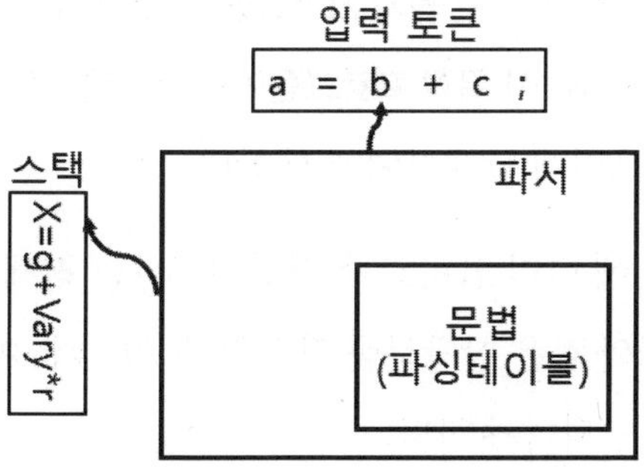

그림 7.10 파서의 구조와 작동

파서는 고급 프로그래밍 언어의 BNF 형식의 문법과 스캐너가 생성한 토큰을 입력으로 받아들인다. 이러한 입력을 바탕으로 토큰 열이 문법 구조에 맞는지 아닌지를 생성 규칙에 따라 분석하여, 고급 프로그래밍 언어의 문법에서 시작 넌터미널에 도달할 때까지 반복적으로 진행한다.

자바, 파이선, C++ 같은 언어에서는 생성 규칙이 몇 백 개이다.

7.3.5 의미 분석과 기계어 코드 생성

프로그램이 문법에 따라 명확하게 작성되었으면 의미 분석과 실행가능한 기계어 코드를 생성한다.이 절에서는 기계어 대신 대응하는 어셈블리어로 대체한다.

아래 할당문을 살펴보자.

```
ave = bias + corel − dev;
```

이 할당문은 아래의 어셈블리 언어로 변환될 수 있다.

```
LOD  bias
ADD  corel
SUB  dev
STO  ave
```

의미 분석과 **코드 생성** 단계에서는 의미를 분석한 후, 이 의미에 해당하는 동작을 수행하도록 하는 기계 언어 인스트럭션을 생성한다. 또한 코드 최적화 단계에서는 생성한 코드를 가져와서 더 효율적으로 만들 수 있는지를 검사한다. 즉, 인스트럭션 코드가 더 빠르게 실행할 수 있는지 혹은 메모리를 적게 차지할 수 있는지를 검사하여, 가능하면 더 빠르고 더 짧도록 인스트럭션을 나열한다.

이렇게 각 단계를 마치면 고급 언어로 된 **원시 프로그램**이 정확하고 효율적으로 실행할 수 있는 기계 언어로 번역된다. 마지막 단계에서 **목적 프로그램**이라고 하는 기계 언어 코드는 목적 파일에 기록된다. 그 후 로더에 의해 메모리에 탑재하여 실행한다.

의미 분석은 파스 트리가 문법에 따라 올바르게 작성되었다는 전제에서 수행한다. C++ 같은 고급 프로그래밍 언어에서 s = a + b;와 같은 할당문을 작성할 수 있는데, 이 변수와 할당문을 사용하려면 프로그램에서 아래와 같이 선언되어야 한다.

```
int a, b, s;
```

이 선언의 **의미**는 각 변수 a, b, c는 컴퓨터 내부에 '정수형'값을 저장할 수 있도록 하드웨어적으로 메모리 공간을 확보하라는 '의미'를 주는 것이다. 그러므로 s = a + b;는 정수형 자료가 저장된 공간 a 번지(위치)의 값과 정수형 자료가 저장된 공간 b 번지(위치)의 값을 더하여, 정수형 자료가 저장될 수 있는 공간 s 번지(위치)에 할당 하라는 의미이다.

마찬가지로 아래의 선언문을 살펴보자.

float x, y;

이 선언의 의미는 각 변수 x, y는 컴퓨터 내부에 '실수형'값을 저장할 수 있도록 하드웨어적으로 메모리 공간을 확보하라는 '의미'를 주는 것이다. 그러므로 y = x * y;는 실수형 자료가 저장된 공간 x 번지의 값과 실수형 자료가 저장된 공간 y 번지의 값을 곱하여, 실수형 자료가 저장될 수 있는 공간 y 번지에 결과를 할당 하라는 의미이다.

이 의미 분석 단계에서는 이러한 자료의 의미뿐 만 아니라, 실행을 수행하는 연산자 등에 대해서도 기계가 이해할 수 있는 기계어(기계어 코드)로 번역하여 의미를 주게 된다.

아래 프로그램 일부를 살펴보자.

```
a = 13;
b = 40;
s = 0;
s = a + b;
```

이 프로그램 일부는 의미 분석 단계를 통하여 기계어 코드를 생성한다.

```
    .
    .
    .
 load   a, r1  # 1번 레지스터 r1에 a 번지의 정수형 값을 탑재(저장)하라
 load   b, r2  # 2번 레지스터 r2에 b 번지의 정수형 값을 탑재(저장)하라
 add   r1, r2  # 레지스터 r1과 r2의 값을 더하여 r1에 결과를 저장하라 //
 store r1, s   # r1 레지스터의 내용(값)을 메모리의 정수형 s 번지에 저장하라
    .
    .
    .
a: .data 13      # a = 13;
b: .data 40      # b = 40;
s: .data 0       # s = 0;
```

여기에서 load, add, store는 어떤 컴퓨터의 기계어 인스트럭션의 동작 코드는 아니고 단지 **중간 코드**로 표현한 것이다. 중간 코드는 앞으로 어떤 컴퓨터의 구조의 기계어 코드로도 번역이 가능한 기계어 코드와 유사한 코드이다. 위의 예에서 load는 메모리의 변수 a에 해당하는 공간의 값을 레지스

터 r1에 일시적으로 저장하라는 의미의 동작코드이고, add는 앞 쪽에 표기한 레지스터 r1과 메모리 혹은 다른 레지스터 r2의 값을 더하여 결과를 앞 쪽에 표기한 레지스터 r1에 저장하라는 의미의 동작 코드이다. store는 바로 앞 인스트럭션 까지 실행하여 r1 레지스터에 저장된 값을 뒤 쪽에 표기된 메모리 주소 s에 저장하라는 의미이다. 또한 a: .data 13는 할당문 a = 13;에 의해 a라는 정수형 변수의 공간에 13이라는 상수를 저장한다는 의미이다.

코드 최적화 단계에서는기계어 코드를 생성했다면 아래와 같은 문장과 번역된 코드를 살펴보자.

a = b * 3;

이 문장은 아래와 같이 번역할 수 있다.

```
load   b, r1      # r1에 b 번지의 정수형 값을 탑재(저장)하라
mult   r1, '3'    # 레지스터 r2에 상수 3을 곱하여 r1에 저장하라
store   r1, a     # r1 내용(값)을 메모리의 정수형 a 번지에 저장하라
  .
  .
  .
```

여기에서 a = b * 3; 문장은 곱하기(*) 연산으로 인해 실행 시간이 많이 들 수 있다. 왜냐하면 곱하기 연산은 더하기 연산보다 하드웨어에서 많은 과정을 거치기 때문이다. 그러므로 이 문장을 곱하기 연산이 없는 더하기 연산을 사용하여 아래와 같이 변환할 수 있다.

a = b + b + b;

이 문장 a = b + b + b;는 곱하기(*) 연산 대신 더하기 연산 세 번을 수행함으로써 실행 시간을 단축할 수 있기 때문에 이 기계어 코드는 아래와 실행 시간이 단축되는 코드로 **최적화**할 수 있다. 이러한 최적화를 실행 **시간 단축 최적화**라 한다.

```
load  b, r1
add   r1, b
add   r1, b
add   r1, b
store r1, a
  .
  .
  .
```

한 편 메모리 공간을 많이 차지하는 프로그램을 공간을 덜 차지하도록 줄이는 최적화를 **공간 감소 최적화**라 한다.

이와같이 컴파일러 설계와 고급 프로그래밍 언어의 번역 과정을 어휘 분석, 구문 분석, 의미 분석과 코드 생성, 코드 최적화를 단계별로 살펴보았지만, 컴퓨터 구조에 따라 컴파일러 설계가 달라질 수 있으며 생성되는 기계어도 다를 수 있다. 즉, 컴파일러 설계시에 아래 부분도 고려해야 한다.

- 개발 환경과 지원 도구
- 함수형 언어, 객체 지향 언어, 병렬 프로그래밍 언어를 지원하는 컴파일러
- 언어의 표준화
- 상향식 파싱 방법과 하향식 파싱 방법
- 에러 탐지와 복구 등

이 장에서는 간략하게 살펴보았지만 컴파일러를 개발하는 것은 매우 어려운 일이며, 특히 C++, 자바, 파이선 등의 언어를 번역하는 컴파일러는 크고 매우 복잡하다. 그러나 오늘날 컴파일러 개발에서는 여러 개발 지원 도구를 활용할 수 있다.

연습문제

01 아래 각 문장을 토큰으로 분리하시오.

a. if (a == b) a = x + y;

b. Phi = eps + 3.14 * root;

c. printf(" output = ", result); # print area of circle.

02 만약 변수 이름으로 ABC_DF를 사용한다면 어휘 분석에서 이 변수를 여섯 개의 문자열로 구성된 한 개의 변수 이름 ABC_DF로 보는지, 아니면, 세 개의 문자인 ABC, _, DF로 보는지를 설명하시오.

03 아래 각 문장을 토큰으로 분류하고 토큰의 유형을 설명하시오.

a. location = base + disp + tu

b. a = b + 1;

c. if (c == 56) x = 1; else x = x + 568;

04 아래와 같이 고급 프로그래밍 언어에서 사용하는 예약어를 변수 이름으로 사용하면 스캐너는 이 토큰을 어떤 유형으로 인식하는지 설명하시오.

if = then + else + for * int;

05 어떤 수는 맨 앞에 한 개의 부호를 붙일 수도 있으며, 붙이지 않을 수도 있다. 그리고 이 부호 바로 뒤에는 반드시 0을 제외한 정수 두 자리만 오도록 하는 <수>에 대한 BNF 문법을 기술하시오. 즉, +34, -56, 10은 가능하며, 123, 9, 혹은 −04은 가능하지 않다.

06 글자와 숫자로 된 문자열을 만드는 <변수>에 대한 BNF 문법을 기술하시오. 즉, ABC44, K777과 같다. 단, 맨 첫 글자는 반드시 문자이다. 그리고 이 문법으로 K77UNI85CS를 파싱한 파스 트리를 보이시오.

07 아래 문법으로 만들어지는 언어는 무엇인지 설명하시오.

<문장> ::= <글자1> | <글자1> <글자2>

<글자2> ::= , <글자1>

<글자1> ::= K | N | U

08 본문의 문법을 이용하여 아래에 대한 파스 트리를 보이시오. 그리고 파스 트리가 몇 개 만들어지는지 보이시오.

y = x + y + y + z

09 아래 각 문장에 대하여 기계어 코드를 생성하시오. 동작 코드는 임의로 정하시오.

diet = 50 + (a + b * c / 3) / (tall - 45);

on = (a + b + c + 3) + (x * y * z);

10 컴파일러와 인터프리터의 차이를 설명하시오.

11 탁상용 계산기에 23 + 98 ↲ 와 같이 입력한 문자열에서 '23'을 어떻게 23이라는 십진수 값으로 알 수 있는지 설명하시오.

12 10 + 8 * 73 − 14 ↲ 와 같이 입력한 수식에서 연산자 '*'의 우선순위가 가장 높은지를 번역기가 어떻게 알 수 있는지 설명하시오.

13 수식 3 + 5와 수식 + 3 5의 차이는 무엇인지 설명하시오.

14 파이썬 프로그램으로 자료형이 동적으로 결정되는 예를 보이시오.

08
파일처리와 데이터베이스 시스템

8.1 개요

파일 처리는 컴퓨터 저장 시스템에서 저장된 파일에서 데이터를 조작하고 관리하는 것이다. 파일에는 문자, 이미지, 비디오, 오디오 등과 같이 다양한 타입의 광범위한 데이터를 포함한다. 파일 처리에는 일반적으로 파일 읽기, 파일쓰기, 파일수정과 같은 작업이 수반된다. 이것은 컴퓨터 프로그래밍과 데이터 관리의 기본 작업이다. 아래는 파이썬의 예와 함께 파일 처리의 몇 가지 일반적인 작업이다. 이장에서는 사용자가 컴퓨터로 데이터를 사용하기 위한 컴퓨팅 시스템에서의 파일처리 개념을 살펴보고 파이썬에서 파일을 취급하는 방법을 살펴본다. 이 장에서는 "텍스트"와 "문자"라는 용어를 혼용한다.

컴퓨팅과학에서 파일처리 개념은 데이터를 파일로 저장, 탐색, 수정, 관리하는 과정을 의미한. 파일은 컴퓨터에 정보를 영구적으로 저장하는 주요 방법 중 하나이다. 이러한 파일은 문자, 이미지, 비디오, 오디오 등 다양한 종류의 데이터를 포함할 수 있기 때문에 아래에서 파일 처리에 대한 주요 개념을 간략하게 살펴보자.

파일 생성
데이터를 파일로 저장하려면 파일을 생성해야 한다. 파일 생성은 사용자가 입력장치와 관련 소프트웨어를 활용하여 데이터를 입력하든지 프로그램에서 생성하여 디스크 등의 저장 장치에 정형 혹은 비정형 포맷으로 저장한다. 이 과정은 데이터를 저장할 새로운 파일을 만드는 것을 의미한다.

파일 읽기
파일에서 데이터를 읽는 것은 생성하여 저장한 정보를 프로그램에서 탐색하거나 읽어오는 과정이다. 데이터를 읽는다는 것은 파일 내용을 메모리에 가져온다는 것이다.

파일 쓰기
파일에 데이터를 쓴다는 것은 메모리에 있는 정보를 저장장치에 이동하여 저장하는 과정을 의미하며, 필요하면 이미 저장되어 있는 파일에 저장하는 과정이다.

파일 갱신

이미 존재하는 파일 내용을 갱신하려면 그 파일을 열고 수정한 내용을 다시 기록하여 저장한다.

파일 삭제

불필요한 파일은 제거하여 디스크 공간을 확보할 수 있다.

파일 타입

파일은 다양한 타입과 형식으로 저장된다. 예를 들어, 문자 파일, 이미지 파일, 데이터베이스 파일, 이진 파일 등 다양하다.

파일 경로

파일 시스템에서 파일을 찾을 때 사용하는 경로는 파일의 위치를 나타내는 중요한 정보이다. 경로는 디렉토리 구조를 따라 파일을 구별한다.

파일 보안

파일은 중요한 정보를 저장할 수 있으므로 파일 보안은 파일을 무단 접근으로부터 보호한다.

이와 같이 파일 처리는 컴퓨팅 활용에서 매우 중요한 부분이며, 파일을 읽고 쓰는 방법을 이해하고 활용하는 것은 프로그래밍과 데이터 관리에서 필수적이다.

8.2 파이썬에서 파일 읽기와 쓰기

이제, 파이썬에서 읽기와 쓰기를 살펴보자.

파일에서 읽기

파일을 추가하기 위해 기존 파일 데이터를 프로그램으로 읽어온다.

```
# 파일을 읽기 위해 파일을 연다.
with open('example.txt', 'r') as file:
    data = file.read()
print(data)
```

파일 쓰기 (기록하기)

새로운 데이터로 파일을 생성하거나 덮어 쓴다.

```
# 쓰려는 파일을 연다.
with open('name_file.txt', 'w') as file:
    file.write("Sangsoo Kim,010-557-8865)
```

파일 추가하기

기존 파일에 덮어쓰는게 아니라 콘텐츠 마지막에 데이터를 붙여서 추가한다.

```
# 추가하려는 파일을 연다.
with open('existing_file.txt', 'a') as file:
    file.write("This is an appended line.")
```

줄을 반복하기

파일을 한줄 한줄 읽는다.

```
with open('data.txt', 'r') as file:
    for line in file:
        print(line)
```

CSV 파일처리

데이터 저장에 일반적으로 사용되는 쉼표로 구분된 값(comma-separated values,CSV) 파일을 처리한다.

```
import csv
with open('data.csv', 'r') as file:
    reader = csv.reader(file)
    for row in reader:
        print(row)
```

JSON 파일처리

JSON 데이터를 읽거나 쓴다.

```
import json
data = {'name': 'sangsoo', 'age': 22}
with open('data.json', 'w') as file:
    json.dump(data, file)

with open('data.json', 'r') as file:
    loaded_data = json.load(file)
    print(loaded_data)
```

이진 파일 처리

이미지나 비디오 같은 데이터를 처리한다.

```
withopen('image.jpg', 'rb') as file:
    image_data = file.read()

withopen('new_image.jpg', 'wb') as new_file:
    new_file.write(image_data)
```

에러 처리

파일을 찾을 수 없거나 권한 문제 등 파일 작업에서 발생할 수 있는 에러를 처리한다.

```
try:
    with open('non_existent_file.txt', 'r') as file:
        data = file.read()
except FileNotFoundError:
    print("File not found.")
```

위와 같은 개념을 가지는 파일 처리는 데이터 분석은 물론 웹 개발 등에 이르기까지 광범위한 응용 프로그램에 필수적이다. 자원 누출이나 데이터 손상을 방지하려면 파일을 사용 후에는 파일을 닫고 적절한 에러 처리를 포함한 과정을 통해 파일을 주의 깊게 처리하는 것이 중요하다.

8.3 문자 파일

이 절에서는 문자 파일을 살펴보고 파이썬의 예를 들어본다.

지금까지 프로그램의 변수와 데이터 구조 데이터만 취급하고 저장했다. 그러나 프로그램이 종료되면 해당 데이터를 사용할 수 없다. 그러므로 한 프로그램 실행에서 다음 프로그램 실행까지 정보를 지속적으로 유지하기 위해서는 데이터가 데이터 파일에 저장되어야 한다. 이 절에서는 특정 데이터 타입의 문자 데이터 파일을 살펴본다.

오늘날 생성되는 정보의 양이 방대하고 이 모든 데이터를 저장할 저장 공간도 방대하다. 온라인 소셜 미디어와 여러 수단을 통한 정보 양은 계속 증가하고 있다.

먼저, 기본 개념에서 문자 파일은 아래와 같이 개별 문자 줄로 구성된 문자를 포함하는 파일이다.

> 위와같은 개념을 가지는 파일 처리는 데이터 분석은 물론 웹 개발 등에 이르기까지 광범위한 응용 프로그램에 필수적이다. 자원 누출이나 데이터 손상을 방지하려면 파일을 사용 후에는 파일을 닫고 적절한 에러 처리를 포함한 과정을 통해 파일을 주의 깊게 처리하는 것이 중요하다.

인쇄 가능한 문자 외에도 문자 파일에는 각 문자 줄의 끝을 나타내는 인쇄되지 않는 새로운 줄을 표시하는 문자인 ₩n도 포함되어 있다. 이 문자는 화면 커서를 화면에서 다음 줄의 시작 부분으로 이동한다. 따라서 문자 편집기를 사용하여 문자 파일을 직접 보고 만들 수도 있다. 그러나 이진 파일은 숫자 값과 같은 다양한 타입의 데이터를 포함할 수 있으므로 문자 줄로 구성되지 않는다. 이러한 파일은 컴퓨터 프로그램을 통해서만 읽고 쓸 수 있다. 만약, 이진 파일을 직접 보려고 하면 화면에 "깨진" 상태의 문자가 표시된다. 이 절에서는 문자 파일의 간단한 읽기와 쓰기만 다룬다.

마찬가지로 모든 타입의 파일에 대한 기본 작업도 파일 열기, 파일 읽기, 파일 쓰기와 파일 닫기가 있다. 모든 파일은 사용하려면 먼저 열어야 한다. 파이썬에서는 파일이 열릴 때 파일에 접근하기 위한 메서드를 제공하는 파일 객체가 생성된다.

읽을 파일 열기

파이썬에서 읽을 파일을 열려면 아래와 같이 내장된 **'open 함수'**를 사용한다.

```
read_file = open('testfile.txt','r')
```

첫 번째 인자는 열려는 파일 이름 'test.txt'이다. 두 번째 인자 'r'은 파일을 읽기 위해 열 것임을 나타낸다. 두 번째 인자는 파일을 열 때 사용하는 선택 사항이다.

읽기용 파일이 성공적으로 열리면 파일 객체가 생성되어 제공된 식별자(read_file)에 할당된다. 읽기 위해 파일을 열 때 I/O 에러가 발생할 수 있다.

먼저, 파일 이름이 존재하지 않으면 프로그램은 "해당 파일이 없다"라는 메시지로 종료한다. 해당 파일 또는 디렉터리가 없다: 'testfile.txt' 이 에러는 찾은 위치에 파일 이름이 없는 경우에도 발생할 수 있다. 문자는 파일 이름과 동일하게 처리된다. 파일이 열리면 프로그램이 있는 같은 폴더/디렉토리에서 먼저 탐색한다. read_file = open('data/testfile.txt','r') 그리고 이 경우의 파일은 하위 디렉터리에서 탐색한다. 이어서 파이썬에서 쓰기 위해 파일을 여는 방법을 살펴보자.

쓰는 파일 열기

파이썬에서 쓰기용으로 파일을 열려면 아래와 같이 **open 함수**를 사용한다.

```
record_file = open('testfile.txt','w')
```

파일이 이미 존재하는 경우는 파일의 첫 번째 줄부터 시작하여 덮어쓴다. 두 번째 인자로'a'를 사용하면 기존 파일 맨 마지막에 추가한다. 사용 후에는 기록한 파일을 닫는 것이 중요한다.

```
record_file.close()
```

그렇지 않으면 파일의 끝 부분이 파일에 기록되지 않을 수도 있다. 이 때 입출력 에러가 발생한다.

문자 파일 읽기

아래에서 input_file.readline 메소드는 줄 끝 문자 ₩n을 포함하여 문자 파일의 다음 줄을 문자열로 반환한다. 파일 끝에 도달하면 아래 while 루프에 표시된 대로 빈 문자열을 반환한다. 이 예는 문자 파일 testfile.txt를 읽고 화면에 한 줄 띄어서 출력한다.

읽을 문자 파일 testfile.txt

```
  들꽃\n
              나태주\n
자세히 보아야 예쁘다\n
오래 보아야 사랑스럽다\n
너도 그렇다. \n
```

```
    input_file = open('testfile.txt','r')
    empty_str = ''
    line = input_file. readline()
    while line !=empty_str:
        print(line)
        line = input_file. readline()
    input_file.close()
```

화면 출력

```
  들꽃\n

                나태주\n

자세히 보아야 예쁘다\n

오래 보아야 사랑스럽다\n

너도 그렇다. \n
```

아래는 문자 파일 출력이다.

```
empty_str = ‘’
input_file =  open(‘testfile.txt’,‘r’)
output_file =  open(‘testfil_copye.txt’,‘w’)
line = input_file. readline()
while line !=empty_str:
output_file.write(line)
line = input_file. readline()
outputput_file.close()
```

또 for 문을 사용하여 파일 각줄을 읽을 수도 있다.

```
input_file = open('myfile.txt','r') for line in input_file:
```

이와 같이 for 문을 사용하면 파일의 모든 줄이 읽혀진다. 그러나 while 순환을사용하면 주어진 값을 찾을 때까지 줄을 읽는다.

read_line은 ₩n 문자를 반환하고 print는 ₩n 문자를 추가하므로 표시된 각 줄에 대해 두 개의 ₩n 문자가 출력되어 각 줄 이후에 줄을 건너뛰게 된다.

이 코드는 입력 파일 'myfile.txt'의 내용을 한 줄씩 출력 파일 'testfile_copy.txt'에 복사한다. 화면에 쓸 때의 print와 달리 write 메소드는 출력 문자열에 ₩n 문자를 추가하지 않는다. 그러므로 ₩n 문자는 작성 중인 문자열의 일부인 경우에만 출력된다. 이 경우 읽은 각 줄에는 ₩n 문자가 포함된다. 마지막으로, 파일에 쓸 때 데이터는 먼저 버퍼라는 메모리 영역에 할당된다. 버퍼가 가득 찬 경우에만 데이터가 실제로 파일에 기록된다. 기록된 마지막 라인이 버퍼를 완전히 채우지 못할 수 있으므로 마지막 버퍼의 데이터 분량이 기록되지 않을 수도 있다. close() 메서드는 버퍼를 지우고 버퍼 내용을 파일에 강제로 기록한다.

write() 메서드를 사용하여 문자를 파일로 출력한다. 모든 데이터가 기록되었는지 확인하려면 모든 정보가 기록된 후 close() 메서드를 호출하여 파일을 닫는다.

8.4 예외 포착, 처리, 전파

파이썬 프로그램을 실행할 때 다양한 에러 메시지가 발생할 수 있다. 이러한 에러를 예외라 한다. 지금까지 이러한 에러를 화면에 보여주도록 하여 처리했다. 그러나 에러를 수정하고 실행을 계속하거나 프로그램을 정상적으로 종료하기 위해 프로그램에서 예외를 "잡거나" "처리"할 수 있다.

예외는 예상치 못한 또는 "예외" 상황이 발생했음을 알리는 발생("발생") 값(객체)이다. 파이썬에는 표준 예외라 하는 미리 정의된 예외 집합이 있다.

표준 예외는 파이썬 프로그램으로 자동으로 가져오는 파이썬 표준 라이브러리의 예외 모듈 내에서 정의된다.

파이썬에서는 발생한 예외를 처리할 필요가 없다. 예외가 발생했지만 클라이언트 코드에서 처리하지 않으면 처리될 때까지 자동으로 클라이언트의 호출 코드로 다시 전파된다. 예외가 최상위 수준(메인 모듈)까지 다시 발생하고 처리되지 않으면 프로그램이 종료된다.

파이썬 표준 라이브러리의 많은 함수는 예외를 발생시킨다. 예를 들어, 파이썬 수학 모듈의 팩토리얼 함수는 음수 값이 전달될 때 'ValueError' 예외를 발생하도록 작성할 수 있다.

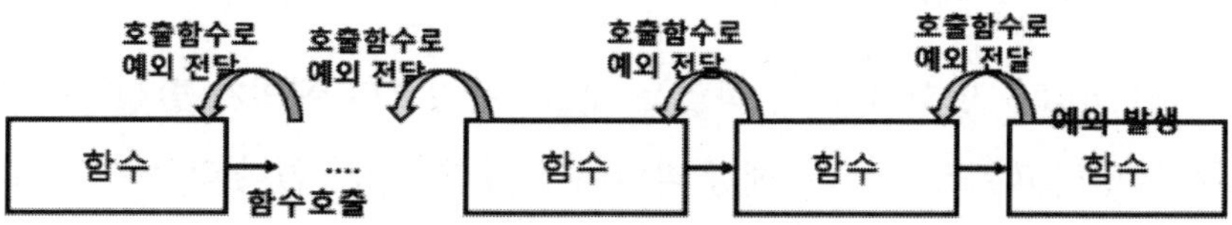

그림 8.1 예외 전파

즉, 너무 큰 수가 팩토리얼 함수에 전달되면 예외가 발생하고 이를 포착하고 처리하기 위해 클라이언트 코드로 다시 전달된다. 클라이언트 코드(여기서는 메인 모듈의 코드)가 예외를 포착하려고 시도하지 않기 때문에 파이썬 인터프리터가 예외를 포착하여 프로그램이 종료되고 예외 타입을 나타내는 에러 메시지가 표시된다.

팩토리얼 함수에 대한 호출은 try와 except 헤더로 둘러싸인 코드 블럭인 try 블럭(try block) 안에 포함된다. except 헤더 뒤에 오는 블럭을 **예외 처리기**라 한다. 이 예외 헤더는 ValueError 타입의 예외를 "잡는다". 이 경우 예외 처리기는 프로그램을 종료하기 전에 단순히 사용자에게 에러 메시지를 출력한다. 이 프로그램 종료는 이전 팩토리얼 버전보다 사용자에 훨씬 친화적이다. 더불어 프로그램을 무조건 종료하는 대신 프로그램이 계속 실행될 수 있도록 사용자에게 다시 입력하라는 메시지를 표시할 수도 있다. 이 버전은 아래와 같이 작성할 수 있다.

```
import math

no = int(input('Enter number to compute factorial of : '))
valid_input  = False

while not valid-input:
    try:
        result = math.factorial (no)
        print(result)
        valid_input  = True
    except ValueError:
        print('cannot compute factorial of large or negative number'):
        no = int(input('reenter:'))
```

파이썬의 try 블럭 안에서 예외를 발생시키는 함수를 (직접 또는 간접적으로) 호출하는 실행문은 위 프로그램처럼 블럭의 나머지 실행문은 건너뛴다.

이제, 파일 처리와 관련된 예외 처리를 살펴보자. 프로그래머 정의 함수는 파이썬의 내장 함수에 의해 발생하는 예외 외에도 예외를 발생시킬 수 있다.

파일을 읽기 위해 파일을 열고자할 때 파일을 찾을 수 없으면 예외가 발생한다. 이때는 표준 IOError 예외가 발생하고 프로그램은 '해당 파일이나 디렉터리가 없다'라는 에러 메시지와 함께 종료된다. 아래와 같이 파일 열기에 대한 예외를 포착하고 에러를 처리할 수 있다.

```
file_name = input('Enter file name: ')
empty_str  = ''
input_file_opened = False

while not input_file_opened:
    try:
        input_file = open(file_name, 'r')
        input_file_opened  = True
        line =   input_file.readline()
        while line !=empty_str:
            print(line.strip('\n'))
            line = input_file.readline()
    except  IOError:
        print('File Open Error\n')
        file_name = input('Enter file name:')
```

file_name 변수는 사용자가 입력한 파일 이름을 저장한다. 변수 input_file_openedi가 False로 초기화되었다. while 순환은 input_file_opened가 False인 동안 계속 반복한다. 순환 안의 try 블럭으로 인해 open(file_name, 'r')에서 예외가 발생할 때마다 try 블럭의 나머지 줄은 건너뛰고 except 헤더 다음에 오는 예외 취급기가 실행한다. open 호출이 예외를 발생시키지 않는 경우에만 try 블럭의 실행문이 모두 실행하고 while 순환에서 한 행씩 읽어 출력한다.

이후에도 프로그램 실행은 계속한다. 쓰기를 하기 위해 파일을 열 때는 쓰기를 원하는 하드 디스크 같은 파일 시스템이 가득 찼을 때도 가능성은 훨씬 낮은 예외가 발생할 수 있다. 문자 파일에서 읽을 때 readline 메서드는 예외를 발생시키지 않는다. 파일 끝에 도달하면 readline은 예외를 발생시키지 않고 빈 문자열만 반환한다.

8.5 데이터베이스

회원카드나 설문지에 의해 입력된 자료는 원자료 또는 1차 자료라고 한다. 2차 자료는 다른 목적으로 수집된 자료들을 의미하며 집계된 자료라는 의미의 매크로 데이터라고도 한다. 통계청에서 생산한 각종 자료들을 다른 목적을 가진 사람들이 간접 활용하려고 하면 이것이 2차 자료이다.

원래 1차 자료를 수집한 사람의 목적에 맞게 수집한 자료이므로 다른 목적에 사용하는 경우에는 부족한 면이 있을 수 있다. 대신 자료가 이미 수집되어 있기 때문에 별도의 시간이나 비용 투입이 필요하지 않다.

데이터는 수집 방법에 따라 크게 두 가지로 나누어진다. 하나는 횡단형 방법이고 다른 하나는 종단형 방법이다. 횡단형 방법이란 한 번에 자료를 수집하는 형태로 통계분석으로 의미를 찾는 것이다. 종단형 방법은 여러 기간에 걸쳐서 동일한 문항을 지속적으로 측정하여 시간별로 어떠한 추세를 보였는지를 분석하는 것이다. 특정 상품의 시장점유율을 오랜 기간 동안 추적하는 것을 예로 들 수 있다. 이렇게 수집된 자료는 장기간의 변화를 볼 수 있으므로 횡단형 방법과는 다른 장점이 있다.

데이터는 현재성과 정확성을 보장하는 가치 있는 정보여야하며, 의미 있는 데이터를 수집하여야 한다. 수집된 데이터를 효율적으로 저장하고 있다가 필요할 때 언제든지 사용할 수 있고, 정확히 추출할 수 있도록 하는 것이 중요하다.

8.5.1 개요

여러 사람에 의해 공유되어 사용될 목적으로 통합하여 관리되는 데이터집합을 **데이터베이스**라고 한다.

데이터베이스는 **논리적으로 연관된 하나 이상의 자료를** 모아 놓은 것으로 운영상 필요한 데이터의 **중복을 최소화**하고 그 내용을 체계적으로 구조화 하여 이것을 탐색과 갱신의 효율화를 꾀하기 위해 컴퓨터 저장장치 내에 모아놓은 집합이다. 즉 몇 개의 자료 파일을 조직적으로 통합하여 자료 항목의 중복을 없애고 자료를 구조화 하여 기억시켜 놓은 자료의 집합체이다. 특정 조직에서 여러 사용자가 공유하여 사용할 수 있도록 특정한 주제나 특별한 목적에 관련된 정보들의 집합체라고 할 수 있다.

그림 8.2처럼 데이터베이스 예는 병원 환자 기록들을 모아둔 데이터베이스, 은행의 고객 자료의 데이터베이스, 학교에서 학생 자료 데이터베이스, 도서관에서 도서 데이터베이스 등을 생각 할 수 있다.

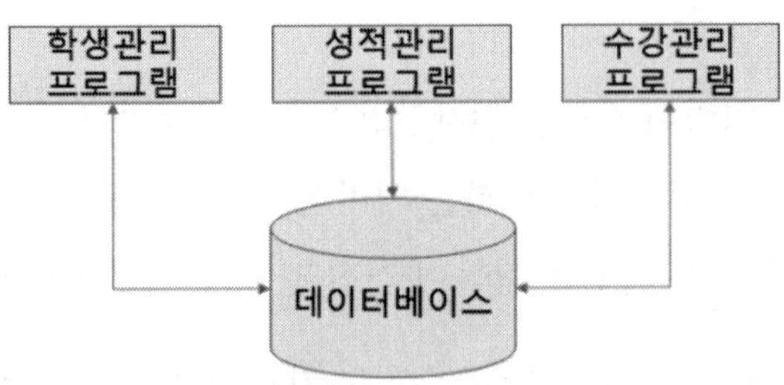

그림 8.2 데이터베이스 예

데이터베이스는 논리적으로 연관된 레코드나 파일의 모임으로 공통 목적을 지원하기 위한 서로 관련된 자료들의 집합체로서 단순한 자료의 모임이라기 보다는 어떠한 조직 내에서 여러 사람에 의해 공유되어 사용될 목적으로 통합적으로 조직되고 관리되는 운영 자료의 집합이다.

현재성과 정확성을 보장하는 가치 있는 정보를 얻으려면 현재의 상황을 정확히 관찰하고 측정하여 의미 있는 데이터를 많이 수집해야 한다. 수집된 데이터를 효율적으로 저장하고 있다가 그림 8.3에서와 같이 필요할 때 언제든 유용하게 활용할 수 있는 정보를 탐색할 수 있도록 복잡한 데이터를 대신 관리해주는 역할이 바로 데이터베이스이다.

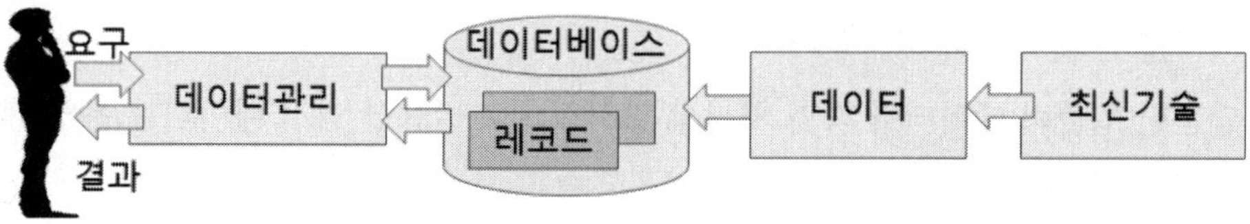

그림 8.3 데이터의 보존과 탐색 요구 실행

데이터베이스에 저장된 데이터는 끊임없이 변화하며, 데이터베이스는 외부의 변화에 맞추어 적절히 저장된 데이터를 변경시킬 수 있어야 한다. 즉 데이터베이스는 새로운 데이터를 저장하거나 기존의 데이터를 삭제, 변경시키는 작업을 저장된 데이터가 일관성을 유지할 수 있도록 수행해야 하는 것이다. 자료항목의 중복을 없애고 자료를 구조화하여 저장함으로써 자료 탐색과 갱신의 효율을 높인다.

데이터베이스를 정의는 한 조직의 여러 응용 시스템이 공유(shared)하기 위해 최소의 중복으로 통합(integrated)되고 저장(stored)된 운영(operational) 데이터의 집합으로 나타낸다.

데이터베이스를 그림 8.4와 같이 정의 할 수 있다.

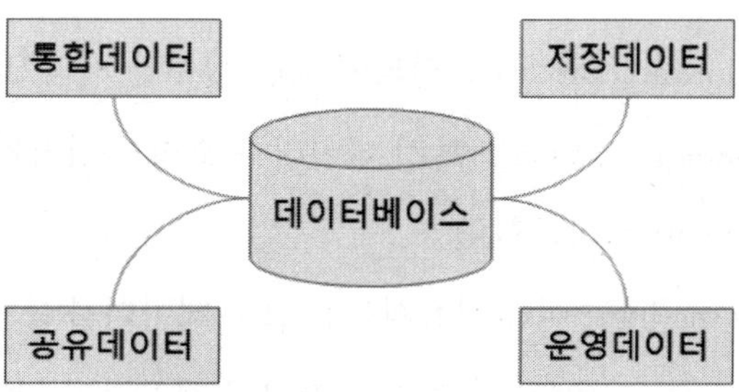

그림 8.4 데이터베이스 정의

① 통합 데이터(Intergrated Data)

- 원칙적으로 데이터베이스는 똑같은 데이터가 중복되지 않았음을 의미한다.
- 데이터의 중복은 일반적으로 여러 부작용을 초래 할 수 있다. 그러나 실제로 효율성 때문에 일부 데이터의 중복을 허용하기도 한다.

② 공유 데이터(shared Data)

- 한 조직에서 여러 응용 프로그램이 공동으로 소우 유지 가능한 데이터이다.

③ 운영 데이터(Operational Data)

- 어떤 조직도 그 고유의 기능을 수행하기 위해 반드시 유지해야 할 데이터가 있기 마련인데 이것을 운영 데이터라고 한다.
- 단순한 입출력 데이터나 작업 처리상 일시적으로 필요한 임시 데이터는 운영 데이터로 취급하지 않는다.

④ 저장 데이터(Stored Data)

- 컴퓨터가 접근할 수 있는 저장매체(자기테이프, 디스크)에 저장된 데이터 집합이다.

8.5.2 데이터베이스 특성

데이터베이스가 가지는 몇 가지 특성을 살펴봄으로써 그 뜻을 보다 명확히 할 수 있다. 첫째 똑같은 자료를 중복하여 저장하지 않는 통합된 자료이며, 둘째 컴퓨터가 액세스하여 처리할 수 있는 저장장치에 수록된 자료이며, 셋째 어떤 조직의 기능을 수행하는 데 없어서는 안 되며 존재 목적이 뚜렷하고 유용성 있는 운영 자료이기 때문에 임시로 필요해서 모아 놓은 데이터나 단순한 입출력 자료가 아니라는 점이며, 넷째 한 조직에서 가지는 데이터베이스는 그 조직 내의 모든 사람들이 소유하고 유지하며 이용하는 공동 자료로서 각 사용자는 같은 데이터라 할지라도 각자의 응용 목적에 따라 다르게 사용할 수 있다는 점이다.

① 실시간 접근성(real-time accessibility) : 질의에 대한 실시간 처리 및 응답한다.

② 내용에 의한 참조(content reference) : 특정 데이터를 조회 수정하기 위해서는 실제 저장된 위치나 주소가 아닌 값에 따라 참조한다.

③ 동시 공유(concurrent sharing) : 여러 사용자들은 같은 데이터를 동시에 사용할수 있어야 한다.

④ 계속적인 변화(continuous evolution) : 정확한 정보를 제공하기 위해서는 최신의 내용으로 계속 갱신 삽입 삭제 연산을 통해 이루어진다.

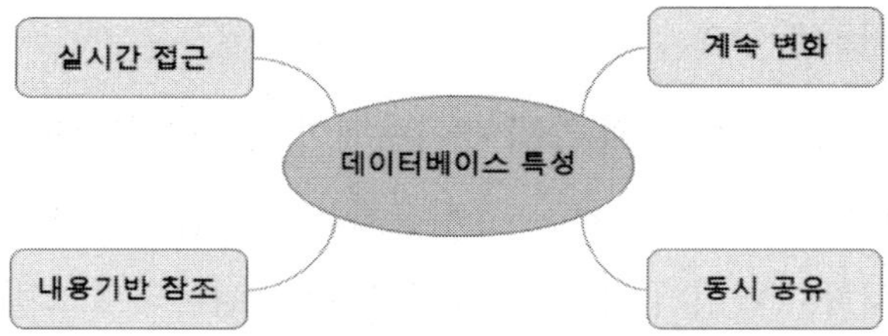

그림 8.5 데이터베이스의 특징

데이터베이스는 아래 장점이 있다.

- 데이터 중복의 최소화
- 여러 사용자에 의한 데이터 공유
- 데이터의 일관성
- 데이터의 무결성
- 정확한 최신의 정보 이용 가능
- 데이터 처리속도 증가

8.5.3 데이터베이스 시스템(DBS: DataBase System)

8.5.3.1 데이터베이스 시스템 정의

데이터베이스 시스템은 데이터베이스와 데이터베이스 관리 시스템을 이용해 조직에 필요한 정보를 제공해주는 컴퓨터 화된 데이터 저장 시스템으로서 데이터베이스에 데이터를 저장하고, 저장된 데이터를 관리하여 조직에 필요한 정보를 생성해주는 시스템이다. 따라서 다양한 목적의 정보처리 시스템을 구축하는 데 필요한 핵심 요소다. 즉, 정보를 유지 관리하며, 요구가 있으면 정보를 제공하는 목적을 가진 컴퓨터 시스템을 말한다.

그림 8.6은 데이터베이스 시스템을 나타낸다.

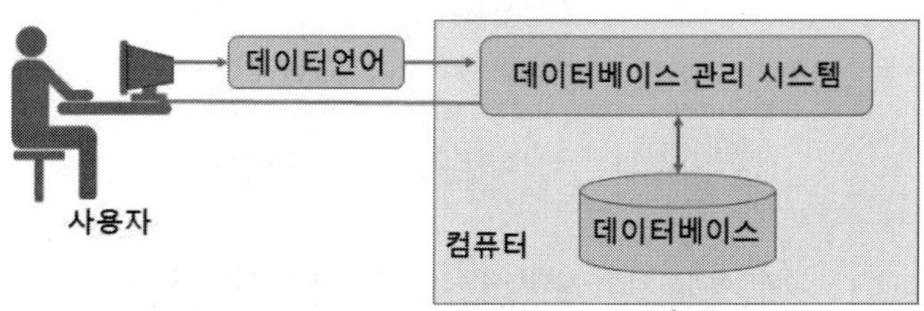

그림 8.6 데이터베이스 시스템

8.5.3.2 데이터베이스 시스템 구조

데이터베이스 시스템 구조는 그림 8.6과 같이 데이터베이스와 데이터베이스 관리 시스템 외에도 사용자, 사용자가 데이터베이스에 접근하는 데 사용하는 데이터 언어, 데이터베이스와 데이터베이스 관리 시스템을 설치하고 데이터 처리 연산을 담당하는 컴퓨터로 그림 8.7과 같이 구성된다.

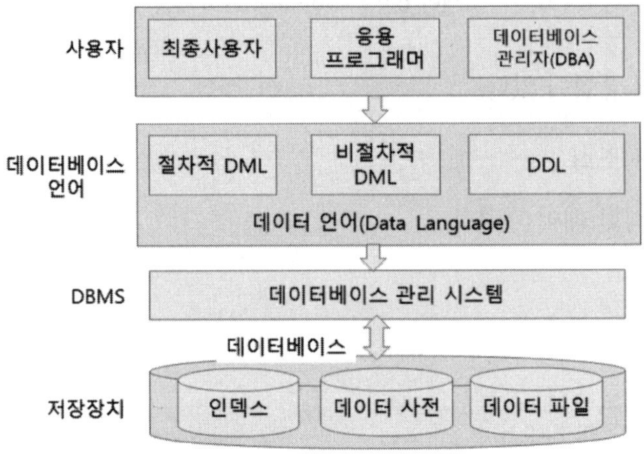

그림 8.7 데이터베이스 시스템 구성

데이터베이스 시스템=사용자+DBMS+데이터베이스 언어 +저장장치(DB)

데이터베이스 시스템의 각 구성에 대해 구체적으로 알아보도록 한다.

8.5.3.3 데이터베이스 사용자

데이터베이스 시스템을 구성하는 또 하나의 중요 요소가 사용자(user)이다. 사용자는 데이터베이스를 이용하기 위해 접근하는 모든 사람을 의미한다. 데이터베이스를 이용하는 사용자는 매우다양한데, 이용 목적에 따라 그림 8.8과 같이 크게 데이터베이스 관리자, 최종 사용자, 응용 프로그래머로 나눌 수 있다.

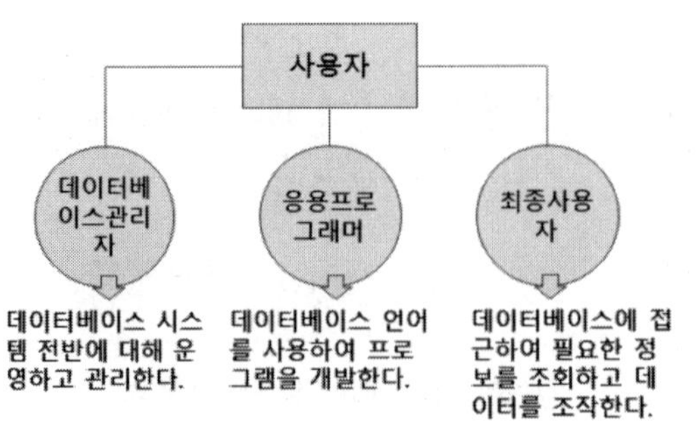

그림 8.8 데이터베이스 사용자

1) 데이터베이스 관리자(DataBase Aministrator, DBA)

데이터베이스 관리자는 한 조직 내에서 데이터베이스 시스템을 운영 관리하며 데이터를 체계적으로 수집, 정리, 가공 및 입력하여 데이터베이스를 설치, 구축, 업그레이드, 관리, 분석, 감시하는 일을 맡은 사람을 가리킨다. 데이터베이스를 직접 활용하기보다는 조직 내의 사용자를 위해 데이터베이스를 설계 및 구축하고, 제대로 서비스할 수 있도록 데이터베이스를 제어한다. 데이터베이스 시스템의 고장이나 사용상의 문제가 발생하면 신속히 원인을 파악하여 조속히 복구하는 일을 하거나, 사용자에 대한 사용 교육과 기술을 지원한다. 데이터베이스를 주기적으로 백업하여 데이터의 손실을 예방한다. 고객이 요구하는 특정분야의 자료를 일정기간동안 수집하여 정리하고, 입력된 자료를 검토하여 문제점을 보완한다.

데이터베이스 언어 중 주로 데이터 정의어와 데이터 제어어를 사용하여 데이터베이스에 접근하여 사용자에 대한 등록 및 데이터의 접근 범위, 읽고 쓰기 권한, 사용자의 로그인 및 암호 관리를 한다.

데이터베이스 관리자는 데이터베이스 운영·관리를 책임지므로 컴퓨터 시스템이나 데이터베이스와 관련해 지식과 경험을 많이 갖추고 있어야 한다. 큰 조직에서는 데이터베이스 설계 업무만 담당하는 데이터베이스 설계자(database designer)를 따로 두기도 한다.

데이터베이스 관리자의 주요 업무는 아래와 같다.

① 데이터베이스 구성 요소 선정

사용자의 요구 사항을 분석하여 데이터베이스를 구성할 데이터를 결정한다.

② 데이터베이스 스키마 정의

선정된 데이터베이스의 구성 요소를 토대로 데이터베이스 스키마를 설계하고, 데이터 정의어를 이용해 설계한 스키마를 데이터베이스 관리 시스템에 설명한다.

③ 물리적 저장 구조와 접근 방법 결정

데이터베이스를 물리적으로 저장하기 위한 레코드 구조를 설계한다. 레코드들 간의 저장 순서와 레코드에 빠르게 접근하기 위해 인덱스를 만들 기준 필드 등도 결정한다.

④ 무결성 유지를 위한 제약조건 정의

현실 세계의 실제 데이터와 일치하는, 즉 결함이 없는 데이터만 데이터베이스에 저장할 수 있도록 필요한 규칙을 정의한다. 그리고 데이터베이스를 이 규칙에 따라 제어하여 데이터의 정확성과 유효성을 유지한다.

⑤ 보안 및 접근 권한 정책 결정

허가되지 않는 사용자가 데이터베이스에 불법적으로 접근하는 것을 방지하고, 허가된 사용자에게 적절한 권한을 부여하는 보안 관련 정책을 결정한다.

⑥ 백업과 회복 기법 정의

시스템 장애에 대비하여 데이터베이스를 백업하거나, 손상된 데이터베이스를 일관된 상태로 복구하는 방법을 정의한다.

⑦ 시스템 데이터베이스 관리

데이터 사전 같은 시스템 데이터베이스를 관리한다.

⑧ 시스템 성능 감시 및 성능 분석

시스템 성능을 저해하는 병목 현상(bottleneck) 등이 발생하지 않는지 확인하고, 시스템 자원의 활용도 분석 등을 통해 시스템의 성능을 감시한다.

⑨ 데이터베이스 재구성

데이터베이스는 사용자의 요구 사항이나 사용 형태가 달라지면, 변화된 내용에 맞게 데이터베이스를 재구성하여 사용자의 만족도를 높여야 한다. 그리고 시스템의 전체 성능을 향상시켜야 하거나 시스템 장비가 교체된 경우에도 데이터베이스를 재구성해야 한다. 데이터베이스 관리자는 항상 사용자의 요구 사항에 귀 기울이고 시스템 성능을 분석하여, 새로운 변화에 부응하면서 성능을 향상시키는 방향으로 데이터베이스를 재구성해야 한다.

2) 응용프로그래머

응용 프로그래머(application programmer)는 데이터베이스 관리 프로그램을 사용하여 데이터베이스의 물리적인 저장 구조를 설계 및 정의하고 최종 사용자들의 요구에 맞는 적합한 인터페이스와 질의 처리에 적합한 응용 프로그램을 개발한다. 실제 데이터베이스 프로그램 개발을 위해 현장에 투입되는 개발자에 해당된다.

3) 최종 사용자(혹은 일반 사용자)

최종 사용자는 응용 프로그래머가 작성한 응용 프로그램을 이용해 데이터베이스에 접근하여 실질적으로 사용하는 사용자로서 실제 업무 담당자에 해당되며, 일반적으로 상품을 조회하거나 상품을 구매하는 사용자 일 수도 있다.

8.5.4 데이터베이스 관리 시스템(DBMS: DataBase Management System)

데이터베이스 관리 시스템은 그림 8.9와 같이 파일 시스템이 가진 데이터 중복과 데이터 종속 문제를 해결하기 위해 제시된 소프트웨어다. 조직에 필요한 데이터를 데이터베이스에 통합하여 저장하고 이에 대한 관리를 집중적으로 담당한다.

응용 프로그램과 데이터베이스의 중재자로서 모든 응용 프로그램들이 데이터베이스를 공용할 수 있도록 관리 해주는 소프트웨어 시스템이다.

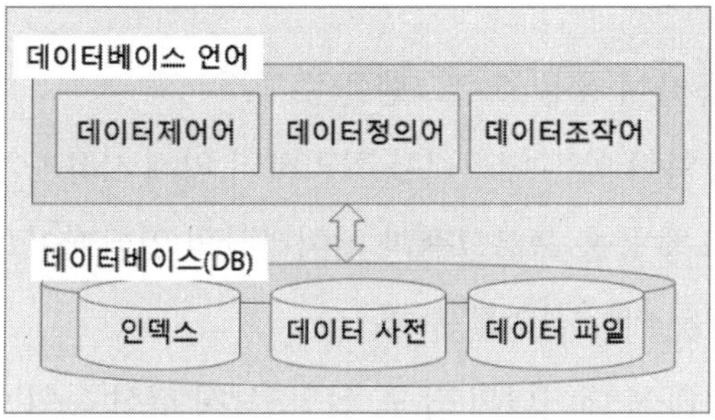

그림 8.9 데이터베이스 관리 시스템 구성

데이터베이스를 관리하는 데 필요한 데이터의 추가, 변경, 삭제, 탐색 등의 기능을 집대성한 소프트웨어 패키지로 이용자가 작성한 적용 업무 프로그램과 그 프로그램에서 사용하는 데이터베이스 본체와의 사이에 존재한다. 즉, 사용자는 DBMS를 경유하여 데이터베이스를 이용한다. 사용자 프로그램에서 호출에 의해 DBMS에 있는 「처리 프로그램」이 호출되며, 이 프로그램이 「데이터 베이스」 속의 「데이터」를 이용한다.

이때, 같은 레코드가 동시에 액세스되거나 하는 것을 금지하는 잠금(lock)기능, 기밀 보호를 위한 패스워드(password), 장애에 대비한 마스터 파일(master file)의 이중화 등의 기능을 갖추며, 「데이터의 보호」가 충분히 배려되고 있다. 이러한 DBMS를 이용함으로써 복수의 독립된 사용자가 집중 관리하고 있는 데이터베이스를 동시에 호출하여 이용할 수 있고, 단말 장치(terminal)로부터 데이터베이스로 데이터를 기록하거나 판독할 수도 있다.

데이터베이스를 생성해 운영하는 데 필요한 모든 기능을 제공하는 소프트웨어로서 기능을 요약하면 다음과 같다.

1) 자료 정의 및 저장 관리 기능

① 데이터 정의어를 이용하여 디스크 기억 장치에 데이터베이스 공간을 할당하여 물리적인 저

장 구조를 만들고 이에 접근하는 방법을 제공

② 데이터의 형, 구조, 데이터가 데이터베이스에 저장될 대의 제약조건 등을 명사하는 기능

③ 데이터의 논리적 구조와 물리적 구조사이의 변환이 가능하도록 구 구조 상이의 사상(Mapping)를 명세하여 하나의 물리적 구조로 여러 응용 프로그램이 요구하는 데이터 구조를 지원하게 하는 것

④ 다양한 응용 프로그램과 데이터베이스가 서로 인터페이스를 할 수 있는 방법을 제공

2) 질의 처리 및 트랜잭션 기능

① 데이터 조작어를 이용하여 응용 프로그램을 수행

② 데이터베이스에 저장되어 있는 데이터를 처리하기 위해 사용자가 입력한 요구 사항들을 번역하여 실행할 수 있도록 응용 프로그램과 데이터간의 인터페이스 수단 제동

③ 데이터 요청, 변경 등을 위한 질의를 수행

④ 데이터베이스를 접근하여 데이터의 탐색, 삽입, 삭제 갱신 등의 여난 작업을 위한 사용자와 데이터베이스 사이의 인터페이스 수단을 제공

3) 제어기능

① 데이터제어어를 이용하여 데이터의 사용권한 제어

② 데이터 무결성과 일관성을 유지

③ 보안과 권한 검사

④ 병행수행 제어(Concurrency Control)

4) 데이터베이스 관리 시스템의 장점

① 데이터 중복을 통제할 수 있다

② 데이터 독립성이 확보된다

③ 데이터를 동시 공유할 수 있다

④ 데이터 보안이 향상된다

⑤ 데이터 무결성을 유지할 수 있다

⑥ 표준화할 수 있다

⑦ 장애 발생 시 회복이 가능하다

⑧ 응용 프로그램 개발 비용이 줄어든다

5) 데이터베이스 관리 시스템의 종류

최근에는 구축하고자 하는 데이터베이스의 규모와 적용 분야, 구축 비용 등의 요소에 따라 다양한 수준의 DBMS가 출시되고 있다. 대표적으로 마이크로소프트사의 SQL 서버와 액세스, IBM,사의 DB2와 Informix, 오라클사의 Oracle, 사이베이스 사의 Sybase 그리고 공개형으로 다수 사용자를 보유하고 있는 MySQL 등이 있다.

DBMS	개발사	특징
ACCESS	Microsoft	윈도우즈 플랫폼으로 중소 규모 데이터베이스를 위한 데스크톱용 DBMS로 프로그래밍 언어를 모르는 사용자들도 쉽게 데이터 베이스를 구축할 수 있으며, 다른 응용 프로그램들과 자유롭게 자료를 공유할 수 있는 기능을 가지고 있다.
SQL 서버	Microsoft	1989년 사이베이스(Sybase)를 기반으로 개발한 관계형 데이터베이스로 윈도우 계열의 운영체제에서만 동작하며 환경 설정이 비교적 쉽고 오라클보다 가격이 저렴한 편이다.
Informix	IBM	유닉스 환경에서 널리 사용되는 대표적인 제품으로. 탐색/갱신용 언어로는 국제 표준화 기구(ISO)에서 표준화한 구조화 질의 언어(SQL)가 표준이 되어 있다. 성능이 뛰어나며 병렬처리를 위한 멀티스레드를 지원
DB2	IBM	SQL을 데이터 언어로 사용하여 다수의 사용자들이 서로 관계된 여러 개의 데이터베이스를 동시에 접근할 수 있는 대형 데이터베이스를 위한 시스템이다.
Oracle	Oracle	유닉스 환경에서 사용되는 RDBMS로는 현재 가장 널리 사용되는 대표적인 제품의 하나이다. 탐색이나 업데이트용 언어로는 국제표준화기구(ISO)에서 표준화한 구조화 조회 언어(SQL)가 표준으로 되어 있다.
MySQL	MySQL AB	세계에서 가장 많이 쓰이는 오픈 소스의 관계형 데이터베이스 관리 시스템(RDBMS)으로 다중 스레드, 다중 사용자 형식의 구조질의어 형식을 지원

데이터베이스 언어는 컴퓨터의 데이터베이스 작업을 위한 컴퓨터 언어이다. 데이터베이스 언어를 사용하여 데이터베이스 사용자 및 응용 프로그램 소프트웨어는 데이터베이스에 액세스 할 수 있다. 데이터베이스를 취급하는 기능 중 탐색(질의)이 중요하기 때문에, 통례는 (데이터베이스) 쿼리 언어라고도 불린다. 그러나 데이터베이스 언어 및 질의 언어는 개념적으로 겹치는 부분도 있지만, 동의어는 아니다.

가장 대중적 데이터베이스 언어는 관계 데이터베이스의 데이터베이스 언어 SQL이다.

6) 데이터베이스 언어 구성

일반적으로 행해지고 있는 데이터베이스 언어 또는 데이터베이스 언어 요소에는 데이터 조작 언어 (DML), 데이터 정의 언어 (DDL), 데이터 제어 언어 (DCL)로 구성된다.

① 데이터 조작 언어 (DML; Data Manipulation Language) : 데이터의 탐색, 등록, 업데이트 및 삭제를 위한 언어 또는 언어 요소

② 데이터 정의 언어 (DDL; Data Definition Language) : 데이터 구조의 생성, 업데이트, 삭제를 위한 언어 또는 언어 요소

③ 데이터 제어 언어 (DCL; Data Control Language) : 액세스 제어를 위한 언어 또는 언어 요소

대중적 데이터베이스 언어인 SQL에서는 해당 언어에 위의 모든 언어 요소가 다양한 명령문이 하나로 정리된 언어 체계로서 존재하고 있다.

SQL에 대해서는 데이터베이스 언어 단원에서 상세하게 설명하도록 한다.

8.5.5 데이터베이스 모델

데이터를 좀 더 효율적으로 사용하기 위하여 현실 세계에 존재하는 데이터를 컴퓨터 세계의 데이터베이스로 옮기는 변환 과정을 보통 데이터 모델링(data modeling)이라고 하며 데이터 모델링을 쉽게 할 수 있도록 도와주는 도구가 바로 데이터 모델(data model)로서 데이터베이스 모델의 구조가 된다. 현실 세계의 데이터를 컴퓨터 세계의 데이터베이스로 옮기는 작업은 결코 쉽지 않다. 현실 세계와 컴퓨터 세계는 근본적으로 많은 차이가 있고, 현실 세계에 존재하는 엄청나게 많은 데이터 중 필요한 데이터만 선발하는 작업은 상당히 어려운 부분이다.

데이터베이스 구축방법을 데이터베이스 모델이라고 하며 데이터베이스가 어떻게 구조화되고 쓰이는지를 알려준다. 대표적인 모델은 계층형(Hierarchical Model), 네트워크형(Network Model), 관계형(Relational Model)이 있다.

먼저 데이터베이스 이전에 사용된 파일 시스템에 대해 간략히 살펴보고 데이터베이스 모델에 대해 설명 한다.

8.5.5.1 파일시스템

다듬어지지 않은 데이터를 그대로 컴퓨터에 저장하는 파일저장과 같은 형식으로 파일들을 저장한 시스템을 파일시스템이라 불렀으며 그림 8.10 은 데이터들이 메모리에 순차적으로 저장되는 파일

시스템이다.

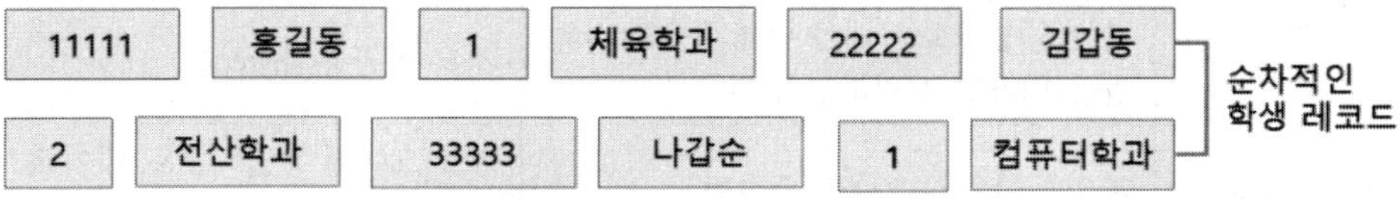

그림 8.10 파일 시스템에서의 데이터 저장

파일 시스템에서 데이터들은 각 응용 프로그램에 종속적으로 응용프로그램마다 필요한 데이터를 별도의 파일로 관리한다. 예를 들어, 대학에서 학생 관리 프로그램, 교수 관리 프로그램, 성적 관리 프로그램의 3개의 응용 프로그램을 갖추고 있다고 하자. 학생 관리 프로그램은 학생 정보를 저장하고 있는 파일을 이용하고, 교수 관리 프로그램은 교수 정보 파일 그리고 성적 관리 프로그램은 성적 정보 파일을 이용한다. 즉 다음과 같이 각각의 응용 프로그램들은 개별적인 파일을 이용하여 데이터를 관리하고 있다.

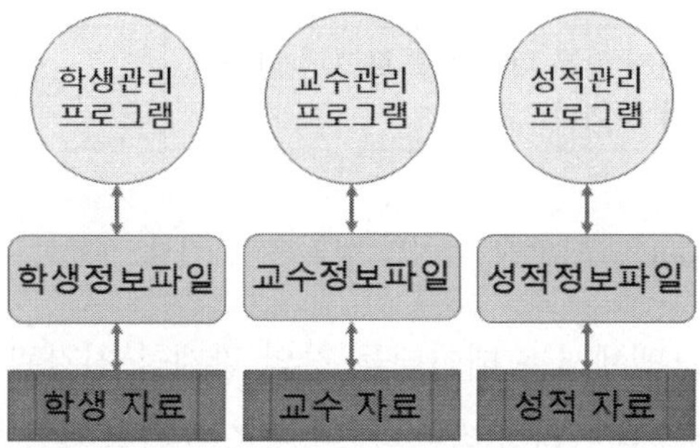

그림 8.11 개별적인 응용프로그램에 종속적인 파일시스템

이런 경우의 파일에는 많은 정보가 중복 저장되어 있다. 그렇기 때문에 중복된 정보가 수정되면 관련된 모든 파일을 수정해야 하는 불편함이 있다. 예를 들어, 한 학생이 휴학하면 학생 정보 파일뿐만 아니라 교수 정보 파일, 성적 정보 파일도 수정해야 한다.

이런 문제점을 해결하기 위해 나온 개념이 데이터베이스다. 데이터베이스(DB : DataBase)란 어느 한 조직의 여러 응용 프로그램들이 공유하는 관련 데이터들의 모임이다.

파일시스템 vs 데이터베이스

		파일시스템	데이터베이스
데이터 관리		특정 응용 프로그램을 위해 필요한 파일들을 별개로 정의하고 구현.	사용자 공용(shared)
독립성	데이터 독립성	파일들이 프로그램에 종속됨	프로그램에 독립적으로 데이터가 관리됨.
	논리적 독립성	데이터 구조가 바뀌면 프로그램을 그에 맞게 변경	데이터베이스의 논리적 구조 기술만 변경
	물리적 독립성	디스크장치가 바뀌면 데이터의 표현방식이 바뀌어 프로그램을 수정함.	물리적 기술만 변경함
	데이터 접근	개별 접근 or 공통 접근 루틴	DBMS를 통한 접근(논리적, 물리적 독립성 유지)
데이터 중복성		파일간의 데이터 중복, 비슷한 내용을 포함하고 있어도 상로 교환되지 않는다.	데이터 일관성, 보안성을 유지하고, 경제성을 높임
무결성		데이터 불일치로 인한 무결성 결핍이 높음	일관성, 제약조건을 통한 무결성 상승
동시접속		협의되지 않은 다수의 프로그램 접근시 제어가 어렵다	동시 액세스(concurrent access) 제공

8.5.5.2 계층과 네트워크 모델

계층형과 네트워크 데이터모델에서는 데이터들 간의 관계를 친자관계로 표현한다. 계층형에서 한 개의 데이터는 한 개의 부모데이터를 갖는다. 이 구조는 반복적인 부모-자식 관계 정보를 표현한다. 각 부모는 다수의 자식을 가질 수 있고, 자식은 단 하나만의 부모를 가질 수 있다. 어떤 레코드에 관한 모든 애트리뷰트(attribute)는 엔티티 타입(entity type) 하나 내에 나열된다.

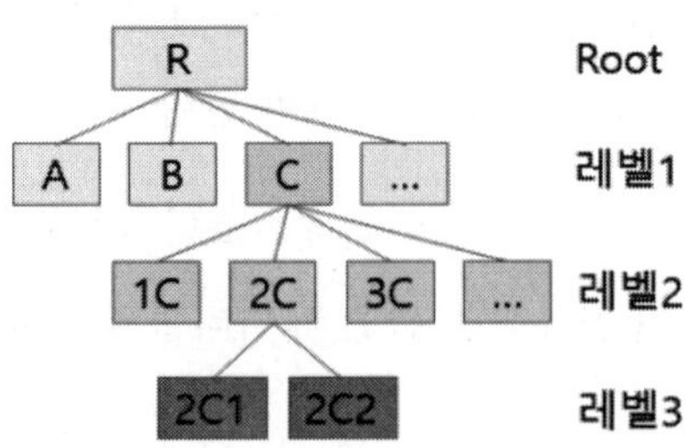

그림 8.12 계층형 모델

이 모델에 대한 데이터베이스 구현에서는 하나의 엔티티 타입은 하나의 테이블에 해당한다. 각각의 레코드는 행으로 표현되며, 애트리뷰트(attribute)는 열로 표현된다. 엔티티 타입은 엔티티 타입

끼리 서로 1:N 매핑된다. 이 방식은 일-대-다 관계로도 불리는 방식으로 불리기도 한다.

예를 들어, 계층형 데이터베이스 모델의 한 예는 회사의 직원 목록을 "직원"이라는 이름의 테이블(table) (엔티티 타입)에 저장한 것이다. 이 테이블 안에는 성명, 직위, 봉급 같은 속성(열)이 있을 수 있다. 또한 각 직원의 자녀에 대한 자료도 성명, 생년월일 등의 속성을 갖는 "자녀"라는 이름의 별도의 테이블에 둘 수 있다. "직원" 테이블은 부모 세그먼트를 표현하며, "자녀" 테이블은 자녀 세그먼트를 표현한다. 이 두 세그먼트는 “계층”을 하나 형성한다: 각각의 직원은 다수의 자녀를 가질 수 있지만, 각각의 자녀는 한 명의 직원을 부모로서 가진다. (단, 한 회사 안에 부부, 혹은 부모-자녀가 동시에 재직하고 있지 않다고 가정한다.)

계층형 구조는 초창기 메인프레임 컴퓨터 데이터베이스 매니지먼트 시스템에 널리쓰였다. 여러 타입의 데이터 사이의 계층형 관계를 이용할 경우, 어떤 문제는 매우 쉽게 답할 수 있지만, 어떤 문제는 매우 답하기 어려워진다. 일-대-다의 관계가 무너졌을 경우(예를 들어 학생이 한 명 이상의 담임 선생님을 가질 경우), 계층형 관계는 네트워크 모델이 되어버린다.

한편 네트워크형에서 한 개의 데이터는 여러 개의 부모데이터를 가질 수 있다. 계층형 데이터베이스 모델은 데이터를 각 레코드가 하나의 부모 레코드와 수많은 자식 레코드를 이루는, 레코드의 트리로 구성하지만, 네트워크 모델은 각 레코드가 여러 부모와 자식 레코드를 가질 수 있게 함으로써 하나의 일반화된 그래프 구조를 이룬다.

이 데이터모델에서는 데이터의 친자관계를 표시하기 위해 포인터라는 방식을 사용한다. 포인터란 다음 데이터의 물리적인 저장위치를 지시하는 정보를 말한다.

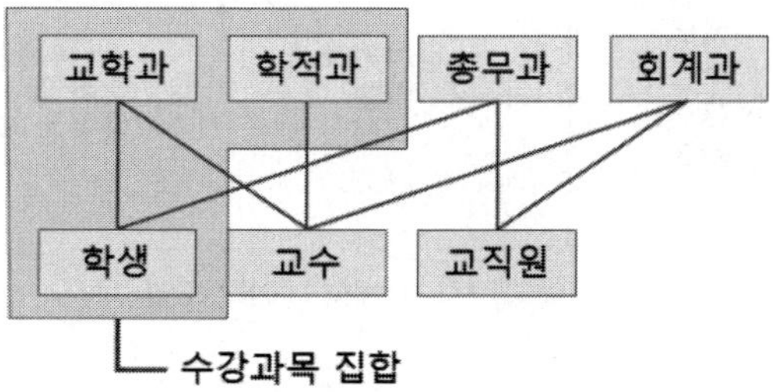

그림 8.13 네트워크형 모델

네트워크 데이터 모델은 같은 개체들 사이의 관계를 두 개 이상 표현할 수 있어 계층 데이터 모델보다 개념적 구조를 논리적 구조로 좀 더 자연스럽게 모델링할 수 있다. 그러나 계층 데이터 모델보다 구조가 훨씬 복잡해질 수 있어 데이터의 삽입·삭제·수정 등의 연산과 데이터의 탐색이 계층 데이터 모델보다 더 어렵다는 문제가 존재한다.

8.5.5.3 관계형 데이터 모델

위 모델들의 약점을 극복한 새로운 데이터모델이 바로 관계형 데이터모델이다. 이 데이터모델의 특징은 데이터를 테이블로 표현하고 집합으로 받아들인다는 점이다.

다음은 학생에 대한 정보를 테이블로 표현한 예이다.

학생 테이블 ← 테이블(릴레이션, 엔티티)

필드(열, 속성)

학번	이름	학과명	성별	주소
20051201	김철수	컴퓨터	남	대구
20050315	이영희	수학	여	포항
20040527	홍길동	과학	남	구미
20031209	이영희	컴퓨터	여	경주
20040307	박희동	수학	남	대구

← 필드명

레코드(행, 투플)

그림 8.14 학생 테이블

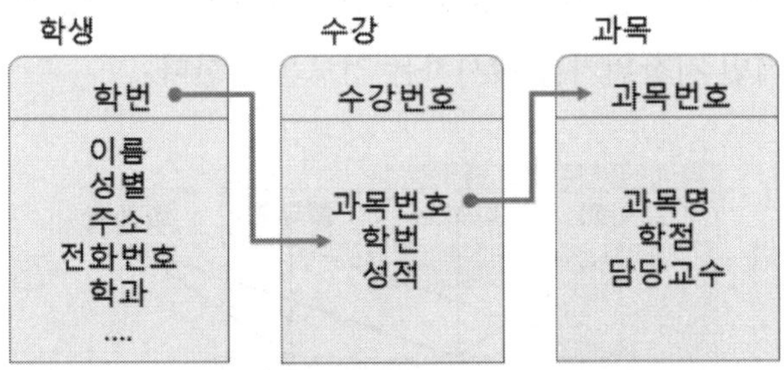

그림 8.15 관계형 데이터 모델

데이터를 조작하는 데는 집합론에 기초한 수학적인 연산을 테이블에 대하여 실행한다. 일반적으로 관계형 데이터모델에 기반한 데이터베이스를 관계형 데이터베이스라고 부른다. 그냥 데이터베이스라고 하면 관계 데이터베이스를 의미할 만큼 관계 데이터 모델은 많이 사용된다. 또한 관계형 데이터베이스를 관리하기 위한 DBMS를 RDBMS라고 부른다.

관계형 데이터베이스 구성요소에서 각각은 다음과 같다.

필드 : 속성 혹은 컬럼, 열에 해당, 데이터 값을 기억하는 기억 단위

레코드 : 투플, 테이블의 행에 해당, 카디널리티

도메인 : 필드가 가질 수 있는 값들의 집합

키 : 주어진 릴레이션에서 모든 인스턴스 가운데 유일함을 보장해 주는 하나 이상의 속성의 집합니다. 식별자라고도 하며 다음과 같은 종류들이 있다.

키 이름	설명
후보 키	한 테이블 내에서 데이터 레코드를 고유하게 식별할 수 있는 필드
키본 키	후보 키 중에서 대표로 선정된 키
수퍼 키 또는 복합 키	두 개 이상의 필드로 구성된 기본 키
외래 키 또는 참조 키	관계가 설정된 다른 테이블의 기본 키

키들과의 종속 관계는 그림 8.16과 같다.

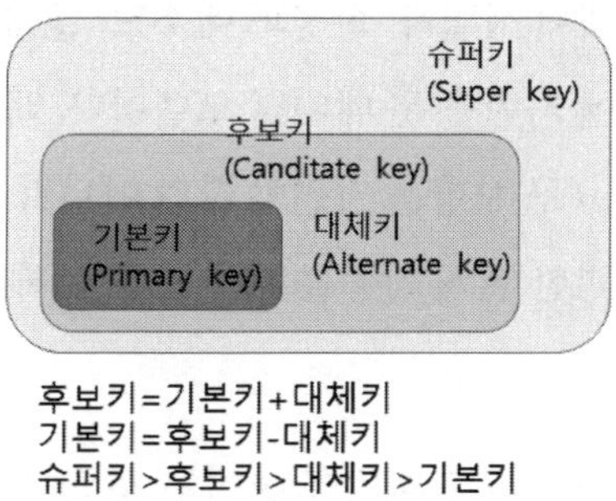

그림 8.16 키들의 종속

관계형 데이터베이스 시스템에서 사용자에게 보여지는 데이터는 오직 테이블뿐이다. 또한 사용자에 의해 수행되는 연산들은 저장되어 있는 테이블로부터 새로운 테이블을 생성하는 연산이며, 이러한 연산들로는 SELECT, PROJECT, JOIN 등이 있다. 이것이 바로 관계형 데이터베이스 시스템인데, 간단한 예로 다음과 같은 학생과 학과 데이터베이스가 있다. 아래에 보이는 것처럼 사용자에게 보여지는 것은 바로 테이블이다.

테이블 이름 : 학생

학번	이름	학년	학과
11111	홍길동	1	체육학과
22222	김갑돌	2	전산학과
33333	나갑순	1	컴퓨터학과

테이블 이름 : 학과

학과번호	학과	정원
D1	전산학과	50명
D2	체육학과	10명
D3	컴퓨터학과	30명

즉 이 표에서 각행은 하나의 학생에 대한 데이터들의 묶음이 되고, 각열은 학생의 여러 속성들의 값을 나타낸다.

위의 예에서 볼 수 있듯이 여러 속성을 가진 대상들의 데이터를 나열할 때 테이블의 형태로 생각하게 된다. 이렇게 나타내고자하는 대상의 속성들을 묶어 하나의 행을 만들고 이들 행들의 집합으로 데이터를 나타내는 것이 관계형 데이터 베이스이다.

8.5.5.4 객체지향 데이터 모델

객체지향 데이터 모델은 객체와 객체 식별자, 속성과 메소드, 클래스, 클래스 계층 및 상속, 복합 객체 등을 지원하는 객체지향 개념에 기반을 둔 데이터 모델이다. 객체지향 모델은 다양한 응용 분야의 데이터 모델링을 위한 새로운 요구 사항을 지원할 뿐만 아니라, 의미적으로 관계가 있는 데이터베이스 구조를 표현하기 위한 강력한 설계 기능을 제공한다. 객체지향 데이터 모델이 지원하는 객체지향 개념을 하나씩 살펴보자

객체 지향 데이터모델은 객체 지향 프로그래밍에 쓰이는 것으로, 정보를 객체의 형태로 표현하는 데이터베이스 모델이다. 오브젝트 데이터베이스(object database)라고도 한다.

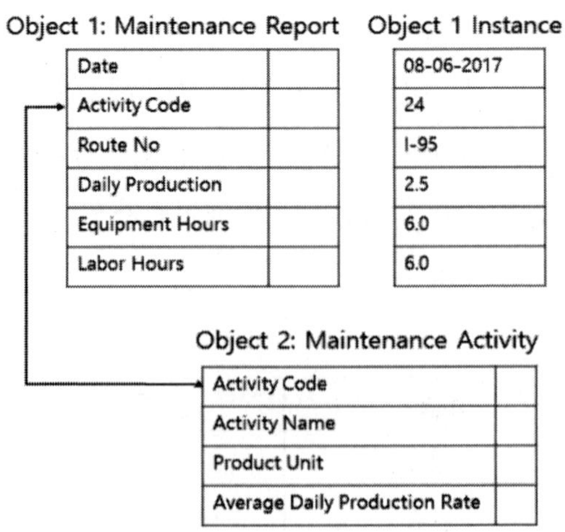

그림 8.17 객체지향 모델 예

데이터베이스 관리 시스템에서 데이터베이스 스키마는 데이터베이스의 구조와 조건에 관한 전반적인 명세를 개념적으로 기술하는 것이다. 즉, 데이터베이스에서 자료 구조, 자료 표현 방법, 자료 사이의 관계를 형식 언어로 정의한 구조이다. 하나의 데이터베이스를 나타낸 것으로 데이터베이스를 이해하기 위한 가장 기본이다. 데이터를 데이터베이스에 저장하고 관리하기는 쉽지 않은 일이지만 데이터베이스 스키마를 이해하면 쉽게 데이터베이스를 이해할 수 있다. 구체적으로 데이터베이스의 구조와 제약조건에 관한 전반적인 명세(Specification)를 의미하고 데이터베이스를 구성하는 데이터 개체(Entity), 속성(Attribute), 관계(Relationship)와 데이터 조작시 데이터 값들이 갖는 제약 조건 등에 관해 전반적으로 정의한다. 사용자의 관점에 따라 외부 스키마, 개념 스키마, 내부 스키마로 나뉜다.

모든 데이터들을 테이블과 같은 형태로 나타내어 저장하는 데이터베이스이다. 일상생활에서 데이터를 정리하여 표현할 때 흔히 표와 같은 방법을 사용하게 되는데, 관계형 데이터베이스는 이 '표'의 개념을 사용해서 데이터를 구성하는 방법을 사용하고 있다.

데이터들이 테이블로 구성되어 있으면 다음과 같은 연산을 적용시켜 데이터를 추출해 낼 수 있다.

SELECT(또는 RESTRICT) 연산은 테이블로부터 지정된 행을 추출해낸다.

SELECT(RESTRICT) : 학과 where 정원 〉 25명

학과번호	학과	정원
D1	전산학과	50명
D3	컴퓨터학과	30명

PROJECT 연산은 테이블로부터 특정한 열을 추출해낸다.

PROJECT : 학생 over 학번, 이름

학번	이름
11111	홍길동
22222	김갑돌
33333	나갑순

JOIN 연산은 공통 행을 기준으로 두 테이블을 합치는 연산을 수행한다.

참고로 JOIN 연산은 반드시 공통된 열이 있어야 한다. 만약 두 테이블에 공통된 열이 있더라도 일치하는 값이 없다면 JOIN 연산은 제대로 수행이 되지 않을 수도 있다.

JOIN : 학과 and 학생 over 학과

학과	학과번호	정원	학번	이름	학년
전산학과	D1	50	22222	김갑돌	2
체육학과	D2	10	11111	홍길동	1

SQL은 관계 데이터베이스를 위한 표준 질의어로 많이 사용되는 언어다. SQL은 사용자가 처리를 원하는 데이터가 무엇인지만 제시하고 데이터를 어떻게 처리해야 하는지를 언급할 필요가 없어 비절차형 데이터 언어의 특징을 가지고 있다.

SQL은 데이터베이스 관리 시스템에 직접 접근해 질의를 대화식으로 작성하는 방식으로 사용할 수도 있고, C나 C++ 또는 Java와 같은 언어로 작성한 응용 프로그램에 삽입하여 사용할 수도 있다.

SQL은 기능에 따라 데이터 정의어(DDL), 데이터 조작어(DML), 데이터 제어어(DCL)로 나눈다.

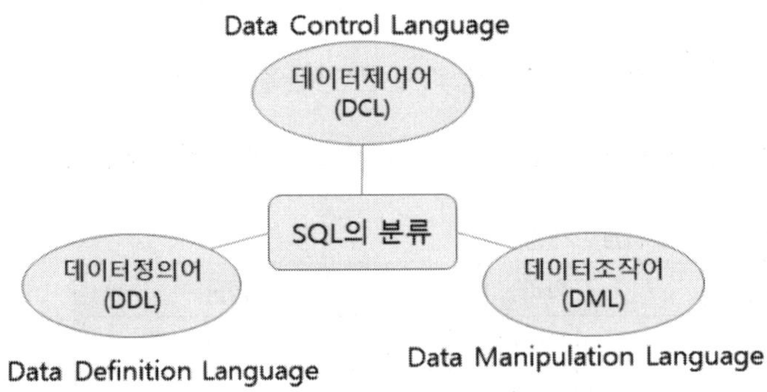

그림 8.18 SQL의 분류

현대의 상용 DBMS에서는 릴레이션보다 테이블이라는 용어를 더 많이 사용하여 이 장에서는 테이블로 표기하지만, 데이터 모델에서 학습한 릴레이션과 유사하다.

- 데이터 정의어 : 데이터베이스 구조, 접근 방식 등 데이터베이스를 구축하거나 수정할 목적으로 사용한다. 테이블을 생성하고 변경·제거하는 기능을 제공한다. 번역한 결과가 데이터 사전이라는 특별한 파일에 여러 개의 테이블로 저장된다. 외부스키마 명세를 정의
- 데이터 조작어 : 사용자로 하여금 데이터를 처리 할 수 있도록 하는 언어로 사용자(응용프로그램)와 DBMS간의 인터페이스를 제공한다. 테이블에 새 데이터를 삽입하거나, 테이블에 저장된 데이터를 수정·삭제·탐색하는 기능을 제공한다.
- 데이터 제어어 : 무결성, 보안을 위해 데이터에 대한 접근 및 사용 권한을 사용자별로 부여하

거나 취소하는 기능을 하는 언어다. 데이터를 보호하고 데이터를 관리하는 목적으로 사용된다. 데이터베이스 관리자가 주로 사용한다.

연습문제

01 다음 중 파일을 열 때 IOError가 발생할 수 있는 이유를 나타내는 것을 고르시오.

(a) 철자가 틀린 파일 이름

(b) 대문자와 소문자의 일치가 일치하지 않습니다.

(c) 탐색한 디렉터리에 파일이 없습니다.

02 다음 중 참인 것은 무엇입니까?

(a) 내장 오픈 함수 호출 시 두 번째 인자 'r' 또는 'w'를 항상 주어야 한다.

(b) 읽기 위해 파일을 열 때 내장 오픈 함수 호출 시 두 번째 인자 'r'을 항상 주어야 한다.

(c) 내장된 open 함수를 호출할 때, 쓰기 위해 파일을 열 때 항상 'w'의 두 번째 인자가 주어야 한다.

03 다음 중 참인 것은 무엇입니까?

(a) 읽기 위해 파일을 열 때 I/O 에러가 발생할 가능성이 더 높다.

(b) 쓰기 위해 파일을 열 때 I/O 에러가 발생할 가능성이 더 높다.

(c) readline 메소드는 문자 파일에서 다음 개행 문자 '\n'까지의 모든 문자를 읽는다. (TRUE/FALSE)

(d) 쓰기용으로 열려 있는 파일을 닫는 것이 특히 중요하다.

09 컴퓨터 운영체제

9.1 개요

인간과 컴퓨터의 상호작용 모델과 방식에 따라 운영체제는 컴퓨팅 시스템의 구조나 특성과 함께 다양한 방식으로 인간 중심으로 변화해 왔다.

운영체제는 컴퓨팅 시스템이 동작하는데 필요한 자원인 처리기, 메모리, 디스크, 입출력 장치, 네트워크 장치 등을 비롯하여 사용자 프로그램과 파일, 프로그램 실행에 필요한 각종자료 구조와 사용자 기록 등을 운영하고 관리하는 중요한 시스템 소프트웨어이다. 이와같이 자원이란 프로그램 실행에 사용되는 컴퓨팅 시스템의 하드웨어와 프로그램이나 파일, 프로그램 실행에 필요한 각종 자료구조 같은 소프트웨어를 모두 말한다.

그러므로 운영체제가 하는 일은 사용자의 명령이나 프로그램을 실행하기 위해 필요한 자원을 할당하고 제어하며 회수하는 일을 수행한다. 즉 운영체제는 그림 9.1과 같이 사용자가 자신의 작업에 적용하는 응용 프로그램과 컴퓨터 시스템의 하드웨어 중간에서 사용자가 컴퓨팅 시스템을 편리하고 효과적으로 사용할 수 있도록 편리를 제공한다. 결국 사용자와 컴퓨팅 시스템 사이의 인터페이스이다. 사용자는 전문가, 시스템 사용자, 프로그램 개발자, 일반 사용자 등 여러 사용자가 있다.

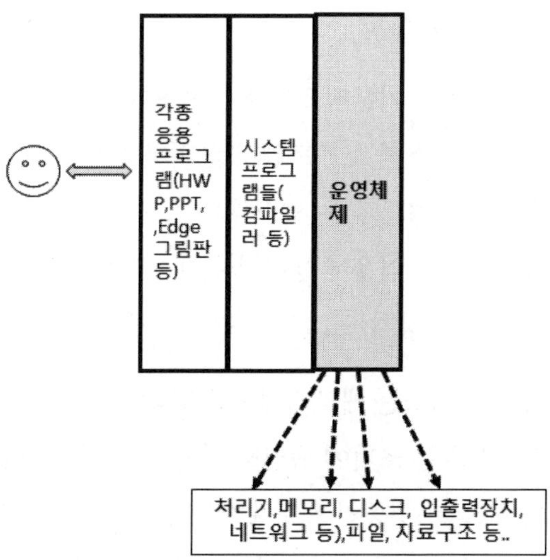

그림 9.1 컴퓨팅 시스템 자원

사용자는 응용 프로그램을 통해 시스템을 사용할 수도 있으며, 운영체제에 직접 접근하여 필요한 일을 명령하고 수행할 수도 있다. 이와 같이 사용자가 컴퓨팅 시스템에 접근하여 사용하는 일을 사용자와 컴퓨팅 시스템 사이의 상호작용이라 한다.

9.2 운영체제 구성

운영체제는 컴퓨터 내의 하드웨어 및 소프트웨어 자원을 관리하며, 수행 중인 프로그램들이 효율적으로 동작할 수 있도록 도와준다. 다양한 자원을 관리하기 위한 자원 관리자로서 운영체제는 프로세스 관리, 메모리 관리, 디스크 관리, 입출력 관리 등의 주요 기능을 포함하고 있다.

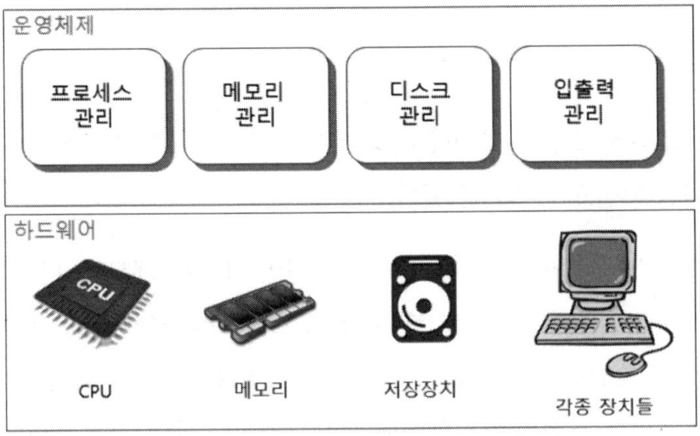

그림 9.2 각종 하드웨어 자원 및 운영체제 구성

9.2.1 프로세스

프로세스는 기본적으로 실행 중인 프로그램으로 컴퓨터 시스템에서 작업의 단위이다. 앞서 배운 다양한 시스템 소프트웨어를 비롯하여 사용자가 수행시킨 워드 프로그램, 멀티미디어 프로그램, 프린트 출력과 같은 시스템 태스크 등 여러 프로그램들이 프로세스 형태로 수행된다. 이러한 프로세스들은 작업을 수행하기 위해 CPU 시간, 메모리 공간, 키보드/마우스 등의 입력 장치, 모니터와 같은 출력 장치, 프로그램 수행에 필요한 파일들과 같은 여러 자원들을 필요로 한다.

각 프로세스는 메모리에 자신만의 공간을 가지며, 작업 수행 시 필요한 각종 정보들을 저장한다. 프로세스는 초기에 생성될 때 필요한 자원을 할당받을 수도 있고, 실행되는 동안 할당받을 수도 있다. 또한 수행중인 프로세스는 일시적으로 중단되기도 하는데 나중에 중지되었을 때와 정확히 동일한 상태로 다시 시작하기 위하여 일시 중지되는 순간의 프로세스에 대한 모든 정보들을 프로세스 테이블(Process Table)이라고 하는 공간에 저장하고 있다. 또한 프로세스는 다음 수행할 명령을 지정하는 프로그램 카운터(Program Counter)를 가지고 명령들을 순차적으로 수행한다. 이렇듯 프로세스는 컴퓨터 시스템 내에서의 작업 단위이며 운영체제로부터 자원을 할당 받아 수행된다. 이러한 자원을 관리하기 위하여 운영체제는 다양한 관리기로 구성된다.

9.2.2 프로세스 관리

프로세스는 동시에 여러 개가 수행될 수 있으며, 사용자는 여러 개의 프로그램을 동시에 실행시킬 수 있다. 예를 들어, 사용자가 미디어 플레이어 프로그램에서 음악을 들으며, 한글 워드 프로세서 프로그램에서 문서 작성을 하고 있다. 이와 동시에 정보 탐색을 위해 웹 브라우저 프로그램을 실행하였다. 따라서 현재 컴퓨터 시스템에는 미디어 플레이어, 한글 워드, 웹 브라우저 등 세 가지의 활성화된 프로세스가 존재한다. 하지만 컴퓨터 CPU는 한 번에 하나의 프로세스만 동작 가능하다. 즉, 하나의 프로세스가 작업을 수행하기 위해서는 제한적인 컴퓨터 시스템의 자원을 할당받아야 하므로, 운영체제는 하나의 프로세스가 너무 많은 시간과 자원을 사용하지 않도록 주기적으로 하나의 프로세스의 실행을 중지하고 다른 프로세스를 수행시키면서 스케줄링을 할 것이다.

프로세스 관리자는 컴퓨터 시스템의 자원을 할당하거나 중단함으로써 프로세스를 관리하고, 이에 따라 프로세스는 자원을 요청 또는 할당 받거나, 현재 동작에 따라 상태가 변한다. 프로세스의 상태 전이는 여러 환경 및 조건에 따라 변화할 수 있으며, 가장 간단하게 표현한 프로세스 전이 상태도는 그림 9.3과 같다. 시작된 프로세스는 일단 프로세스 관리자에 의해 준비 상태가 되며, CPU 시간 및 메모리 공간 등의 프로세스가 동작하는데 필요한 자원을 할당 받음으로써 실행 상태로 전이된다. 프로세스 관리자는 실행 중인 프로세스가 입출력이 끝나기를 기다리거나 다른 이벤트를 대기해야 하는 경우, 스케줄링에 의해 다른 프로세스가 실행되어야 하는 경우 현재 동작 중이던 프로세스 실행을 중지시키고 해당 프로세스는 대기 상태로 전이된다. 그런 다음 프로세스 관리자는 준비 상태 중인 프로세스들 중 하나의 프로세스를 선택하여 CPU 시간 및 사용 가능한 자원을 할당할 수 있다. 대기 중인 프로세스는 이전에 요청된 자원이 사용 가능하거나, 완료되어 요청된 자원을 할당받을 때 대기 상태에서 준비 상태로 전이할 수 있다.

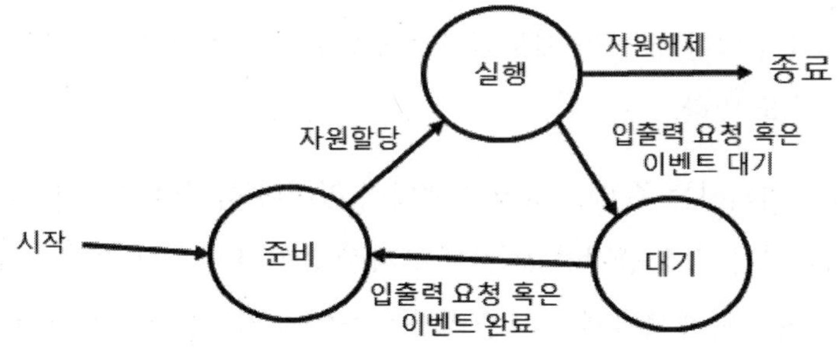

그림 9.3 각프로세스 하나의 상태 전이

프로세스는 수행되려면 반드시 메모리 공간을 할당 받아야 한다. 그러므로 운영체제에서 **메모리 관리**도 매우 중요한 기능이기 때문에 메모리 관리자는 주 메모리를 프로세스에 할당하고 사용을 관리한다. 주 메모리(main memory,RAM, Random Access Memory) 관리를 위해 메모리 관리자는 메모리에 여러 개의 프로세스를 탑재하고, 섞이지 않도록 보호하고 관리한다.

프로세스가 실행되려면 주 메모리에 탑재되어 있어야 하지만 프로세스 실행 중 일부 데이터는 메모리보다 비교적 큰 저장 공간을 갖는 디스크의 일부를 메모리처럼 사용하기 위해 그림 9.4와 같이 **스와핑**이라는 기법으로 프로세스의 일부를 디스크에 저장하고 필요할 때 가져와서 메모리를 할당하기도 하고, 해제하기도 한다. 이는 프로세스가 비교적 오랜 시간 처리기를 사용하지 않을 경우, 메모리를 회수하여 다른 프로세스가 메모리와 처리기를 사용할 수 있도록 하는 것이다.

9.2.3 메모리 관리

프로세스는 수행되기 위해서 메모리 공간을 할당 받아야 한다. 메모리 관리자는 프로세스에게 주 메모리를 할당하고 사용을 관리 감독한다. 주 메모리(RAM, Random Access Memory)는 재기록 가능한 메모리로써 데이터 저장소이다. 메모리는 바이트 단위의 블록으로 구성되며 각 블록마다 접근 가능한 주소를 가진다.

프로세스 관리자와 마찬가지로 동시에 여러 개의 프로그램을 수행하기 위하여 메모리 관리자는 대용량의 메모리 내에 여러 개의 프로세스를 유지하며 보호하고 관리해 준다. 일반적으로 각 프로세스는 사용할 수 있는 주소 공간이 있어서 0에서부터 프로세스마다 할당된 최대값까지의 주소를 가지고 실행된다. 프로그램이 동작하기 위해서는 데이터를 비롯하여 컴퓨터 시스템의 CPU가 명령을 수행하기 위한 해당 명령이 주 메모리 내에 있어야 한다. 각 프로세스의 동작에 따라 프로그램 카운터에서 가리키는 메모리 주소로부터 다음 수행할 명령어를 가져옴으로써 컴퓨터 시스템의 CPU는 해당 명령어를 수행한다. 또한 메모리로부터 필요한 데이터를 가져오거나 반대로 데이터를 메모리에 저장할 수도 있다.

프로세스가 실행되기 위해서는 주 메모리에 적재되어 있어야 하지만 프로세스 실행 중 일부 데이터는 메모리보다 비교적 큰 저장 공간을 갖는 보조 저장 장치인 디스크 일부를 메모리처럼 사용할 수도 있다. 이를 위하여 운영체제의 메모리 관리자는 스와핑 기법을 사용하여 프로세스의 일부 영역을 디스크로부터 가져와서 메모리를 할당하여 적재시키기도 하고, 다시 해제시키기도 한다. 이는 프로세스가 비교적 오랜 시간 CPU를 사용하지 않을 때 메모리를 회수하여 다른 프로세스가 메모리와 CPU를 사용할 수 있도록 해준다.

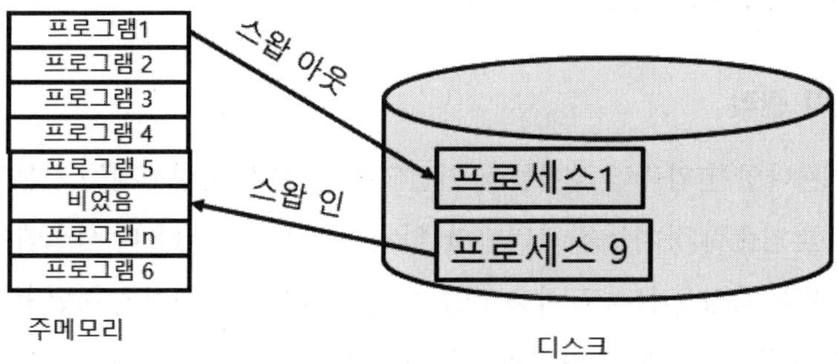

그림 9.4 스와핑 기법

컴퓨팅 시스템은 프로그램이나 데이터를 보조 저장 장치인 디스크에 저장하기도 한다. 주 메모리는 디스크 보다 용량이 작고 전원이 꺼지면 프로그램과 데이터가 사라진다. 그러므로 컴퓨팅 시스템은 보조 저장 장치를 제공하고 있다.

다양한 시스템 소프트웨어를 비롯하여 대부분의 사용자 프로그램은 디스크에 저장되어 있다가 사용할 때만 메모리에 적재되어 구동한다.

그러므로 운영체제는 **디스크 관리**를 통해 이러한 프로그램과 데이터에 저장 장소를 할당하고 관리한다. 또한, 실행 중인 프로세스 전체가 메모리를 탑재하지 않고 일부만 탑재하고 아직 사용되지 않는 부분은 디스크에 저장된 채로 사용될 수도 있다. 메모리 보다 용량은 크지만 속도가 느린 이러한 보조 저장 장치는 컴퓨팅 시스템 사용 중에 사용이 매우 빈번하며 운영체제 속도의 효율성을 결정 짓게 되어 컴퓨팅 시스템 전체의 효율성을 결정한다.

9.2.4 디스크 관리

운영체제를 비롯한 많은 프로그램들은 컴퓨터 시스템의 전원이 꺼져도 데이터가 사라지지 않는 보조 저장 장치인 디스크에 저장되어 있다. 프로세스의 실행을 위해 사용되는 주 메모리는 모든 프로그램과 데이터를 저장하기에는 용량이 작고 전원이 꺼질 경우 저장하고 있던 데이터가 사라지기 때문에 컴퓨터 시스템은 보조 저장 장치를 제공해야 한다.

다양한 시스템 소프트웨어를 비롯하여 대부분의 사용자 프로그램들은 디스크에 저장되어 있다가 사용 시 메모리에 적재되어 동작한다. 운영체제는 이러한 프로그램과 데이터에 저장 장소를 할당하고 관리한다. 또한, 앞 절에서 언급한바와 같이 실행 중인 프로세스 이미지 전체가 메모리에 적재되지 않고 일부만 적재된 채 아직 사용되지 않는 부분은 디스크에 저장된 채 사용될 수도 있다. 이러한 보조 저장 장치는 시스템 사용 중 사용량이 매우 빈번하여 운영체제의 효율적인 알고리즘 적용이 시스템 동작 효율성을 결정 짓게 된다.

9.2.5 입력과 출력 관리

컴퓨터 시스템에는 다양한 입출력 장치들이 연결되어 있으며, 운영체제는 기본적으로 장치 관리자를 통하여 이러한 입출력 장치들을 관리한다. 하지만 사용자는 컴퓨터 시스템에 연결된 여러 입출력 장치들의 상세한 특성을 몰라도 사용 가능하며, 이러한 하드웨어 장치별 특성은 운영체제 내부에 숨겨져 있다. 컴퓨터 시스템에 연결된 입출력 장치들은 기능이나 속도 면에서 매우 다양한 특성을 보이기 때문에 운영체제는 각각의 특성에 맞는 제어가 필요하다.

다양한 종류의 하드웨어 장치들은 동작 목적 및 연결 형태에 따라 표준적인 인터페이스를 제공하고 있으며, 운영체제는 이러한 표준적인 하드웨어 요소를 바탕으로 갈수록 다양해지는 입출력 장치들을 연결하고 처리한다. 각각의 입출력 장치들은 장치 제어기가 컴퓨터의 버스에 연결되어 있으며 이러한 장치 제어기는 CPU의 명령들이 장치를 작동할 수 있도록 조작할 수 있는 구성요소 집합을 제공한다. 각각의 표준 인터페이스에 대한 상세 내용은 장치 제어기의 종류에 따라 다르며, 운영체제는 각 장치 제어기의 동작을 이해하고 다른 요소들이 각기 다른 장치를 공통적으로 사용할 수 있는 일관된 인터페이스를 제공하는 디바이스 드라이버를 포함한다. 디바이스 드라이버는 특정 하드웨어 장치를 제어하기 위한 운영체제 커널의 일부이다. 사용자 응용 프로그램은 운영체제 커널의 디바이스 드라이버 프로그램을 통하여 컴퓨터 시스템의 각종 장치를 사용할 수 있다.

운영체제는 앞서 언급한 CPU에 의한 연산 작업과 입출력 작업을 분리함으로써 컴퓨터 시스템을 보다 효율적으로 구동시킬 수 있으며, 시스템 동작에 따라 프로세스를 관리하고, 메모리를 할당하는 운용 알고리즘을 적용시킬 수 있다. 즉, CPU 연산 작업에 할당된 실행 중인 프로세스가 장치의 입출력 작업에 의한 대기로 CPU가 유휴 시간을 가지지 않도록 운용하여 컴퓨터 시스템의 운용성을 더욱 높일 수 있다.

9.3 운영체제 기능

컴퓨터는 하나 이상의 프로세서, 메인 메모리, 디스크, 프린터, 디스플레이, 키보드, 마우스, 네트워크 인터페이스를 비롯하여 여러 다양한 입출력 장치들로 구성되어 있다. 이러한 복잡한 시스템에서 응용프로그램 개발자가 모든 장치들을 상세하게 이해해야 한다면, 제대로 코드가 작성될 수 없을 것이다. 게다가 이러한 모든 장치들을 관리하고, 잘 사용하는 것은 대단히 힘든 일이다. 이러한 이유로 컴퓨터에는 운영체제라는 시스템 소프트웨어 계층이 있어 사용자의 프로그램에게 보다 간단하고, 우수한 컴퓨터 모델을 제공하고 장치들을 관리하는 역할을 수행한다. 일반적으로 **쉘(Shell)**이라고 불리는 텍스트 기반과 아이콘을 주로 사용하는 **그래픽 기반의 인터페이스**를 이용하여 사용자와 상호 작용하는 프로그램은 실제로는 운영체제의 일부는 아니지만, 운영체제를 통하여 작업을 완료한다.

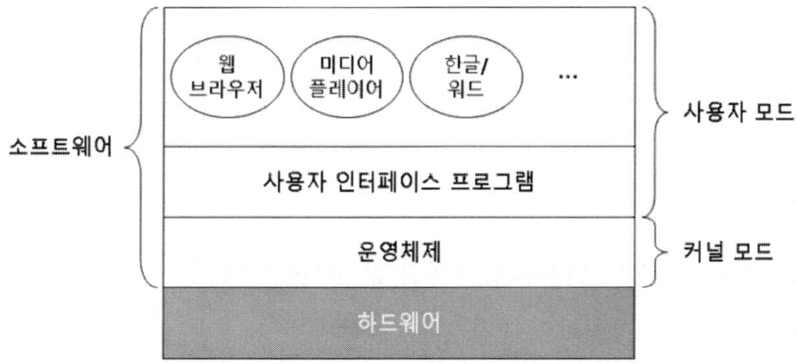

그림 9.5 컴퓨터 시스템의 하드웨어 및 소프트웨어 계층

그림 9.5에서 보는바와 같이 칩, 보드, 디스크, 키보드 등 물리적 장치로 이루어진 하드웨어 상단에 소프트웨어가 있다. 소프트웨어는 커널 모드와 사용자 모드의 두 가지 동작 모드가 있으며, 가장 기본적인 소프트웨어인 운영체제는 커널 모드(감독자 모드)로 실행된다. 커널모드에서는 모든 하드웨어에 대한 완전한 접근 권한을 가지며, 시스템이 실행할 수 있는 모든 명령을 실행할 수 있다. 나머지 소프트웨어는 사용자 모드로 실행되며, 이 모드에서는 일부 기계 명령어만 사용 가능하다. 특히, 기계의 제어에 영향을 주거나, 입/출력을 수행하는 명령어는 사용자 모드 프로그램에 대해 금지되어 있다. 이것은 운영체제의 작동 방식에서 아주 중요한 역할을 한다.

앞에서 언급한 쉘 또는 GUI와 같은 사용자 인터페이스 프로그램은 사용자 모드 소프트웨어의 가장 낮은 레벨이다. 사용자 인터페이스 프로그램은 사용자가 웹 브라우저, 미디어 플레이어, 한글 또는 워드 등의 프로그램을 시작할 수 있도록 해주며, 이러한 프로그램 역시 운영체제를 많이 사용한다. 이렇듯 운영체제는 다른 모든 소프트웨어의 기반을 제공한다.

운영체제는 응용 프로그램과 같은 사용자 프로그램과 달리 규모가 매우 크며, 훨씬 복잡하고, 더욱 오래 동작되어야 한다. 리눅스 또는 윈도우즈와 같은 운영체제의 핵심 소스 코드는 약 백만 줄의 코드 또는 그 이상이다.

운영체제는 아래와 같은 대표적인 기능을 수행함으로써 컴퓨터 시스템이 정상적으로 동작할 수 있도록 한다.

- 컴퓨터 시스템의 하드웨어 및 소프트웨어 자원 관리
- 사용자의 명령을 입력하거나 실행하기
- 어셈블러나 컴파일러 같은 언어 번역 시스템 소프트웨어 구동
- 실행에 필요한 라이브러리 함수를 연결하여 실행 가능한 프로그램으로 구성
- 번역된 프로그램을 메모리에 탑재
- 실행 가능한 프로그램 실행
- 정보를 파일로 저장
- 이미 저장한 파일 탐색
- 사용자에게 파일 목록이나 디렉터리 목록을 열거하여 보이기
- 파일을 입력 또는 출력 장치로 보내기
- 네트워크를 연결하여 다른 컴퓨터와 통신하기
- 그 외에 시스템 오류 처리 등

9.3.1 사용자 인터페이스

오늘날 운영체제는 사용자 인터페이스를 주요한 기능으로 지원하고 있다. 사용자의 입력을 컴퓨터 시스템이 이해할 수 있는 형태로 변환하여 전달하고 실행하며, 처리된 결과를 화면에 출력해 주기도 한다. 특히 그래픽 방식의 **그래픽 사용자 인터페이스(GUI : Graphic User Interface)**는 사용자의 편의성을 고려한 시각화된 인터페이스를 제공하며, 사용자 입장에서는 운영체제와 사용자 인터페이스를 구분하기 힘들 정도로 밀접하다.

운영체제는 사용자 인터페이스를 지원하기 위하여 사용자에게 여러 도구(명령어)를 제공한다. 운영체제는 키보드나 마우스 등 여러 입력 장치로부터 명령어가 입력되기를 기다린다. 사용자가 마우스를 클릭하거나, 키보드를 누르는 등 필요한 명령을 입력하면 운영체제는 필요한 프로그램을 선택하여 실행하거나 실행 중인 프로그램에게 입력된 명령어를 전달한다. 또한 입력된 명령어를 해석하여 필요한 프로그램을 구동시킨다.

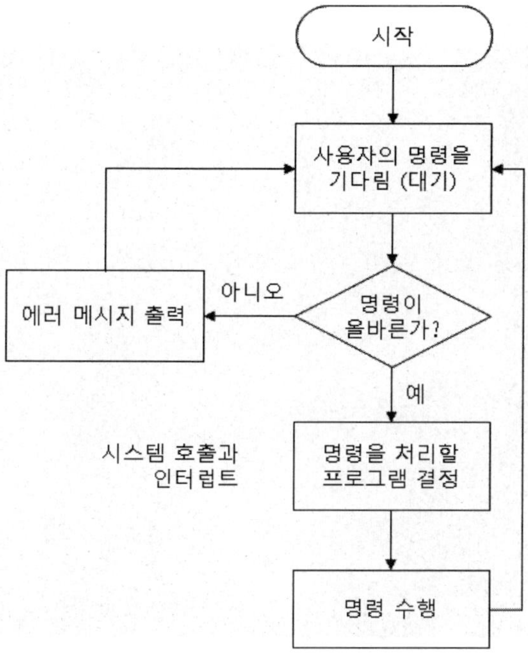

그림 9.6 운영체제에서의 사용자 인터페이스 수행 과정

운영체제가 사용자의 입력을 위한 도구로 제공하는 라인 명령어 해석기는 유닉스 계열의 운영체제를 비롯하여 윈도우즈 계열 등 다양한 운영체제에서 여전히 제공하는 기능이다.

예를 들어 그림 9.7은 콘솔 키보드에서 유닉스 운영체제의 라인 명령어로 운영체제에게 'home이라는 디렉터리의 내용을 리스트로 출력하라'는 의미의 명령어 예시이다. 예시의 명령어에서 '>'는 프롬프트이다. 프롬프트는 컴퓨터가 입력을 기다리고 있음을 나타내기 위해 화면에 나타나는 표시로 명령어를 받아들이기 위한 준비가 되었을 때 미리 정해진 부호로 나타낸다.

```
> ls  -al /usr/kildong/home_
```

그림 9.7 유닉스 운영체제의 라인 명령어 입력 예

이러한 문자열 형태의 라인 명령어 인터페이스는 사용자와 즉각적인 상호 작용과 피드백이 가능하여 그래픽 기반의 인터페이스와 비교하여 좀 더 나은 생산성을 제공할 수 있으며, 특히 유닉스 기반 운영체제의 시스템 관리자들이 주로 사용한다. 윈도우즈 계열의 운영체제에서는 그림 9.9와 같이 명령 프롬프트라는 이름으로 제공된다.

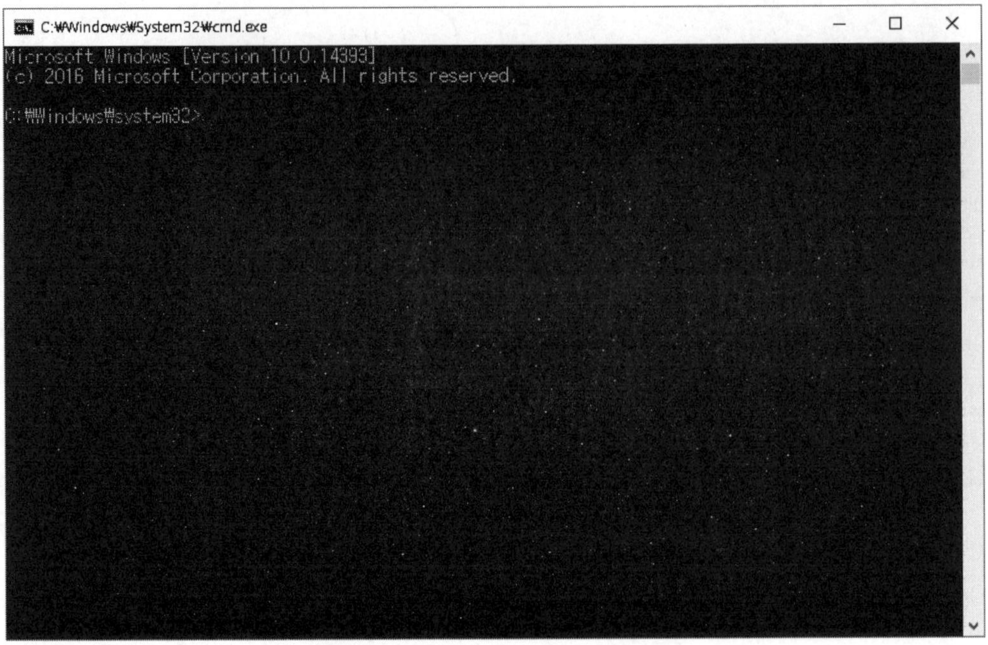

그림 9.8 윈도우즈 운영체제의 명령 프롬프트

앞서 설명한 라인 명령어 도구와 달리 그래픽 사용자 인터페이스는 마우스나 기타 포인트할 수 있는 장치로 화면 위의 그래픽 개체(윈도우즈 메뉴, 아이콘, 버튼 등)를 포인트하여 사용하기 때문에 사용자는 화면을 보면서 원하는 기능을 쉽게 사용 가능하다. 다양한 그래픽 개체들은 여러 종류의 명령을 표현하며 그래픽 사용자 인터페이스는 사용자가 명령어를 직접 입력하지 않고 시각적으로 필요한 명령을 컴퓨터 시스템에게 전달한다. 즉, 문자열로 표현되는 명령어를 외워서 직접 입력하거나 기억하고 있을 필요가 없도록 한다. 그림 9.10은 일반적으로 많이 사용하는 윈도우즈 운영체제의 시각적 인터페이스이다.

이러한 시각적 인터페이스를 제공하기 위하여 운영체제는 아래와 같이 수행한다.

- 사용자가 원하는 명령어를 수행할 수 있도록 화면에 각 명령에 대한 원소를 아이콘 이미지로 보이게 한다.
- 사용자는 원하는 아이콘 이미지를 마우스로 클릭하여 응용 프로그램을 수행시킨다.
- 운영체제는 수행 중인 다른 프로세스들과 함께 수행된 프로세스가 CPU, 메모리를 할당받고 키보드, 마우스 등의 입출력 장치를 사용할 수 있도록 관리한다.
- 또한, 수행 중인 응용 프로그램에서 필요한 데이터를 디스크에 저장하고 불러오는 방법 등을 관리해 준다.

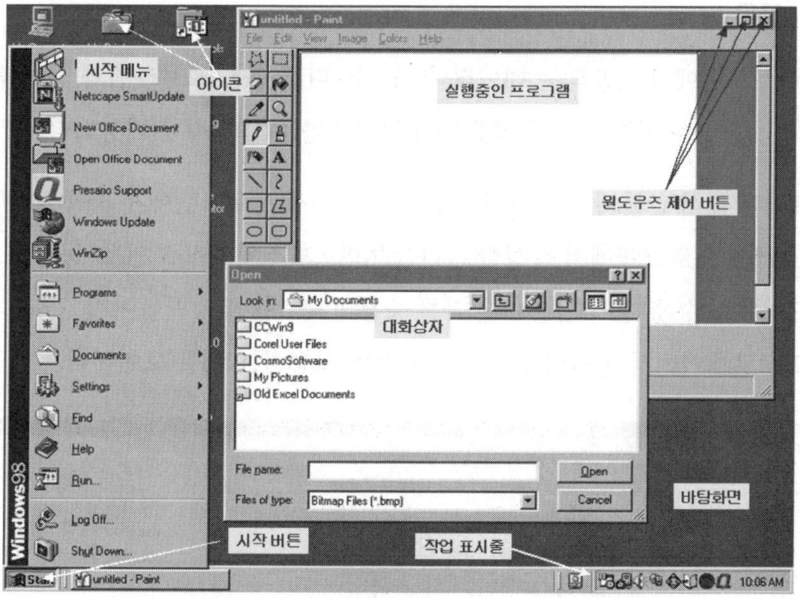

그림 9.9 윈도우 운영체제에서 제공하는 시각적 인터페이스

위에서 언급한 기능 외에도 운영체제에서 제공하는 여러 기능들이 있으며 필요한 유틸리티를 추가하여 기능을 확장할 수도 있다. 그림 9.10은 운영체제에서 디렉터리를 이동하는 예이다.

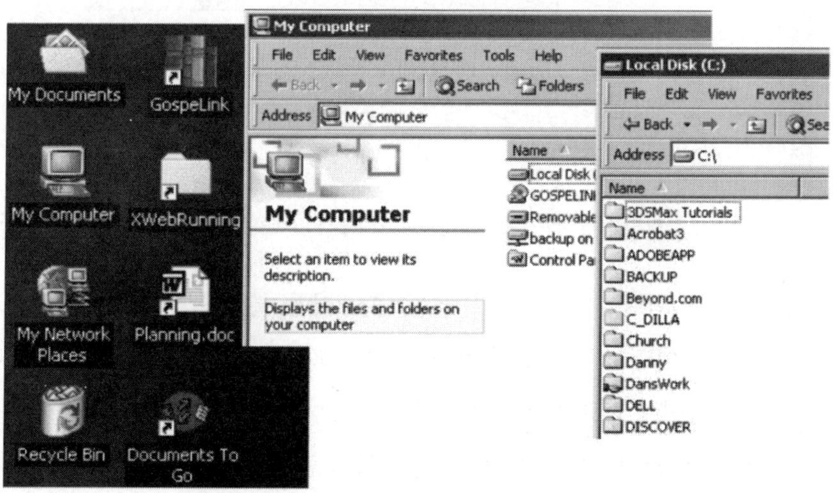

그림 9.10 윈도우즈 운영체제에서 디렉터리 이동

9.3.2 프로그램 실행

앞 절에서 설명한 바와 같이 운영체제는 사용자와 컴퓨터 시스템 사이에서 인터페이스를 제공할 뿐만 아니라, 응용 프로그램이나 시스템 프로그램을 실행하기도 한다.

9.3.3 데이터 공유

하나의 응용 프로그램에서 사용되는 데이터나 정보는 다른 응용 프로그램과 정보를 공유하여 사용하는 것이 가능하다. 이러한 데이터 공유는 운영체제를 통하여 수행 가능하다.

예를 들어, '그림판'에서 만들어진 이미지를 워드 프로세서 프로그램에서 사용할 수 있고, 마찬가지로 워드 프로세서 프로그램에서 작성한 문자를 'MS오피스의 파워포인트' 등의 또 다른 응용 프로그램에서도 사용할 수 있다. 그림 9.11은 다른 응용 프로그램에서 만들어진 그래프 이미지를 MS오피스의 워드프로세서에서 문서의 일부로 공유하여 사용하는 예를 보여준다.

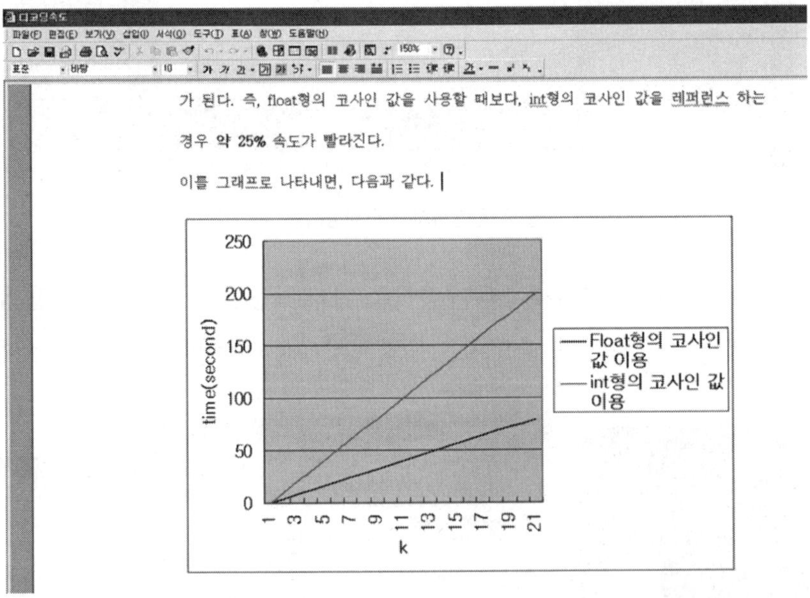

그림 9.11 워드프로세서 프로그램에서 그래프 이미지 공유

일반적으로 운영체제의 그래픽 사용자 인터페이스 환경에는 클립보드라고 하는 소프트웨어 프로그램이 포함되어 있어서 이러한 작업을 수행한다. 클립보드는 '잘라내서 붙여 넣는' 과정을 통해 문서나 응용 프로그램 사이에 자료가 전송될 때 짧은 시간 동안 해당 자료를 저장하는 데에 사용되는 임시 메모리 블록이다. 클립보드는 복사하거나 이동할 데이터를 저장하기 위하여 메모리 내에 일시적으로 공간을 확보하며, 실행 중인 응용 프로그램에 의해 사용 가능하다.

실제 사용 예는 다음과 같다. 워드 프로세서 프로그램으로 작성 중인 문서에서 특정 문장을 다른 문단으로 이동하려면 먼저, 문장을 마우스 드래그 또는 키보드(Shift키+커서 이동)로 선택하고, 메뉴에서 '잘라내기' 명령을 선택한다. 선택된 문장 데이터는 클립보드에 임시로 저장된다. 잘라낸 문장을 옮기려는 문서의 지정한 곳에 마우스 커서로 포인팅하고, '붙이기' 명령을 사용하면 클립보드에 있는 데이터가 문서의 지정한 위치에 새로 놓이게 된다. 만약 문서에 있는 원래의 데이터를 파손시키지 않으려면 '잘라내기' 명령 대신 '복사하기' 명령을 사용하면 원본 데이터와 새로운 데이터 모두 동일한 문장으로 복사된다.

즉, 클립보드를 사용하여 하나의 프로그램에 있는 데이터를 다른 프로그램으로 이동시킬 수 있다. 이러한 클립보드의 사용은 윈도우즈 운영체제의 OLE(Object Linking and Embedding)라고 하는 '윈도우즈에서 문서와 기타 객체에 연결과 삽입을 도와주는 연결규약'을 통하여 더 확장할 수 있다. 응용 프로그램 사이의 '잘라내기'와 '붙이기'는 객체를 응용 프로그램에 포함시키는 것이다. 새로운 응용 프로그램의 파일에 옮겨진 데이터는 해당 파일의 포맷으로 변경된다. 즉, 전혀 다른 새로운 파일로 변형된다.

9.3.4 다중 작업

1990년대 중반 이후, 개인용 컴퓨터도 동시에 여러 개의 작업을 수행할 수 있게 되었다. 이와 같이 동시에 여러 개의 작업을 수행하는 것을 다중 작업이라 한다.

다중 작업은 두 개 이상의 프로그램을 동시에 수행하는 것이 가능하다. 즉, 그림 9.12와 같이 컴퓨터 시스템은 인터넷을 연결하여 보여주는 웹브라우저(프로그램 1)를 수행하고, MS오피스의 파워포인트(프로그램 2)를 수행하고, 한글 워드 프로세서(프로그램 3)를 동시에 수행할 수 있다.

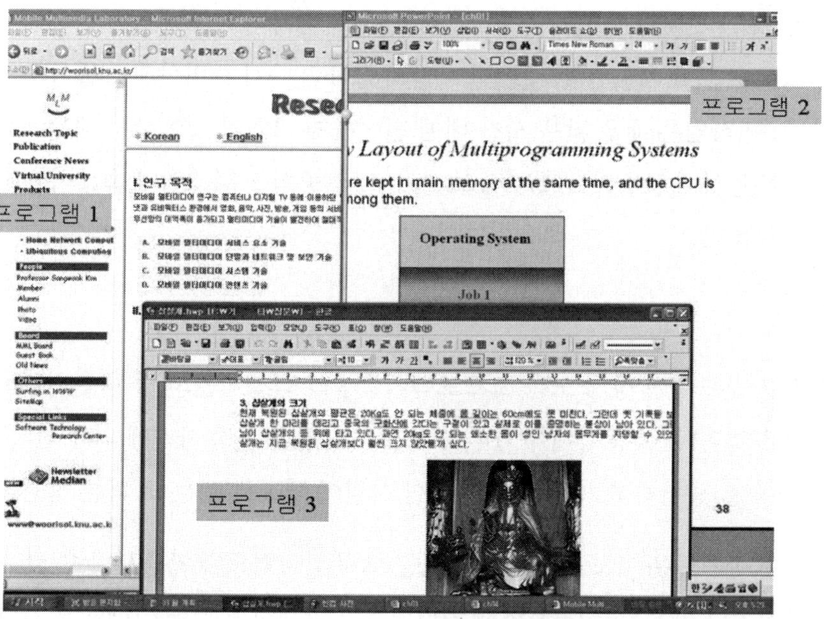

그림 9.12 동시에 3개의 프로그램을 수행한 다중 작업 환경

다중 작업 기능은 앞 절에서 설명한 운영체제의 프로세스 관리자에 의해 가능하다. 동시에 수행 중인 여러 개의 프로그램은 컴퓨터 시스템의 디스크 또는 메모리 내에 적재된다. 하지만 CPU는 한번에 하나의 작업만 가능하므로 그림 9.13과 같이 메모리 내에 있는 여러 개의 작업 중 하나를 선택해서 실행한다. 이 때 실행될 작업을 선택하는 것 역시 프로세스 관리자의 역할이다.

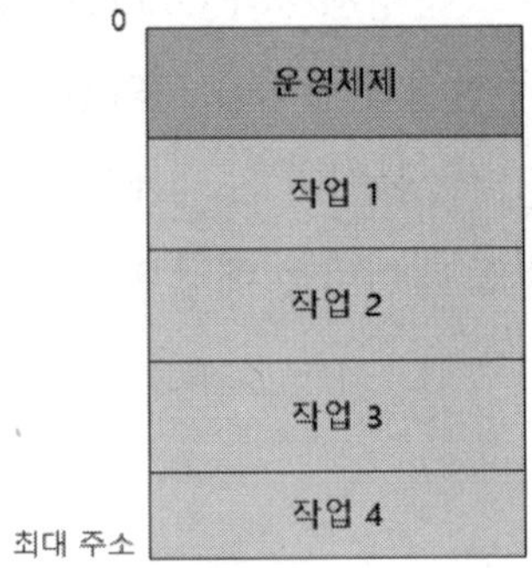

그림 9.13 다중 작업 환경에서의 메모리 내 작업들

실행 중이던 작업은 CPU를 할당 받아 수행 중 입출력의 종료를 기다리기 위해 잠시 대기할 수 있는데, 이 때 CPU는 연산을 하지 않고 쉬게 된다. 프로세스 관리자는 이럴 경우 메모리 내에 적재되어 있는 다른 작업으로 전환시켜 CPU가 쉬지 않고 작업을 할 수 있도록 할당한다. 또는 동시에 실행된 여러 개의 프로세스가 공평하게 CPU를 사용하기 위해 순차적으로 전환시켜 여러 개의 작업이 동시에 수행 중인 것처럼 보이게 하기도 한다. 이 때 각각의 프로세스는 정해진 일정한 시간만큼 CPU를 할당받고 일을 처리한다. 주어진 시간이 끝나면 다시 준비상태로 돌아가 실행 상태가 되기를 대기한다. 이 작업은 매우 짧은 시간 내에 빈번하게 교대가 일어나기 때문에 사용자는 여러 개의 프로그램이 동시에 실행되는 것처럼 느끼며, 사용 중인 프로그램과 충분히 상호 작용하며 수행하는 것이 가능하다.

9.3.5 인터럽트

컴퓨터 시스템은 하드웨어 장치 또는 소프트웨어로부터 발생하는 다양한 인터럽트에 의해 특정 사건이 발생함을 알린다. 실행 상태에 있던 프로세스 작업은 특정 사건에 의해 인터럽트가 발생되면 수행 중이던 일을 중단하고, 시스템은 발생한 사건이 필요로 하는 또 다른 작업을 수행시킨다.

다양한 하드웨어 장치들은 어느 순간이든 신호를 보내 인터럽트를 발생시킬 수 있다. 예를 들어 키보드를 타이핑하거나 마우스 클릭에 의해 인터럽트가 발생하면 실행 상태에 있거나, 필요로 하는 프로세스가 입력 받아서 처리할 수 있도록 신호를 보낸다. 또는 USB 메모리 스틱을 삽입하는 등의 외부 하드웨어 장치 연결 등에 의해서도 인터럽트가 발생하여 컴퓨터 시스템은 이를 인지하고, 운영체제는 필요한 작업을 수행한다.

인터럽트가 발생하면 CPU는 수행 중이던 일을 중단하고, 해당하는 인터럽트 발생 시 처리해야 하는 일들이 정의되어 있는 인터럽트 서비스 루틴을 실행시킨다. 인터럽트 서비스 루틴은 미리 정의되어 있으며 고정된 주소 위치를 갖는다. 인터럽트는 매우 빠르게 처리되어야 하므로 이러한 인터럽트 서비스 루틴의 고정된 주소를 테이블 형태로 저장하고 있다가 발생 즉시 해당 인터럽트 서비스 루틴의 시작 주소를 찾아 실행하고 요청된 제어를 전달한다. 이러한 인터럽트 서비스 루틴의 주소를 저장하고 있는 테이블을 인터럽트 벡터 테이블이라고 한다.

인터럽트 실행이 완료되면 이전에 수행 중 중단되었던 작업이 재개될 수 있도록 해야 한다. 이를 위해 수행 중이던 시스템은 중단된 명령의 주소를 저장하고 복귀 주소로 지정한다. 인터럽트 수행 후 저장되어 있던 복귀 주소를 재개될 수 있도록 프로그램 카운터에 적재시키고, 인터럽트에 의해 중단되었던 연산이 발생하기 전처럼 다시 시작된다.

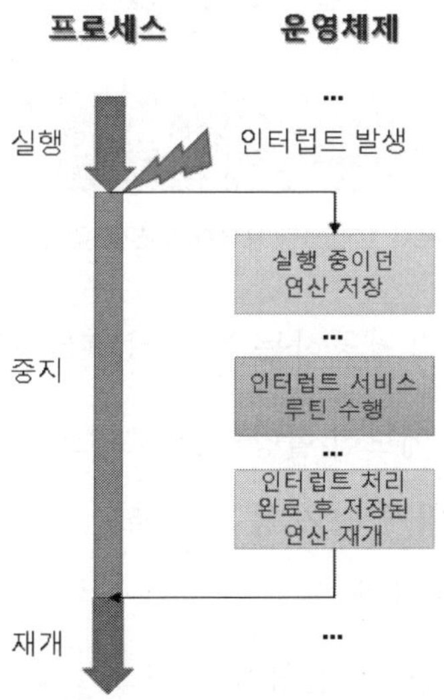

그림 9.14 인터럽트 발생 및 처리

소프트웨어 역시 인터럽트를 발생시키거나 발생한 인터럽트 신호를 처리할 수 있다. 소프트웨어는 **시스템 호출**(system call)이라고 하는 특별한 수행을 통해 인터럽트를 발생시킬 수 있다. 이는 트랩이라고 하는 특수한 명령어를 수행하며, 이는 소프트웨어에 의해 생성된 인터럽트이다. 트랩은 사용자 프로그램에서 필요로 하는 서비스 요청에 의해 발생하거나 시스템 동작에 영향을 줄 수 있는 잘못된 오류(예: 유효하지 않은 메모리 영역에 접근 시도)에 의해서 발생하기도 한다.

9.3.6 시스템 호출

시스템 호출은 사용자 프로그램에서 운영체제가 처리해주기를 바라는 특별한 서비스 요청을 하기 위한 인터페이스를 제공해 준다. 즉, 소프트웨어는 운영체제에서 제공해주는 API(Application Programming Interface, 응용 프로그래밍 인터페이스) 함수 형태의 시스템 호출을 이용하여 다양한 시스템 서비스를 요청할 수 있다.

예를 들어, 사용자 프로그램에서 하나의 파일에서 다른 파일로 복사하는 기능을 구현하고자 하는 경우, 파일을 열고, 입력 파일로부터 데이터를 읽고, 출력 파일에 데이터를 기록하는 일을 수행해야 한다. 이 때 사용자 프로그램은 시스템 내부의 자세한 작업에 대해서 알 필요 없이, 단지 open, read, write 등의 API 함수를 이용한 시스템 호출을 통하여 시스템에 필요한 서비스를 요청하면 된다.

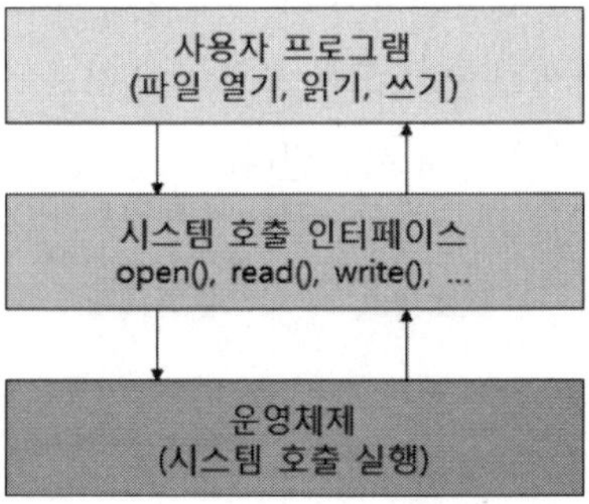

그림 9.15 사용자 프로그램에서의 시스템 호출을 통한 서비스 수행

시스템 호출을 이용하여 운영체제가 제공하는 서비스는 다음과 같다.

- 프로세스를 생성, 종료, 대기, 메모리 할당 등 프로세스 제어
- 파일 생성, 삭제, 열기, 닫기, 읽기, 쓰기 등 파일 조작
- 장치 요구, 읽기, 쓰기 등 장치 관리
- 시간 및 날짜와 같은 시스템 데이터 설정 및 읽어오기 등 정보 관리
- 통신 연결 생성, 제거 및 메시지 송수신 등과 같은 통신 관리

즉, 사용자가 시스템을 사용하여 키보드 입력 및 마우스 클릭을 인식하고, 모니터 화면에 문자 또는 그래픽을 보여주기 위하여 사용자 프로그램에서는 시스템 호출 인터페이스를 사용하여 서비스를 수행한다.

9.3.7 프로세스 간 통신

일부 작업을 수행하기 위해 협력하고 있는 관련 프로세스들은 종종 서로 통신하며 작업의 동기화가 필요하다. 이러한 통신을 프로세스 간 통신(interprocess communication)이라고 한다. 때로는 이러한 정보를 기다리지 않고 실행 중인 프로세스에게 정보를 전달해야 할 필요가 있는 경우가 발생한다. 예를 들어 다른 컴퓨터의 다른 프로세스와 통신하는 프로세스는 네트워크를 통해 원격 프로세스에 메시지를 전송하여 수행한다. 메시지 또는 응답이 손실될 가능성을 방지하기 위하여 보낸 사람은 지정된 시간(초) 후에 자신의 운영체제에 알리도록 요청하고, 아직 확인을 받지 못한 메시지의 경우 다시 전송할 수도 있다. 이렇게 타이머를 설정한 후 프로그램은 다른 작업을 계속할 수 있다. 지정된 시간(초)이 경과하면 운영체제는 프로세스에게 경보 신호를 전송한다. 이 신호는 프로세스가 수행중인 작업을 일시 중단하고 레지스터를 스택에 저장한 후 손실된 메시지를 재전송하기 위한 특별한 신호 처리 절차를 시작한다. 신호 처리기가 완료되면 실행 프로세스는 신호 직전의 상태로 다시 시작된다. 신호는 하드웨어 인터럽트에 기반 한 소프트웨어적인 신호이며, 타이머가 만료되었을 때뿐만 아니라 다양한 원인에 의해 생성될 수 있다.

이와같이 운영체제는 사용자 인터페이스를 통해 사용자의 명령을 입력하여 실행하고, 하드웨어와 소프트웨어 자원을 관리한다. 뿐만 아니라,프로그램 실행을 실행하고, **데이터를 공유**하며 입력과 출력을 수행한다.

이 모든 것들은 **인터럽트**에 의해 처리되는데, 인터럽트는 시스템 외부나 실행 중인 프로세스 안에서 어떤 이벤트나 에러가 발생하여 실행 중인 프로세스를 잠시 중지하고 에러나 이벤트를 먼저 처리하는 행위이다.

인터럽트가 발생하면 컴퓨터 시스템은 이를 인지하고, 운영체제는 필요한 작업을 수행한다. 인터럽트가 발생하면 처리기는 수행 중이던 일을 중단하고, 해당하는 인터럽트 발생 시 처리해야 하는 일들이 정의되어 있는 **인터럽트 서비스 루틴**을 실행시킨다. 인터럽트 서비스 루틴은 미리 정의되어 있으며 고정된 주소 위치를 갖는다. 인터럽트는 매우 빠르게 처리되어야 하므로 이러한 인터럽트 서비스 루틴의 고정된 주소를 테이블 형태로 저장하고 있다가 발생 즉시 해당 인터럽트 서비스 루틴의 시작 주소를 찾아 실행하고 요청된 제어를 전달한다. 이러한 인터럽트 서비스 루틴의 주소를 저장하고 있는 테이블을 **인터럽트 벡터 테이블**이라 한다.

인터럽트 실행이 완료되면 이전에 수행 중 중단되었던 작업이 재개될 수 있도록 해야 한다. 이를 위해 수행 중이던 시스템은 중단된 명령의 주소를 저장하고 복귀 주소로 지정한다. 인터럽트 수행

후 저장되어 있던 복귀 주소를 재개될 수 있도록 프로그램 카운터에 적재시키고, 인터럽트에 의해 중단되었던 연산이 발생하기 전처럼 다시 시작된다.

소프트웨어 역시 인터럽트를 발생시키거나 발생한 인터럽트 신호를 처리할 수 있다. 소프트웨어는 **시스템 호출**(system call)이라는 특별한 수행을 통해 인터럽트를 발생시킬 수 있다. 이는 **트랩**이라고 하는 특수한 명령어를 수행하며, 이는 소프트웨어에 의해 생성된 인터럽트이다. 트랩은 사용자 프로그램에서 필요로 하는 서비스 요청에 의해 발생하거나 시스템 동작에 영향을 줄 수 있는 잘못된 오류(예: 메모리의 다른 프로그램 영역을 침범하거나접근 시도)에 의해서 발생하기도 한다.

연습문제

01 인터럽트와 트랩의 차이를 설명하시오 56/0은 에러를 발생한다.이 에러를 처리하는 컴퓨터의 행동을 설명하시오.

02 프로세스와 프로세서를 설명하시오,

03 인터럽트 우선 순위를 설명하시오. 인터럽트 중에서 우선 순위가 가장 높은 것은 무엇인가?

04 운영체제의 처리기 관리 중에서 턴 어라운드가 무엇이며, 프로세스의 선착순 정책을 설명하시오.

05 인터럽트 서비스 루틴을 설명하시오.

10 컴퓨터 시스템 조직

10.1 폰-노이만 구조

이미 2장에서 언급한 것과 같이 오늘날 사용되고 있는 대부분 컴퓨터의 기본 구성은 기억장치, 중앙처리장치(CPU), 입출력장치로 이루어지는 프로그램 내장형 컴퓨터 구조이다. 앞에서 살펴보았듯이 에드삭은 프로그램을 내장했고 이진법을 사용했으며, 중앙처리장치와 메모리를 나눠 데이터 처리와 데이터의 저장을 분리했다. 이와 같은 구조로 인해 하드웨어의 변경 없이 프로그램 변경만으로 서로 다른 다양한 응용분야에 사용될 수 있었으며 컴퓨터가 범용적으로 쓰이게 된 계기가 되었다.

폰-노이만 컴퓨터 구조는 그림 10.1과 같이, 메모리, 제어장치(control unit), 산술 논리연산장치(ALU, Arithmetic and Logic Unit), 입출력장치로 구성되는 컴퓨터 시스템을 의미하며, . 여기서 제어장치와 산술 논리연산장치는 중앙처리장치의 구성요소이다. 그림 10.1에서 주기억장치인 메모리는 프로그램과 데이터가 저장되는 공간이며, 제어장치는 메모리와 산술 논리연산장치 그리고 입출력장치의 동작을 제어하는 기능을 수행한다, 산술 논리연산장치는 덧셈, 뺄셈, 곱셈, 나눗셈 등의 산술연산은 물론 AND, OR, NOT 등의 논리 연산, 그리고 각종 데이터의 처리, 가공을 담당한다. 그리고 데이터의 입력 및 처리 결과의 출력 등은 입출력장치가 담당한다.

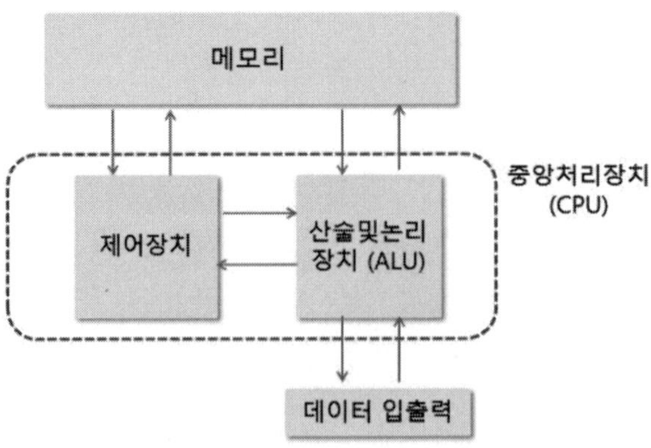

그림 10.1 폰-노이만 컴퓨터 조직

폰-노이만 구조에서는 일반적으로 데이터 메모리와 프로그램 메모리가 구분돼 있지 않고, 메모리에 프로그램과 데이터를 저장한 후에 차례로 불러내어 처리하는 내장 메모리 순차 처리한다. 따라서 어떤 프로그램을 메모리에 로드시키느냐에 따라 컴퓨터가 다양한 일을 수행할 수 있으므로 프로그램 중심의 컴퓨터라 할 수 있다. 이와 같이 프로그램을 중심으로 운용되는 컴퓨터를 노이만형 컴퓨터라 한다. 비노이만형 컴퓨터는 노이만 구조가 아닌 컴퓨터를 통틀어 이르는 말로 사용되고 있으며, 데이터 처리의 고속화, 고도화를 위하여 프로그램 일부를 하드웨어화 하거나, 병렬 처리 기능, 추론 기능 등을 채택한 컴퓨터를 의미한다.

컴퓨터 시스템은 컴퓨터의 5대 기능인 입력기능, 출력기능, 연산기능, 제어기능, 그리고 기억기능의 역할을 수행하기 위한 구성 요소로 이루어진다. 여기서 연산기능을 수행하는 연산장치와 제어기능을 수행하는 제어장치, 그리고 기억기능의 레지스터를 합쳐서 중앙처리장치(CPU, Central Processing Unit)라 한다. 즉, 중앙처리장치는 컴퓨터 시스템의 가장 핵심이 되는 부분으로서, 컴퓨터 시스템 전체의 제어(control)와 관리, 그리고 산술 및 논리연산 등을 담당하는 가장 중요한 컴퓨터의 구성 요소이다.

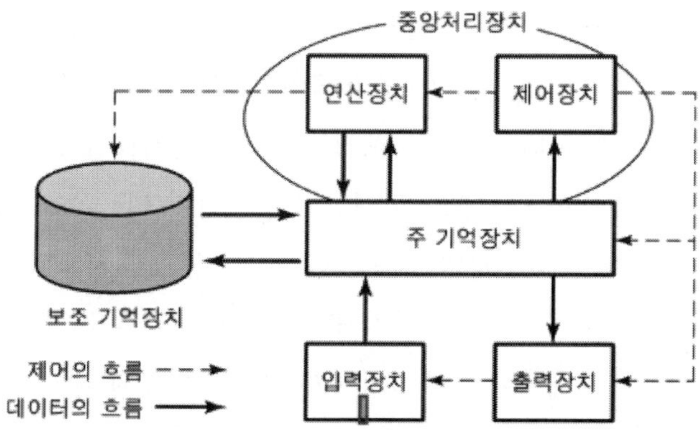

그림 10.2 컴퓨터 시스템의 구성과 데이터 흐름

컴퓨터의 중앙처리장치는 넓은 의미로 연산장치와 제어장치는 물론 임시 기억장치까지 포함한다. 임시기억장치는 중앙처리장치에서 처리되는 데이터의 일시적으로 저장하는 레지스터이다. 즉, 중앙처리장치 내의 기억장치인 레지스터는 중앙처리장치가 데이터를 연산하거나 가공하는 과정에서 필요한 데이터를 일시적 저장하고 사용한다.

기억장치(메모리)는 입력장치를 통하여 컴퓨터 내부로 읽어 들인 데이터나 프로그램, 혹은 컴퓨터 내부에서 계산 처리된 각종 결과 등을 기억하는 기능을 가진다. 보통 기억장치는 주기억장치와 보조기억장치로 구분하는데, 주기억장치는 중앙처리장치와 직접 정보를 교환할 수 있지만, 보조기억장치는 직접 중앙처리장치와 정보를 교환할 수는 없다. 즉, 보조기억장치는 단지 주기억장치의 기억 용량을 보완하는 역할을 수행하며, 주기억장치를 통해서만 중앙처리장치와 정보를 교환할 수 있다.

입력장치(input unit)는 컴퓨터가 작업을 수행하기 위해 데이터를 읽어 들이는 장치를 말하고, 출력장치(output unit)는 기억장치에 기억된 데이터 즉 컴퓨터가 수행한 결과를 출력하는 장치를 말한다. 입력장치를 통하여 읽혀진 각종 데이터는 입출력 제어장치(I/O control unit)와 입출력 채널(I/O channel)을 통하여 기억장치에 저장된다. 이러한 과정에 경우에 따라 중앙처리장치에 의해 제어를 받아야 한다.

10.1.1 산술 논리 연산장치

중앙처리장치(CPU)는 레지스터, 산술 논리연산장치, 제어장치로 구성되어 있다. 산술 논리연산장치는 프로그램의 명령에 따라 산술연산이나 논리연산을 수행하는 장치로서 제어장치의 도움을 받아서 기억장치로부터 데이터를 가져와서 필요한 연산을 수행한 후에 그 결과를 다시 기억장치로 전달한다. 산술 논리연산장치는 간단히 연산장치 혹은 ALU(Arithmetic and Logic Unit)라 한다. ALU에는 기본적으로 가산기(adder)와 시프터(shifter)를 이용하여 사칙연산을 수행할 수 있는 산술연산기, AND, OR, NOT 등의 논리 연산을 수행하는 논리 연산기로 구성되어 있다. 그리고 연산에 이용되는 데이터나 연산 결과를 일시적으로 저장하는 누산기(Acc, Accumulator), 보수를 만들기 위한 보수기(complementer), 연산 결과의 상태를 검사하는 상태 레지스터 등도 포함될 수 있다. ALU는 연산될 데이터와 연산한 결과를 기억시키거나 연산의 상태 등을 나타내는 각종 레지스터들이 연결되어 있다. ALU는 프로세서에 따라 다양하게 설계되며, 현대의 컴퓨터는 계산 성능을 위해서 여러 개의 ALU를 사용하거나 곱셈, 나눗셈 기능을 위한 별도의 하드웨어 회로를 가지는 경우도 있다.

(1) 산술연산장치

ALU의 산술연산장치는 병렬가산기를 기본으로 하여 구현되며 내부는 전가산기(full adder)로 구성되어 있다. 가산기의 덧셈 기능외 여러 가지 연산을 수행하기 위해서는 전가산기의 한쪽 입력신호에 조합논리회로를 추가해야 한다. 조합논리회로의 선택신호 S_0, S_1에 따라 가산 및 감산, 1 증가, 1 감소 등의 연산을 할 수 있는 이진 병렬 가산기의 다이어그램은 그림 10.3과 같다.

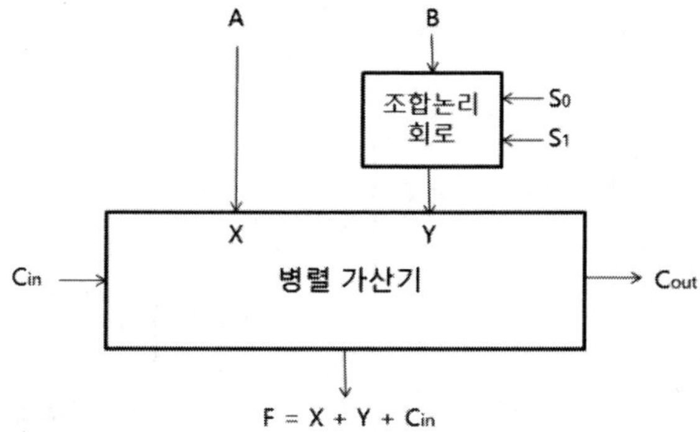

그림 10.3 산술연산회로 다이어그램

그림 10.3의 A, B는 이진 입력 신호이며 선택신호 S_0, S_1에 따라 논리회로가 입력 B의 값을 제어하도록 설계되어 8가지 연산을 수행할 수 있다. 이때 입력 A는 가산기에 직접 입력되며, B는 선택신호 S_0, S_1에 따라 0, 1, B, B'(B의 보수) 중 하나의 값이 Y로 입력된다.

(2) 논리연산장치

ALU의 논리연산은 산술연산 기능보다 간단하다. 논리 게이트들을 연결하여 조합 논리회로를 구성하면 다양한 논리연산을 수행할 수 있다. 기본적으로 포함되는 논리연산은 보통 AND, OR, NOT, XOR이다. 여기에 포함되지 않은 논리연산은 이 4개의 기본 연산을 응용하여 만들 수 있다. 논리연산은 비트 단위로 연산되며 두 개의 입력 A, B의 논리 값에 대한 기본적인 AND, OR, NOT, XOR에 대한 연산의 결과는 표 10.1과 같다.

표 10.1 기본적인 논리연산

A	B	A AND B	A OR B	A XOR B	NOT A	NOT B
0	0	0	0	0	1	1
0	1	0	1	1	1	0
1	0	0	1	1	0	1
1	1	1	1	0	0	0

(3) ALU의 구성과 상태 레지스터

위에서 설계된 덧셈, 뺄셈을 위한 산술연산정치와 AND, OR 등의 논리연산장치를 조합하면 ALU, 즉 연산장치가 완성될 수 있다. 그림 10.4는 8비트용 산술연산장치와 논리연산장치를 멀티플렉서를 이용하여 연결한 ALU이다. 두 개의 8비트 입력 데이터와 선택신호 S_0, S_1가 산술 논리연산장치에 공통으로 입력되고, 선택신호 S_2에 따라 산술 또는 논리연산이 수행되며, 선택신호 S_0, S_1에 따라 각 연산장치의 4 개 연산 중 하나를 선택할 수 있다.

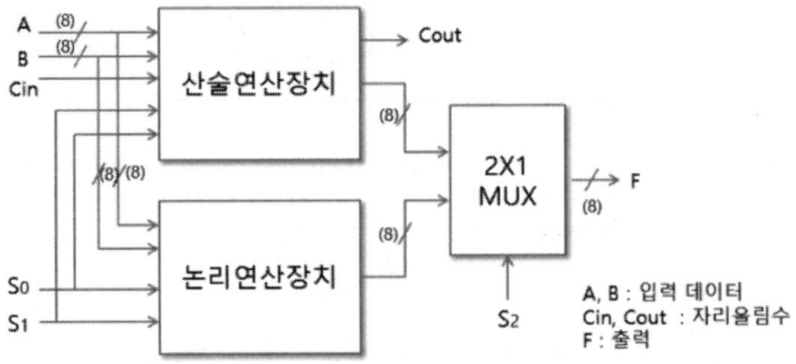

그림 10.4 8비트 연산장치를 위한 산술 논리연산장치의 연결

중앙처리장치는 연산과정에 발생한 올림수, 부호, 오버플로우 등의 상태를 저장하기 위한 별도의 기억장치를 사용한다. 이러한 중앙처리장치의 상태를 나타내는 기억장치를 상태 레지스터 또는 플래그 레지스터라고 하며, 기본적으로 자리올림(C, carry), 부호(S, sign), 제로(Z, zero), 오버플로우(V, overflow)와 관련된 상태 비트를 포함한다. 상태 비트는 ALU에서 수행된 결과에 따라 0 또는 1로 표현되며, 프로그램을 제어하는 데 사용한다.

10.1.2 제어 장치(control unit)

중앙처리장치를 구성하는 또 하나의 요소인 제어장치는 인스트럭션을 올바르게 수행하고, 프로그램이 정의된 순서대로 정확하게 수행되도록 중앙처리장치 내의 다른 요소들의 동작을 제어하는 장치이다. 제어장치는 그 자신은 인스트럭션을 실행하지 않으나 전체 시스템의 다른 부분들이 적절한 동작을 하도록 지시를 내리는 장치이다. 즉, 컴퓨터에 입력되는 자료가 기억장치에 기억되어야 할 기억장소의 번지지정, 출력하는 출력장치의 지정, 연산장치의 연산 동작 지정과 각 장치의 동작 상태에 필요한 각종 신호를 발생시키는 역할 등을 한다.

(1) 제어장치의 구성

제어장치(control unit)는 기억장치에 기억되어 있는 인스트럭션을 순서대로 인출(fetch)하고 해독(decode)하며, 해독한 결과에 따라 차례대로 수행하기 위하여 연산장치, 기억장치, 입출력장치에 제어신호를 보내고, 또 이들 각 장치로부터 신호를 받아서 다음에 수행해야 될 동작을 결정하는 역할을 한다. 제어장치가 이러한 작업을 자동으로 실행하기 위하여 필요로 하는 제어장치의 구성 요소는 그림 10.6과 같다. 그림 10.6에서 제어장치의 각 구성 요소별 기능은 아래와 같다.

프로그램 카운터(PC, Program Counter)

인스트럭션 카운터(instruction counter)라고도 하며, 다음에 수행될 인스트럭션이 기억되어 있는 기억장치의 주소를 기억하고 있는 레지스터이다. 즉, 인스트럭션을 수행할 때마다 주소를 증가시켜 순차적으로 수행할 인스트럭션의 주소를 기억장치 주소 레지스터(MAR)에 제공하는 기능을 수행한다. 인스트럭션 수행 후 증가되는 주소의 양은 현재 수행중인 인스트럭션이 기억장치를 얼마나 차지하고 있었는가에 따라 다를 수 있다. 예를 들어 인스트럭션이 1개의 주소 공간만을 차지하고 있었다면 PC의 주소는 1만큼만 증가된다.

메모리 주소 레지스터(MAR,Memory Address Register)

기억장치 내의 데이터를 읽거나 쓰려면 기억장치의 주소를 알아야 한다. 이렇게 처리대상이 되는 데이터나 인스트럭션이 읽혀지거나 쓰여질 기억공간의 주소를 보관하고 있는 레지스터이다.

메모리 버퍼 레지스터(MBR,Memory Buffer Register)

기억장치와 데이터 버스 사이의 통로 구실을 하는 레지스터로서, 기억장치에 기억될 정보나 기억장치에서 읽어낸 인스트럭션 혹은 데이터를 잠정적으로 보관한다. 즉, 연산장치를 통해서 출력된 연산결과는 기억장치로 보내지기 위하여 일단 MBR에 보관되었다가 주소 레지스터가 지시하는 기억장치의 주소에 저장된다. 마찬가지로 MAR이 지시하는 곳에서 읽어 낸 데이터도 일단 여기에 보관되었다가 인스트럭션 레지스터나 연산장치로 보내진다.

인스트럭션 레지스터(IR, Instruction Register)

수행할 인스트럭션을 기억장치로부터 읽어서 기억하고 있는 레지스터이다. 하나의 인스트럭션이 수행 완료되면, 프로그램이 기억되어 있는 기억장치에서 MAR이 가리키고 있는 주소에 기억된 인스트럭션을 MBR을 통하여 읽어서 이 명령 레지스터에 옮겨진다. 그리고 인스트럭션 레지스터에 저장된 인스트럭션은 인스트럭션 해석기(instruction decoder)에 의하여 해독된다.

인스트럭션 해석기(instruction decoder)

인스트럭션 레지스터에 저장되어 있는 인스트럭션을 해독한다. 따라서 현재 수행해야 할 인스트럭션을 해석하여 수행 가능한 여러 가지 제어신호를 발생시키는 전기적인 회로들로 구성된다. 명령어 해석기는 인스트럭션 레지스터에 입력되는 전기적 신호의 조합(0과 1)에 의해, 어떤 인스트럭션인가를 해독하여 연산 장치로 보내어 실행하도록 한다.

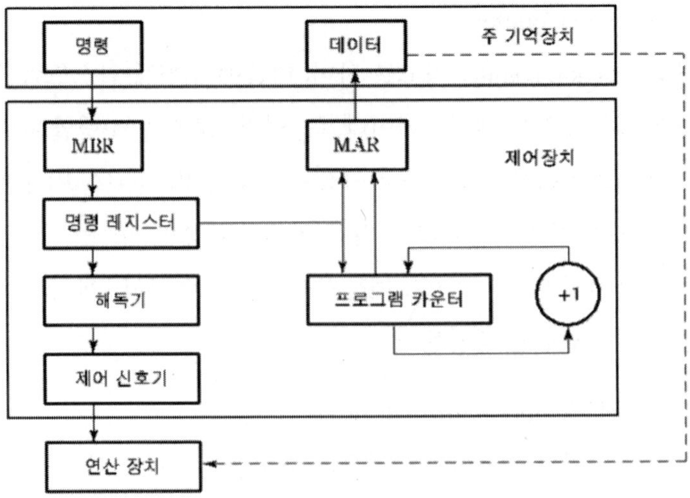

그림 10.5 제어장치 구성

(2) 제어장치의 기본동작과 마이크로 오퍼레이션

제어장치는 인스트럭션을 기억장치에서 인출하여 해독한다. 제어장치에서 인스트럭션 해독과 연산, 제어신호를 위한 레지스터는 제어장치 내의 프로그램 카운터, 메모리 주소 레지스터, 메모리 버퍼 레지스터, 인스트럭션 레지스터 외에 연산장치에 있는 누산기 등을 사용한다. 제어장치는 모든 장치가 유기적으로 동작할 수 있도록 신호를 보내주고 인스트럭션을 해독하여야 한다. 여기서는 제어장치가 기억장치로부터 인스트럭션을 인출하고 해독하는 기본 동작을 살펴보자.

제어장치에서 인스트럭션을 인출하고 해독하여 실행하는 것은 여러 가지 기계적 동작이 순차적으로 진행되어야하며, 이것은 레지스터의 상태 변환을 통해서 가능해진다. 인스트럭션 수행을 위하여 중앙처리장치가 의미 있는 상태 변환을 일으키는 일련의 기본 동작들을 **마이크로 오퍼레이션**(micro operation)이라 한다. 이 마이크로 오퍼레이션은 기계어 인스트럭션 한나가 실행하기 위해 전자 회로의 부품이나 게이트 단위에서 데이터가 이동하는 과정을 의미하며 하드웨어에서 더 이상 쪼개질 수 없는 가장 작은 단위의 기계동작이다. 이 인스트럭션 한 개가 수행되려면 여러 단계의 마이크로 오퍼레이션으로 나누어 실행하며, 제어장치가 이러한 마이크로 오퍼레이션을 위한 제어신호를 만든다.

예를 들어 어셈블리어로 작성된 ADD X 라는 인스트럭션을 수행하기 위한 마이크로 오퍼레이션은 표 10.2와 같다. ADD X의 명령은 누산기(Acc)와 X번지의 메모리 값을 더하는 기능이다. 그리고 인스트럭션은 임의의 연산이나 데이터 변동 등의 행위를 지시하는 op-코드와 데이터를 저장하는 오퍼랜드(operand)로 구성되어 있는데, 여기서 MBR(op)와 MBR(addr)은 각각 MBR에 저장된 op-코드 부분과 피연산자 주소 부분을 나타낸다.

표 10.2 ADD X의 마이크로 오퍼레이션 예

ADD X
① MAR ← PC ② IR ← MBR(op) ③ IR 해독, PC ← PC + 1 ④ MAR ← MBR(addr) ⑤ Acc ← MBR + Acc

표 10.2의 ADD X 에 대한 마이크로 오퍼레이션은 아래와 같이 작동한다.

먼저 프로그램 카운터의 값을 메모리 주소 레지스터로 옮긴다. 이렇게 MAR에 어떤 주소가 입력되면 제어장치는 기억장치에 접근을 요청하는 제어신호를 발생한다. 이에 따라서 중앙처리장치는 MAR이 지시하는 주소를 사용해서 기억장치에 접근하여 그 주소에 저장된 내용을 메모리 버퍼 레지스터로 가지고 온다. 이 동작은 표 10.2의 마이크로 오퍼레이션에는 포함되어 있지 않지만 표에 나타난 어떤 마이크로 동작보다도 긴 시간을 필요로 한다. 이것을 메모리 사이클이라고 한다. 즉, 표 10.2 표에서 ①과 ②사이에는 메모리 사이클이 생략되어 있다. 메모리 사이클이 완료되고 나면, MBR에는 인스트럭션이 적재된다.

다음으로 MBR에 적재된 인스트럭션 중에서 op-코드 부분을 인스트럭션 레지스터로 가지고 와서 해독을 한다. 인스트럭션의 해독이 끝나면, 그 인스트럭션이 어떤 동작을 위한 인스트럭션인지, 그리고 메모리의 몇 바이트를 차지한 인스트럭션인지를 알게 된다. 그 결과로 프로그램 카운터의 값을 변경할 수 있다. 즉, 프로그램 카운터의 값은 인스트럭션의 완전한 수행 후에 변경되는 것이 아니고, 인스트럭션의 해독 후에 변경된다.

다음 동작은 MBR에 적재된 오퍼랜드가 연산동작(ADD)에 필요한 데이터가 아니라, 그 데이터가 저장된 기억 공간의 직접 주소이므로 실제 데이터를 읽어 올 준비를 한다. 즉, MBR에 있던 오퍼랜드(X)를 다시 MAR로 옮긴다.

④과 ⑤의 마이크로 오퍼레이션 사이에서 다시 한번 메모리 사이클이 발생하게 된다. 즉, MAR이 가지고 있는 오퍼랜드 X가 지시하는 메모리 내용을 MBR에 옮기는 메모리 사이클이 수행되는 것이다. 그 결과 연산동작에 필요한 실제 데이터가 MBR에 옮겨지게 된다. 이제 마지막 마이크로 오퍼레이션으로 연산동작에 필요한 실제 데이터(MBR에 이미 저장)와 누산기(Acc)의 내용을 덧셈하

여 그 결과를 다시 누산기에 저장한다.

이상과 같이 제어장치는 기억장치로부터 인출되는 인스트럭션이 레지스터에 저장되고 해독하는 일련의 실행과정에 제어신호를 발생하는데, 이러한 제어장치의 기본 동작을 간단히 정리하면 아래와 같다.

- 프로그램 카운터(PC)에 있는 주소를 메모리 주소 레지스터(MAR)로 보낸다.
- 주기억장치에서 인스트럭션을 인출하여 인스트럭션 레지스터(IR)로 저장한다.
- 다음에 실행될 인스트럭션의 주소가 프로그램 카운터에 저장한다.
- 인스트럭션의 op-코드 필드와 주소 필드를 각각 해석기와 주소 레지스터로 보낸다.
- 해독된 인스트럭션은 명령의 수행에 필요한 제어 신호를 발생시킨다.

(3) 인스트럭션 수행과 제어장치의 상태

제어장치는 제어 데이터를 받았을 때 정확한 제어신호를 발생할 수 있도록 그 내부에서 현재 상태를 기억하고 있어야 한다. 일반적으로 논리회로의 상태(state)는 그 회로 내에 포함된 순서 논리회로 소자들의 상태로써 나타낸다.

제어장치의 상태에는 시간에 관한 정보를 나타내는 상태와 중앙처리장치가 무엇을 하고 있는가를 나타내는 상태의 두 가지가 있다. 전자를 타이밍 상태(timing state), 후자를 메이저 상태(major state)라고 한다. 그리고 시간에 관한 상태를 나타내기 위한 레지스터를 타이밍 상태 레지스터(timing state register)라 하며, 이 레지스터는 본질적으로 계수기로서 순서 계수기(sequence counter)라고도 한다. 유사하게, 중앙처리장치가 무엇을 하고 있는가를 나타내는 레지스터를 메이저 상태 레지스터(major state register)라고 한다.

중앙처리장치가 프로그램을 수행하기 위해서는 인스트럭션과 이의 수행에 필요한 데이터를 기억장치로부터 읽어야 되며, 인스트럭션의 수행 결과는 보통 기억장치에 기억시키므로 이들 두 장치 사이에는 밀접한 관계가 있다. 인스트럭션의 수행을 위해서는 각 인스트럭션마다 수행할 인스트럭션을 기억장치로부터 읽어야 하므로 최소한 한 번은 기억장치에 접근해야 되며, 인스트럭션에 따라서는 그 수행에 필요한 데이터를 읽거나 수행하여 얻은 결과를 기억시키기 위해서 추가로 기억장치에 접근해야 된다.

하나의 인스트럭션을 수행하기 위해서는 중앙처리장치가 기억장치에 접근할 때마다 메이저 상태는 변하게 된다. 이 때 기억장치에 접근하는 횟수를 사이클로 나타내는데, 예를 들어, 3-사이클 인스트럭션은 하나의 인스트럭션이 완전히 수행되기 위하여 기억장치에 세번 접근해야 되는 인스트럭션을 의미한다. 기억장치에 한 번 접근하는 상태는 별도의 메이저 상태를 가진다. 예를 들어 3-사이클 인스트럭션의 경우에는 3개의 메이저 상태를 필요로 한다.

메이저 상태는 중앙처리장치가 어떤 동작을 수행하는가를 나타낸다. 즉 중앙처리장치가 기억장치로부터 명령을 읽어 내어 해독하고 실행될 때까지의 일련의 상태를 의미한다. 보통 메이저 상태에는 FETCH(인출), INDIRECT(간접), EXECUTE(실행), INTERRUPT(인터럽트)의 네 종류가 있으며 각 단계별 역할은 표 10.3과 같다.

표 10.3 주요 메이저 상태와 역할

메이저 상태	역할
FETCH	① 수행할 인스트럭션을 기억장치로부터 인출 ② 인스트럭션을 해독하여 인스트럭션의 종류 판단 ③ 1-사이클 인스트럭션이면 이를 수행한 후 다시 FETCH로 변천 ④ 1-사이클 인스트럭션이 아니면 유효주소를 계산한 후 간접 주소이면 INDIRECT로, 아니면 EXECUTE로 이동
INDIRECT	① 주소를 기억장치로부터 인출 ② 간접 주소이면 다시 INDIRECT로 이동 ③ 간접 주소가 아니고 분기 인스트럭션이면 수행한 후 FETCH로 이동, 분기 인스트럭션이 아니면 EXECUTE로 이동
EXECUTE	① 인스트럭션 수행에 필요한 데이터를 기억장치로부터 인출 ② 수행 후 FETCH로 이동
INTERRUPT	인터럽트 처리를 위한 동작 수행

또한 메이저 상태의 전이는 그림 10.6과 같다.

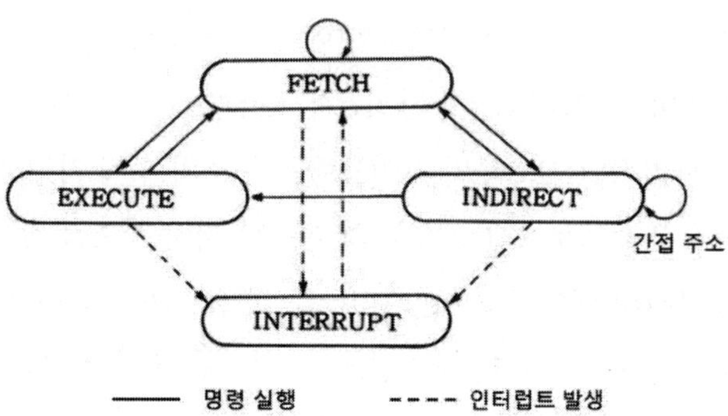

그림 10.6 메이저 상태의 전이

10.2 메모리와 캐시

컴퓨터 시스템에서 메모리란 시스템에 입력 혹은 출력되는 정보와 명령을 일시적 또는 영구적으로 기억하거나 저장하며 또한 작성한 프로그램의 데이터와 인스트럭션을 저장하는 장치이다. 메모리 즉 기억장치는 일반적으로 메모리로 통칭되는 주기억장치(메인 메모리)와 보조기억장치로 구분한다. 주기억장치는 컴퓨터에서 중앙처리장치와 연결되어 프로세서의 동작 수행에 필요한 운영체제나 실행할 프로그램과 데이터를 제공하는 메모리이다. 중앙처리장치인 프로세서의 작업이 끝나면 대부분의 데이터와 프로그램은 보조기억장치에 보관된다.

아래에서 메모리의 분류와 계층구조에 대해 살펴보고 메모리의 종류와 동작원리 그리고 캐시기억장치에 대하여 살펴본다.

(1) 메모리 개요

메모리의 기능은 프로그램 실행에 필요한 데이터나 명령 등을 프로세서의 요구에 따라 저장하는 것이다. 따라서 원하는 정보를 메모리에서 탐색하여 빠르게 전달하기 위해서는 메모리에 접근하는 시간이나 데이터 전송률 등을 고려하여 메모리를 설계하여야 한다. 또한 메모리에 저장할 수 있는 데이터의 용량도 성능을 평가하는 중요한 요소가 된다. 이러한 메모리의 성능 평가 요소들에 근거하여 메모리는 계층적 구조 형태로 분류할 수 있다.

메모리 분류

메모리는 사용목적, 매체의 재료, 데이터의 보존성, 접근 방법에 따라 다음의 표 10.4와 같이 분류할 수 있다.

기억 용량

기억용량은 메모리에 저장할 수 있는 데이터의 총량이며, 메모리에 저장되는 정보의 최소 기본 단위는 비트(bit)이지만, 통상 바이트(B, byte)를 단위로 사용한다. 여기서 1바이트는 8개의 비트, 즉 8비트를 의미한다. 그리고 물리적인 메모리의 기억용량은 주소의 수에 의해 결정된다. 예를 들어 32비트 주소를 사용하는 컴퓨터의 경우 4G(=232)개의 데이터 저장 장소를 갖는다. 또한 하나의 주소에는 일반적으로 바이트 단위의 데이터가 저장된다. 즉, 오늘날의 컴퓨터는 통상 주소지정단위로 바이트를 사용한다. 메모리는 물론 컴퓨터 시스템에서 워드(word)라는 단위가 사용되기도 하는데, 워드의 크기는 일반적으로 컴퓨터 혹은 프로세서마다 다르다. 예를 들어 어떤 컴퓨터에서는 1워드를 2바이트인 16비트로 지정하기도 하고, 또 다른 컴퓨터는 4바이트인 32비트를 지정하기도 한다.

표 10.4 메모리의 유형별 분류와 특징

유형	종류	특징
사용목적	캐시기억장치	장치와 장치 사이의 속도 차이를 극복하고 엑세스 속도를 향상시킴
	주기억장치	현재 수행 중인 프로그램과 이의 수행에 필요한 데이터를 기억함 (RAM, ROM 등)
	보조기억장치	주기억장치의 기억 용량을 보조함
제조재료	반도체 메모리	반도체 물질인 실리콘(Si) 칩으로 제조되며, 반도체 소자에 정보를 저장함
	자성체 메모리	자화물질로 코팅된 표면에 정보를 저장함
데이터 보존성	휘발성 메모리	전원 공급이 중단되면 메모리에 기억된 데이터가 모두 지워짐 (RAM 등)
	비휘발성 메모리	전원이 공급되지 않아도 메모리에 저장되어 있는 데이터가 보존됨 (하드디스크, ROM 등)
접근 방법	순차 접근	데이터가 저장되는 순서에 따라 순차적으로 접근함 (자기테이프 등)
	임의 접근	저장 위치가 고유한 주소를 가지고 있어서 어떤 위치든 임의로 선택될 수 있으며, 동일한 일정 시간으로 접근이 가능함 (반도체 메모리 등)

메모리 계층구조

메모리에 따라 속도, 용량, 가격 등이 다르므로 컴퓨터 시스템을 설계할 때 메모리의 성능을 고려해야 한다. 속도, 용량, 가격 등을 고려하여 여러 종류의 메모리를 상호 연결하여 만든 계층적 메모리 구조를 메모리 계층구조라고 한다. 메인 메모리의 용량이 적다면 CPU의 대기시간이 그만큼 늘어나게 되고 프로세서의 처리속도가 늦어진다. 그렇지만 속도가 빠른 메모리일수록 가격이 더 높아지므로 용량을 무한정 증가시킬 수만은 없다. 따라서 컴퓨터의 효율적인 정보의 저장과 성능을 위해서 메모리 계층구조를 참고하여 컴퓨터 시스템을 구성한다. 전형적인 메모리 계층구조는 그림 10.7과 같이 아래 계층으로 갈수록 용량이 크고, 데이터 접근 시간이 느리며, 저렴한 가격의 메모리로 구성된다.

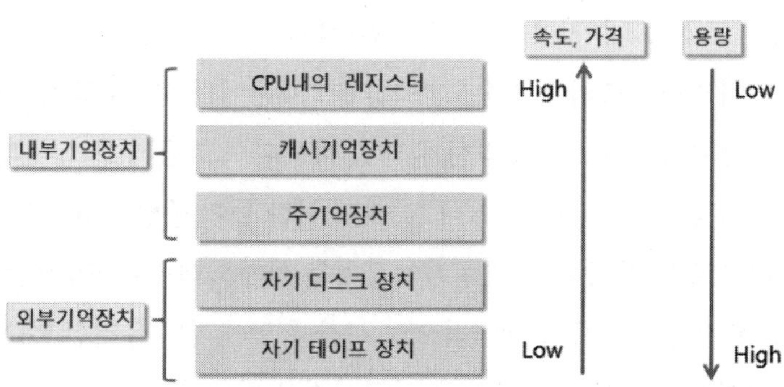

그림 10.7 메모리 계층구조

(2) RAM과 ROM

주기억장치(메인 메모리)는 중앙처리장치와 직접 정보교환이 가능한 기억장치이다. 주기억장치는 컴퓨터 내부에 장착되어 내부 메모리 또는 메모리로 통칭되며, 사용되는 재료에 따라 자성체 메모리와 반도체 메모리로 구분할 수 있다. 최근 반도체 기술의 발달로 거의 모든 주기억장치는 반도체 메모리가 사용되고 있다.

반도체 메모리는 전원이 끊어지면 기억된 내용이 지워지는 휘발성(volatile) 소자와 전원의 유무에 관계없이 기억된 내용을 파괴하지 않고, 몇 번이고 판독동작을 반복 수행할 수 있는 비휘발성(non-volatile) 소자가 있다. 이와 같이 반도체 메모리는 휘발성인 RAM(Random Access Memory)과 비휘발성인 ROM(Read Only Memory)으로 분류할 수 있으며, 대부분 저장 위치와 상관없이 같은 시간에 임의로 접근이 가능한 RAM의 형태를 갖고 있다. RAM은 영어 단어의 의미 그대로를 해석하면 임의로 접근이 가능한 기억 장치이다. 그러나 ROM 또한 임의로 접근이 가능한 기억장치이다. 그래서 일반적으로는 RAM을 읽고 쓰기가 가능한 메모리(RWM, Read Write Memory)의 의미로 사용한다. 그리고 RAM은 데이터 저장 방식에 따라 DRAM(Dynamic RAM)과 SRAM(Static RAM)으로 구분한다. DRAM은 주로 주기억장치로 사용되고 SRAM은 캐시기억장치로 사용된다.

RAM

자기디스크와 자기 테이프와 같이 저장된 데이터를 읽거나 쓰기 위해서 자기 헤드를 이동시키거나 테이프를 회전시켜서 순차적으로 탐색을 해야 되는 SAM(Sequencial Access Memory)과는 달리 RAM(Random Access Memory)은 데이터가 저장된 위치에 상관없이 같은 시간 내에 읽거나 쓰기가 가능한 메모리이다. 이와 같이 임의의 위치의 데이터를 언제든지 접근 가능하다는 의미에서 랜덤 엑세스 메모리 즉 RAM이라고 한다. 그러나 일반적으로 RAM은 임의로 접근이 가능한 메모리라는 의미보다는 읽고 쓰기가 가능한 메모리라는 의미로 사용된다.

컴퓨터에서 주기억장치로 RAM을 사용하는 것은 컴퓨터의 중앙처리장치는 처리속도가 빠른 반면에 보조기억장치 즉 하드디스크의 처리속도가 느리기 때문이다. 즉, 보조기억장치에 저장된 데이터를 읽어 들여서 중앙처리장치에서 처리하게 되면 하드디스크 등의 보조기억장치에 접근하는 시간, 보조기억장치에 저장된 데이터를 읽거나 쓸 때의 시간 등이 중앙처리장치의 데이터 처리 속도에 비하여 매우 느리므로 두 장치 사이에 주기억장치를 설치하게 된다. 이러한 용도로 사용되는 주기억장치로는 읽고 쓰기가 자유롭고 상대적으로 시간 측면에서도 유리한 RAM을 이용한다. 실제로는 RAM과 중앙처리장치 사이에도 더 빠른 접근시간을 가능하게 하는 캐시 메모리 등이 설치되어 있다.

RAM은 수행할 데이터를 하드디스크에서 미리 가져와 저장해 두었다가 중앙처리장치에 제공하고, 중앙처리장치에서 처리된 결과 데이터를 저장했다가 최종적으로 하드디스크 등의 보조기억장치에 전달한다.

RAM은 전원이 공급되는 동안에만 저장된 데이터를 유지할 수 있는 기억소자로서 데이터 저장 방식에 따라 DRAM과 SRAM으로 구분한다.

ROM

ROM은 RAM과는 달리 전원이 공급되지 않더라도 데이터를 영구히 저장할 수 있는 비휘발성 반도체 메모리이다. ROM은 저장된 명령이나 데이터를 읽기만 할 수 있는 기억장치로 데이터를 추가하거나 재기록은 불가능하다. 그러나 전원 공급이 중단되어도 데이터를 유지할 수 있기 때문에 시스템을 부팅하거나 시스템 동작에 사용되는 시스템 관리프로그램, 시스템 초기화 프로그램, 진단 프로그램 등을 저장하는 데 사용된다.

ROM은 데이터 입력 방식에 따라Masked ROM,PROM(Programmable ROM),EPROM(Erasable PROM),EEPROM (Electrically Erasable PROM),Flash ROM 등이 있다.

메모리 용량과 동작

주기억장치에 저장된 데이터를 읽고 쓰기는 CPU가 데이터를 처리하는 단위인 워드(word)로 읽고 저장된다. 중앙처리장치 내부에는 메모리의 주소를 임시 저장하는 MAR(Memory Address Register)과 기억장치와 CPU간에 전송되는 데이터를 임시로 저장하는 MBR(Memory Buffer Resister)이라는 레지스터가 있다. 또한 시스템이 n비트의 주소 버스와 m비트의 데이터 버스로 구성되어 있다면 주기억장치의 메모리 워드의 길이는 데이터 버스의 비트수와 동일한 m비트가 필요하다. 주소 비트의 수가 n개이므로 메모리 내부에서는 주소가 디코딩되어 메모리에 지정 가능한 주소의 수는 2^n개가 된다. 따라서 m비트로 구성되는 워드를 2^n개 저장할 수 있다. 따라서 그림 10.8의 (a)와 같이 n개의 주소버스와 m비트의 데이터 버스를 가진 메모리에 저장 가능한 데이터 용량은 (주소의 개수)×(메모리 워드 당 비트수)로 계산하여 $2^n \times m$비트이다. 예를 들어 주소버스의 길이가 5개 비트이고 각 주소 당 4개 비트의 데이터가 저장될 수 있는 메모리 구조의 경우 2^5 즉 32개의 저장 위치를 가지며, 한 워드의 길이는 4비트이므로 32×4 즉 128 비트의 저장 용량을 가진다.

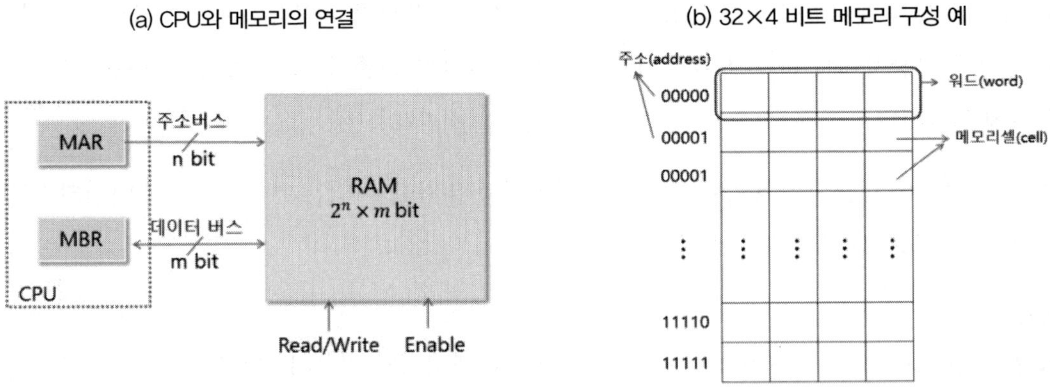

그림 10.8 메모리의 구성과 CPU와 메모리의 연결 예

메모리의 내부구조는 한 비트를 저장할 수 있는 메모리셀을 이차원 배열 즉 행과 열로 구성된다. n 비트 주소와 m비트의 데이트를 가진 메모리는 행이 2^n개, 열이 m개이므로 $2^n \times m$ 메모리라고 한다.

메모리에 데이터를 쓰려면 MAR 주소 레지스터에 있는 주소가 주소 버스를 통하여 주소 입력선에 입력되고, MBR에 저장할 데이터를 데이터 입력선에 입력한 후 $R/\overline{W} = 0$의 값으로 하여 쓰기 동작이 선택된다. 또한 저장된 데이터를 읽기 위해서는 읽어 낼 위치의 주소를 주소 입력선에 입력하고 $R/\overline{W} = 1$ 로 하면 해당 주소의 데이터가 MBR 레지스터를 거쳐서 출력된다. CS는 메모리의 선택여부를 결정하는 단자로, CS=1 이 되면 메모리 기능이 활성화(enable) 되어 읽기 및 쓰기 기능이 가능한 상태가 되고, CS=0 이 되면 해당 메모리는 선택되지 않는다.

캐시 메모리

중앙처리장치는 데이터를 처리하기 위해 주기억장치에서 데이터를 가져오고, 처리한 데이터를 다시 주기억장치에 저장해야한다. 그러나 주기억장치는 보조기억장치보다는 속도가 빠르지만 중앙처리장치에 비해 속도가 매우 느리기 때문에 중앙처리장치를 효율적으로 사용할 수 없다. 캐시 메모리(cache memory)는 중앙처리장치와 주기억장치 사이의 속도 차이를 줄이기 위해 사용하는 메모리이다. 캐시메모리는 주기억장치에 비해 접근속도가 5~10배 빠른 고속의 기억장치로 주기억장치에서 자주 사용하는 인스트럭션을 저장하고 있다가 중앙처리장치에 빠르게 제공한다.

캐시 메모리의 액세스 시간은 중앙처리장치 내의 레지스터들보다는 저속이지만, 주기억장치보다는 고속이다. 따라서 캐시 메모리의 계층은 레지스터와 주기억장치의 중간에 위치하며, 그 하드웨어 구성 방식은 중앙처리장치나 주기억장치의 구성(소자) 기술에 좌우된다. 그림으로 나타내면 그림 10.10과 같다.

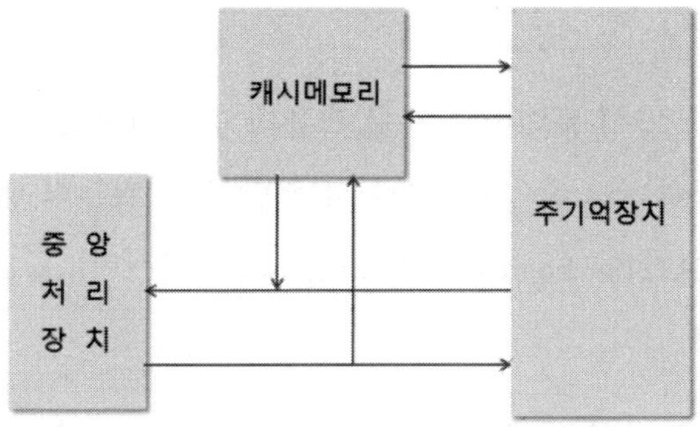

그림 10.9 CPU, 캐시메모리, 그리고 주기억장치의 구성도

프로그램 수행 중 발생되는 기억장치의 참조는 지역적이다. 예를 들어 루프를 돌고 있는 프로그램이나 서브루틴을 수행 중일 경우 등 대부분의 프로그램이 어떤 제한된 영역만을 참조한다. 이러한 참조의 지역성(locality of referene) 특성이 캐시 기억장치를 가능하게 만들었다.

캐시 기억장치의 기본 동작은 다음과 같다. 중앙처리장치가 기억장치에 접근할 필요가 있으면 먼저 캐시 기억장치를 조사한다. 참조할 정보가 캐시에 있으면 이를 읽어 오고, 그렇지 않으면 기억장치에 접근하여 정보를 읽어 온다. 만약 기억장치에 접근하는 경우에는 필요한 정보뿐만 아니라 그 정보를 포함한 인스트럭션이나 데이터의 블록을 캐시 기억장치로 옮겨 놓는다.

캐시 기억장치의 평가 기준으로는 보통 적중률(hit ratio)을 많이 쓴다. 즉, 중앙처리장치가 기억장치를 참조할 때 필요한 정보를 캐시에서 찾으면 적중(hit)했다고 하고, 캐시에서 찾지 못하고 기억장치에서 찾으면 실패(miss)했다고 한다. 적중률은 다음과 같이 적중의 수를 전체 참조의 수로 나누어서 얻을 수 있으며, 일반적으로 캐시 기억장치의의 적중률이 높을수록 컴퓨터의 처리속도가 빨라진다.

10.3 입력과 출력 장치

컴퓨터의 입출력 시스템은 중앙처리장치 또는 기억장치와 외부 장치간의 정보를 전달하는 기능을 담당한다. 중앙처리장치는 입력장치를 통하여 입력된 각종 데이터를 가져와서 처리한 후 그 결과를 기억장치에 저장한다. 기억장치에 저장된 내용은 중앙처리장치의 제어 하에 입출력 제어장치를 통해 출력장치에 출력된다. 입출력 시스템은 입출력 동작에 주로 관여하는 입출력 제어장치, 입출력 채널, 그리고 입출력장치로 구성되어 있으며 서로 독립되어 자기 고유의 기능으로 상호 유기적으로 결합하여 작동한다. 여기서는 입출력장치를 간단히 소개하고 입출력 동작의 처리방법 등을 살펴보도록 한다.

입력장치는 문자, 기호, 소리, 영상 등의 데이터를 컴퓨터가 이해할 수 있는 데이터 즉 이진 코드로 변환 시켜 기억장치에 저장하거나 중앙처리장치로 전달한다. 컴퓨터 내부의 정보를 필요로 하는 형태의 다양성에 따라 키보드(keyboard),마우스(mouse),조이스틱(joy stick),디지타이저(digitizer) 등 다양한 입력장치가 있다.

디지타이저는 설계도면이나 도형을 입력하는 데 사용되는 입력장치로 아날로그 데이터인 (x, y) 좌표 값을 판독하여 디지털 형식으로 코드를 변환하여 입력한다. 지면 위에 그려진 도형을 직접 입력시킬 수 있으므로 사람이나 기계가 그려 놓은 도형을 별도의 입력 장치를 이용하지 않고 직접 입력시킬 수 있기 때문에 편리하다. 입체 데이터를 입력할 수 있는 3차원 디지타이저도 있다. 광학 마크 판독기(optical mark reader)는 특별히 제작된 카드 또는 카드 모양의 종이에 컴퓨터용 연필로 기입한 마크의 유무를 광학적으로 판독하는 장치이다. 마크가 표시된 곳에 광선을 비추어 반사되면 그곳의 위치 정보가 직접 컴퓨터에 입력된다. 다량의 정보를 빠르게 입력할 수 있으므로 전기·수도·가스의 검침 전표, 여론 조사서, 성적 처리 등에 흔히 이용된다. 스캐너(scanner)는 문자나 이미지 자료를 컴퓨터가 처리할 수 있는 형태로 정보를 변환하여 입력할 수 있는 장치이다. 빛을 이용하여 해당 자료에서 반사되는 광 신호를 전기적 신호로 만들고, 이를 다시 디지털 정보로 변환한다. 스캐너의 종류로는 문자스캐너, 이미지 스캐너, 바코드 스캐너, 3D 스캐너 등이 있다. 바코드 스캐너는 마트에서 상품을 판매할 때 바코드를 통해 상품의 가격, 정보 등을 제공한다. 그리고 3D 스캐너는 컴퓨터에 3D모델을 재현하기 위해 물체의 외곽선들을 만들기 위해 물리적 모델의 표면을 따라 스캔한다.

출력장치는 컴퓨터가 기억하고 있는 내용이나 처리된 연산 결과를 외부로 표시하는 장치이다. 출력장치는 영상출력장치, 인쇄장치가 있으며 기타 출력장치로는 사운드 장치 그리고 햅틱장치 등으로 분류할 수 있다.

영상출력장치는 컴퓨터에서 처리된 정보를 영상의 형태로 출력해 주는 장치로, TV, 모니터, 프로젝터 등이 있다.

이외에도 소형 디스플레이 장치로 머리에 착용하는 HMD(Head Mounted Display)가 있다.

입출력장치를 연결하는 것은 버스로 상호 연결되어 있다. 입출력장치는 기억장치 혹은 중앙처리장치에 연결되는데, 궁극적으로 기억장치와 데이터 전송을 하기 위하여 입출력 제어기, 인터페이스 등의 장치들을 경유하여 입출력 버스에 연결되므로 그림 10.10과 같다.

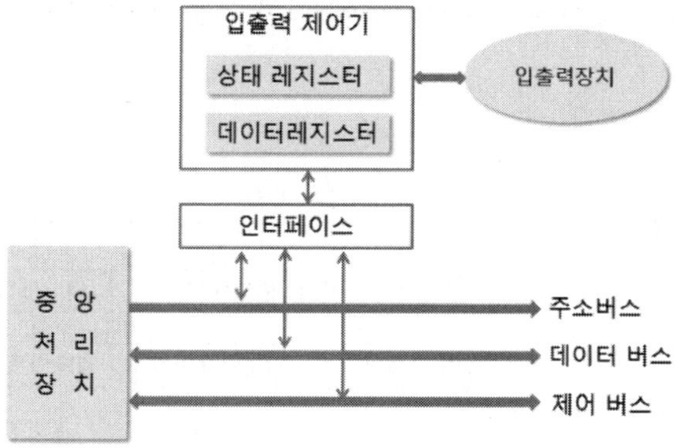

그림 10.10 CPU와 입출력장치사이의 연결

입출력버스

데이터를 전송하기 위해서는 입출력장치와 기억장치 사이의 신호 전송을 담당할 신호회선들이 필요하다. 이들 신호회선들의 집합을 버스(bus)라고 하는데, 입출력버스에는 전송되는 데이터의 종류에 따라 주소버스(address bus), 데이터 버스(data bus), 제어버스(control bus)로 분류된다.

주소버스는 데이터를 읽거나 쓸 기억장소의 주소를 전송하는 통로이며, 주소를 표현하는 신호가 중앙처리장치로부터 기억장치 또는 입출력장치로 전송되고 반대로의 전송이 없기 때문에 일반적으로 단방향성(uni-directional)이다. 데이터 버스는 데이터를 전송하는 통로이며, 읽기와 쓰기 동작을 모두 수행해야하기 때문에 양방향성(bi-directional)을 갖는다. 그리고 제어버스는 제어신호 즉 중앙처리장치가 컴퓨터 시스템 내의 각종 장치요소들의 동작을 제어하기 위한 신호선들의 집합이며, 데이터 버스와 마찬가지로 양방향성이다.

(3) 입출력 방법

입출력장치가 컴퓨터의 내부 장치와 통신하기 위한 제어 방법에는 중앙처리장치가 주체가 되어 데이터 전송을 하는 입출력 방법과 주기억장치와 입출력장치가 직접적으로 데이터를 교환하는 DMA(Direct Memory Access) 제어기에 의한 입출력 방법이 있다.

① 중앙처리장치가 직접 제어

중앙처리장치에 의한 입출력은 그림 10.11과 같은 연결구조에서 가능한 입출력 방식이다. 즉, 입출력장치와 기억장치 사이의 데이터 전송이 중앙처리장치를 경유해서 이루어지는 가장 기본적인 방식이다. 이 방식은 중앙처리장치내의 레지스터에 저장된 내용이 직접 출력장치에 전송되거나 반대로 입력장치에서 내부 레지스터를 거쳐서 최종적으로 주기억장치에 저장되도록 하는 방법이다.

중앙처리장치에 의한 입출력 방식에는 프로그램에 의한 입출력(I/O)과 인터럽트에 의한 입출력(I/O) 방법이 있다.

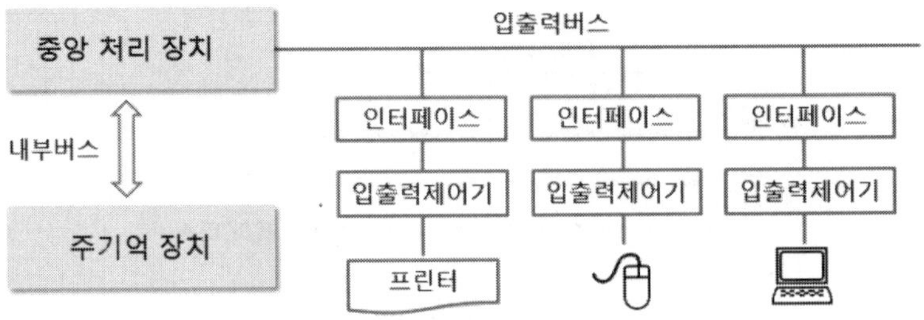

그림 10.11 중앙처리장치에 의한 입출력 방식

프로그램에 의한 입출력(programmed I/O)

프로그램에 의한 입출력 방식에서는 중앙처리장치가 주변장치의 상태 검사, 입출력 명령 전송, 데이터 전송과 같은 일련의 입출력 동작들을 직접 제어하며, 모든 입출력 동작이 중앙처리장치의 통제 하에 이루어진다. 이 경우 입출력 동작이 수행되는 동안에는 중앙처리장치는 입출력 동작 이외의 작업을 수행할 수 없다.

프로그램에 의한 입출력 방식은 입출력 방식들 중에서 가장 비효율적인 방법이다. 그 이유는 입출력 과정에서 입력장치가 입력매체로부터 하나의 데이터를 읽어서 그 인터페이스의 버퍼에 넣을 때까지, 그리고 출력장치가 그 인터페이스의 버퍼에 기억된 데이터를 출력매체에 기록할 때까지 중앙처리장치는 계속해서 이러한 동작의 완료 여부를 확인하는 인스트럭션을 수행해야 되기 때문이다. 즉, 프로그램에 의한 입출력 방식에서 중앙처리장치는 상대적으로 동작 속도가 상당히 느린 입출력 동작이 완료될 때까지 다른 일을 수행할 수가 없다. 이를 다소 개선시킬 수 있는 방법이 인터럽트에 의한 입출력이다.

인터럽트에 의한 입출력 방식(interrupted I/O)

인터럽트에 의한 입출력 방식도 프로그램에 의한 입출력 방식과 마찬가지로 입출력 동작을 중앙처리장치에 의존하여 수행한다. 그러나 이 방식은 프로그램에 의한 입출력 방식과 달리 입출력장치가 준비될 때까지 중앙처리장치가 기다리지 않고, 중앙처리장치는 다른 일을 수행할 수 있다. 즉, 인터럽트에 의한 입출력 방식에서는 입출력을 수행할 장치가 준비 완료되면 중앙처리장치에게 인터럽트를 요청하여 입출력 동작을 수행하도록 한다. 그 결과 프로그램에 의한 입출력 방식의 비효율성이 많이 개선된다.

인터럽트에 의한 입출력은 프로그램에 의한 입출력보다 중앙처리장치의 이용면에서는 효율적이지만, 인터럽트 사용에 따른 별도의 시간이 요구되므로 데이터 전송 속도면에서는 그렇게 개선되지 않는다. 즉, 인터럽트 서비스 루틴이 수행되기까지의 인터럽트 반응 시간이 필요하다. 또한 인터럽트를 당한 프로그램의 상태 보존 등을 위해서도 시간이 필요하다. 따라서 평균 데이터 전송 속도는 크게 개선되지 않는다.

② DMA 제어기에 의한 입출력

앞에서 설명한 중앙처리장치에 의한 입출력 방식은 입출력 과정에 중앙처리장치가 개입하게 되고, 그로 인하여 데이터의 전송속도가 상당히 느리게 된다. 따라서 대량의 데이터를 고속으로 입출력해야 될 경우에는 효과적이지 못하다.

그림 10.12와 같은 연결 구조를 사용하는 DMA에 의한 입출력 방식은 입출력장치의 속도가 빠른 디스크, 테이프 등 고속의 입출력장치와 기억장치 간에 중앙처리장치의 개입 없이 데이터를 전송하는 방식이다. DMA 방식은 중앙처리장치로부터 입출력 지시를 받으면 직접 주기억장치에 접근하여 데이터를 꺼내어 출력하거나 입력한 데이터를 기억시킬 수 있고, 입출력에 관한 모든 동작을 독자적으로 수행한다. 즉, DMA에 의한 입출력 방식에서는 하나의 입출력 인스트럭션으로 한 블록의 데이터를 중앙처리장치의 계속적인 간섭 없이 전송한다.

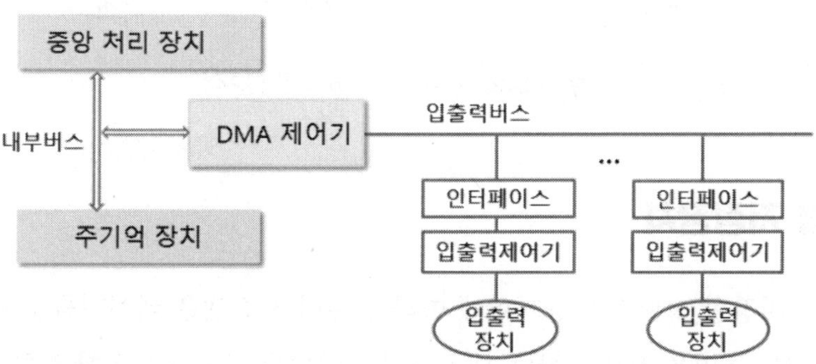

그림 10.12 DMA에 의한 입출력

③ 채널 제어기에 의한 입출력

DMA에 의한 입출력은 중앙처리장치에 의한 입출력에 비하여 현저한 발전을 가져 왔다. 그러나 고도의 기능과 보다 빠른 속도를 요구하는 현대 컴퓨터에서는 DMA에 의한 입출력만으로는 부족한 경우가 많다. DMA 방식에서는 정보의 입출력시마다 시작번지, 데이터의 크기, 전송 방향 등을 일일이 알려주어야 하며, 또한 다중 입출력을 위해서는 여러 개의 DMA 제어기를 필요로 하므로 경제적인 측면에서도 옳지 않다. 따라서 채널 제어기(I/O channel)라는 또 다른 하드웨어 요소를 사용하여 입출력을 수행할 수 있다.

채널 제어기(channel controller)는 입출력만을 전담하는 별도의 처리 장치이며, 입출력 프로세서(IOP: Input Output Processor)라고 한다. 이는 중앙처리장치가 입출력 부담으로부터 자유롭도록 하며 입출력장치와의 통신을 전담한다. 중앙처리장치는 입출력 프로세서로 하여금 입출력 전송을 시작하도록 하는 일을 수행하며, 한 번 입출력 프로세서가 입출력을 수행하면 중앙처리장치와는 독립적으로 동작한다. 이와 같은 입출력 전담 프로세서를 채널(channel)이라고 하며, 채널과 중앙처리장치는 동시에 동작할 수 있고 중앙처리장치는 입출력을 위하여 많은 시간을 소비하지 않아도 된다. 따라서 채널을 이용한 입출력 방식은 고성능의 입출력 방식이라고 할 수 있다.

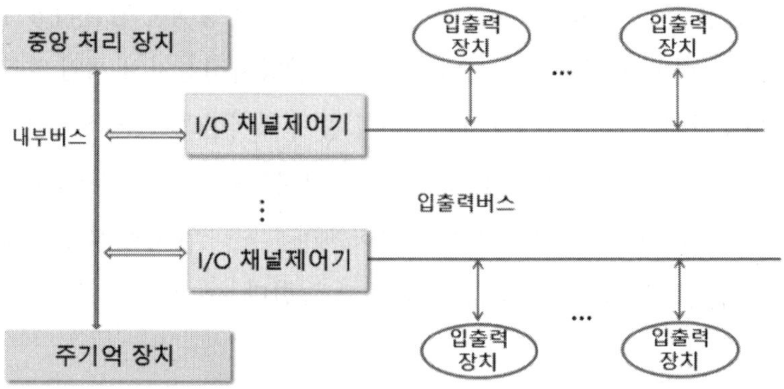

그림 10.13 채널 제어기에 의한 입출력

10.4 대용량 저장장치

디지털 환경에서 저장할 정보량이 증가함에 따라 컴퓨터 시스템은 데이터를 대량으로 저장하고 이를 처리할 수 있는 능력을 필요로 한다. 대용량의 데이터를 저장하기 위한 장치를 주기억장치와 구별하여 보조기억장치라 하며 주기억장치의 저장 용량 부족을 보완하며, 반영구적인 형태로 대량의 데이터를 저장할 수 있다. 이러한 보조기억장치에는 일반적으로 중대형 컴퓨터에 사용되는 자기 테이프(magnetic tape), 자기 디스크(magnetic disk), 자기 드럼(magnetic drum) 등이 있으며, 개인용 컴퓨터에 사용되는 하드 디스크, CD-ROM, CD-RW, DVD, 블루레이 디스크, USB 저장장치 등이 있다. 요즘에는 휴대성이 좋고 비교적 속도가 빠른 플래시 기억장치가 다양한 용도로 쓰이고 있다. 또한 대용량 저장을 위해 여러 개의 디스크를 병렬로 연결하여 하나의 기억장치처럼 사용하는 RAID 방식 등이 사용되고 있다.

전통적인 **자기 디스크**는 기록된 정보를 순차적 또는 **직접 액세스**가 가능하며, 속도가 빠르고 대용량의 정보를 기억할 수 있기 때문에 널리 사용된다. 자기 디스크는 알루미늄 합금으로 된 원형평판(디스크)의 표면에 자성체를 입힌 것으로서, 자기 디스크 장치는 이 디스크 모양의 기록매체를 디스크 구동장치(disk driver)에 의해서 고속으로 회전시켜 자성체의 표면에 데이터를 기억한다. 자기 디스크는 원형평판, 헤드, 액세스 암(access arm)과 구동장치 등으로 구성되어 있다. 원형평판은 실제 데이터가 저장되는 장소로 자성물질로 코팅되어 있다. 원형 평판은 기억 용량에 따라 여러 장 겹쳐 사용할 수 있으며 양면을 모두 사용한다. 그림 10.14는 트랙과 섹터로 나눈 자기 디스크의 표면을 나타내고 있다. 이 때 정보는 디스크 표면의 동심원에 기록된다. 이 동심원을 **트랙**(track)이라고 하며, 트랙은 다시 여러 개의 작은 영역들로 분할하여 정보가 저장된다. 트랙을 부채꼴 모양으로 분할한 조각을 **섹터**(sector)라고 하며, 섹터는 정보를 기록하거나 전송하는 기본단위이며 트랙에서 주소가 지정되는 최소 단위의 영역이다.

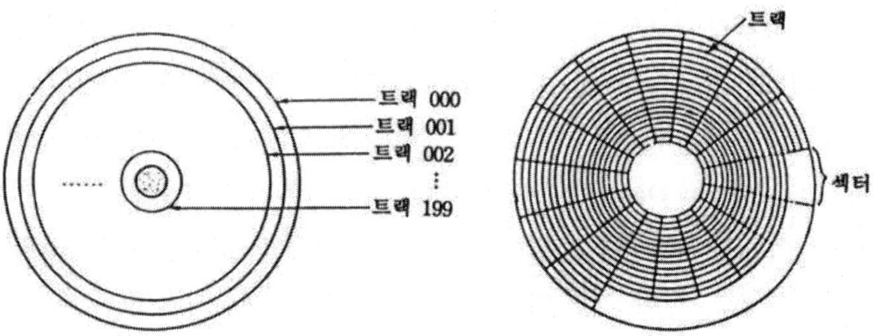

그림 10.14 자기디스크의 표면

만약 6매의 디스크로 구성된 디스크 팩을 가정한다면, 맨 위 및 맨 아래의 면은 사용할 수 없으므로 사용 가능한 면은 모두 10개가 되고, 각 디스크 사이에 헤드(head)를 연결시켜 주는 5개의 액세스 암과 10개의 헤드가 존재하게 된다.

헤드 암을 임의의 위치에 고정해 보면, 디스크의 매수가 n개 일 때 읽고, 쓰기 동작이 가능한 자기 트랙의 수는 2(n-1)이 되어, 공간적으로는 하나의 원통을 구성하고 있다. 이러한 자기 트랙을 실린더(cylinder)라고 하는데 0번 트랙의 모임을 0번 실린더라 하고, 100번 트랙의 모임을 100번 실린더라고 한다. 자기 디스크 장치는 디스크 면내의 자기 트랙 수에 같은 개수의 실린더의 회전축(스핀들 ; spindle)을 중심으로 동심원 형태로 나열되어 있는 것이다.

자기 디스크에 저장된 정보에 접근하기 위해서는 먼저 원하는 정보가 저장된 실린더의 트랙을 찾아가야 한다. 그리고 나서 그 트랙에 저장된 정보를 가진 섹터를 찾아 간다. 여기서 전자를 탐구 시간(seek time), 후자를 탐색 시간(search time)이라고 한다. 즉, 탐구 시간은 디스크에 저장된 파일 중의 원하는 레코드를 처리하기 위하여 액세스 암이 지정된 정보가 위치한 실린더 혹은 트랙의 위치까지 찾아가는데 소요되는 시간을 말한다. 그리고 탐색 시간은 액세스 암이 해당 실린더를 찾은 후 해당 트랙상에서 원하는 레코드가 있는 섹터까지 도달하는데 소요되는 시간을 말한다. 또한 데이터가 포함된 섹터가 회전되어 헤드 아래로 내려오는데 걸리는 시간을 회전 지연 시간(rotational delay time)이라 하고, 주기억장치로 데이터 전송을 위하여 걸리는 시간을 데이터 전송시간(data transfer time)이라 한다.

광디스크는 광학적 방식의 정보 저장 및 추출 방식 중의 하나인 광디스크(optical disk)는 얇은 금속막을 씌운 유리나 플라스틱 원판의 표면에 레이저 광선이나 파동을 이용하여 정보를 기록하고 읽을 수 있는 대용량 저장 매체이다. 광디스크는 레이저 기술의 발달과 더불어 1980년대 초에 처음으로 음향 시스템용 CD(compact disk)로 실용화된 이후로 컴퓨터의 저장 장치로 응용되기 시작하였다. 광디스크는 대용량의 정보를 저장할 수 있을 뿐 아니라 저렴한 가격과 함께 거의 영구적 보관이 가능하며, 휴대하기 편리한 장점 등으로 인해 주로 멀티미디어 데이터를 저장하는 데 주로 사용하였다. 그러나 최근에는 플래시 메모리의 발전으로 인해 점차 사용 빈도수가 줄고 있다. 대표적인 광디스크에는 CD(Compact Disk), DVD(Digital Versatile Disk)가 있으며, 최근에는 차세대 광디스크 저장매체 규격으로 블루레이 디스크(blu-ray disc)가 주목 받고 있다. 그리고 정보의 기록 여부에 따라 읽기 전용(ROM), 한번 기록/읽기 전용(WORM, Write Once/Read Many), 재기록형(rewritable) 디스크로 분류할 수 있다.

블루레이 디스크는 650nm 파장의 적색 레이저를 사용하는 DVD에 비하여 훨씬 짧은 405nm 파장의 청자색 레이저를 사용하기 때문에 훨씬 높은 정밀도로 디스크 표면에 데이터를 읽거나 쓸 수 있다. 블루레이 디스크는 디스크 자체의 크기가 기존의 CD나 DVD와 같으면서도 용량은 단층 규격 기준으로 DVD보다 5배, CD보다 35배 많은 데이터를 저장할 수 있다. 한 층에 25GB를 저장할 수 있고 듀얼 레이어의 경우 50GB까지 저장할 수 있다. 또한 데이터 전송속도가 1배속인 경우 4500kB/s로 기존 DVD-ROM에 비하여 4~5배 빠르며 최근 모델로 4배속, 6배속 등이 있다.

이외에도 최근에 많이 이용되는 대표적 저장 장치로 플래시 기억장치가 있다. 플래시 메모리는 읽고 쓰는 동작을 반복 수행할 수 있지만 사용 횟수에 제한이 있어서 오래 사용하면 성능이 떨어진다. 하지만 휴대하기 좋고 열과 충격에 강하며, 기계적인 동작이 없기 때문에 비교적 속도가 빠르다. 대표적 플래시 메모리로는 USB 메모리, 메모리 카드, SD 카드, 플래시기반 SSD(Solid State Drive) 등이 있다.

10.5 폰 노이만 구조가 아닌 컴퓨터

노이만형 컴퓨터 개념인 프로그램이 없는 노이만형 컴퓨터 구조가 아닌 비 노이만형 컴퓨터는 프로그램 내장 방식의 노이만 구조를 따르지 않는 컴퓨터를 대표하는 용어로 사용되고 있으며, 다양한 형태로 소개되고 있다. 비 노이만형 컴퓨터는 복수의 인스트럭션을 동시에 빠르게 처리함으로써 데이터를 병렬로 처리하는 병렬화가가 가능하다.

10.5.1 데이터 플로우(data flow) 컴퓨터

데이터 플로 컴퓨터란 기존의 폰-노이만형 컴퓨터와는 달리 주기억장치나 프로그램 카운터가 없으며, 데이터의 플로우를 중심으로 연산을 처리하는 프로세서이다.

프로그램 인스트럭션나 연산이 프로그램 카운터의 제어에 따라 기억장치와 데이터를 하나씩 주고받으며 명령을 차례로 실행하지 않고, 명령이 필요로 하는 데이터가 모두 갖추어지면 실행하는 데이터 플로우에 따라 처리 순서가 실행된다.

데이터 플로 모델의 기본적인 구성 요소는 계산 단위(computation unit)와 데이터 종속관계(data dependency)로 되어 있다. 계산 단위는 하나의 인스트럭션이나 그 이상의 인스트럭션 집합의 단위이다. 만일 어느 한 계산 단위의 출력이 다른 계산 단위에 입력이 되면 두 계산 단위는 서로 데이터 종속관계를 갖는다고 말한다. 데이터 플로우의 모델은 일반적으로 그림 10.15와 같이 방향 그래프로 표현된다. 여기서 각 노드(node)는 계산 단위를 의미하고, 두 계산 단위 사이의 아크(arc)는 두 계산 단위 사이에서의 데이터 종속관계이다. 정해진 방향에 따라 아크를 통해 전달되는 데이터 이동 단위를 토큰(token)이라 한다. 만일 어느 계산 단위의 입력 아크 상에 필요한 입력 값들, 즉 토큰이 모두 존재하면, 그 계산단위는 실행이 가능해졌다(enabled)라 한다. 실행이 가능하게 된 계산 단위는 입력 아크로부터 입력 값을 가져와 출력 아크 상에 새로운 값을 만드는데 이를 실행(fire)된다고 표현한다. 즉, 그래프의 모든 아크들이 토큰을 갖고 있을 때, 그 노드는 실행된다고 할 수 있다.

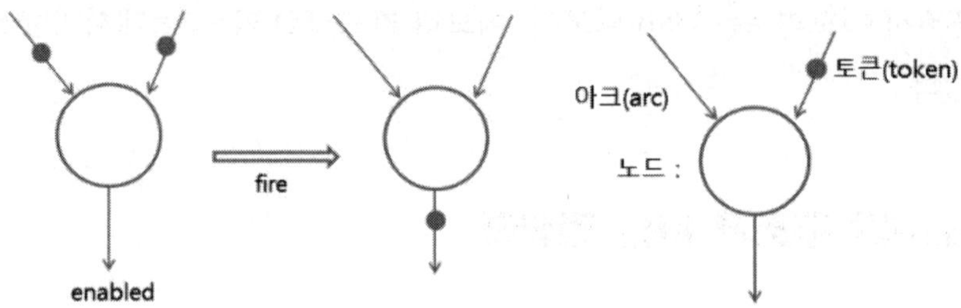

그림 10.15 데이터 플로우 모델

대부분의 기존 컴퓨터에서는 데이터가 모두 존재하더라도 제어 플로우에 따라 실행, 수행되는데, 이 형태를 **제어구동**(control driven) 방식이라고 한다.

예를 들면, y = (a+b) * (c-d) 의 계산을 할 때, 제어구동방식에서는 아래 블록,

```
s1: u = a+b;
s2: v = c-d;
s3: z = u*v;
```

에서 s2는 s1이 끝난 후에 처리되고, s3은 s2가 끝난 후에 처리된다.

그러나, 데이터 플로우 컴퓨터에서는 그림 10.16과 같이 데이터 플로우 그래프에 따라 처리되는데, 이 그래프를 위에서부터 수행해가는 것을 데이터 구동(data driven) 방식이라고 한다. 이 그림 10.16에서 볼 수 있듯이 연산에 필요한 데이터인 a, b, c, d가 모두 준비되면 덧셈과 뺄셈은 동시에 병렬로 이루어진다.

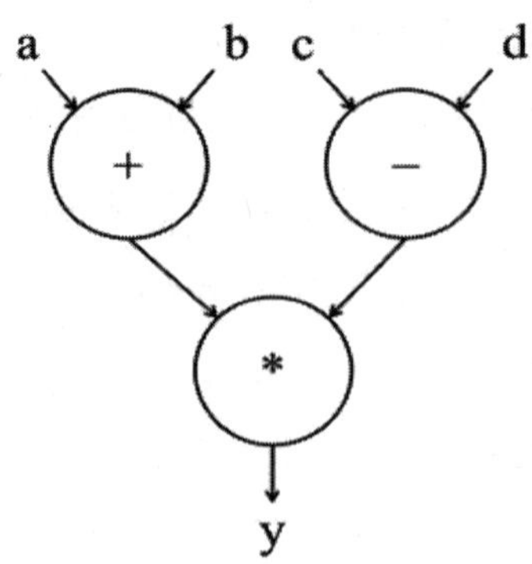

그림 10.16 Y=(a+b)*(c−d) 연산의 데이터 플로우 그래프

폰-노이만 구조의 컴퓨터에서는 데이터가 사용 가능 하더라도 인스트럭션의 제어나 연산의 제어

에 의해 필요한 연산이 가능했다. 이것은 제어 신호를 발생해서 적절하게 제어를 함으로써 처리 속도를 저하시킨다. 그래서 새로운 구조의 모델로서 데이터 플로우 모델은 계산에 필요한 데이터의 사용이 가능해지면 이들을 즉시 실행하여 원하는 연산을 수행한다. 이러한 시스템을 **데이터 플로우 컴퓨터**라 한다.

기존의 컴퓨터가 명령을 실행할 때는 프로그램에 의해 제어되어 동시에 많은 데이터를 계산할 수 없지만, 데이터 플로우 컴퓨터는 데이터를 동시에 병렬적으로 처리할 수 있도록 고안되었다. 계산 모델이 병렬환경에 적합하여 동시에 처리되어 빠르다는 점, 유연성이 커 다양한 계산 방법을 수용할 수 있다는 점 등과 같은 장점 때문에 대용량의 데이터를 빠르고 꾸준하게 처리해야 하는 수퍼컴퓨터의 기본 모델으로도 데이터 플로우 컴퓨터가 제시되고 있다. 이러한 데이터 플로우 컴퓨터의 대표적인 모델은 미국 MIT의 Monsoon 다중처리기가 있으며 그림 10.17은 일본 ETL의 EM-4 데이터 플로우 머신이다. 그리고 데이터 플로우 개념의 알고리즘은 인공지능에도 적용되고 있다. 최근 2015년 개방된 구글의 텐서 플로우는 머신러닝(기계학습) 알고리즘으로 데이터 플로우 그래프 방식을 따르는 데 수학 계산과 데이터의 플로우를 노드(node)와 에지(edge)를 사용하여 방향 그래프로 표현한 알고리즘이다.

그림 10.17 일본 ETL의 EM-4 (museum.ipsj.or.jp)

10.5.2 광 컴퓨터

광컴퓨터(optical computer 혹은 photonic computer)란 구리 등의 금속으로 만든 회로 연결선 대신에 광섬유(optical fiber)를 사용하고, 기억기능, 연산기능, 제어기능 등의 주요 컴퓨팅 기능이 전자

(electron) 대신에 광자(photon)인 빛 신호에 의하여 처리되는 컴퓨터를 의미한다. 즉, 전자의 흐름으로 만들어지는 전류에 의하여 신호를 처리하는 대신에 빛으로 신호를 처리하고, 광섬유로 신호를 전달할 수 있는 초고속의 컴퓨터를 의미한다.

지금까지의 컴퓨터가 기가 헤르츠(GHz) 이상의 초고속의 컴퓨팅 속도를 실현하고 있지만, 신호 전달의 복잡성과 연산에 따른 과도한 열(heating) 발생 등으로 인하여 더 이상 집적률의 획기적인 증가를 통한 연산 처리 속도의 급격한 향상은 불가능할 것으로 예상하고 있다. 이를 극복할 수 있는 대안으로 빛 즉 광자를 이용하여 정보를 처리할 수 있는 광컴퓨터가 연구되고 있다.

아직까지는 개념 설계의 수준에 그치고 있긴 하지만, 광컴퓨터는 여러 가지 형태로 제안되고 있다.

광 프로세서는 저전력 레이저를 액상 렌즈에 통과 시켜 푸리에 변환을 통해 행렬 곱셈과 패턴 인식 같은 복잡한 수학 연산이 가능하게 하였다.

광송수신 장치는 광컴퓨터 내부의 칩과 칩끼리 빛으로 데이터를 주고받아 기존의 전기신호보다 훨씬 빠르게 데이터를 전송, 처리할 수 있는 장치이다.

그림 10.18은 2015년 대한민국 ETRI(한국전자통신연구원)이 개발한 실리콘 반도체 기반의 광송수신 단일칩이다. 이것은 전자 집적회로와의 통합성을 증가시키고 칩 사이에서 광데이터 송수신이 효율적으로 이루어지게 하여 고성능 컴퓨터(HPC), 중앙처리장치(CPU), 메모리, 3차원 IC, 광부품 등 광범위한 산업에 적용할 수 있다.

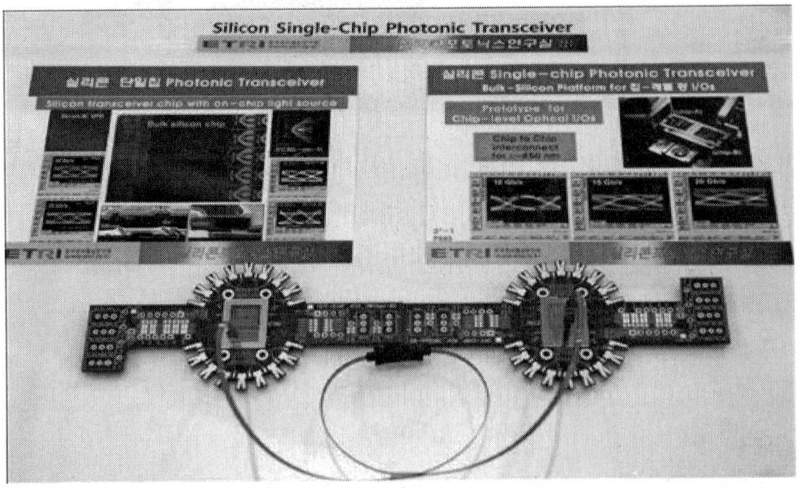

그림 10.18 ETRI가 개발한 실리콘 반도체 기반의 광송수신 단일칩(http://www.sciencetimes.co.kr)

이외에도 **양자컴퓨터**는 양자컴퓨터의 최소 구성 단위를 큐비트(qubit, quantum bit)라 하고,큐비트라는 단위를 사용하며, 중첩(superposition)이라는 현상을 이용하여 연산한다. 어떤 상태를 1 또는 0의 고정된 상태가 아닌 그 사이에 존재하는 확률로 정의하는 것을 중첩이라고 한다. 이러한 중첩 연산에 의해 큐비트 하나로 1 과 0의 두 가지 상태를 동시에 나타낼 수 있다. 즉, 큐비트는 0과 1의 상태를 동시에 가질 수 있다. 큐비트가 두 개면 00, 01, 10, 11과 같은 4가지 표현이 가능하고, 큐비트 세 개가 있으면 8가지 상태를 표현할 수 있다. 큐비트 네 개는 16가지 상태, 그리고 10개가 있으면 무려 1024가지 상태를 표현할 수 있다. 이러한 큐비트들 간의 상호 작용을 양자 얽힘이라고 부르며, 이는 고속의 연산 능력을 위한 필수 요소이다.

10.6 기계어 프로그램 실행

인스트럭션에서 주소 영역은 인스트럭션이나 컴퓨터의 구조에 따라 여러 개가 있을 수 있다.

- 주소 영역이 하나도 없는 경우, add
- 주소 영역이 한 개 있는 경우, add X
- 주소 영역이 두 개 있는 경우, add X, Y
- 주소 영역이 세 개 있는 경우, add X, Y, Z

이것은 무엇을 하는 동작(연산)인지, 혹은 피연산자(연산 되어질 값)가 몇 개인지, 컴퓨터 구조 등에 따라 달라진다.

예를 들어, 어떤 메모리 주소 X와 주소 Y의 두 값을 더하는 인스트럭션은 ADD X, Y이다. 그러나 이 인스트럭션의 더하기 연산 X + Y의 결과는 어디에 있는가? 현재로서는 결과를 저장할 공간은 없다. 즉, M(?) ← X + Y로 M(?)는 결과 값을 저장할 메모리의 주소를 알 수 없다는 의미이다. 여기에서 두 개를 고려할 수 있다. 하나는 ADD X, Y 이고, 또 하나는 ADD X, Y, Z 이다. 즉, ADD X, Y는 M(X) ← X + Y (혹은 M(Y) ← X + Y)로 두 주소 영역 중에서 한 개의 주소 영역에 저장하는 것이고(물론 이전 내용은 파괴된다), 다른 하나는 Z ← X + Y로 다른 주소 영역인 Z영역에 저장하는 것이다(물론 이때는 두 주소의 내용인 X와 Y의 내용은 파괴되지 않는다). 여기에서 한 인스트럭션은 주소 영역이 두 개이고, 다른 인스트럭션은 주소 영역이 세 개다.

또 다른 인스트럭션으로 메모리 주소 X의 값이 음수인지 양수인지를 알아보는 인스트럭션은 주소 영역이 한 개만 있어도 충분하다. 즉, NEGA X와 같이 사용하므로 주소 영역이 한 개로 충분하다

(NEGA X는 주소 X의 값이 음수인지를 판단하는 인스트럭션이다).

예를 들어, 메모리에 저장된 아래 가상기계어 인스트럭션을 살펴보고, 어떤 결과를 발생하는지 살펴보자.

```
ADD X, Y
```

이 인스트럭션은 주소 X와 Y 내용을 더하여 결과를 주소 Y에 넣으라는 의미이다. 그러므로 이 인스트럭션을 24-비트 형식으로 표현하면 아래와 같다.

동작 코드	주소1	주소2
8-비트	8-비트	8-비트

여기에서 동작 코드는 8비트, 앞 주소 영역은 8비트, 뒤 주소 영역도 8비트이다. 그러므로 가상적으로 동작 코드는 더하기로 00001001가 되며, 주소 X는 부호 없는 8비트로 01100011, 주소 Y는 부호 없는 8 비트로 01100100이다. 그러므로 이 두 주소 영역과 동작 코드를 합쳐서 메모리 안에 저장한 한 개의 인스트럭션을 구성하면 아래와 같다. 제어장치는 이것을 해석한다.

```
어셈블리어 인스트럭션: ADD X, Y
기계어 인스트럭션: 00001001 01100011 01100100
                    동작 코드   주소1    주소2
```

이렇게 처리기가 실행할 수 있도록 하는 인스트럭션 모음을 **인스트럭션 셋**이라 한다. 이 인스트럭션 셋은 컴퓨터 제작사에 따라 다르고, 컴퓨터 구조에 따라 다르다. 그러므로 인스트럭션은 다른 구조의 처리기에서 실행할 수 없다. 즉, 인텔사의 인스럭션은 다른 처리기에서 실행할 수 없다. 즉, 호환성이 없다.

인스트럭션 셋을 만드는 여러 방법 중에서 30~50개 정도로 가능하면 적고 작게 만든 인스트럭션을 사용하는 컴퓨터를 **함축 인스트럭션 컴퓨터**(Reduced Instruction Set Computers, RISC)라 하는데, 이 방법은 처리기를 구성하는데 필요한 하드웨어 회로 수를 최대로 줄이는 것이다. 또한 이 방법은 인스트럭션의 길이가 짧기 때문에 어떤 문제를 해결하는데 인스트럭션으로 작성한 프로그램의 길이가 길어진다. 그러나 단일 인스트럭션으로만 본다면 길이가 짧기 때문에 빨리 실행하여 프로그램 전체 실행시간을 줄일 수 있다.

반대로 인스트럭션 셋으로 오히려 더 많이 300~500개 정도를 가지는 경우도 있다. 이 경우를 **복잡 인스트럭션 셋 컴퓨터**(Complex Instruction Set Computers, CISC)이라 하는데, 단일 인스트럭션의 길이가 길고 시간이 걸리지만, 인스트럭션 자체가 강력하기 때문에 한 인스트럭션을 실행하는 데는 시간이 길게 소요하지만, 프로그램 전체를 실행하는 데는 시간이 줄어든다. 그러나 CISC 컴퓨터는 구조가 복잡하고 만들기도 어렵고 비용도 많이 든다. 현재는 두 개의 개념을 혼합하여 처리기를 만든다.

지금 부터는 가상적으로 인스트럭션을 실행해 본다. 다만 이해를 명확하게 하기위해 기계어 형식이 아닌 어셈블리어 형식으로 기술한다. 즉, ADD, SUB, COM, MOV와 같은 형식을 사용한다. 또한 메모리 주소를 나타내기 위해 A, B, C, X, Y, Z 같은 문자를 사용한다. 문자 R은 산술 논리연산의 레지스터를 나타낸다.

기계어 인스트럭션은 네 개의 그룹으로 분류할 수 있는데, 데이터 전송, 산술연산, 비교, 분지이다.

10.6.1 데이터 전송

이 인스트럭션은 컴퓨터를 구성하고 있는 여러 부품 사이에서 혹은 부품 안에서 정보를 이동한다. 즉, 아래와 같이 데이터가 이동할 수 있다.

```
산술 논리연산 장치의 어떤 레지스터 ← 메모리 셀
메모리 셀 ← 산술 논리연산 장치의 어떤 레지스터
다른 메모리 셀 ← 어떤 메모리 셀
다른 산술 논리연산 장치의 레지스터 ← 어떤 산술 논리연산 장치의 레지스터
```

이런 데이터 전송 인스트럭션은 원래의 데이터는 파괴되지 않고(복사만 됨) 받는 쪽 주소 공간의 데이터는 파괴된다. 데이터 전송을 수행하는 인스트럭션은 아래와 같은 것들이 있다.

```
LOD   X,  R     // 레지스터 R에 메모리 셀 X의 내용을 탑재하라.
STO   X,  R     // 레지스터 R의 내용을 메모리 셀 X에 저장하라.
MOV   X, Y      // 메모리 셀 X의 내용을 메모리 셀 Y로 이동하라(복사하라).
MOV   R1, R0    // 레지스터 R1의 내용을 레지스터 R0로 이동하라(복사하라).
```

10.6.2 산술연산

이 인스트럭션은 산술 논리연산 장치가 연산을 수행하도록 한다. 보통은 산술 연산으로 +, −, ×, /

와 논리 연산으로 AND, OR, NOT을 수행한다. 인스트럭션에 따라 어떤 경우에는 연산되어질 값이 메모리 셀에 있을 수도 있고, 레지스터에 있을 수도 있다.

산술연산을 수행하는 인스트럭션은 아래와 같은 것들이 있다. M(X)는 메모리 주소 X의 내용(값)을 의미한다.

```
ADD X, Y, Z   // 메모리 셀 X의 내용을 메모리 셀 Y의 내용과 더하여 결과를 메모리 셀 Z에 넣어라.
//이 경우는 주소가 세 개 있는 경우로 M(Z) = M(X) + M(Y)를 수행한다.

ADD X, Y      // 메모리 셀 X의 내용을 메모리 셀 Y의 내용과 더하여 결과를 메모리 셀 Y에 넣어라.
//이 경우는 주소가 두 개 있는 경우로 M(Y) = M(X) + M(Y)를 수행한다.

ADD X         // 메모리 셀 X의 내용을 레지스터 R의 내용과 더하여 결과를 레지스터 R에 넣어라.
//이 경우는 주소가 한 개 있는 경우로 R = M(X) + R을 수행한다. R 내용은 실행하기 전에 이미
//메모리에서 가져와 탑재했다.
```

이외에도 SUB(빼기), MUL(곱하기), DIV(나누기), AND(논리곱), OR(논리합) 등이 같은 방식으로 수행한다.

10.6.3 비교

이 인스트럭션은 두 값을 비교하여 결과에 따라 처리기 안에 있는 비트인 조건 코드를 특정 값으로 세트한다. 이 조건 코드는 상태 레지스터(혹은 조건 레지스터)라 하는 특수 레지스터이다. 그러므로 레지스터의 비트들이 비교 연산 결과에 따라 세트된다. 예를 들어, 각각 크다(GT), 같다(EQ), 작다(LT)를 나타내는 1-비트 조건 코드가 세 개 있다고 하자. 비교를 수행하는 인스트럭션은 아래와 같은 것들이 있다. M(X)는 메모리 주소 X의 내용(값)을 의미한다.

```
COM X, Y      // 메모리 셀 X의 내용을 메모리 셀 Y의 내용과 비교하고,
              // 결과에 따라 조건 코드 비트를 세트한다.
```

이 때 세 개의 조건 코드는 아래 조건으로 세트된다.

```
M(X) > M(Y) 이면, | 1 | 0 | 0 |     // GT = 1, EQ = 0, LT = 0
M(X) = M(Y) 이면, | 0 | 1 | 0 |     // GT = 0, EQ = 1, LT = 0
M(X) < M(Y) 이면, | 0 | 0 | 1 |     // GT = 0, EQ = 0, LT = 1
```

10.6.4 분지

이 인스트럭션은 프로그램 순서대로 흘러가던 제어의 흐름을 변경한다. 컴퓨터는 어떤 주소 k에 들어있는 인스트럭션을 실행한 후에는 k + $\mathcal{L}$($\mathcal{L}$는 이 주소를 차지하는 인스트럭션 길이)번째 주소의 인스트럭션을 수행해야만 한다. 즉, 다음 인스트럭션을 실행한다. 그러나 분지 인스트럭션은 현재의 조건 코드에 따라, 어떤 인스트럭션을 실행할 것인가를 새로 결정한다. 프로그램의 순차적인 실행은 파괴되는 것이다.

분지 인스트럭션은 비교 인스트럭션이나 조건 코드를 세팅하는 인스트럭션 보다 항상 앞에 온다. 분지를 수행하는 인스트럭션은 아래와 같은 것들이 있다. M(X)는 메모리 주소 X의 내용(값)을 의미한다.

```
JMP     X       // 무조건 메모리 주소 X로 가서 실행하라.
                // 즉, 메모리 주소 X에서 다음 실행할 인스트럭션을 인스
                // 트럭션 레지스터로 가져온다.
```

```
JMPGT  X        // 조건 코드 GT가 1로 세팅되었으면, 메모리 주소 X로 가
                // 서 실행한다. 아니면, 프로그램 순서대로 다음 인스트럭
                // 션을 실행한다. 즉, 메모리 주소 X에서 다음 실행할 인스
                // 트럭션을 인스트럭션 레지스터로 가져온다.
                // JMPEQ와 JMPLT도 마찬가지 방법으로 실행한다.
```

```
JMPGE  X        // 조건 코드 GT와 EQ가 둘 다 1로 세팅되었으면, 메모리 주소 X 로 가서
                //실행하라. 아니면, 프로그램 순서대로
                // 다음 인스트럭션을 실행한다. 즉, 메모리 주소 X에서
                // 다음 실행할 인스트럭션을 인스트럭션 레지스터로 가져온다.
                // JMPLE와 JMPNEQ도 마찬가지 방법으로 실행한다.
```

```
HAL             // 프로그램 실행을 멈춘다. 더 이상 다음 인스트럭션으로
                // 가지 않는다. HAL도 프로그램 실행을 제어하는 인스트럭션이다.
```

지금까지 컴퓨터가 해석하고 실행하는 인스트럭션 일부를 살펴보았다. 프로그램의 문장이 컴퓨터 시스템에서 인스트럭션으로 어떻게 저장되는지를 아래 예를 들어보자. 이 컴퓨터는 각 인스트럭션의 길이가 4바이트(32비트)이다. 변수 x, y, z 값은 각 4바이트로 메모리의 200, 2004, 2008에 들어 있으며, 인스트럭션은 500번지부터 저장된다.

프로그램 문장	주소	메모리 내용	설명
	....	....	
x = y + z	500	LOD R0, 2004	주소 2004의 내용인 y값을 레지스터 R0에 넣어라
	504	ADD R0, 2008	주소 2008의 내용 z값을 레지스터 R0의 내용과 더하고, 결과를 레지스터 R0에 넣어라
	508	STO 2000, R0	레지스터 R0의 내용을 메모리 주소 2000에 넣어라
	512	MUL R1, 2000	주소 2000의 x값을 레지스터 R1의 내용과 곱하고, 결과를 R1에 넣어라
	516	JMP 800	
		....	
if (x > y) z = x else z = y	700	COM 2000, 2004	x와 y를 비교하고, 조건 코드를 세팅하라
	704	JMPGT 716	x > y이면 주소 716번지로 가라
	708	MOV 2004, 2008	x ≦ y이면, z = y
	712	JMP 720	다음 인스트럭션을 뛰어 넘어라
	716	MOV 2000, 2008	x > y이므로 z = x
	720	....	
	....	....	
	2000	1035	x 값
	2004	3444	y 값
	2008	-1837	z 값
	2012	0	k 값
	....	....	

- 메모리는 고정된 크기의 **셀**(Cell)로 나누어져 있는데, 각 셀은 식별할 수 있도록 **주소**라는 번호 (0, 1, 2, ..., N)가 붙어있다. 즉, 각 셀에 서로 다른 유일 주소가 있다.
- 메모리에 접근하려면 무조건 지정한 주소로만 가능하고, 셀 하나 전체에 통째로 저장하거나 셀 하나를 통째로 꺼내야 한다. 즉, 셀 안의 비트를 전체적으로 취급한다. 그러므로 이 셀은 **주소를 통해 접근**할 수 있는 **최소 단위**가 된다. 즉, 주소를 할당할 수 있는 최소 단위이다.
- 셀에 있는 내용을 꺼내거나 셀에 저장하는데 걸리는 시간은 메모리의 어느 위치에 있는 셀이든 모두 같다.

메모리는 크기(길이)가 일정한 이진수를 저장하는 셀로 만들어졌다. 즉, 각 셀의 비트 수를 **셀 크기**(셀 길이)라 하며 W로 나타낸다. 초기 컴퓨터는 이 셀 크기가 다양했지만, 오늘날은 셀 크기를 8-비트로 표준화 하여 사용하는데, 이 8-비트 셀 크기를 **바이트**(Byte)라 한다. 그러므로 이 셀을 **메모리 바이트**라 하기도 한다.

8-비트 길이의 셀 하나에는 부호가 없는 정수 값으로 이진수 00000000~11111111을 저장한다. 그러므로 가장 작은 정수는 이진수 00000000이고, 가장 큰 수는 이진수 11111111이다. 이 수는 그다지 크지 않기 때문에 십진수 23467같은 큰 수를 저장하려면 8-비트 셀을 여러 개 연결하여 저장한다. 2-바이트(16-비트)나 4-바이트(32-비트)를 연결하면 정수형 수 한 개를 저장할 수 있고, 4-바이트(32-비트)나 8-바이트(64-비트)를 연결하면 실수형 수 한 개를 저장할 수 있다.

메모리의 각 셀은 주소(부호없는 정수)로 식별하는데, 주소 하나를 N개의 비트로 표현하면 가장 작은 주소는 0이고, 가장 큰 주소는 N개의 비트열(11111.......11111)로 계산되는 값인 $2^N - 1$이다.

그러므로 메모리 공간의 주소 범위는 0~$2^N - 1$로, N은 주소를 나타내는 이진수 0과 1의 개수이다. 메모리 공간은 총 2^N개의 셀이 있다. 이 2^N 값을 **최대 메모리 크기**(메모리 **주소 공간**)이라 한다.

N 값은 보통 32 주소 비트이고, 2^{32}로서 4,000,000,000(4,000MB, 4G) 바이트를 가질 수 있다. 그러나 2^N은 이론적으로는 최대 메모리 공간이다. 그러나 실제로 2^N까지 사용하는 것은 아니지만 2^N까지 확장할 수는 있다는 의미이다.

메모리 공간의 크기를 65,536(2^{16})나 1,048,576(2^{20})처럼 표현하면 기억하기 어렵기 때문에, 2^{10}, 2^{20}, 2^{30}처럼 천 단위, 백만 단위처럼 사용하는 것이 기억하기 쉽다. 그러므로 K(Kilo, 킬로), M(Mega, 메가), G(Giga, 기가), T(Tera, 테라), P(Peta, 페타)의 기호를 활용하여 메모리의 공간을 표현한다. 아래는 주소 길이에 따른 최대 메모리 크기이다.

2^{10} = 1,024 (1KB, 1 kilobyte)

2^{16} = 65,536 (64KB, 64 kilobyte)

2^{20} = 1,048,576 (1MB, 1 megabyte)

2^{30} = 1,073,741,824 (1GB, 1 gigabyte)

2^{40} = 1,099,511,627,776 (1TB, 1 terabyte)

2^{50} = 1,125,899,906,842,624 (1PB, 1 petabyte)

그러므로 16-비트 주소를 사용하는 컴퓨터는 64KB 메모리 공간을 사용한다. 즉, 65,536개의 메모리 셀(8-비트)이 있다는 것으로, 8-비트로 표현되는 영어 알파벳 문자 65,536개를 저장할 수 있다는 의미이다.

여기에서 **주소**와 주소 안의 **내용**이 어떻게 다른가를 알아보자. 아래처럼 주소는 내용(값)을 저장하는 공간을 표시(포인터)하고, 내용은 표시하는 곳에 저장된 값이다.

23665	-1826
23666	304
23667	0
23668	-1

23665, 23666, 23667, 23668는 주소이고, -1826, 304, 0, -1은 각 주소가 가리키는 내용이다. 어떤 인스트럭션은 주소에 대해 연산하지만, 어떤 인스트럭션은 주소 속의 내용에 대해 연산한다. 그러므로 주소와 주소 속의 내용을 구별하지 못하면 혼동할 수 있고, 처리기가 연산하면서 에러를 발생한다.

메모리에 여러 연산이 있지만, 중요한 두 개의 연산은 **패치**(꺼내기)와 **저장**이다.

- 패치는 주소가 가리키는 위치(셀)에 저장된 내용을 꺼낸다. 꺼낸 내용은 연산에 필요한 곳(레지스터)으로 이동하여 복사한다. 그리고 메모리 셀에는 원래 값이 그대로 남아있다. 위에서 주소 23666을 패치하면 내용은 304이다. 그리고 23666에는 304가 변하지 않고 남아있다. 이 패치를 아래처럼 표현할 수 있는데, 주소를 인자로 하고 결과로 값을 가져온다.

```
value = fetch(address)
```

그러므로 fetch(23666)은 340를 꺼내온다.

- 저장은 주소가 가리키는 위치에 어떤 값을 저장한다. 이때는 저장하는 주소에 있었던 원래 값은 없어지고 방금 저장한 값으로 변경된다. 위에서 주소 23666에 500을 저장하면, 그 내용은 500이 되는데 원래 있었던 304는 없어진다. 이 저장을 아래처럼 표현할 수 있는데, 주소와 값 두 개를 인자로 한다.

```
store(address, value)
```

그러므로 store(23666, 500)은 340이 있던 공간에 500을 저장한다.

이와 같이 두 개의 연산 '패치'와 '저장'을 수행하는데 걸리는 시간은 메모리 공간(2N)의 주소 각각에 대해 동일하다. 이런 각 셀에 접근하는데 걸리는 동일한 시간을 **메모리 접근 시간**이라 한다. 또 특별히 비트를 하나씩 조작하지 않으면, 패치나 저장 연산에 셀 하나를 전체로 취급한다. 이 셀 하나가 지정한 주소로 접근할 수 있는 최소 단위이다.

지금까지 메모리의 기본 개념과 특성을 살펴보았다. 아직 설명하지 않은 부분은 메모리에서 사용하는 두 개의 레지스터인데 **메모리 주소 레지스터**(Memory Address Register, MAR)와 **메모리 버퍼 레지스터**(Memory Buffer Register, MBR)이다. 이 두 레지스터는 패치와 저장 연산을 수행하는데 사용되는데, 두 연산 모두 두 개의 피연산자(접근할 셀의 주소와 저장할 값)를 사용한다.

- 메모리 주소 레지스터는 패치하거나 저장될 셀의 주소를 잠시 보관하는 레지스터이다. 이 레지스터는 주소를 저장하여야 하므로 주소 길이와 같은 N-비트 길이 이어야 한다.
- 메모리 버퍼 레지스터는 패치하거나 저장될 데이터 값을 잠시 보관하는 레지스터이다. 이 메모리 버퍼 레지스터는 메모리에 저장하는 데이터의 크기와 같아야 하기 때문에 길이는 W-비트 이다. 정수형과 실수형 둘 다 32비트 혹은 64비트로 한 번에 패치한다.

메모리의 이 두 레지스터가 작동하는 과정은 아래와 같다.

- fetch(address)

```
단계1: MAR에 주소를 넣는다.
단계2: MAR에 있는 주소를 해석한다.
단계3: 해석된 주소가 가리키는 메모리 위치의 내용을 MBR에 복사(탑재)한다.
```

- store(address, value)

```
단계1: MAR에 주소를 넣는다.
단계2: MBR에 값을 넣는다.
단계3: MAR에 있는 주소를 해석한다.
단계4: 해석된 주소가 가리키는 메모리 위치에 MBR의 내용을 저장한다.
```

위에서 언급한 메모리에서 주소 23666의 내용을 꺼내는 fetch(23666)의 동작은 아래와 같다.

- fetch(23666)

```
단계1: MAR ← 23666
단계2: MAR의 23666을 해석
단계3: MBR ← 23666304
```

위에서 언급한 메모리에서 주소 23667에 156을 저장하는 store(236667, 156)의 동작은 아래와 같다.

- store(23667, 156)

```
단계1: MAR ← 23667
단계2: MBR ← 98
단계3: MAR의 23667을 해석
단계4: 23667156 ← MBR
```

이러한 과정을 모두 마치면 메모리 내용은 아래와 같이 변경된다.

주소	내용
23665	-1826
23666	304
23667	**156**
23668	-1

'단계3: MAR에 있는 주소를 해석한다.'는 것은 메모리 장치가 N-비트의 주소를 해석하여, 메모리 공간, 2^N에서 메모리 셀 하나를 선택(접근)하는 신호를 발생한다는 뜻이다. 즉, 메모리 공간 2^N에서 **오직** 23667 주소만 선택하여 접근한다.

연습문제

01 폰-노이만 컴퓨터 구조에서 병목현상은 무엇이며, 이를 해결할 수 있는 방법을 설명하시오.

02 메모리 액세스 시간과 메모리 사이클 시간을 비교하여 설명하시오.

03 주기억장치와 캐시 메모리를 비교하여 설명하시오.

04 컴퓨터에서 정보 전송 단위의 하나인 워드(word)는 무엇이며, 그 크기는 얼마인가?

05 SRAM과 DRAM을 비교하여 설명하시오.

06 32×8비트의 용량을 가지는 메모리 IC를 사용하여 64MB의 기억장치를 구성하고자 한다. 이를 구성도를 통하여 설명하시오.

07 다음의 입출력 방식을 비교하여 설명하시오.
① DMA에 의한 입출력과 채널제어기에 의한 입출력
② 프로그램에 의한 입출력과 인터럽트에 의한 입출력

08 USB 메모리와 플래시 메모리를 비교하여 설명하시오.

09 광컴퓨터의 실현을 위한 주요 과제를 제시하고, 설명하시오.

10 양자컴퓨터의 상용화를 위한 방안을 제시하고, 설명하시오.

11 데이터 표현

11.1 디지털 표현

이미 언급되었듯이 컴퓨터는 0과 1로 된 이진 값을 데이터로 사용한다. 그러나 실제로 컴퓨터 내부에 0과 1이라는 숫자가 존재하는 것은 아니다. 메모리나 처리기 같은 컴퓨터 구성 요소는 전자회로로 구성되어 있기 때문에 실제로는 전기 신호로 표현된다. 그러나 전문가가 아닌 일반 사용자는 도구 없이 이 신호를 보거나 표현하기 어렵기 때문에 이해를 위해 '0'이나 '1'로 표현 한다. 간단한 예로 아래처럼 5mv는 '1'로, -5mv는 '0'으로 표현할 수 있는 것이다.

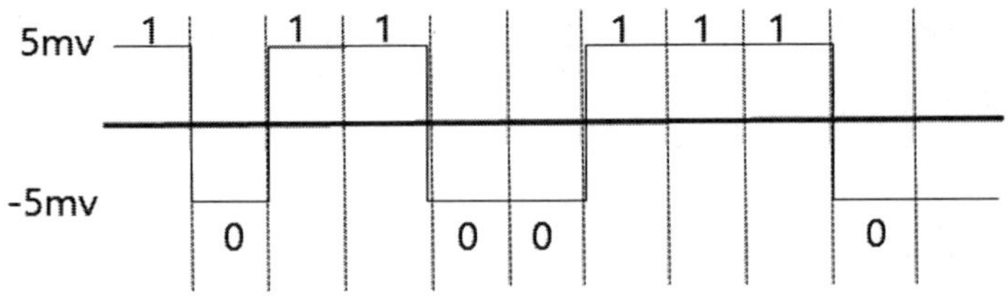

즉, 전기회로를 통과하는 전류 같은 아날로그 신호를 디지털 신호로 변환하여 표현하고 이해를 위해 이진수로 표기한다. **아날로그 신호**는 '연속적으로 변화하는 물리량을 표현하는 용어'로, 음성이나 영상 같이 연속적으로 변화하는 신호이다.

반면에 **디지털 신호**는 아날로그 신호와 대응하여 위 그림처럼 아날로그 신호에 대해 임의의 시간에서의 값이 최소 값의 정수배로 하고, 이외의 중간 값은 사용하지 않는 값을 말한다. 따라서 디지털이란 데이터를 한 단위씩 끊어서 표현한다. 그러므로 애매한 값이 없어서 신호 값이 명확하다. 그러므로 디지털 신호는 연속적이지 않고 이산적이다. 이러한 디지털 신호의 각 값(0이나 1)을 비트라 한다. 이런 비트(0과 1)를 사용하여 컴퓨터에서 사용하는 모든 자료(수, 문자, 사진, 소리, 음성, 동영상,..)를 표현한다. MP3, 디지털 비디오 카메라는 디지털 자료를 사용하는 장치이다.

11.2 이진수 표현

이 절에서는 여러 자료 중에서 먼저 숫자를 컴퓨터 내부에 표현하는 방법을 살펴보자. 인간 생활에서는 주로 10진수를 많이 표현하지만 컴퓨터 내부에는 이진수, 8진수, 16진수 등 다양하게 표현한다. 이러한 진수를 표현하는 방법을 살펴보자(이 절에서는 이진수는 표현하기 위해 각 수의 마지막에 아래 첨자로 2를 붙인다).

11.2.1 이진수

이진수는 0과 1로 수를 나타내며, 2를 올림수로 표현한다. 예를 들어, 4-비트는 모두 16개(2^4)를 표현할 수 있다. 각 자리를 0과 1로 표현하며, 0000(십진수 0)부터 1111(십진수 15)까지 이다. 즉, 4-비트를 사용하여 이진수 최소 값 0000과 이진수 최대 값 1111로 표현한다. 그러므로 N-비트이면 표현할 수 있는 수는 모두 2^N개이고, 수의 표현 범위는 0 ~ 2^N−1 이다. 아래는 4-비트로 표현 가능한 수의 개수와 범위이다.

이진수	십진수
0000	0
0001	1
0010	2
0011	3
0100	4
0101	5
0110	6
0111	7
1000	8
1001	9
1010	10
1011	11
1100	12
1101	13
1110	14
1111	15

이러한 이진수를 이해하기 쉽게 십진수로 변환하려면 각 비트 자리에 2의 맥급수의 가중치를 곱하여 표현한다. 예를 들어, 이진수 0101를 아래와 같이 변환하면 십진수 5이다.

$$0101_2 = 0 \times 2^3 + 1 \times 2^2 + 0 \times 2^1 + 1 \times 2^0 = 0 + 4 + 0 + 1 = 5$$

그러면 십진수 35를 이진수로 변환해 보자. 먼저 십진수 35를 2로 나눈 나머지 1을 취하고, 나눈 몫에 대하여 2로 나누는 과정을 반복한다. 몫이 0이 될 때까지 위 과정을 반복하며, 각 단계에서 취한 나머지 값들의 역순이 변환한 이진수 값이다.

35 ÷ 2 = 17 나머지 1
17 ÷ 2 = 8 나머지 1
8 ÷ 2 = 4 나머지 0
4 ÷ 2 = 2 나머지 0
2 ÷ 2 = 1 나머지 0
1 ÷ 2 = 0 나머지 1 ↑

이 결과에서 아래부터 위로 1, 0, 0, 0, 1, 1 순으로 값을 사용한다. 그러므로 결과는 이진수 100011_2이다. 이와 같이 이진수를 십진수로 변환할 수 있고, 이진수를 십진수로도 변환할 수 있다.

그러면 소수점이 있는 십진수 25.458를 이진수로 변환해 보자. 먼저 정수부분은 앞에서의 변환 방법에 의하여 이진수로 변환하면 11001_2이다. 그 후 소수점 이하의 부분에 대해서는 아래의 과정을 수행한다.

0.458 × 2 = 0.916에서 소수점 앞의 정수부분 분리 0 ↓
0.916 × 2 = 1.832에서 소수점 앞의 정수부분 분리 1, 나머지 부분 0.832
0.832 × 2 = 1.664에서 소수점 앞의 정수부분 분리 1, 나머지 부분 0.664
0.664 × 2 = 1.328에서 소수점 앞의 정수부분 분리 1, 나머지 부분 0.328
……

이와 같이 반복하여 소수점 이하가 0이 되거나 정확도에 따라 소수점 이하 자리수를 지정한 만큼의 정수부분만 구하여 순서대로 사용한다. 이 결과에서 위에서부터 아래로 0, 1, 1, 1 순으로 값을 사용한다. 그러므로 25.458의 변환 값은 이진수 11001.0111...2 이다.

11.2.2 8진수

8진수란 8을 올림수로 하여 수를 표현한다. 8진수는 아래처럼 0에서 7까지 8개의 값을 사용한다. 0~7 사이의 값을 표현하기에는 3-비트만으로 충분하기 때문에 각 값은 3-비트로 표현한다. 예를 들어 5는 101이고, 7은 111이다.

8진수	이진수	십진수
0	000	0
1	001	1
2	010	2
3	011	3
4	100	4
5	101	5
6	110	6
7	111	7

7까지의 수는 8진수와 십진수의 표현이 같다. 이렇게 같은 수를 십진수 인지 8진수인지 구별하기 어렵기 때문에 어떤 숫자가 8진수인지를 구별하기 위해 8진수 앞에 수 0이나 소문자 o를 붙인다 (예, 0123 혹은 o123). 또는 8진수 뒤에 아래첨자 8을 붙이기도 한다. 즉, 123_8와 같이 표현한다. 아래는 이진수 비트 패턴을 8진수로 변환하거나, 8진수를 이진수로 변환한 예이다.

101 110 010 → 142_8

o562(562_8) → 001 100 010

8진수를 십진수로 변환하여 보자. 예를 들어 41.7_8 을 변환하려면, 먼저 8진수의 각 자리 수에 8의 맥급수를 가중치로 곱하여 더한다. 즉, 아래의 과정을 반복한다.

$$\begin{aligned} 41.7_8 &= 4 \times 8^1 + 1 \times 8^0 + 7 \times 8^{-1} \\ &= 32 + 1 + 0.875 \\ &= 33.875 \end{aligned}$$

이와 같이 8진수 41.7_8의 십진수 변환 값은 33.875이다. 또한 십진수를 8진수로 변환하려면 몫이 0이 될 때 까지 정수형 연산으로 8로 나누는 과정을 반복한다. 이렇게 반복하면서 나누는 각 단계에서 나머지를 취한다. 만약 소수점이 있는 수에 대해서는 소수점 이하 부분에 8을 곱하여 소수점 윗

부분만 취한다. 예를 들어 266.4375은 아래와 같이 변환한다.

266 ÷ 8 = 33 나머지 2
33 ÷ 8 = 4 나머지 1
4 ÷ 8 = 0 나머지 4 ↑

이 결과에서 아래부터 위로 4, 1, 2 순으로 값을 사용한다. 그러므로 소수점 윗부분은 412_8이며, 소수점 아래 부분은 다시 아래처럼 계산한다.

0.4375 × 8 = 3.5에서 3을 취하고 ↓
0.5 × 8 = 4.0에서 4를 취한 후
0 × 8 = 0 0을 가져온다

이 결과에서는 위에서부터 아래로 3, 4, 0 순으로 값을 사용한다. 결과적으로 십진수 266.4375는 8진수로 412.340_8 이다.

11.2.3 16진수

16진수는 16을 기반으로 하여 수를 표현한다. 16진수는 16개의 값으로 표현하는데 각 값은 4-비트 패턴으로 표현한다. 이때 16개를 표현하기 위해 십진수 0에서부터 15까지 표현해야 하지만, 십진수 9 다음은 십진수 10이므로, 십진수 10과 16진수 10과 혼동할 수 있다. 이 혼동을 막기 위해 16진수의 10부터 15까지는 영어 알파벳 A부터 F를 대응하여 표기한다. 즉, 십진수 11은 16진수에서 B로 표기되며, 값은 비트 패턴 1011이다. 문서나 프로그램에 표기할 때는 십진수(혹은 부호)와 16진수를 혼동할 수 있기 때문에, 어떤 수가 16진수임을 나타내기 위해 16진수 앞에 xA34와 같이 소문자 x를 붙인다(혹은 16진수 뒤에 아래첨자 16을 표기). 다음 표는 16진수 표현이다.

16진수	이진수	십진수
0	0000	0
1	0001	1
2	0010	2
3	0011	3
4	0100	4
5	0101	5
6	0110	6
7	0111	7
8	1000	8
9	1001	9
A	1010	10
B	1011	11
C	1100	12
D	1101	13
E	1110	14
F	1111	15

여러 개 비트 패턴으로 주어진 이진수를 16진수로 변환하려면, 오른쪽 마지막 비트부터 왼쪽으로 4-비트씩 16진수의 이진수 비트 패턴으로 대응한다. 그러므로 아래와 같이 대응할 수 있다.

110011100010 → 1100 1110 0010 → xCE2

x24C → 0010 0100 1100 → 001001001100

이제 16진수 2AF16를 십진수로 변환하여 보자. 먼저 16진수의 각 자리 수에 16의 맥급수를 가중치로 곱하여 더한다. 즉, 아래의 과정을 반복한다.

$$
\begin{aligned}
2AF_{16} &= 2 \times 16^2 + 10 \times 16^1 + 15 \times 16^0 \\
&= 512 + 160 + 15 \\
&= 687
\end{aligned}
$$

그러므로 16진수 $2AF_{16}$의 십진수 값은 687이다.

또한 십진수를 16진수로 변환하려면 몫이 0이 될 때까지 16으로 반복하여 정수형으로 나누면서 각 단계에서 나머지 값을 취한다. 그 후 소수 이하 부분은 16을 곱하여 소수점 윗부분을 취한다. 예를 들어 십진수 423은 아래처럼 변환한다.

423 ÷ 16 = 26 나머지 7
26 ÷ 16 = 1 나머지 10
1 ÷ 16 = 0 나머지 1 ↑

이 결과에서 아래부터 위로 1, 10, 7 순으로 값을 사용한다. 그러므로 결과는 16진수 1A7이다.

11.3 정수와 실수의 컴퓨터 내부 표현

앞에서 기술한 수의 체계를 활용하여 하드웨어와 소프트웨어로 구성된 컴퓨터 내부에서 활용할 데이터를 표현해 보자. 외부에서 부딪히는 모든 정보는 컴퓨터 내부에서 데이터로 변환한다. 그리고 컴퓨터는 이 데이터를 필요한 프로그램이나 알고리즘에서 적절히 활용한다. 이와 같이 정보를 데이터로 변환하려면 과학적인 이론과 기술이 필요하다. 예를 들어 수(정수, 실수, 복소수 등)와 문자, 그림, 소리, 영상, 멀티미디어 등 각 종 데이터에 대해 컴퓨터 내부에 표현하거나 저장하는 방법이 다르다. 여기에서는 이들 데이터를 어떻게 표현하는지 살펴본다.

아래는 컴퓨터에서 보통 사용하는 데이터 종류와 기술에 의한 타입(포맷)이다.

- 수 : 정수형, 실수형, 지수형, 복소수형
- 문자 : ASCII코드, EBCDIC 코드, 유니코드(Uni-Code)
- 이미지 : BMP, JPG
- 오디오 : WAV, MP3
- 비디오 : GIF, H.263, H.264, MPEG

위의 어떤 유형의 데이터라도 컴퓨터 내부에 표현될 때는 모두 이진수인 비트 단위로 표현한다.

11.3.1 정수 표현

여기에서는 정수의 표현을 살펴보자. 정수는 양의 정수와 음의 정수로 나눌 수 있다. 이를 위해 비트로 표현된 정수에서 특정 비트를 양/음을 표현하는데 사용한다. 만약 양의 정수만을 사용하려면 이 특정 비트가 필요 없다. 이러한 정수 표현 방법을 **부호화/크기 방법**이라 한다.

부호가 없는 양의 정수 표현

음수를 표현할 필요가 없는 경우는 부호 비트가 필요 없다. 즉, 모든 비트를 수를 표현하는 데 사용한다. 아래는 부호가 필요 없는 N-비트 정수의 표현 방법이다.

B_{N-1}	B_{N-2}		...	...	B_2	B_1	B_0

비트 B_0에서 비트 B_{N-1}까지 N개의 비트를 모두 사용하기 때문에 정수 표현이 가능한 수는 2^N개 이고, 표현 범위는 최소 값 0부터 최대 값 2^N-1까지 표현할 수 있다. 그러므로 N = 8이면, 아래와 같이 0부터 255(2^8-1)까지 256개의 정수를 표현한다.

00000000 0

00000001 1

00000010 2

00000011 3

.

.

11111110 254

11111111 255

부호가 있는 정수 표현

부호화/크기 방법으로 N-비트의 정수를 표현하려면, 아래와 같이 N개의 비트에서 왼쪽의 비트 **한 개를 부호**를 표시하는데 사용한다. 즉, 이 비트가 1이면 음수, 0이면 양수를 나타낸다.

±	B_{N-2}	.	.	.	B_2	B_1	B_0

그러므로 N-비트에서 부호 표시로 1-비트를 사용하기 때문에 실제 수를 표현하는 비트 수는 N-1개 비트이다. 비트 B_0에서 비트 B_{N-2}까지 N-1개의 비트를 모두 사용하는 정수 표현은 2^{N-1}개 이고, 표현 범위는 최소 값 -(2^{N-1}-1)부터 최대 값 +(2^{N-1}-1)까지 표현할 수 있다. 그러므로 N = 8이면, 아래와 같이 −127(-2^7+1)부터 +127(+2^7-1)까지 전체 256개의 정수를 표현한다.

11111111 -127

.

.

10000011 -3

10000010 -2

10000001 -1

10000000 -0

00000000 0

00000001 1

00000010 2

00000011 3

.

.

01111111 127

위의 8-비트짜리 표현 예에서 보듯이 부호화/크기 방법으로 표현하면 −0(음수 0)과 +0(양수 0) 두 개의 0이 존재하는 문제가 발생한다. 또한 (-1) + (+1)을 수행하면 0이 되어야 하지만, 아래처럼 이진 더하기 연산을 수행하면 0이 되지 않는다.

```
  10000001   - 1
+ 00000001   +1
----------------------
  10000010
```

다른 예를 들어보자. 부호화/크기로 표현되는 8-비트 값 −7와 10을 더한다.

```
  10000111      -7
+ 00001010    +10
-------------------------
  10010001    -17
```

이 더하기 연산 결과는 +3이어야 하지만 −17이 되었다. 이와 같이, 부호화/크기 연산에서는 빼기

(음수 덧셈) 올바르게 처리하지 못하기 때문에 컴퓨터에서 사용할 수 없다. 그러므로 이러한 문제를 해결하기 위해 음수를 2의 보수 방법을 사용하여 음수를 표현하고 연산한다. 예를 들어, 3-비트 수를 2의 보수로 표현하면 아래와 같다.

3-비트	십진 값
000	0
001	1
010	2
011	3
100	4
101	3
110	2
111	1

2의 보수 표현에서는 −0이 없기 때문에 N-비트에서의 범위는 최소 값 -2^N에서 $+(2^N-1)$까지이다. 즉, 수의 범위는 -2^N ~ $+(2^N-1)$이다.

이런 2의 보수 표현에서는 3 + (-3) 연산으로 0을 계산할 수 있다.

```
  011   +3
+ 101   -3
--------------
 1000    0
```

여기에서 가장 왼쪽의 비트 값인 1은 3-비트짜리 수이므로, 무시하고 나머지 000만 저장된다. 그 결과 값은 000(십진수 0)로 0을 구한다. 다른 예로 −4 + (+3)을 연산해 보자. 이 연산 결과는 111(십진수 −1)로 원하는 3-비트 값 111을 구할 수 있다.

```
  100   -4
+ 011   +3
--------------
  111   -1
```

2의 보수에 대해서는 이 책의 범위를 벗어나기 때문에 정수의 표현은 여기에서 멈춘다. 만약 2의 보수 개념을 더 학습하고자 하면 다른 책을 참고해야 한다.

11.3.2 실수 표현

여기에서는 수학적 이론에 의한 실수 보다는 단순하게 소수점이 있는 수를 실수라 하고 컴퓨터 내부에 어떻게 표현하고 저장하는지를 살펴본다. 실수 표현에서 부호는 정수를 표현하는 것과 유사하지만, 소수점을 표현하는 것이 중요한 기술이다. 즉, 컴퓨터 처리기나 메모리에는 소수점을 위한 특별한 자리가 없으므로 소수점을 표현하는데 관심을 두어야 한다.

아래의 가상 컴퓨터의 셀이 8개인 메모리를 살펴보자. 3.14라는 수를 저장한다고 하고, 아래처럼 각 셀에 숫자 하나씩 저장한다고 하자. 즉, 이 메모리에는 수의 자리수가 8(소수점 포함)개를 넘을 수는 없다.

3	.	1	4	0	0	0	0

이렇게 대부분의 컴퓨터는 저장할 수 있는 수의 자리수가 7~8개 정도로 제한되어 있다. 아래 다른 예로 0.314를 저장해 보자.

0	.	3	1	4	0	0	0

마찬가지로 0.0000000314를 저장해 보자. 그러면 아래처럼 저장된다.

0	.	0	0	0	0	0	0

이때 0.0000000314에서 나머지 자리수인 0314는 어디로 갔을까? 이 수에서는 0보다는 314라는 의미 있는 수가 더 중요함에도 메모리 안에는 저장되지 않고 사라졌다. 그러므로 이 314라는 수를 저장하는 것이 의미 있다. 그러면 이 314라는 의미 있는 부분을 어떻게 저장할 수 있을까?

아래를 살펴보자.

$$3.14 = 3.14 \times 10^{0} = 31.4 \times 10^{-1} = 314.0 \times 10^{-2} = 3140. \times 10^{-3}$$
$$= 0.314 \times 10^{1} = 0.0314 \times 10^{2} = \mathbf{0.0000000314 \times 10^{8}}$$

위의 표기처럼 3.14의 소수점을 이동하면, 같은 값을 가지는 여러 수로 표현할 수 있다. 이때 이렇게 소수점을 이동하여 표현 할 수 있는 수를 **유동 소수점 수**(Floating Point Number)라 한다.

그러므로 이러한 속성을 활용하여 소수점이 있는 수를 **소수점 바로 다음에 오는 수가 0이 아닌 수**가 오도록 소수점을 이동할 수 있다. 즉, 소수점이 있는 모든 실수의 소수점을 이동하여 **정수부분을 0으로** 만들고, **소수점 아래 첫 번째 수는 반드시 0이 아닌 수**가 오도록 만든다. 이것을 과학적 표기법으로 **정규화**라 한다고 한다.

위에서 자리수의 부족으로 표현하지 못했던 0.0000000314를 정규화하면 아래와 같다.

$0.0000000314 = 0.314 \times 10^{-7}$

즉, 0.314×10^{-7}에서 소수점 아래 첫 번째 수가 0이 아닌 3이 오도록 정규화 했다. 이렇게 하여 아래처럼 의미 있는 수 314를 저장할 수 있다.

3	1	4	0	0	0	0	0

그러나 원래의 값인 0.314×10^{-7}에서 10^{-7}는 어디로 갔나? 0.314만 표현되었지 10^{-7}는 표현되지 않았다. 그러므로 10^{-7}도 표현해야 한다.

이와 같이 실수 값은 정규화를 통해 **의미 있는 자리수** 부분(크기 부분)과 × 10^m **부분**(지수 부분)을 컴퓨터 내부에 표현한다. 즉, 소수점을 이동하여 지수부와 소수점 이하 부분으로 정리만 하면 실수를 표현 할 수 있다. 또한 소수점 이하가 의미 있는 값을 가지도록 최대한으로 자리수를 늘린다. 그러면 비트로 표현할 수 있는 유효 수(자리수)가 증가한다.

종합적으로 N-비트로 표현하면 아래와 같이 나타낼 수 있다.

실수 부호	지수 부호	$\times B^{\pm E}$	$\pm 0.b_{m-1}b_{m-2}....b_0$
±	±	지수 부분(E)	크기 부분(M)

실수 부호는 숫자 자체의 부호이고, 지수 부호는 정규화 후에 소수점 이동으로 표현된 지수 부분의 지수에 부여된 부호이다. 지수 부분은 정규화 후에 소수점 이동으로 표현된 지수 부분이고, 크기 부분은 소수 이하의 유효 자리 수이다. 지수 부분은 십진수 이면 밑이 10이고, 이진수 이면 밑은 2이다. 대부분의 컴퓨터는 이진수를 사용하므로 보통 밑은 2이다. 위의 표현을 수학적으로 나타내면 아래와 같다.

$\pm M \times B^{\pm E}$

M(Mentisa)은 크기 부분이고, B(Base)는 밑이고, E(Exponent)는 지수이다.

그러면 예를 들어보자. 십진수 −25.458는 이진수로 표현하면 $-11001.0111_2 \times 2^0$이다. 정규화를 수행하면 -0.25458×10^2로 변환되고, 크기 부분은 0.25458이며, 지수 부분은 2이다. 그러므로 정규화하 이진수는 $-0.110010111_2 \times 2^5$이다. 마찬가지로 실수의 부호는 -이고, 크기 부분은 0.110010111_2이고, 지수는 5이다. 실수 형태인 32-비트로 표현하면 아래와 같다.

부호 1-비트	지수 7-비트 (부호 비트 포함)	크기 부분 24-비트

여기에서 지수는 양의 지수와 음의 지수가 있다. 그러므로 지수 5는 양수이고 이진수로 101_2이다. 최종적으로 아래와 같다.

부호 비트 : 1

지수 비트 : 0000101

크기 비트 : 110010111000000000000000

최종으로 -25.458는 실수를 위한 지수 표현으로 아래와 같이 32-비트로 변환한다.

10000101110010111000000000000000

그림 11.1은 컴퓨터 안에 저장된 포맷이다.

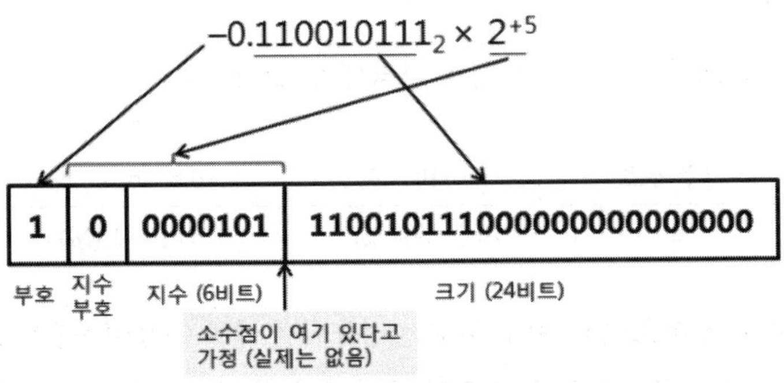

그림 11.1 실수 −25.458의 컴퓨터 안에 저장된 포맷

11.4 문자 표현

문자를 이진수로 표현하고 저장하려면 영어 알파벳이나 기호를 컴퓨터가 이해하도록 각 알파벳 문자나 기호에 지정한 수를 할당할 수 있다. 이와같이 할당한 값을 **코드**라 한다.

예를 들어, 영어 알파벳을 8-비트를 사용하여 표현한다.

기호	십지수 표현	8-비트 이진 표현
A	1	00000001
B	2	00000010
C	3	00000011
D	4	00000100
.	.	.
.	.	.
Z	26	00011010
.	.	.
.	.	.
@	128	10000000
!	129	10000001
.	.	.
.	.	.

이런 방식으로 5개의 문자를 'BADA@'를 표현하면 메모리에는 아래처럼 8-비트 코드를 사용하여 각각 문자를 나타낸 이진 값을 저장한다.

B A D A @

00000010 00000001 00000100 00000001 10000000

컴퓨터는 8-비트로 된 10000001를 기호'!'로 해석해야 한다. 부호 없는 정수 129나 음수 1(-1)로 해석하지 않고 문자 '!'로 알아야 한다. 즉, 프린터나 화면에 출력할 때는 기호 '!'로 해석하고 연산할 때는 수 값 129로 알아야 한다.

워드 작업을 할 때는 무자를 사용하는데, 널리 사용하는 코드로 **에스키 코드**(American Standard Code for Information Interchange, ASCII) 있으며, 대부분 컴퓨터에서 문자를 취급하는데 사용하는 코드이다. 이 코드는 각 문자와 기호를 표현하는데 8-비트를 사용하며, 모두 256(28)개의 문자나 기호(0에서 255까지의 정수)를 나타낼 수 있다. 그러나 이 중에서 보통 사용하는 문자는 32번부터 126번까지만 해당한다. 나머지 정수는 아직 할당 하지 않았거나 보통 사용하지 않는 문자를 할당한다. 즉, '삭제(Del)', '응답 신호', '탭'등 제어용이거나 기타 신호용 값이다.

아래는 보통 사용하는 문제에 대한 에스키 코드의 일부이다.

키보드 문자	에스키 코드	정수 값(십진수)
(빈칸)	**00100000**	**32**
!	00100001	33
#	00100011	35
.		
.		
*	00101010	42
+	00101011	43
.		
.		
0	00110000	48
1	00110001	49
2	00110010	50
.		
.		
9	00111001	57
.		
.		
=	00111101	61
>	00111110	62
?	00111111	63
.		
.		
A	01000001	65
B	01000010	66
C	01000011	67
.		
.		
P	01010000	80
Q	01010001	81
.		
.		
a	01100001	97
b	01100010	98
c	01100011	99
d	01100100	100
.		
.		
	01111101	125
~	**01111110**	**126**

이 에스키 코드는 오늘날 여러 국가의 문자와 인터넷에서 사용하는 각종 문자와 기호를 표현 하는 데는 한계가 있다. 그래서 새로운 코드가 나왔는데, 바로 **유니코드**(UNICODE)이다. 이 코드는 16-비트를 사용하고, 65,536(2^{16})의 문자나 기호를 표현 할 수 있다는 것을 의미한다. 세계 각 문자를 표현하고 더 많은 정보를 문자로 주고 받아야 한다. 그러므로 대소문자 26자 문자와 10자리 숫자에 더 추가한 알파벳으로 정보를 표현하고 교환하는 것은 매우 중요한 일이다. 즉, 영어는 물론, 한국어를 포함한 세계 각 언어 알파벳과 각종 수학 기호 등 에스키 코드가 표현하지 못하던 것들을 표현한다. 그러나 유니코드도 65,000개 이상의 기호를 표현할 수 있다. 그러므로 세계 수백 종류의 알파벳을 50,000개 이상의 기호에 코드를 할당하는 표준으로, 어떤 언어이든 관계없이 문자 정보를 사용하고 공유할 수 있는 방법이다.

11.5 소리 표현

소리는 인간이 주위에서 청각적으로 접할 수 있는 모든 자연의 아날로그 신호를 말한다. 그리고 **오디오**는 인간의 귀를 통해 인지 자각되는 소리 신호를 말한다. 가청 주파수라 하고 보통 20에서 20,000 헤르츠(hertz)이다. 음악, 음성, 통화 소리, 라디오 소리 등은 모두 오디오이며, 오디오의 범위를 넘는 주파수는 초음파라 한다. 이러한 소리를 컴퓨터 내부에 저장하려면, **디지털화**해야 하고 컴퓨터에서 저장, 재생, 전송이 가능하다(이 절에서는 소리와 오디오를 구별하지 않고 기술한다).

그림 11.2(a)는 아날로그 소리를 파형으로 보고 단순하게 표현한 것으로, 이 신호를 디지털화한다. 그림 11.2에서 파형의 진폭(높이)은 소리의 크기를 말하고, 주기(T)는 온전한 한 사이클의 파형을 만드는 데 걸리는 시간을 말한다. **주파수**(F)는 단위 시간당 사이클의 총 수(사이클/초)로 **헤르츠**라 하며 F = 1/T이다. 주파수는 소리의 높음과 낮음인 **피치**(음률)의 척도이다. 그러므로 더 높은 주파수는 더 높게 감지되는 톤(Tone)이다.

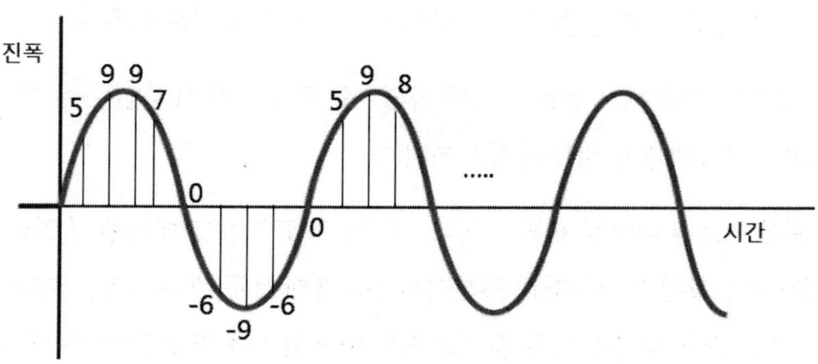

(a) 아날로그 소리 신호의 표본화

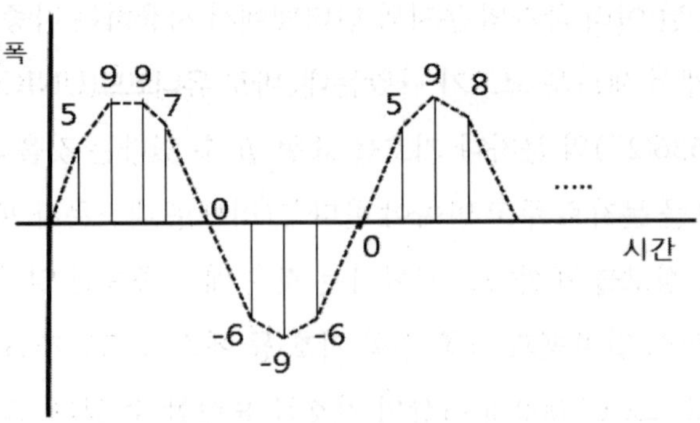

(b) 표본 값에서 신호 재생성

그림 11.2 소리의 디지털화 예

이런 특성을 가진 파형의 소리를 컴퓨터에 저장하기 위해 어떻게 디지털화 하는지 살펴보자. 디지털화 과정은 아래 순서의 세 단계로 이루어진다. 이것은 보통 사용하는 일반적인 방법이며 여러 변형한 방법을 사용할 수 있다.

- 표본화: 아날로그 소리를 일정 단위 시간 간격으로 쪼개어, 신호의 진폭을 측정하여, 해당하는 정수 값을 저장한다. 그러므로 파형의 진폭이 표본화된 숫자의 연속으로 컴퓨터 안에 표현된다.
- 양자화: 샘플링된 연속된 정수 값을 미리 정해진 숫자 단위(범위)로 변환한다.
- 인코딩: 양자화를 거쳐서 생성된 숫자 패턴을 비트 패턴으로 변환한다.

그림 11.2에서 좀 더 구체적으로 살펴보면, 컴퓨터 안에 표본화된 정수 값 5, 9, 9, 7, 0, -6, -9, -6, ..이 연속으로 저장된다. 이 값 하나하나가 이진수로 변환된다. 이렇게 저장된 값이 원래의 아날로그 값에 가깝게 재생된다(이미 디지털화 되어서 완전한 아날로그 값은 될 수 없다). 즉, 맨 처음 5에 적당한 높이의 소리로, 다음에 9에 적당한 크기의 소리로, 9, 7, ... 등으로 재생한다(그림 11.2(b)). 이런 값들이 소리를 재생하는 스피커 같은 오디오 장치로 전달되어 소리로 나온다.

여기서 재생되는 소리가 원래의 아날로그 값에 가깝기만 하고 정확하지 않은 두 개의 이유가 있다. 하나는 표본화 비율이고, 하나는 비트의 깊이이다.

표본화 비율은 파형에서 초당 추출한 표본 수이다. 그러므로 표본을 많이 하면 당연히 소리의 정확도는 올라간다. 예를 들어, 그림 11.2(a)처럼 표본화하는 과정에서 두 개의 표본 사이의 소리는 표본화되지 않아서 없어지고 만다. 파형을 너무 잘게 표본화하면 원음에 가깝기는 하나 용량이 커지고, 너무 넓게 표본화하면 소리가 없어지게 된다. 그러므로 적당한 간격으로 표본화를 하여야 한다.

단위 시간을 1초로 설정하고 표본 8,000개를 만들고, 8-비트 패턴으로 변환하면 8,000/초 X 8-비트 = 64,000 비트 = 8,000 바이트 = 8KB의 음원 데이터가 된다. 그러므로 압축 기술이 필요하다.

소리에서는 KHz라는 단위를 사용하는데 표본화 회수를 말하며, 전송할 때의 kbps는 1초당 전송하는 데이터의 양이다. KHz와 kbps는 클수록 소리의 질은 좋아지지만 용량도 증간한다. 초당 R개의 표본을 만드는 표본화 비율(R 표본/초)은 약 R/2 헤르츠 까지 모든 주파수를 재생성 하도록 한다. 인간의 청각은 약 20,000 헤르츠 까지의 소리를 들을 수 있기 때문에, 적어도 초당 40,000개의 표본을 만드는 표본화 비율이 필요하다.

비트의 깊이는 각 표본을 인코딩하는데 사용된 비트 수이다. 비트 수가 증가하면 표현하는 문자의 수도 증가하듯이(8-비트는 256개, 10-비트는 1024개, ...) 소리도 마찬가지이다. 처음에는 표본 당 8-비트가 표준으로 256 레벨의 소리 크기를 만들 수 있었지만, 여러 음향 장치에서 좋은 소리를 재생하기에는 충분하지 않다. 오늘날에는 표본 당 16-비트나 24-비트를 사용하여 65,000 레벨이나 16,000,000 레벨의 소리를 만든다. 이와 같이 여러 기술이 적용되어 다양한 인코딩 포맷이 있다. WAV(Wave, Waveform audio format), AU, Quicktime, RealAudio, WMA, AIFF(Audio Interchange File Format) 등은 많이 알려진 포맷이다. 또 많이 사용하는 포맷으로 MP3가 있는데, 이것은 동영상 전문가 그룹인 MPEG(Motion Picture Experts Group)의 오디오 레벨 인코딩 기술에 의한 포맷이다. 이 MP3은 소리 신호를 초당 44,100개의 표본으로 만들고, 표본 당 16-비트를 사용한다. 고품질의 소리를 재생하기 때문에 널리 사용되고 있다.

11.6 영상 표현

사진이나 영상도 소리와 마찬가지로 이진 값으로 컴퓨터 안에 저장한다. 영상은 명암과 색의 연속이다. 영상 표본화 과정은 스캐닝 이라고도 하는데, 영상에 규칙적인 간격으로 놓인 각 점의 명암 값을 측정하는 것으로 이루어진다. 이러한 점들을 **화소**(픽셀, Pixel)라 하는데, 화소를 더 많이 사용하면 영상을 인코딩하는데 더 정확해진다. 고품질의 디지털 카메라는 천만 화소 이상의 영상도 저장한다.

그러면 각 화소를 어떻게 디지털화하고 저장하는지 살펴본다. 영상을 저장하려면 아래와 같이 세 방법을 사용할 수 있다.

- 흑백 영상으로 저장
- 회색 영상으로 저장
- 컬러 영상으로 저장

흑백 영상으로 저장

흑백 영상으로 저장하는 방법은 가장 쉬운 방법이고 저장 공간도 적다. 단순하게 영상의 흰색은 이진 값 '0'으로, 까만색은 이진 값 '1'로 저장한다. 그러므로 영상에서 각 객체 사이에 경계가 뚜렷하다. 그림 11.3은 흑백으로 저장한 사진 예이다.

0	0	0	0	0	0	0	0	0	0	0	0	0	0	0
0	0	0	0	0	0	0	0	0	0	0	0	0	0	0
0	1	0	0	0	1	0	0	0	0	0	0	0	0	0
1	1	1	1	1	0	1	0	0	0	0	0	0	0	0
0	1	0	1	0	1	0	0	0	0	0	0	0	0	0
0	1	0	0	0	1	0	0	0	0	0	0	0	0	0
1	0	1	1	1	1	1	0	0	0	0	0	0	0	0
0	0	0	0	1	1	1	1	1	1	1	1	0	0	0
0	0	0	0	1	1	1	1	1	1	0	1	1	0	0
0	0	0	0	1	0	1	0	1	0	0	1	1	1	0
0	0	0	0	0	1	1	1	1	1	1	1	1	0	1
0	0	0	0	1	0	1	1	1	1	1	1	1	0	0
0	0	0	1	0	0	1	0	0	1	0	1	0	0	0
0	0	0	0	1	0	1	0	0	1	0	1	0	0	0

그림 11.3 흑백으로 저장한 디지털 사진

이렇게 흑백으로 영상을 저장하면 각 화소마다 1-비트만 할당하면 된다. 예를 들어, 화소가 100,000×120,000인 영상은 아래와 같이 저장 공간을 차지한다. 이 영상은 흑백의 작은 영상인데도 1.5GB의 저장 공간을 차지한다.

100,000×120,000×1 비트(Bits)
= 12,000,000,000 비트(Bits)
= 1,500,000,000 바이트(Byte)
= 1,500,000 K바이트(KByte)
= 1,500 M바이트(MByte)
= 1.5 G바이트(1.5GB)

회색 영상으로 저장

영상을 흑백 외에도 회색으로 표현할 수 있는데, 회색으로 표현하면 명암을 더욱 다양하게 나타낼 수 있다. 즉, 흰색과 까만색 사이를 여러 개의 레벨로 나누면 다양한 회색이 만들어진다. 이렇게 회색으로 만들려면 화소 하나를 1-비트로만 표현하는 것이 아니라 N-비트로 나타낼 수 있다. 8-비트를 사용하면 256개의 회색을 만들 수 있다. 즉, 아래처럼 완전 흰색 0부터 완전 까만색 255까지 256개의 회색이 연한 것부터 진한 것까지 수준별로 만들어진다.

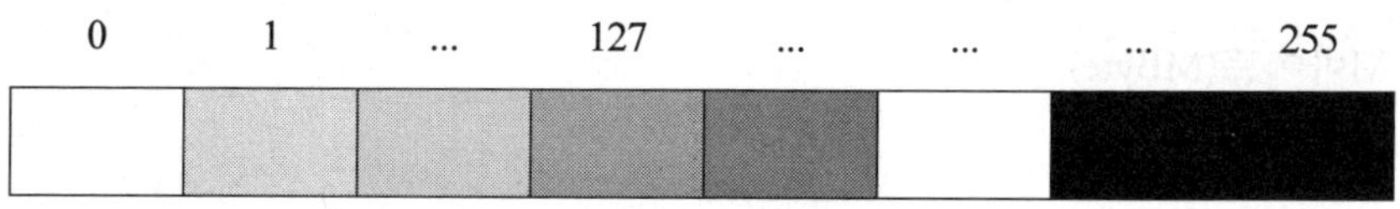

그림 11.4는 회색으로 저장한 영상 예이다. 까만 부분은 255가, 흰색 부분은 0 중간 회색은 수준별로 105, 110, 115, 120 등 다양한 회색이 들어가 있다.

0	0	0	0	0	0	0	0	0	0	0	0	0	0	0
0	0	0	0	0	0	0	0	0	0	0	0	0	0	0
0	120	0	0	0	110	0	0	0	0					
	105	105	105	125	0	120	105	0	0					
0		0	0	0	118	0	0	0	0					
0	0	0	0	0	118	0	0	0	0	0	0	0	0	0
120	120	120	120	120	118	105	0	0	0	0	0	0	0	0
0	0	0	0	0	0	105				0	0	0	0	0
0	125	125	125	0	0	105	120	120	120	0	105	0	0	0
0	0	125	0	0	0	105	0	0	0	0	105	0	0	0
0	0	0	0	0	0	105	0	0	0	0	105	0	0	0
0	0	115	115	115	115	115	115	115	115	0	105	0	0	0
0	0	115	115	115	115	115	115	115	115	120	120	120	120	0
0	0	115	115	115	115	115	115	115	115	120	120	120	120	0

그림 11.4 회색으로 저장한 디지털 사진

이렇게 저장하려면 각 행을 왼쪽부터 오른쪽으로 완전히 인코딩하고 나서, 다음 행을 차례로 인코딩한다. 그러므로 각 화소는 부호가 없는 정수 값으로 저장된다. 영상을 이런 인코딩으로 저장하는 기술을 **레스터 그래픽**(Raster Graphics)이라 하고, 잘 알려진 그래픽 표준인 **JPEG**(Joint Photographer Experts Group), **GIF**(Graphics Interchange Format), **BMP**(bitmap)로 사용한다.

영상을 회색 영상으로 저장하면 각 화소마다 8-비트가 할당되므로, 위의 화소가 100,000×120,000인 영상을 회색으로 저장하면 아래와 같은 저장 공간을 차지한다. 즉, 흑백 영상일 때보다 8배 저장 공간을 더 차지한다.

100,000×120,000×8 비트(Bits)
= 96,000,000,000 비트(Bits)
= 12,000,000,000 바이트(Byte)
= 12,000,000 K바이트(KByte)
= 12,000 M바이트(MByte)
= 12 G바이트(12GB)

컬러 영상으로 저장

영상을 컬러로 디지털로 표현하고 저장하려면 각 화소마다 정보를 더 많이 주어야 하는데, 보통 방법은 빨강, 녹색, 파랑의 정보를 제공하는 기술이다. 이 기술을 **RGB**(Red, Green, Blue) **인코딩 기법**이라 한다. 이 방법은 각 화소에 빛의 삼원색인 빨강, 녹색, 파랑의 정보를 제공하는데, 각 색상 마다 8-비트 씩 24-비트를 사용한다. 즉, 빨강 8-비트, 녹색 8-비트, 파랑 8-비트로 각 색상 마다 256개의 레벨로 색상을 만든다(빨강 256개, 초록 256개, 파랑 256 개). 그리고 각 색상의 조합으로 다양한 색을 표현하고 저장한다. 이때 모든 색상을 다 합치면 흰색이 된다. '0'은 색이 없다는 것을 의미한다(까만색이 됨).

순수 빨강과 순수 파랑을 섞으면 '보라'가 된다. 즉, RGB = (255, 0, 255)로 인코딩 된다. 마찬가지로 붉은 분홍은 RGB = (255, 105, 180)로 인코딩 된다.

이와 같이 24-비트(3-바이트) 정보로 색상을 표현하면 2^{24} = 16,777,216 개의 색을 표현할 수 있다. 이 24-비트 컬러 인코딩 기법을 **트루 컬러**(True Color)라 하는데, 색상의 범위가 매우 넓고 화면에 나타날 때 매우 깨끗하고 정확하다. 이 방법으로 만들어지는 영상 포맷이 바로 JPEG((Joint Photograph Expert Group) 컬러 영상이다. 그러나 16,000,000 이상의 색상을 만든다는 것은 용량이 너무 크고 메모리 공간을 많이 차지한다. 그래서 **컬러 팔레트**라는 기술을 이용하여 저장 공간을 줄이고 있다. 이 방법은 한 번에 256개의 색상만 사용하도록 인코딩한다. 즉, 각 화소마다 8-비트만 순간적으로 사용한다. 이렇게 하여 약 67% 가량 공간을 줄일 수 있다. 이 256개 값으로 명확하게 RGB 색상 값을 나타내지는 못하는데, 단지 팔레트에 대한 인덱스(컬러 테이블)로 사용한다. 이 인덱스는 팔레트 위의 어떤 색상이 현재의 화소를 그리는데 사용되는지를 지정한다. 이게 바로

GIF(Graphics Interchange Format)에 사용되는 기술이다.

위의 영상을 컬러로 표현하고 저장하면 저장 공간은 아래와 같다. 즉, 회색 영상일 때보다 3배 저장 공간을 더 차지한다.

100,000×120,000×24 비트(Bits)
= 288,000,000,000 비트(Bits)
= 36,000,000,000 바이트(Byte)
= 36,000,000 K바이트(KByte)
= 36,000 M바이트(MByte)
= 36 G바이트(36GB)

위의 해상도와 색상 비트를 사용하여 네트워크를 통해 전송한다면 데이터는 36GB가 필요하다. 즉, 사진 한 장을 전송하기 위하여 많은 데이터를 전송하고 시간도 많이 소요된다. 이런 문제를 해결하기 위해 영상을 압축하여 표현하고 저장한다. 압축 방식에 따라 다양한 파일 확장명이 있다.

영상을 표현하는 이런 비트맵 방식 외에도 객체를 한 단위로 표현하는 **벡터 그래픽 방식**도 있다. 이 기술은 영상을 여러 기하학적인 다각형 '객체'의 모임으로 보고 각 객체를 선이나 도형을 사용한 수식으로 표현을 한다. 많이 사용하는 PPT(Power Point) 응용 프로그램이 여기에 속한다. 그림 11.5는 벡터 그래픽 방식의 예이다. 벡터 그래픽 방식은 벡터를 사용하므로 전용 드로잉 소프트웨어를 사용한다. 객체 위주의 편집을 지원하기 때문에 그림의 변형이나 파괴가 없다.

그림 11.5 벡터 그래픽 방식 예

12 분산 컴퓨팅

앞에서 컴퓨팅과학이 무엇인지와 컴퓨팅과학의 기본을 이루는 데이터와 프로그램 구조 그리고 이런 원리와 개념을 활용하는 객체 지향 프로그래밍 기법 고급 프로그래밍 언어 번역과 컴퓨터 내부에서의 실행 과정을 살펴보았다.

이 장에서는 오늘날 컴퓨팅 시스템의 연결을 통한 외형적인 조직을 이루는 분산 시스템과 대용량 분산 파일 시스템을 살펴본다.

12.1 개요

이미 1장에서 컴퓨팅 시스템은 정보 처리하는 것을 연구하는 학문이라고 했다.

오늘날 분산 **컴퓨팅**환경은 그림 12.1과 같이 각 개인 컴퓨터나 이동가능한 장치가 인터넷에 연결된 서버나 다른 고성능 자원 등을 공유할 수 있거나 협동으로 사용할 수 있도록 필요한 하드웨어와 소프트웨어로 구성되어 사용자가 원하는 일(작업, 태스크)를 처리하는 일련의 환경이다.

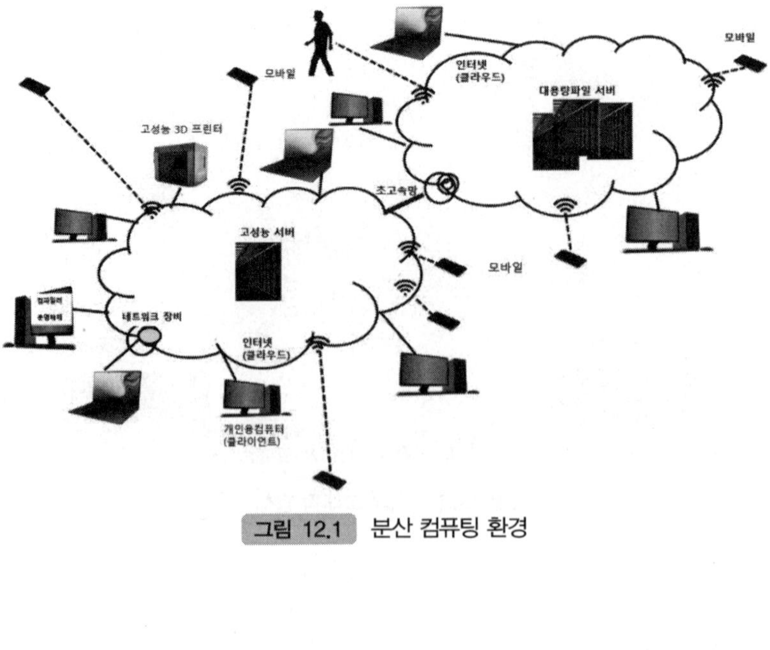

그림 12.1 분산 컴퓨팅 환경

이러한 컴퓨팅 환경은 다양한 **컴퓨팅 시스템**으로 구성되고 각 시스템은 환경과 활용 영역에 따라 각각의 속성과 특성을 지니지만 일반적인 원리와 개념은 유사하다.

아래에서 컴퓨팅 시스템의 변화 과정과 분산 시스템의 전반적인 구성과 속성을 살펴보고 이어서 대용량 파일 시스템을 알아본다. 또한 이러한 분산 시스템을 이루기 위한 기반으로 컴퓨터 네트워킹을 살펴본다.

12.2 컴퓨팅 시스템 변화

컴퓨팅 기술에 대한 아주 오래된 수 백년 전부터 생각해 온 컴퓨터의 전신과 아날로그 컴퓨터는 배제하고, 오늘날 범용 디지털 컴퓨터라고 말할 수 있는 컴퓨팅 시스템을 인간이 어떻게 사용하고 변화해 왔는지, 즉 **인간과 컴퓨터 상호작용**이라 할 수 있는 사용 방식의 변화를 개념과 더불어 살펴보자. 1940년대 중반부터 출현한 디지털 컴퓨터에 대해 인간이 컴퓨터를 사용하는 방식은 지난 80여 년 동안 컴퓨터 운영체제의 변화와 더불어 계속하여 인간 중심으로 변화되어 왔다. 운영체제는 컴퓨팅 시스템을 구성하는 아주 중요한 시스템 프로그램이므로 컴퓨터 시스템의 모든 자원을 관리하고 지원한다. 그러므로 운영체제는 역사적으로 사용된 이론과 기술을 모두 포함하고 반영하여 현재의 운영 체제를 이루고 있다.

이 운영체제는 컴퓨터 구조는 물론 사용자가 사용하기 편리하도록 발전해 왔으므로, 인간과 컴퓨터의 상호작용 방식이 어떻게 변화해 왔는지와 그 시대의 컴퓨팅 환경과 기술, 배경들을 살펴본다.

이미 2장에서 설명한 것과 같이 1940년대 중반 초기의 디지털 컴퓨터는 운영체제를 사용하지 않았다. 즉, 컴퓨터 한대를 한 번에 한 사용자가 프로그램 하나만 실행할 수 있었으며, 그림 12.2와 같이 컴퓨터를 해체하고 다시 각 부품과 전선을 프로그램에 따라 새로 다시 연결하고 구축하여 재구동해야만 했기 때문에 근본적으로 오늘날 말하는 운영체제를 통한 컴퓨터 상호작용이라는 개념 자체가 없었다.

그 후 1950년대 중반에 여러 사용자가 동시에 사용할 수 있도록 하는 운영체제가 탄생하였으며, 여러 사용자의 프로그램을 동시에 입력하여 운영체제의 관리와 제어를 통해 한 번에 여러 사용자의 프로그램을 실행하도록 했다. 이때의 컴퓨팅 시스템은 진공관이나 트랜지스터를 사용하는 하드웨어 기술이었으며, **메인프레임**이라 하고, 별도의 컴퓨터실 공간에서 전문 운영자에 의해 운영되었고, 프로그래머는 천공(펀치) 카드에 작성된 프로그램을 카드리더기를 통해 입력하고 일정시간 기다렸다가 결과를 나중에 받아 볼 수 있었다. 여러 개(혹은 여러 사용자)의 프로그램을 모아서 한꺼

번에 처리하기 때문에 **일괄처리** 한다고 한다.

그림 12.2 1940년대 에니악 컴퓨터 프로그래밍-(https://www.diaforetiko.gr/istorikes-fotografies-pou-axizi-na-dite/)

12.2.1 일괄 처리 시스템

일괄 처리 시스템은 그림 12.3과 같이 여러 개의 프로그램과 데이터를 연속되는 순서로 모아서 일괄적으로 실행한다. 일단 운영체제가 프로그램 실행을 시작하면 사용자나 운영자의 간섭 없이 프로그램의 실행문 명령을 수행하며 각 프로그램을 구별하는 제어 명령에 따라, 순차적으로 작업이 이루어지며 실행 중에 명령이나 데이터를 변경할 수 없다. 일괄 처리 시스템에서는 여러 개의 작업을 사용자의 대기 시간과 각 프로그램의 투입부터 반환까지의 시간(턴어라운드 시간, turn around time)을 줄이기 위해 각 프로그램에 대해 가장 좋은 순서를 결정하고 배당하는 정책이 중요한 문제였다. 이러한 최적의 순서를 결정하는 방법을 **처리기 스케줄링**이라 한다. 스케줄링 방식으로는 **선착순** 방식, **짧은 작업 우선처리** 방식, **라운드 로빈** 방식 등 여러 방법이 있으며 사용자 전체의 평균 대기시간과 평균 반환시간을 줄이기 위해 노력했다. 즉, 여러 사용자들이 컴퓨터를 공유하는데 초점을 두었다.

그림 12.3 일괄 처리 시스템 개념

12.2.2 시분할 시스템

1960년대 컴퓨팅 시스템은 트랜지스터와 IC(Integrated Circuit, 집적회로) 기술의 발달로 컴퓨터의 크기가 작아졌으며 컴퓨팅 시스템의 활용 범위도 넓어졌다. 컴퓨팅 기술이 크게 변하면서 성능도 높아졌으며, 그 중 하나가 **인간 중심의 컴퓨팅** 기술이었다. 이때의 컴퓨팅 기술과 인간과 컴퓨터의 상호작용 방식은 그림 12.3과 같이 한 대의 컴퓨터를 여러 사용자가 동시에 사용할 수 있는 다중 프로그래밍 기술이다. 이것은 그림 12.4와 같이 한 메모리를 여러 영역을 나누어 동시에 여러 프로그램 혹은 여러 사용자 프로그램을 탑재하고 시간을 균등하게 쪼개어(time slice), 이 타임 슬라이스를 각 프로그램에 돌아가면서 할당하여 실행한다(멀티 프로그래밍 기술이라 한다). 이 당시에는 메모리 개발 기술도 어려웠고 비용도 많이 들었기 때문에 메모리에 프로그램 하나만 실행하기에는 자원 활용면에서 효율적이지 못했기 때문에 동시에 여러 프로그램을 병행으로 실행하여 효율성을 높이려 하였다. 즉, 여러 사람이 동시에 사용가능한 '시분할(Time Sharing)' 기술이다.

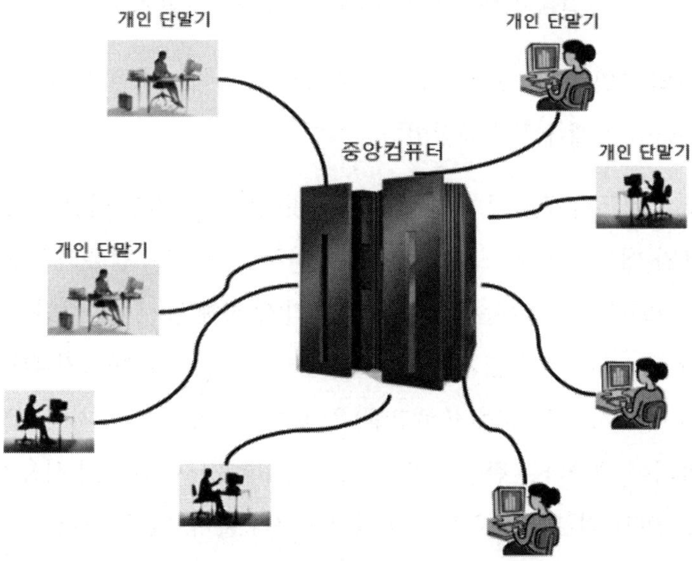

그림 12.3 다중 프로그래밍이 가능한 시분할 기술

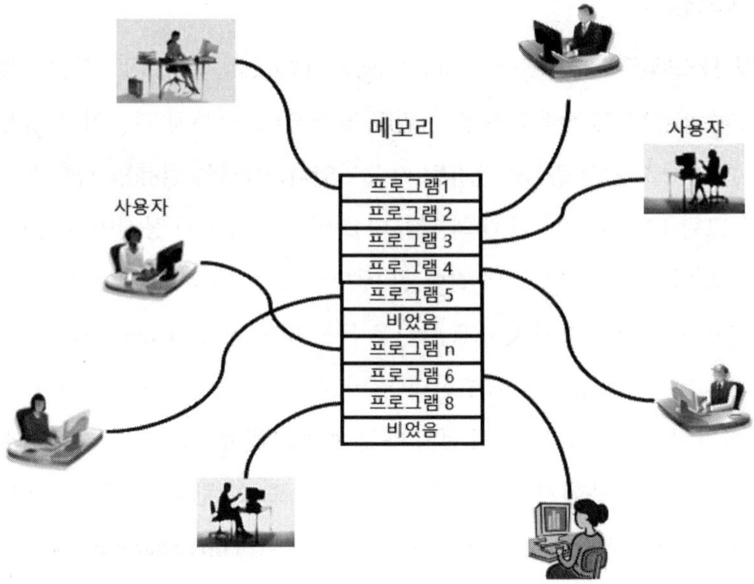

그림 12.4 다중 프로그래밍이 가능한 시분할 기술

이 전에는 여러 사람의 작업(프로그램)을 모아서 기계의 운영에 따라 한꺼번에 처리하는 일괄처리 기술이기 때문에 사람이 기계에 종속되었었다.

그러나 시분할 방식은 컴퓨터 중심의 운영 방식에서 벗어난 실질적인 인간 중심의 기술이었다. 각 단말기 앞에서 사용자 개인이 응용 프로그램을 수행하는 것이지만, 컴퓨터의 중앙처리 장치는 시간을 분할하여 여러 프로그램에 균등하게 할당하여 각각 정해진 시간만큼만 실행한다. 처리기의 시간(마이크로초 단위, ms)은 너무 짧게 배당하고, 처리기의 속도도 빠르기 때문에 사용자의 입장에서는 같은 시간에 여러 사람의 작업(프로그램)을 동시에 수행하는 것처럼 보인다. 이 때문에 사용자는 컴퓨터 단말기에 나타나는 반응 속도를 매우 중요하게 여겼다. 각 사용자가 컴퓨터와 **직접 상호작용**하는 것으로 인간-컴퓨터 상호작용의 시작점이라 할 수 있다. 이때의 시분할 방식은 상호작용 방식을 고려했다기 보다는 단지 **동시에** 여러 개의 프로그램을 실행하여 프로그램 전체의 반환 시간을 줄이는 것이 목적이었다.

시분할 시스템은 한 컴퓨팅 시스템을 여러 사용자들이 동시에 원격으로 접속하여 수행하는 것이 가능하며, 일괄 처리 시스템과 달리 실행할 작업을 미리 준비하는 것이 아니라 사용자는 각각 자신의 원격 터미널에서 프로그램을 수행시키면서 필요하면 실행 도중에 수정하는 컴퓨터와의 상호작용이 가능하다. 이 때의 운영체제는 하나의 시스템에서 여러 목적의 일을 수행하고, 동시에 여러 개의 작업을 실행시키기 위해 더 크고 복잡해졌다. 특히, 사용자들과의 상호 작용에 있어서 사용자들의 요구에 즉시 응답을 제공하고, 여러 개의 작업을 동시에 수행하기 위해 자원 관리와 보호 장치가 더욱 중요하게 되었다. 또한 원격 터미널은 스스로 독자적인 운영체제가 구동되거나 응용 프로그램을 실행할 수는 없으며 단지 중앙 컴퓨터에 원격으로 연결된 모니터와 키보드만 있는 '**더미 터미널**(dummy terminal)'이었다. 멀리 떨어져 연결되었을 뿐 네트워킹으로 연결되는 것은 아니다.

12.2.3 개인용 컴퓨터 시스템

1970년대 중반에서 1980년대 초, 개인용 컴퓨터의 등장으로 여러 사용자가 메인 프레임 컴퓨팅 시스템 하나를 공유하여 사용하는 것이 아니라, 사용자 각각은 자신만의 컴퓨터를 사용할 수 있게 되었다. 이 개인용 컴퓨터는 독자적인 운영체제가 있으며 사용자는 개인용 컴퓨터에서 프로그램을 개발하거나 각종 응용 프로그램을 구동할 수 있었다. 또한 필요할 때는 다른 컴퓨터 혹은 고성능 서버나 대용량 파일 서버에 네트워크로 연결하여 성능을 확장하여 활용할 수 있다. 이때 개인용 컴퓨터를 **클라이언트**라 한다. 더불어 그래픽 기술의 발전으로 윈도우 시스템이 출현했으며 사용자는 그림 12.5와 같이 운영체제와 별도로 독립된 사용자 인터페이스 관리 시스템(User Interface Management System, UIMS)을 통해 컴퓨터 자원에 접근하거나 사용할 수 있게 되었다. 즉, 그래픽 사용자 인터페이스의 WIMP(Window Icon Pointer Menu)기술을 활용한 다양한 작업을 수행할 수 있게 되었다. 사용자는 운영체제를 이해하거나 컴퓨터 기술에 종속하지 않고 윈도우시스템의 각종 자원을 통해 자신의 생각에 따라 WIMP로 컴퓨터 자원에 접근하면 운영체제는 윈도우 시스템과의 연동으로 사용자의 작업을 수행한다. 이것은 객체 지향 프로그래밍 개념으로 가능하게 되었다. 즉, 사용자의 생각을 아이콘이 의미를 상징적으로 대신하기 때문에 아이콘과 태스크를 연결해준다. 또한 하드디스크도 반도체로 장착되어 있다.

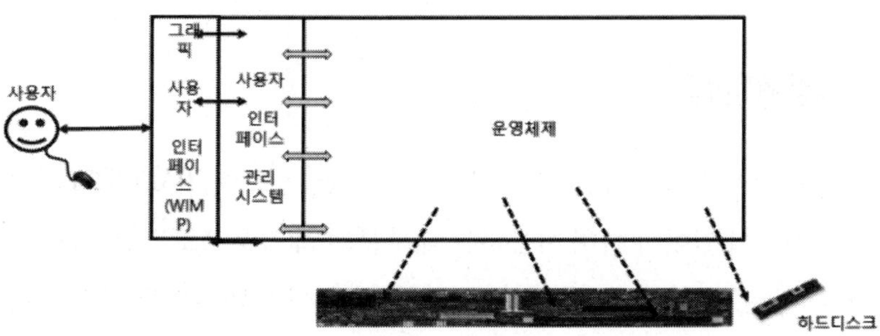

그림 12.5 그래픽 인터페이스 시스템을 통한 상호작용

12.2.4 임베디드 시스템

임베디드 시스템은 독립적인 단일 시스템을 제어하기 위해 특수 목적을 가진 시스템으로 사용되며, 일반적인 시스템과 다르다. 자율 주행 로봇을 제어하기 위한 컴퓨터, 미사일 유도 방향을 제어하기 위한 컴퓨터, 공장 자동화 제어 컴퓨터 등 특수 분야 시스템부터 가정용 조명 제어 시스템, 홈네트워크 제어 시스템, 스마트폰, TV, 오디오, 전자레인지, 냉장고 등과 같은 가전제품까지 임베디드 시스템은 다양한 분야에서 사용되고 있다. 임베디드 시스템을 위한 소프트웨어는 주로 ROM(Read Only Memory)에 저장되며 신뢰할 수 있는 프로그램이어야 한다.

특히 **실시간 임베디드 시스템**은 시간을 중요한 요소로 갖는 시스템이다. 산업 공정 제어 시스템에서 생산 공정에 대한 데이터를 수집하고, 이를 공장의 기계 제어를 하는 경우는 반드시 특정 시간에 이루어져야 한다.

이와같이 실시간 운영체제는 정해진 시간 내에 반드시 실행되어 신뢰성 및 정확성을 보장해야 한다.

실시간 시스템은 종류에 따라 **경성** 실시간(hard realtime) 시스템과 **연성** 실시간(soft realtime) 시스템으로 구분될 수 있다. 경성 실시간 시스템은 안전에 민감한 비행기, 자동차, 이동 로봇 등으로 사소한 에러나 시간적으로 지연을 허용하지 않는 시스템들이다. 이에 반해 연성 실시간 시스템은 간혹 시간적 지연을 허용할 수 있는 시스템이다. 동영상 재생 등이 여기에 속할 수 있다.

12.2.5 모바일 시스템

모바일 시스템도 일종의 임베디드 시스템이다. 스마트폰과 태블릿이 가장 잘 알려진 예이다.이제 운영체제를 좀 더 구체적으로 살펴보자.

12.3 컴퓨터 네트워킹

오늘날 인간은 초연결 네트워킹 시대를 살고 있다. 스마트폰, 노트북, PAD 등의 개인 컴퓨팅 장비는 당연히 인터넷에 연결되어 있어야 하며 사용하는 대부분의 **앱**(응용프로그램, ApplicationProgram)은 인터넷을 활용한 서비스를 제공한다. 일상 생활의 대부분을 차지하는 업무, 오락이나 휴식도 인터넷을 사용하고 있는 경우가 많다. 즉, 어떠한 형태로든 컴퓨팅 장치를 이용하여 인터넷에 접속한 상태를 유지하며 살아가고 있다.

일반 가정에서 인터넷을 연결하고 사용하는 방법으로 인터넷회선 제공회사의 서비스에 가입하면 인터넷회사에서 가입자까지 가입자 선로를 광, 구리선 또는 위성 등으로 연결한다. 대부분의 인터넷 회사는 1개의 회선을 제공하는데, 여러 개의 컴퓨팅 장치를 사용하기 위해 허브(HUB), 공유기, 유무선 공유기를 설치하여 IP tv 셋톱박스, 컴퓨터, 노트북, PAD와 스마트 폰 등을 연결한다. 이 때 여러 종류의 컴퓨팅 장치를 다양한 유무선 연결 방법으로 컴퓨터망(wifi망, 이더넷, 이동통신 테더링 망 등)에 연결하는데, 이 상태는 LAN(local area network 또는 WAN(wide area network)에 연결된 상태이며 인터넷(InterNet, Inter Networking)에 연결된 상태는 아니다. 망에 연결한 후 사용자가 인터넷에 설정하여 인터넷을 활성화 시키는 과정을 거쳐야 인터넷을 사용할 수 있다.

특수 목적의 컴퓨터망(생산 공장의 컴퓨터망, 행정전산망 및 군사용통신망)과 같은 경우에는 인터넷에 연결하지 않고 독립적으로 존재하는 경우도 있으나, 대부분의 컴퓨터망 들은 인터넷을 통하여 서로 연결되어 있으며 이러한 망에 연결된 컴퓨팅 장비들은 서로 컴퓨터 통신을 할 수 있다.

LAN들을 연결하는 망연결과 관련된 기술을 인터넷 기술이라고 하고 인터넷 기술을 이용하여 범세계적으로 연결하면 지구상에 존재하는 하나의 망, 즉 항상 접속하는 망을 인터넷(Internet)이라 한다.(주의 internet과 Internet의 대문자 구분, 컴퓨터망과 인터넷이라는 용어를 혼용하여 사용하고 있지만 컴퓨터망의 이해를 위해서는 이들 사이의 구분이 필요하다).

본 장에서는 컴퓨터를 연결하기 위해 사용하는 다양한 유무선 네트워크를 이용하여 LAN을 구성하고, 이러한 유무선 네트워크를 구성한 LAN을 서로 연결하고 연결된 컴퓨터끼리 통신할 수 있게 하는 인터넷 연동, 인터넷에 연결된 컴퓨팅 장비 사이의 통신 방법을 이용한 통신응용프로그램에 대하여 살펴본다. 먼저 이러한 내용을 체계적으로 알아보기 위하여 국제표준 OSI 7계층 참조 모델을 살펴보고 통신망의 세부사항을 살펴본다.

12.3.1 컴퓨터망(computer network)

컴퓨터 사이의 통신을 위해 구축한 망은 컴퓨터망(computer network)이다. 사람은 우편과 전화를 통하여 서로 소통할 수 하지만 컴퓨터는 컴퓨터망을 이용하여 소통한다. 그러므로 "컴퓨터 네트워크(computer network)는 디지털 통신망(telecommunication network)으로, 각 노드들 즉 네트워크에 연결된 컴퓨팅 장치들은 유선이나 무선 매체로 연결되며, 매체를 이용하여 구현한 데이터링크를 통해 서로 데이터를 주고받는다."즉, 컴퓨터 네트워크는 컴퓨터 들 사이에서 데이터)를 주고받기 위해 원격으로 대화하는 디지털망이라할 수 있다. 필요에 따라, 데이터 통신이나 데이터 네트워크라는 용어도 혼용하여 사용한다.

12.3.2 통신 규약(프로토콜, protocol)과 표준

컴퓨터 시스템은 기계이므로 데이터를 주고받는 기술이 필요하다. 즉, 다양한 통신선에서 들어오는 전기 신호가 스크린에 메일 메시지로 나타나거나 사용자가 작성한 메시지가 통신선에 전기 신호로 전달하는 동안에 거쳐야하는 기술 표준을 프로토콜(통신 규칙)이라 한다. 그러므로 각 컴퓨터가 이 프로토콜을 가지고 있고 규칙을 따라야 컴 ㅍ터 사이에서 통신이 가능한 것이다.

이 규칙 즉, 규약(protocol)이 모여서 컴퓨터통신의 표준을 구성한다.

컴퓨터 통신에서는 이 규약이 맞지 않으면 통신이 가능하지 않다. 컴퓨터 통신을 위해서는 통신 규약을 따르고 더 나아가서 통신 규약의 집합인 통신 표준을 준수해야 한다.

12.3.3 OSI 참조 모델:컴퓨터 통신 국제 표준

1984년 국제표준화기구 ISO(International Standard Organization)에서 OSI(Open System Interconnection) 참조 모델을 제시하였고, 이후 OSI 참조 모델을 준수하는 컴퓨팅 장비들은 컴퓨터 네트워크에 접속하여 네트워크의 다른 컴퓨팅 장비와 서로 정보를 주고 받을 수 있게 되었다.

컴퓨터 네트워크를 표준화라는 문제는 전세계적 규모의 인프라 구조에 관련된 문제로서 다양한 컴퓨팅 단말, 다양한 접속방법, 다양한 LAN, LAN의 연결, 다양한 통신서비스 등의 표준을 정하고 프로토콜을 정의해야 하는 매우 방대한 문제이다. ISO는 이 복잡한 문제를 해결하기 위하여 일곱 계층의 구조를 도입하였으며, OSI 참조 모델 구조는 그림 12.6과 같다. OSI 7계층 참조 모델은 여러 장비 간의 호환성을 확보하기 위한 표준으로 사용되며 기본 모델로써 참조되고 있다.

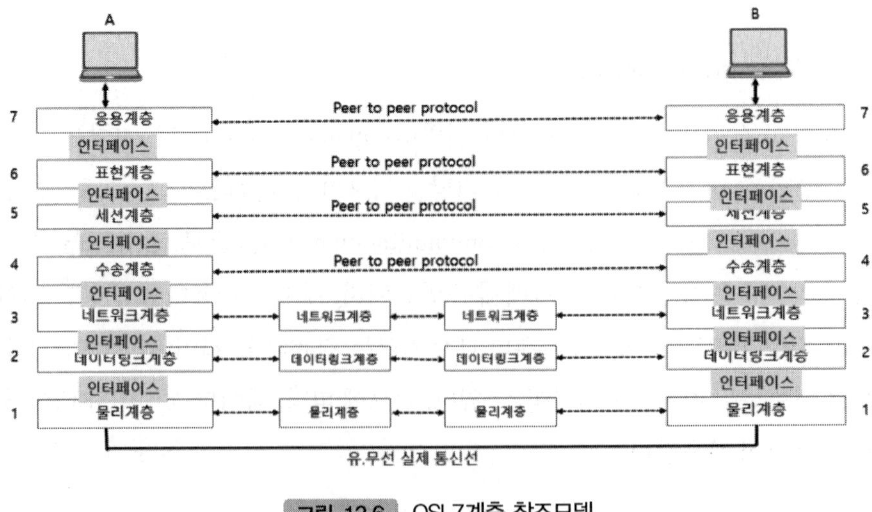

그림 12.6 OSI 7계층 참조모델

OSI 모델의 주요 개념은 통신에 참여하는 컴퓨팅 단말의 기능을 모두 7계층으로 분류하고, 각 계층에서 수행해야 하는 고유 기능을 정의한다. 그림 12.6에서 송신 컴퓨터 A에서 발생된 메시지(정보)는 응용계층부터 물리계층까지 전달되고, 이후 네트워크에 있는 라우터 등의 중간 장비와 장치들을 경유한 다음 수신 컴퓨터 B에 도착한다. 그리고 물리계층에서 응용계층까지 각 계층을 역으로 수행한다. 이렇게 수신된 최종 메시지는 수신 컴퓨터 B의 해당 응용 프로그램에 적절히 할당한다. 즉 메일 메시지는 메일 응용 프로그램에, 영화 메시지는 영화 응용 프로그램에 할당하여 사용자에게 서비스를 제공한다. 이와 같은 OSI 7계층 참조모델은 컴퓨터 네트워킹의 참조 모델이다.

OSI 참조모델의 각 계층별 주요 기능은 아래와 같다.

- 7 계층(응용 계층)은 보통 인터넷 응용 서비스를 의미하며, 사용자와의 인터페이스 제공한다. 대표적인 응용 계층 프로토콜은 HTTP(웹), SMTP(메일), FTP(파일 전송) DNS 등이다. 그외에 인터넷을 이용하는 응용프로그램(웹, 뱅킹, 예약, 게임, 블로거, 게시판 등도 포함한다.
- 6 계층(표현 계층)은 데이터를 사용자나 응용에 적합하게 표현 형태를 변환한다. 데이터 암호화, MPEG 동영상 압축 기능 등을 수행하며JPG, MPEG, AFP, PAP, NBO(Network-byte-Ordering) 이 속한다. 각 컴퓨터에서 사용하는 데이터의 표현방법을 통일한다.
- 1~4 계층은 하드웨어 관련 5~7 계층은 통신 소프트웨어 관련 계층이다.
- 5 계층(세션 계층)은 종단 송수신 응용 프로그램 사이에 세션을 설정하고 관리한다. 통신 세션 형태는 1:1 통신, 1:N 통신, N:M 통신 등 다양하며, 신분 확인, 통신 송수신 권한, 과금 등 통신 참여자를 관리하고, 대화 송수신 동기화 : 대화 순서, 대화 권한을 부여하며, WWW Cookie 정보 관리, 연결유지 로그인 유지 등세션 상태 정보를 관리한다. 세션 프로토콜은NetBIOS, SSH, TLS등이 있다.
- 4 계층(수송 계층)은 실제 컴퓨터 사이의 통신을 담당한다. 컴퓨터 통신은 실제로는 한 컴퓨터의 프로그램과 다른 컴퓨터의 프로그램이 통신을 하는 것이다. 그러므로 컴퓨터에서 통신을 수행하는 하는 다수의 프로그램을 구분하기 위해 각각 포트번호를 부여하고 관리한다. 통신의 종단점 사이 송수신 컴퓨터 프로그램 사이에서 데이터 전송에 대한 에러와 흐름관리 , 응용 프로그램 식별을 수행한다. 수송계층 프로토콜은 TCP, UDP, SCTP. RTP 등이다. 프로그램에서 프로그램으로 port에서 port로 end-to-end, 통신종단점-to-통신종단점 관리를 수행한다.
- 3 계층(네트워크 계층)은 네트워크에서 라우터를 거쳐 수신 컴퓨터에게 IP 패킷 전달을 전달

한다. 패킷교환(라우팅)을 통해 IP주소-to-IP주소 호스트와 호스트, 컴퓨터와 컴퓨터 통신을 수행한다. 라우터를 이용해 2계층에서 정의한 LAN을 서로 연결한다. 라우터 포함 연결된 모든 네트워크 장비에 IP 주소를 할당한다.IP (IPv4, IPv6), IP, RIP, ARP, ICMP 프로토콜이 해당한다.

- 2 계층(데이터 링크 계층)은 컴퓨터의 네트워크 접속을 위한 전송링크를 제어한다. 물리적인 매체의 연결로 이루어진 LAN(WAN) 내부의 intra-network 통신한다. LAN, WLAN, CDMA, Ethernet, PPP, HDLC, wifi가 해당한다.
- 1 계층(물리 계층)은 유선 (광케이블 등), 무선 (주파수) 통신매체로 데이터를 전송한다. 모든 데이터는 '0' 혹은 '1'의 이진수 형태로 전송된다. 물리적 매개체(통신 매체)를 통하여 데이터 비트(bits)를 전송하기 위한 내용을 정의하므로 전압, 허브, 네트워크 어댑터, 리피터, 케이블 명세 등 모든 하드웨어의 물리적인 내용과 전자적인 특성을 정의한다. 각종 통신 케이블 규격, 무선 통신 규격을 정의한다. 관련 장비는 허브, 리피터 등이다.

OSI 7계층은 TCP 혹은 IP와 같은 프로토콜이 아니라 참조 모델 혹은 개념이며 각 계층 관련 프로토콜이 따로 존재한다. 오늘날 인터넷 통신에 많이 사용하는 TCP/IP 기반은 상위 5, 6, 7계층을 합해 응용계층으로 구분한다.

12.3.4 네트워크 연결

통신장비들을 설치되는 위치에 따라 분류하면 아래와 같다.

- 네트워크 인터페이스 카드 (NIC: Network Interface Card)
- 네트워크 장비: 라우터, 게이트웨이, 교환기(switch) 등
- 컴퓨터와 네트워크 간 연결 장치: 허브, AP, 기지국 등

12.3.4.1 네트워크 인터페이스 카드

네트워크 인터페이스 카드는 **컴퓨터를 네트워크로 연결**해 주는 기능을 제공한다. 즉, 우리가 보내고자 하는 인터넷 데이터들을 인터넷 망으로 보내주거나, 혹은 우리에게 인터넷 데이터를 전달해 주는 역할을 한다. 네트워크 인터페이스 카드를 줄여서, 네트워크 카드 혹은 랜카드라고 한다.

12.3.4.2 네트워크 장비

네트워크 장비는 **인터넷 망에** 놓이며 라우터와 교환기 등이 있으며, 망의 크기에 따라 적당한 규모

의 장비를 선택해야 한다. 라우터의 주요 기능은 발신자의 인터넷 데이터를 최종 목적지 컴퓨터에까지 전달한다.

NIC는 중간 연결장치를 통해 라우터 등의 네트워크 장비에 연결되며, 허브, IP 공유기, 무선랜 AP 등이 있다. 허브와 IP 공유기는 주로 유선 랜카드의 인터넷 연결에 사용되며, 무선랜 카드는 AP를 통해 네트워크에 연결된다.

12.3.5 네트워크 연결 형식(토폴로지)

컴퓨터 통신망에는 많은 컴퓨팅 장비를 연결하여야 한다. 망에서 노드와 노드 사이의 통신을 위하여 연결하는 방법을 토폴로지라고 하며 계층 1의 전송매체의 특성이 토폴로지 구성에 영향을 준다. 네트워크 토폴로지에는 그림 12.7과 같이 다양하게 구성할 수 있다.

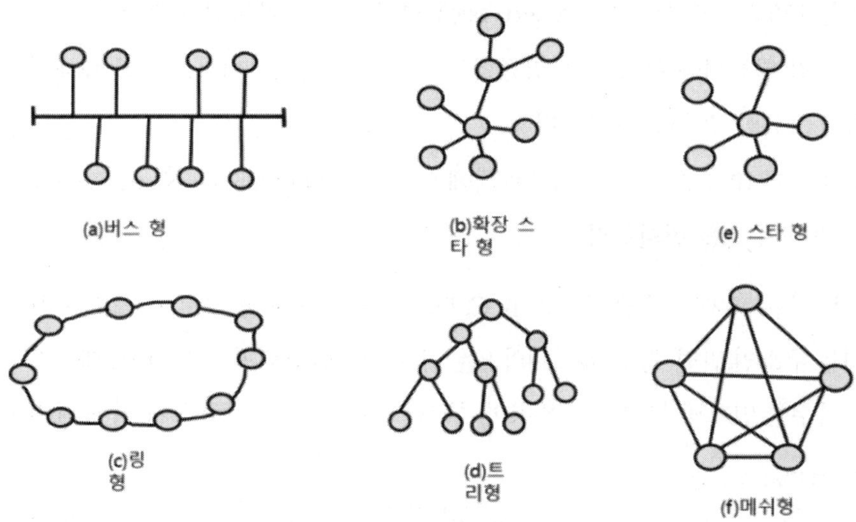

그림 12.7 다양한 네트워크 토폴로지

그림 12.7에서 **버스형**(bus)은 신뢰성과 확장성이 좋으며 모든 노드들이 버스에 연결되어 매체를 공유하는 형태이다. 각 노드의 연결은 어뎁터(Adapter)를 사용하며 양 끝에 터미네이터가 있다. 한 노드가 고장나더라도 네트워크 전체에는 영향을 미치지 않는다. CSMA/CD 방식을 주로 사용, 케이블 사용량이 적기 때문에 비용이 적게 든다. **링형**(Ring)은 통신제어가 간단하고 신뢰성이 높으며 장거리네트워크에서 사용 가능하다. 링(Ring) 형태를 이루지만 노드간 통신은 포인트에서 포인트이다. 이와 같이 LAN 환경에서 여러 토폴로지는 장, 단점을 가지며 비용, 거리, 설치 시간, 환경등을 고려하여 알맞은 형태의 토폴로지를 구축한다. 비용이 적게 들고, 적은 규모에서 적합한 토폴로

지는 버스 또는 스타 형으로 네트워크 구축 이후에 확장이 가능한 형태의 토폴로지는 스타 형이며 네트워크 트래픽 량이 많아 원할한 통신을 원한다면 링형, 절대 장애가 나서는 안 될 환경이라면 메쉬형으로 구축해야 한다.

인터넷은 데이터 전송을 위해 IP(Internet Protocol) 프로토콜을 사용하여 연결한 네트워크이며, 전 세계 컴퓨팅 장치와 쉽게 통신한다. 인터넷은 다양한 종류의 네트워크의 결합체이다.

12.3.6 IP 주소

인터넷에 접속한 모든 컴퓨팅 장치를 구분하고자 고유주소 즉, IP 주소를 부여한다. 인터넷에서 IP 주소를 알면 인터넷에 접속한 컴퓨팅 장치(HOST) 1대를 정확하게 구분할 수 있다. 먼저 IP 주소의 의미와 역할을 살펴본다.

- IP 주소는 155.230.17.186처럼 **dotted-decimal** 표기법에 의해 표현한다.
- 인터넷의 각 컴퓨터에 할당되어, 컴퓨터를 구분하는 식별자이다. 즉, 전 세계의 각 컴퓨터는 독자적인 고유한 IP 주소를 가진다.
- 컴퓨터 이름과 IP 주소는 서로 대응관계에 있으며, DNS(Domain Name System) 서버는 컴퓨터 이름과 IP 주소를 변환한다.

IPv4의 주소는 다음 표와 같이 클래스 A, B, C, D, E로 구분한다. 참고로, 클래스 A, B, C는 각 컴퓨터에 할당되는 주소인 반면에, 클래스 D와 E는 컴퓨터에 할당되지 않는다. 클래스 D 주소는 멀티캐스트라는 특수한 인터넷 서비스에 쓰이며, 클래스 E는 앞으로 사용하기 위해 남겨두었다.

표 12.1 클래스별 IPv4 주소 범위

주소 클래스	주소 범위	특징
A	**0**.0.0.0 - **127**.255.255.255	첫번째 숫자가 0 ~ 127 범위를 가짐
B	**128**.0.0.0 - **191**.255.255.255	첫번째 숫자가 128 ~ 191 범위를 가짐
C	**192**.0.0.0 - **223**.255.255.255	첫번째 숫자가 192 ~ 223 범위를 가짐
D	**224**.0.0.0 - **239**.255.255.255	멀티캐스트 서비스 용도
E	**240**.0.0.0 - **255**.255.255.255	추후 사용 예정

표 12.1에서 보듯이 IP 주소의 첫 번째의 숫자만 보면, 이 주소가 어느 클래스에 해당하는지 쉽게 알 수 있다. 예를 들어 "155.230.17.186" 주소는 클래스 B에 해당한다.

인터넷 통신을 위해 송신자의 컴퓨터에서 발생되는 메시지(정보)들은 **IP 패킷**으로 구성되어 인터넷 통신망으로 전송되며 최종 수신자 컴퓨터에 전달된다. IP 패킷은 송신자의 IP 주소와 수신자의 IP 주소를 포함하여, 누가 누구에게 보내는 지의 정의한다.

IPv4 주소는 4바이트(32비트)의 크기를 갖는 반면에, IPv6 주소는 16바이트(128비트)의 주소를 갖는다. 따라서, 이론적으로 IPv4의 주소는 총 2의32제곱 개가 있는 반면에, IPv6 주소는 2의 128 제곱 개의 주소를 갖는다. IPv6 주소는 이처럼 IPv4 주소 부족문제 해결을 위해 개발되었다.

IP 프로토콜의 주요 기능에서 **IP 패킷 전달** 즉 **IP 라우팅**은 "인터넷을 통한 사용자 컴퓨터 간 패킷(데이터) 전달"이다. 송신 컴퓨터의 데이터를 인터넷을 통하여 수신 컴퓨터에게 전달하는 것이다.

IP 패킷 전달과정에서 중요한 점은 **캡슐화**이다. 사용자의 데이터를 **캡슐화** 과정을 통해 송수신 주소와 함께 IP 패킷으로 구성한 후, 망을 통하여 전송하면 패킷은 송신 컴퓨터를 떠나 인터넷을 항해한다. 인터넷을 항해한 패킷이 수신 컴퓨터에 도달했을 때, 데이터는 역캡슐화를 통해 수신자에게 전달된다. 이 과정은 마치 우편물을 보낼 때 자료를 규격봉투에 넣고 봉투에 송수신자를 명시한 후 우체통에 넣으면, 우편망을 항해하여 수신자 주소지에 도착하고 수신자가 봉투를 개봉하여 내용물을 보는 과정과 유사하다.

이와 같이 TCP/IP 인터넷 패킷 전달을 위한 캡슐화와 역캡슐화 과정을 통해 송신 컴퓨터가 발생시킨 데이터는 TCP/IP 프로토콜 스택을 따라 내려오면서, 각 계층에 해당하는 **헤더** 혹은 **트레일러**가 첨가된다. 이러한 헤더들의 정보는 각 TCP/IP 계층에서 역할 수행을 위한 중요한 정보를 지니고 있다. 예를 들어, IP 헤더에는 IP 주소가 포함되어 인터넷 패킷전달에 중요한 정보로 사용된다.

송신 컴퓨터의 패킷은 물리계층에서 비트형태로 인터넷 망으로 전송되며, 인터넷 망에서는 라우팅 과정을 통해 수신 컴퓨터에게 해당 패킷을 전달한다. 수신 컴퓨터에 도착한 패킷은 다시 역캡슐화 과정을 통해 헤더를 제외한 데이터 부분만 상위계층으로 전달한다. 이와 같은 과정을 통해, 최종적으로 송신자가 생성한 데이터가 수신자에게 전달된다.

이와같이 송신 컴퓨터에서 전송된 IP 패킷은 인터넷 망에서 여러 개의 라우터를 거쳐 최종 수신 컴퓨터에 전달되는데, 이 과정을 **IP 라우팅**이라 한다. IP 라우팅을 위해서 각 라우터들은 라우팅 테이블을 갖추고 있으며 라우팅 테이블에는 패킷의 주소와 다음 목적지(next-hop) 관계가 정리되어 있다. 그림 12.8과 같은 라우팅에서 가장 중요한 정보는 바로 IP 헤더에 있는 수신컴퓨터의 IP 주소이다. 이 과정은 마치 우체국에서 편지를 목적지별로 분류하고 다음 우체국으로 전송하는 과정과 유사하다.

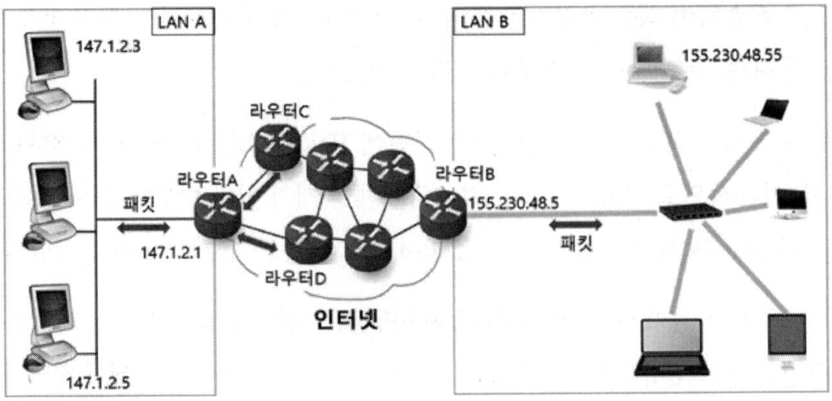

그림 12.8 IP 라우팅

예를 들어, 인터넷 음악을 들으며, 웹 항해를 하면서, 네트워크 게임을 하는 중이라면 컴퓨터에서 통신을 사용하는 프로그램은 세 개가 있다. 이 컴퓨터에 IP패킷이 도착하면 이 패킷이 음악, 웹 또는 게임 패킷일 수도 있으므로 어떤 프로그램으로 보내야 하는지 구분해야 한다. OSI 4계층에서는 포트 사이의 전송을 정의하고 있으며, 실제 인터넷에서 TCP포트번호 또는 UDP 포트번호로 수행 중인 응용프로그램을 구분한다. TCP와 UDP는 하위 3계층의 IP프로토콜을 이용하므로 TCP/IP, UDP/IP와 같이 표기하는 경우가 많다.

TCP와 UDP 등의 수송계층 패킷의 헤더에는 2 바이트 크기의 **포트번호**가 포함되어 있으며, 이러한 포트번호는 컴퓨터에서 동작 중인 통신응용서비스를 식별하는데 사용한다. 통신 응용프로그램은 TCP 또는 UDP에게 포트를 요청하여 받은 고유 포트를 이용하여 통신을 수행하므로 이들이 주고 받는 패킷에서 사용한 포트번호를 보고 통신응용서비스를 구분할 수 있다.

포트번호는 이처럼 컴퓨터에 도착한 패킷을 어떤 상위 응용 프로그램에 전달할지를 결정하기 위해 사용된다. 포트 번호 중에서 메일서비스는 포트번호 25번을 사용하고, 웹서버는 포트번호 80을 사용하는 것처럼 널리 알려진 응용서비스에는 사용하기로 약속한 포트번호가 정해져 있다. 이러한 포트번호를 well-known 포트번호라고 하며 일반 프로그램 개발에서는 이 포트번호는 피해서 사용해야 한다.

응용프로그램을 개발하는 경우라면 UDP TCP 중 어떤 프로토콜을 사용할 것인지 결정하고 포트 번호를 할당 받는 과정을 거친다. TCP나 UDP는 포트 할당 요청을 받으면 사용가능한 포트를 응용프로그램에게 알려준다.

OSI 7계층에서는 이와 같은 하위 계층에서 제공하는 서비스를 이용하여 SMTP, POP3, IMAP, FTP 등과 같은 표준 응용 계층 프로토콜을 사용하는 프로그램들도 있으며 자체 응용 프로토콜을 개발하여 사용하는 카카오톡, 페이스북과 같은 프로그램들도 있다.

12.3.7 클라이언트서버 모델

통신은 발신자와 수신자가 있어야 하는데 컴퓨터 망에서는 서버가 항상 특정 포트를 열고 연결을 기다리고 있어야 클라이언트의 연결 요청에 답할 수 있다. 대부분의 인터넷 응용서비스들은 **클라이언트-서버** 모델에 따라 동작한다. 예를 들어, WWW 웹서비스를 위해 웹클라이언트와 웹서버가 사용되며, 메일 서비스를 위해 메일 클라이언트와 메일 서버가 동작한다.

다음 그림 12.9는 클라이언트-서버 모델의 동작 개념이다.

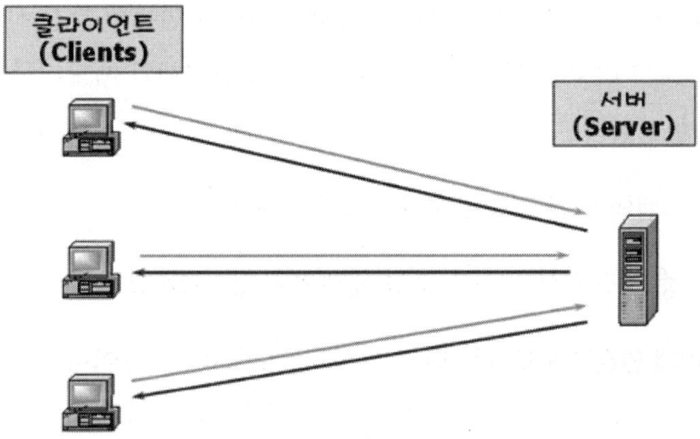

그림 12.9 클라이언트-서버 모델의 동작

한편 토렌트와 같은 프로그램은 화일을 다운하는 클라이언트 프로그램인 동시에 서버로서 동작을 하여 컴퓨터에 있는 화일을 다른 클라이언트로 전송하는 역할을 동시에 수행한다. 대등한 관계로 통신하는 모델이라고 하여 **동료간 통신**(피어 투 피어, Peer-to-peer, P2P) 통신 모델이라 한다.

인터넷 서비스들은 아래와 같은 **응용 계층 프로토콜**을 기반으로 동작한다.

- 웹 서비스(WWW): HTTP (HyperText Transfer Protocol)
- 메일 서비스: SMTP (Simple Mail Transfer Protocol)
- 파일전송 서비스: FTP (File Transfer Protocol)

하이퍼텍스트 전송 프로토콜은 WWW 혹은 웹서비스는 하이퍼텍스트 전송 프로토콜(HTTP: HyperText Transfer Protocol)을 사용한다. HTTP 프로토콜은 하이퍼텍스트 정보를 전송하는 프로토콜이다.

12.4 분산 시스템 특성

분산 시스템은 지역적으로 흩어져 분산되어 있는 단일 컴퓨팅 시스템을 네트워크로 연결하여 각 단일컴퓨팅 시스템의 자원을 공유한다. 그러므로 분산 시스템은 다양한 자원을 공유할 수 있으며, 여러 시스템에서 주어진 작업을 동시에 실행할 수 있어서 계산 속도를 빠르게 할 수 있고, 어떤 단일 시스템이 고장나더라도 분산 시스템 전체는 계산을 계속 수행할 수 있기 때문에 시스템 전체의 신뢰성을 높일 수 있다.

분산 시스템은 지역적으로 분산되어 있는 컴퓨터를 네트워크를 통해 공유하기 때문에 컴퓨팅 시스템 각각은 메모리와 처리기로 구성되어 있지만, 분산 시스템 전체는 어느 특정 컴퓨터의 메모리를 공유하지 않는 컴퓨터 시스템의 '모음'이다. 즉, 네트워크로 연결된 분산 시스템 전체에서 각 단일 컴퓨팅 시스템을 '노드'라고도 하며, 각 노드는 자체 운영체제와 메모리를 사용하고 다양한 네트워크를 통해 서로 통신한다.

이 절에서는 분산 시스템의 일반적인 구성과 특성을 살펴본다.

먼저, 분산 시스템과 중앙 집중식 시스템 운영 체제의 특성을 살펴보자.

분산 시스템은 **느슨하게 연결된 노드**라는 단일 컴퓨팅 시스템의 모음이다.'**느슨하다**'는 개념은 서로 연결된 시스템의 실행이 다른 시스템의 실행에 영향을 주거나 받지 않고, 독립적으로 실행한다는 것이다, 만약 필요한 경우에만 다른 시스템의 자원을 요청하여 원격으로 사용할 수 있다. 즉, 어떤 단일 시스템의 실행은 서로 다른 시스템에 종속되지 않고 독립적으로 실행한다. 네트워크로 연결된 분산 시스템에서 특정 노드를 제외한 나머지 컴퓨팅 시스템과 자원은 원격 자원이다. 또 분산 시스템에서 각 노드는 크기와 기능, 성능이 다를 수 있다. 즉, 마이크로 컴퓨터 시스템, 개인용 컴퓨터, 메인 프레임 시스템, 대형 범용 컴퓨터 시스템, 수퍼 컴퓨터 시스템 등 다양하다. 그러므로 이러한 시스템은 프로세서, 사이트, 시스템, 호스트, 서버 등 사용하는 사용자와 상황에 따라 편리하게 여러 유형의 이름으로 불리어진다.

이 절에서는 주로 '사이트'라는 용어를 사용하는데, 이는 컴퓨팅 시스템과 노드의 위치를 나타내며 사이트의 특정 시스템을 참조한다. 분산 시스템에서는 일반적으로 한 사이트에 하나의 노드, 즉 서버가 있으며, 이 서버를 사용하는 다른 사이트에는 다른 노드인 클라이언트(또는 사용자)가 있다. 또 각 사이트에는 다른 사이트의 사용자가 원하는 자원이 있을수 있다. 분산 시스템의 일반적인 구성은 그림 12.10과 같다.

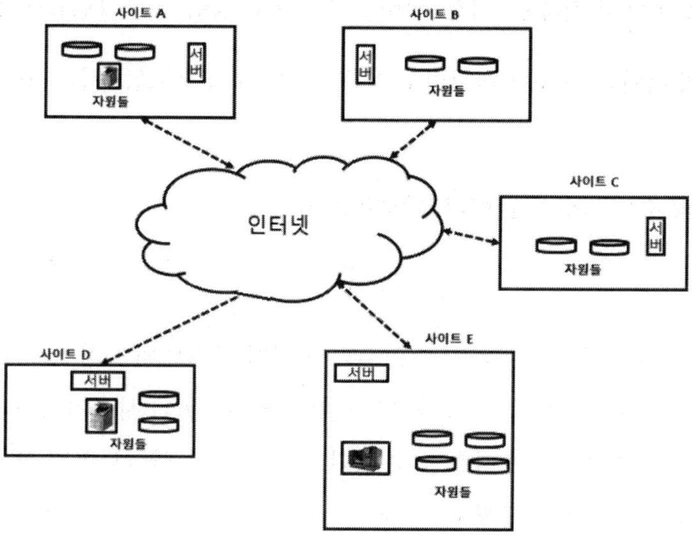

그림 12.10 분산 시스템의 일반적인 구성

이 절에서는 분산 시스템의 개념을 구현하기 위해 필요한 다양한 기술을 살펴보자.

분산 시스템은 소형성, 이동성, 분산성, 다양성, 연결성을 가지면서 사용자에게 더욱 편리성, 즉시성을 가지도록 발전하면서 많은 변화를 가져왔다. 특히 **분산성**은 다양한 유형의 시스템이 지역적으로 떨어져 있지만 네트워크로 연결되어, 여러 유형 컴퓨터 시스템을 자기 시스템처럼 사용할 수 있으며, 이때 운영체제는 사이트마다 같은 유형일 수도 있고, 다른 유형일 수도 있다.

이러한 분산성을 지원하는 시스템을 **분산 시스템**(Distributed system)이라 하는데, 시스템과 장비같은 자원을 자기 것처럼 자동으로 접근하여 활용할 수 있기 때문에 이런 속성을 분산 시스템의 **투명성**이라 한다.

서버는 클라이언트의 요청에 따라 필요한 **서비스**를 수행한다. 서버는 클라이언트의 요청으로 작업을 수행하고 결과를 보내는 **컴퓨팅 전용** 서버와 클라이언트에서 파일을 생성, 갱신, 수정, 저장할 수 있는 **파일 전용** 서버가 있다.

인터넷에 연결된 시스템은 대부분 서버로 활용할 수 있으며 클라이언트의 요청을 처리한다. 분산 시스템의 이러한 형식 중의 하나가 **피어-피어**(Peer-to-Peer, P2P) 개념이다. 이 개념은 인터넷에 연결된 시스템을 클라이언트와 서버의 구별 없이 모두 같은 동료 수준로 취급한다. 그러므로 각 시스템은 필요에 따라 서버도 되고 클라이언트가 되기도 한다.

이외에도 **가상화** 기술을 확장하여 네트워크로 컴퓨팅 영역을 넓힐 수 있는 **클라우드 시스템**이 있다.

이것은 네트워크를 통해서 컴퓨팅, 저장, 서비스를 행하는 응용 프로그램들을 전달한다.

사용자가 자기 컴퓨터처럼 자료를 저장하고 꺼내는 일을 하는 애플, 구글, 네이버, 클라우드 등이 예이다.

이제 분산 시스템의 주요 특성을 간략하게 살펴보자.

12.4.1 자원 공유

기능과 성능이 다른 여러 사이트가 하나로 연결되면 어떤 사이트의 사용자는 다른 사이트의 자원 중에서 사용가능한 자원을 사용할 수 있다. 예를 들어, 사이트 A의 사용자가 사이트B에 있는 중요한 소프트웨어 패키지를 접속하여 사용할 수 있다. 마찬가지로 사이트 B의 사용자는 A에 있는 데이터 파일과 하드웨어 장비에 접근할 수 있다.

일반적으로, 분산 시스템에서의 자원 공유는 공유 기술이 적용된다. 즉, 원격 사이트의 파일을 가져오기나, 분산 데이터베이스의 정보에 접근하거나 처리하기와 출력, 수퍼컴퓨터와 같은 특수한 하드웨어 장치의 원격 활용과 필요한 작업을 수행한다.

12.4.2 계산 속도 향상

복잡한 계산 과정이 **특별히** 여러 단위 계산으로 분할될 수 있으면 계산 단위를 여러 계산 단위로 쪼개어 분산 시스템의 각 사이트로 배분하여 할당하고 다양한 사이트 사이에서 동시에 실행할 수 있도록 한다. 이렇게 동시(병렬) 계산을 통해 전체 계산 속도를 높일 수도 있다. 또한 특정 사이트에서 실행 중인 작업이 시간이 오래 걸리거나 많은 자원을 필요로 하여 과부하되어 있으면 실행 중인 이 프로세스의 일부를 부하가 적은 다른 사이트로 이동하여 계속 실행할 수도 있다.

이러한 작업 이동을 '부하 공유', 혹은 '**부하 균등**'이라하며 경우에 따라서 '작업 이동'이라고도 한다. 분산으로 운영되는 자동화된 부하 공유 시스템은 작업을 자동으로 이동하지만 상용 시스템에서는 아직 일반적이지는 않다.

12.4.3 신뢰성

분산 시스템에서 어떤 사이트하나가 고장나더라도 나머지 다른 사이트는 계속 작동할 수 있다. 그러므로 나머지 사이트는 계속 작동하여 전체 시스템의 안정성을 제공하여 고장을 감내(fault tolerant)한다.

12.4.4 네트워크 운영 체제

분산 운영체제는 단순히 네트워크를 통한 운영체제와 모든 사이트를 자동으로 연결하고 접속하는 분산 운영체제, 두 유형으로 구현할 수 있다.

일반적으로 네트워크를 통한 운영 체제는 구현하기가 상대적으로 쉽지만 사용자가 다른 사이트에 접근하고 활용하기에는 분산 운영 체제보다 어렵다. 네트워크 운영체제는 다른 사이트에 자동으로 접근할 수 없고, 사용자가 접근하려는 사이트의 구성에 대해 알고 있어야 접근하고 사용할 수 있다.

네트워크 운영 체제는 사용자가 사용하거나 접근하려는 사이트의 모든 구성 요소를 인지하고 있어야 한다. 즉, 계정, 비밀번호 등이 등록되어 있어야하고, 이러한 정보를 활용하여 접근할 수 있다. 그러므로 아래를 수행할 수 있는 환경을 제공한다.

사이트의 다양성을 인식하여야 원격 자원을 자신의 시스템에 연결하고 접근할 수 있다. 원하는 원격 시스템에 로그인하거나 사이트에서 데이터를 주고받는다. 대부분의 범용 운영 체제와 안드로이드나 iOS 같은 운영체제가 여기에 속한다.

네트워크 운영 체제의 중요한 기능은 사용자가 원격으로 로그인해야 한다. 인터넷에서는 ssh라는 기술이 제공된다.

예를 들어 kim이라는 컴퓨터 사용자가 어느 대학교의 swedu.knu.ac.kr 컴퓨터에 접근하려면 사용자는 해당 컴퓨터인 swedu.knu에 계정이 있어야 하고, 원격으로 로그인하려면 사용자는 아래를 입력해야 한다.

```
ssh swedu.knu.ac,kr
```

그러면 이 명령은 암호화된 **소켓 연결**을 생성한다. 그러면 kim 컴퓨터와swedu.knu.ac.kr 사이에서 연결이 설정되고 네트워킹 소프트웨어가 양방향 연결을 구성하고 사용자가 입력한 모든 내용이 swedu.knu.ac.kr의 프로세스로 전송되고 해당 프로세스의 모든 출력이 전송되어 kim 사용자에게 돌아간다. 원격 시스템의 프로세스는 사용자에게 로그인을 요청한다.

이름과 비밀번호. 정확한 정보가 접수되면, 프로세스는 원격 시스템에서 계산할 수 있는 사용자의 프록시 역할을 한다. 이런 절차는 모든 사용자에 적용되며 사용자는 자신의 컴퓨터를 사용하는 것처럼 원격 사이트의 컴퓨터를 사용할 수 있다.

네트워크 운영 체제의 또 다른 주요 기능으로 한 시스템에서 다른 시스템으로 원격으로 파일을 전송할 수 있다.

각 컴퓨터는 자체 파일 시스템을 가지고 있지만 kim 컴퓨터 사용자가 다른 컴퓨터 swedu.knu.ac.kr에 있는 파일에 접근하려고 한다면, 파일을 kim컴퓨터에서 swedu.knu.ac.kr 컴퓨터로 명시적으로 복사해야 한다.

인터넷은 파일을 전송하기 위해 FTP라는 프로토콜 프로그램과 보안 파일 전송 프로토콜이라는 SFTP 프로그램 기술이 제공된다.

예를들어 "kim.com"의 사용자가 report1.phy 라는 파이썬 프로그램을 복사한다고 가정하자.

"swedu.knu.ac.kr"에 있는 report1.phy 사용자는 먼저 sftp를 호출한다. 그리고 아래를 실행한다.

```
sftp swedu.knu.ac.kr
```

그런 다음 프로그램은 사용자에게 로그인 이름과 암호를 묻는다. 한 번 올바른 정보를 수신한 경우 사용자는 서버에 연결해야 한다. report1.phy 파일을 자신 컴퓨터의 서브디렉토리로 복사한다. 이 경우에 클라이언트인 사용자는 파일의 위치를 일일이 알아야 한다. 이런 경우를 **사용자에게 투명하지 않다**고 한다. 사용자가 각 파일의 위치를 정확히 알아야만 한 사이트에서 다른 사이트로 복사할 수 있다.

이와같이 네트워크 운영체제에서는 사용자가 접속하고자하는 사이트의 구성을 알고 있어야 한다.

또한 원격 복사는 "익명 FTP" 방식을 통해서 수행할 수도 있다.FTP 기술은 ssh 구현과 유사한데 원격 사이트의 데몬은 시스템 연결 요청을 감시한다.

FTP 포트로 로그인 인증이 완료되고 사용자는 아래를 수행할 수 있다. 원격으로 전송 명령을 실행한다. 실행하는 ssh 데몬과 달리 사용자에 대한 모든 명령, FTP 데몬은 미리 정의된 집합에만 응답한다. 파일 관련 명령에는 get, put, ls(또는 dir), cd 등이 있으며, 이외에도 바이너리 또는 ASCII 파일 같이 전송 모드를 변경하는 다양한 명령이 있다, 또 연결 상태를 확인한다.

이와같이 네트워크운영체제에서는 사용자가 명령 세트를 완전히 알아야 한다. 이것은 일반적인 운영 체제 명령과 다르다. 인증을 위해 로그인하고 통신을 종료하려면 로그오프로 종료한다.

12.4.5 분산 운영 체제

분산 운영 체제에서는, 사용자는 단순하게 원격 사이트의 자원을 자신의 컴퓨터처럼 접근할 수 있다.

그러므로 분산 운영 체제의 주요 기술은 한 사이트에서 다른 사이트로 데이터와 프로세스가 자동으로 이동할 수 있도록 하는 것이다. 또한 분산 시스템 전체가 **분산 운영 체제**의 관리를 받는다.

사이트 A의 사용자가 사이트B에 있는 데이터나 파일에 접근하려면 시스템은 두 방법 중 하나로 데이터를 전송할 수 있다. 한 방법은 파일 전체를 통째로 사이트 A로 전송하는 것이다. 그 시점부터 모든 파일에 대해 자신의 컴퓨터처럼 접근할 수 있다. 사용자가 더 이상 파일에 접근할 필요가 없으면 파일 사본이 사이트 B로 다시 전송된다. 큰 파일에서 일부에 대해 약간의 변경이 있는 경우에도 데이터 전체를 전송해야 한다. 이 기술은 자동화된 FTP 시스템으로 생각할 수 있다.

또 하나는 파일의 해당 부분만 사이트 A로 전송하는 것이다. 즉, 작업이 이루어지는 순간마다 즉시 전송한다. 다른 부분이 필요한 경우에는 나중에 다른 전송이 발생한다. 사용자가 더 이상 접근을 원하지 않을 때, 파일의 일부가 수정되면 사이트 B로 다시 보내야 한다.

큰 파일의 작은 부분에만 접근하는 경우에는 이 방법이 바람직하다. 파일의 전체에 접근하는 경우에도 전체 파일을 복사하는 것이 더 효율적이다. 어떤 방법을 사용하든, 데이터 이동에는 한 사이트에서 다른 사이트로 단순하게 데이터만 전송하는 것이 아니라 관련되는 여러 기술이 부가적으로 연결된다.

어떤 상황에서는 프로그램 자체를 다른 사이트로 이동하여 실행할 수 있다. 이것을 **계산 이동**이라 한다.

즉 어떤 사이트에 데이터는 있지만 필요한 프로그램이 존재하지 않으면 필요한 프로그램이 자동으로 이동하여 해당 데이터를 연결하고 실행한다.

예를 들어 사이트A 컴퓨터에 lab1.hwp데이터 파일만 있고, 실행할 수 있는 HWP.exe 프로그램이 없으면 HWP.exe 프로그램이 자동으로 사이트A로 이동하여 해당 lab1.hwp 데이터를 연결하고 실행한다.

일반적으로 데이터를 전송하는 시간이 원격 명령을 실행하는 시간보다 오래 걸린다.

프로세스는 실행되던 사이트에서만 항상 실행되는 것은 아니다. 프로세스 전체 혹은 그 일부가 다른 사이트에서 실행할 수도 있다. 이 기술은 부하 균등이나 계산 속도 향상 등 여러 경우에 사용될 수 있다. **부하 균등**은 프로세스(또는 서브 프로세스)는 작업 부하에 따라 분산될 수 있다.

수퍼 컴퓨터 같은 특수 목적의 컴퓨터나 하드웨어 장비 혹은 소프트웨어를 필요로 하는 프로세스는 해당 하드웨어나 소프트웨어가 있는 사이트로 이동하여 실행할 수 있다.또 데이터 이동 보다는 프로세스 이동이 시간 면에서 효율적일 수 있다.

이와 같은 분산 시스템은 컴퓨터 네트워킹 기술을 기본으로 한다.

분산 시스템은 여러 종류의 하드웨어 고장이 있을 수 있다. 그만큼 연결 장애, 사이트 장애, 또 메시지 손실이 가장 많다. 일반적으로 분산 시스템이 견고한지 확인하려면 아래 중에서 하나는 탐지해야 한다.

실행을 계속할 수 있도록 시스템을 재구성하고 복구할 수 있어야 한다.

사이트나 링크가 수리될 수 있어야 한다.

분산 시스템은 일정 수준까지의 고장이나 장애는 견뎌야 하며 여러 종류의 고장에 직면했을 때도 정상적으로 작동해야한다.

시스템의 모든 측면에서 고장 감내는 센서, 통신 장애, 특정 기계 고장, 저장 장치 충돌, 저장 매체의 장애는 모두 어느 정도 허용되어야 한다. 내결함성 시스템은 아래 경우에는 성능이 저하된 상태로 계속 작동해야 한다.

12.5 대용량 분산 파일 시스템

또한 분산 파일 시스템은 다양한 형식의 대용량 데이터를 대규모 분산 서버에 저장하는 파일 시스템이다. 여러 곳에서 많은 사용자가 데이터나 파일에 대해 읽기, 쓰기, 수정 등을 동시에 하기 때문에 운영체제가 대규모 데이터를 동시에 처리하기에는 한계가 있다. 그러므로 파일 읽기나 파일 쓰기 같은 자주 쓰는 단순 연산은 운영체제에서 수행하지 않고 제공된 응용 프로그램 인터페이스로 처리한다. 이러한 대규모 분산 파일 시스템은 구글 파일 시스템, 하둡 분산 파일 시스템(HDFS, Hadoop Distributed File System), 클라우드 스토어 등이 있다.

아파치 하둡은 대용량 데이터를 서버 내부에 분산으로 저장하고 처리하는 파일시스템을 가진 오픈소스 프레임워크이다. 그러므로 하둡은 다양한 종류의 대규모 데이터를 저장하는 분산 파일 시스템과 분산 병렬 처리를 수행하는 **맵리듀스**로(Map Reduce) 구성되어 있다.

그림 12.11은 하둡의 구성으로 데이터베이스나 파일 파일시스템에서 대용량 파일을 여러 개의 데이터 노드라는 곳에 분산 저장한다. 각 데이터 노드는 일정한 크기의 용량을 가진 여러 개의 블럭이다. 사용자는 대용량 파일을 인터넷을 통해 분산 저장하기도 하고, 데이터 노드에 직접 접근하기도 한다. 직접 접근할 때는 단순하게 read, write 같은 연산을 사용한다. 이와 같이 대용량 파일을 일정한 크기의 블럭으로 분리하고 분산 저장함으로써, 분산 파일 시스템의 파일 접근시간을 줄인다.

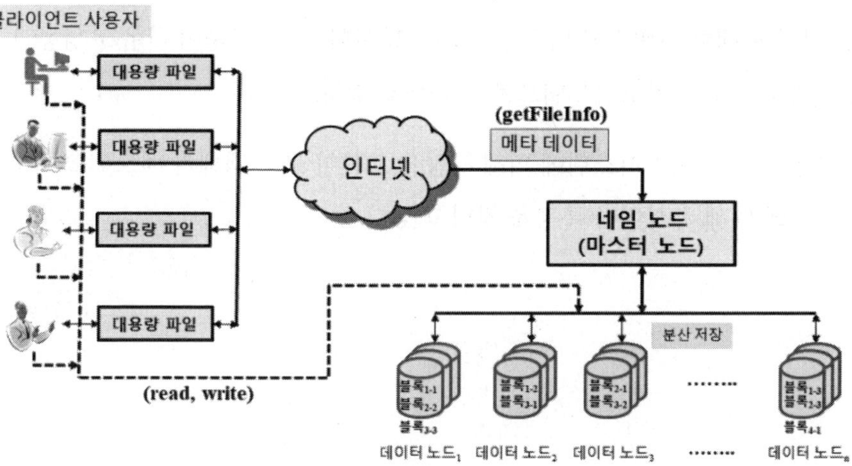

그림 12.11 하둡 분산 파일 시스템

이 하둡 분산 파일 시스템은 마스터 노드라는 네임 노드 한 개와 슬레이브라는 데이터 노드 여러 개로 그룹을 구성한다. 즉, 대용량 파일을 그룹을 구성하고 있는 여러 개의 블럭에 분산하여 저장한다.

마스터 노드는 네임 노드로 구성되며 모든 슬레이브 노드를 관리한다. 또한 네임 노드는 파일 시스템의 네임 스페이스를 관리하는 서버이며 모든 디렉터리와 파일 구조, 접근 권한, 블럭 배치 정보 등을 관리한다.파일 시스템을 관리하고 파일, 블럭, 데이터 노드를 매핑하는 정보를 보관한다.

데이터 노드는 대용량 파일을 분할하여 여러 개의 블럭에 저장한다. 대용량 파일을 여러 보드에 블럭으로 분산 보관하고,블럭 크기는 고정 크기로 보통 64MB나 128MB이다. 데이터 노드 사이에서 데이터를 복제하여 저장하여 데이터의 신뢰성을 보장한다. 보조 네임 노드는 네임 노드에서 관리하는 이미지 정보를 백업하고 또한 네임 스페이스 이미지와 주기적으로 병합한다.

하둡 분산 파일 시스템에서 분산 병렬 처리는 컴퓨터 안에서 실행하고 있는 프로그램, 혹은 프로세스(Process)인 **작업** 한 개를 여러 개의 작은 작업으로 나누어 여러 개의 처리기나 분산 처리 시스템에서 처리한 후 각 결과를 취합한다. 즉, 하둡 분산 파일 시스템은 **맵리듀스**를 통해 저장된 대용량 데이터를 병렬로 처리한다. 이 맵리듀스는 운영체제가 다를 수도 있는 여러 종류의 컴퓨터로 대용량 데이터를 분산 병렬 처리하는 프로그래밍 모델(함수)이다. 즉, 분산 시스템에서 실행할 수 있는 프로그래밍 언어에서 **맵 함수**와 **리듀스 함수**를 이용하여 병렬 처리를 할 수 있도록 한다.

대규모 분산 정보시스템의 발전은 하드웨어, 소프트웨어, 콘텐츠, 초연결 인터넷, 초지능정보 등의 기술로 사용자에 대한 서비스가 더욱 증가하고 활성화 한다. 더불어 더욱 고성능과 초지능을 제공할 수 있는 대규모 분산 정보시스템으로 진화하고 있다.

이와 같이, 대규모 분산 정보 시스템에 의해 사람을 포함한 모든 객체가 네트워크로 연결되어 있으며 각 연결 관계에 의해 속성이나 특징을 지니고 있다.

연습문제

01 IMT-2000 에서 북미식 기술은 어떤 방식입니까?

① 동기식 ② 비동기식 ③ 복합식 ④ 혼합식

02 네트워킹 장비에서 사용자 단말기에 장착하는 장비는 무엇입니까?

① 라우터 ② 스위치 ③ NIC ④ 게이트웨이

03 5계층으로 구성되는 인터넷 모델은 무엇입니까?

① UDP ② SCTP ③ FTP ④ TCP/IP

04 IP 패킷은 전달은 인터넷에 있는 무엇을 통해 이루어집니까?

① 라우터 ② 게이트웨이 ③ 허브 ④ 주소

05 클래스에 따라 A, B, C, D, E로 구분하는 것은 무엇입니까?

① 프로토콜 ② IP 주소 ③ 호스트 ④ 클라이언트

06 컴퓨터 안에서 상위 응용 프로토콜을 식별하는 데에 사용되는 것은 무엇입니까?

① I/O 포트번호 ② TCP, UDP의 포트번호 ③ 주소 ④ 프로토콜 수

07 클라이언트-서버 모델의 특성이 아닌 것을 고르시오.

① 서버는 서비스 제공자이다

② 서버는 1년 365일 동작한다

③ 클라이언트는 필요시에 서버에 접속한다

④ 클라이언트는 혼자서는 작동할 수 없다

08 통신망은 사용자 단말의 네트워크 접속 방법에 따라 크게 ( )과 무선통신망으로 구분되며, 유선통신망에는 (PSTN), ADSL, 무선통신망에는 WLAN, IMT-2000 이동통신망 등이 있다.

09 OSI 7계층은 통신을 위한 ( )이다.

10 ( ) 프로토콜은 인터넷 상에서 송수신 컴퓨터간에 데이터를 전송하기 위해 사용된다.

11 TCP/IP 프로토콜 스택에서 상위 응용계층의 데이터 정보가 하위 물리계층까지 전달되는 과정을 ( ) 과정이라 하고, 대응되는 역캡슐화 과정을 통해 수신 컴퓨터에서 인터넷 데이터를 받아볼 수 있다.

12 대부분의 인터넷 응용 서비스는 상응하는 ( )과 함께 구현된다.

13 주요 인터넷 서비스 중에 WWW는 ( ) 응용 프로토콜을 사용하고, 메일 서비스는 SMTP 응용 프로토콜을 사용한다.

14 언제 어디서나 자유롭게 IT 서비스를 이용할 수 있는 기술을 ( )네트워킹 기술이라하며, USN/RFID 센서 네트워킹, 홈네트워킹, DMB, 텔레매틱스 등의 관련 기술이 있다.

15 기존 전화통신 서비스를 위해 사용되는 통신망은 무엇입니까?

16 기존 유선 LAN 망을 무선 망으로 확장한 통신망은 무엇입니까?

17 WiBro는 무엇의 약자입니까?

18 OSI 7계층을 쓰시오

19 IP 주소 192.168.23.45는 어느 주소 클래스에 해당합니까?

20 인터넷 응용서비스를 식별하기 위해 TCP의 헤더에는 무엇이 기록되어야 합니까?

13 인공지능

13.1 개요

일반적으로 인공지능(AI, Artificial Intelligence)은 인간의 지능이 필요한 작업을 수행할 수 있는 컴퓨터 시스템 개발을 의미한다. 이러한 작업에는 학습, 추론, 문제 해결, 인식, 언어 이해, 상호 작용이 포함된다. 그러므로 인공지능은 인간의 인지 기능을 모방하여 복잡한 작업을 자율적으로 수행할 수 있는 기계를 만드는 것을 목표로 한다.

아래는 인공 지능 분야의 주요 개념에 대한 간략한 설명이다.

기계학습(머신 러닝: Machine Learning, ML): 기계학습은 컴퓨터가 명시적으로 프로그래밍하지 않고도 시간이 지남에 따라 작업 성능을 향상시킬 수 있도록 하는 알고리즘과 통계 모델 개발에 초점을 맞춘 인공지능의 하위 집합이다. 여기에는 모델을 훈련하고 예측이나 결정을 내리기 위해 데이터를 사용하는 것을 포함한다.

딥 러닝: 딥 러닝은 여러 계층으로 구성된 신경 네트워크(심층 신경 네트워크)를 포함하는 기계 학습의 한 유형이다. 이러한 네트워크는 대규모 데이터 세트에서 복잡한 패턴과 표현을 학습할 수 있다. 딥 러닝은 이미지와 음성 인식 같은 분야에서 특히 성공적이다.

자연어 처리(Natural Language processing, NLP): 자연어 처리는 컴퓨터와 인간 언어 간의 상호 작용을 다루는 분야이다. 여기에는 언어 이해, 언어 생성, 기계 번역과 같은 부분을 포함한다. 자연어 처리를 사용하면 기계가 인간과 유사한 텍스트를 처리, 해석, 생성할 수 있다.

컴퓨터 비전: 컴퓨터 비전은 기계가 세상의 시각적 정보를 해석하고 이해할 수 있는 능력을 제공하는 데 중점을 둔다. 여기에는 이미지 인식, 객체 감지, 비디오 분석 등의 작업이 포함된다. 컴퓨터 비전은 안면 인식, 자율 주행 자동차, 의료 영상 분석과 같은 응용 분야에서 중요한 역할을 한다.

로봇공학: 로봇공학은 로봇을 제어하고 작동하기 위해 인공지능을 통합하는 것을 포함하고, 인공지능 기반 로봇은 제조, 의료, 탐사 등 인간에게 편리를 제공할 수 있다.

전문가 시스템: 전문가 시스템은 특정 영역에서 인간 전문가의 의사 결정 능력을 모방하는 인공지능 소프트웨어이다. 그들은 지식 기반과 추론 엔진을 사용하여 문제를 해결하고 결정을 내린다.

강화 학습: 강화 학습에는 보상이나 처벌의 형태로 피드백을 받아 에이전트를 훈련시켜 일련의 결정을 내리는 과정을 포함한다. 이 접근 방식은 게임, 로봇 공학과 최적화 문제에 자주 사용한다.

인공지능 윤리: 인공지능 기술이 발전함에 따라 윤리적 고려 사항이 점점 더 중요해지고 있다. 알고리즘의 편견, 개인 정보 보호 문제, 인공지능 응용 분야의 사회적 영향과 같은 문제는 관심이 많다.

이러한 인공지능은 의료(진단, 치료, 계획), 금융(사기 탐지, 위험 평가), 마케팅(맞춤형 추천) 등 다양한 영역에 적용하고 있으며, 앞으로는 편견 해결, 투명성 보장, 가짜 탐지 등 강력한 인공지능 시스템 개발이 중요한 이슈이며, 인공지능과 사물인터넷(IoT) 등 다른 기술의 통합과 윤리적인 인공지능 관행에 대한 지속적인 관심이 있어야 한다. 인공지능은 사회에 광범위한 영향을 미치며 빠르게 발전하는 분야이며 지속적인 연구 개발로 응용 프로그램이 계속해서 나오고 있다.

13.2 기계학습

13.2.1 지도 학습(Supervised Learning)

지도 학습이란, 입력으로 주어지는 데이터(x)로부터 결과 값(y)를 도출할 수 있는 함수(f)의 인자(parameter)를 추정하는 기계학습 방법이다. 따라서 지도 학습에 필요한 데이터 집합은 훈련 데이터(training data), 검증 데이터(validation data) 및 테스트 데이터(test data)가 필요하다.

훈련 데이터 집합이란, 학습을 위한 데이터 집합으로 데이터(x)와 참 값(true value)으로 구성될 수 있으며, 검증 데이터 집합이란, 훈련 데이터 집합을 통하여 학습한 함수의 인자가 적합한 인자인가를 검증하는데 필요한 데이터 집합으로 훈련 데이터 집합과 동일하게 데이터와 참 값으로 구성될 수 있다. 테스트 데이터 집합이란, 훈련 데이터 집합과 검증 데이터 집합을 통하여 학습한 함수의 인자를 이용하여 실제 입력으로 주어지는 데이터 집합을 말하며, 데이터로 구성될 수 있다. 여기에서 데이터(x)란, n1차원의 벡터로 표현이 가능하다.

$x=\{x \mid j=1, 2, 3, \ldots, n1\}$

$S_{training}=\{(x_i, y_i) \mid y_i$: i번째 데이터에 대한 참 값, $i = 1, 2, 3, \ldots, n_2\}$

$S_{Validation}=\{(x_i, y_i) \mid y_i$: i번째 데이터에 대한 참 값, $i = 1, 2, 3, \ldots, n_3\}$

$S_{Test}=\{x_i \mid i = 1, 2, 3, \ldots, n_4\}$

또한, 지도 학습의 결과 값은 추정하고자 하는 함수의 종류에 따라, 여러 클래스(class) 중 어느 집합(혹은 클래스)에 속하는가에 대한 분류(classification)와 연속 함수로부터 결과 값을 도출할 수 있는 회귀분석(regression)으로 나눌 수 있다.

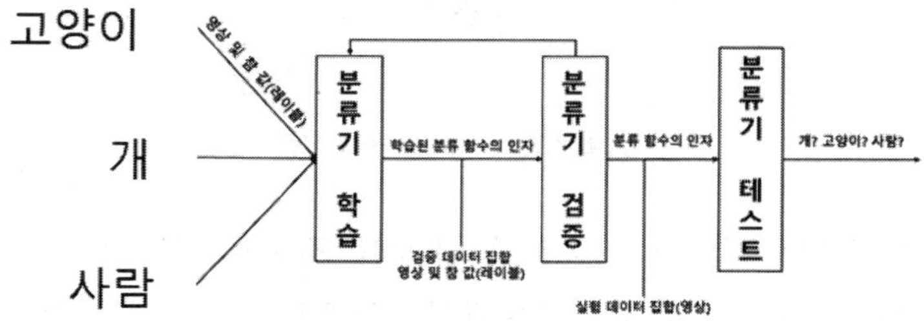

그림 13.1 지도학습 과정

13.2.2. 비지도 학습(Unsupervised Learning)

앞에서 기술한 것과 같이, 지도 학습은 학습 데이터에 실제 참 값(혹은 레이블)을 부여하여 분류 함수 혹은 회귀 분석 함수의 인자를 학습하고 검증하지만, **비지도 학습**은 학습 데이터에 참 값을 부여하지 않기 때문에, 기계가 스스로 훈련데이터를 분류하고, 이를 바탕으로 의미있는 값을 도출한다. 따라서 비지도 학습은 입력으로 주어지는 n1차원의 벡터로 표현된 데이터에서 함수의 인자를 학습하고, 이로부터 결과를 예측하는 것이 아니라, 주어진 데이터가 어떻게 구성되어있는지를 추론하고자 할 때 주로 사용한다.

앞에서 기술한 지도학습에서는 영상을 분류하기 위해 각 영상에 참 값을 부여하였으나, 비지도 학습에서는 각 영상에 참 값을 부여하지 않는다. 따라서, 어떤 영상인지 알 수 없는 영상에서, 비지도 학습을 수행하면, 각 영상에 나타난 특징에서 비슷한 특징을 가지는 영상들을 수집한다. 이를 통해 학습된 결과들은 유사한 특징들을 가지는 n개의 영상들이며, 비지도 학습을 통하여 군집화된 영상들에 참 값(레이블)을 부여할 수 있다. 따라서 비지도 학습은 지도 학습을 위한 사전 학습으로 사용이 가능하며, 비지도 학습 완료 후, 결과를 검토하면, 사용자는 각 군집화된 영상집합에 각각 참 값(레이블)을 부여할 수 있다.

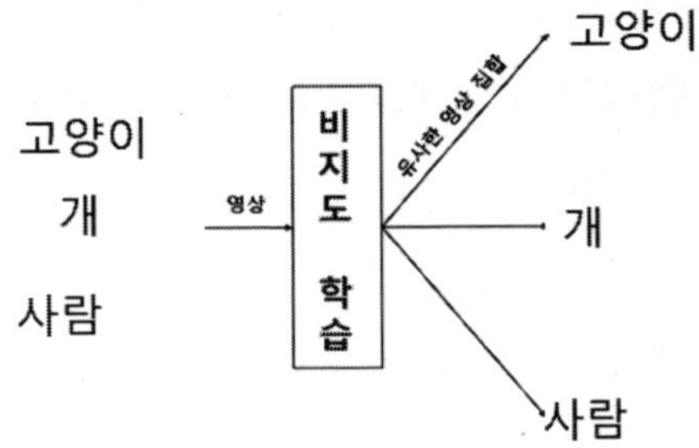

그림 13.2 비지도 하습 과정

기계 학습 알고리즘에서 SVM(Support Vector Machine)은 지도 학습을 위한 알고리즘 모델 중의 하나로 n차원의 특징벡터 공간에서 주어진 문제에 합당한 초평면(hyperplane)을 추정하는 알고리즘으로 분류와 회귀 분석을 위해 주로 사용한다.

13.2.3 서포트 벡터 머신(Support Vector Machine)

SVM은 오래된 기계 학습 기술이지만 여전히 다양한 분야에서 활용되고 있다. 복잡한 분류 문제를 잘 해결하고 상대적으로 작거나 중간 크기를 가진 데이터에 적합한 알고리즘이다.

SVM은 다른 **지도학습**에 의한 분류 방식과 같이 학습데이터에 분류기가 생성된다. 학습을 마친 후 실제 데이터를 입력하면 분류 결과를 구할 수 있다. 그림 13.3과 같이 삼각형과 사각형으로 구분되는 6개의 데이터가 있다. SVM의 목적은 삼각형과 사각형을 정확히 분류하는 것이다. SVM은 두 개의 클래스를 분류할 수 있는 최적의 경계를 찾는 것이다. 그림 14.3에서 (-4, 삼각형), (5, 사각형) 등의 학습데이터를 SVM에 입력한다. 학습의 결과로 SVM에 분류 기준이 생성된다. 분류 단계에서 SVM에 2.5를 입력하면 '사각형'으로 분류하게 된다.

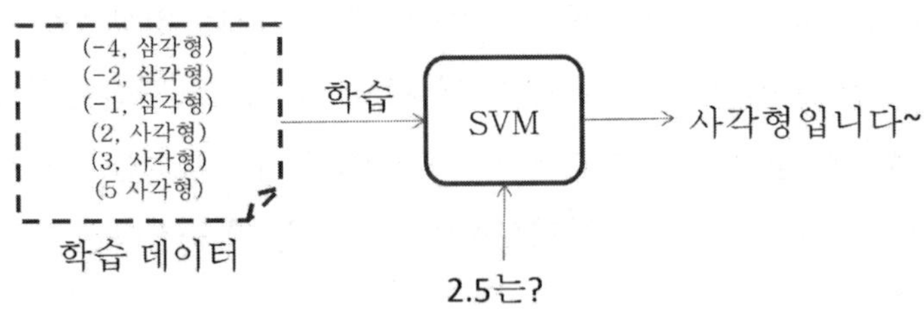

그림 13.3 SVM의 동작

학습으로 생성되는 SVM 분류 기준을 **초평면**(hyperplane)이라고 한다. 그림 13.4에서 삼각형과 사각형으로 나누는 초평면은 −1과 2 사이에 무한개 존재한다. **마진**(margin)은 그룹들 사이의 간격, 각 클래스의 말단에 위치한 데이터들 사이의 거리를 의미한다. SVM은 분류할 때 마진을 최대화하는 경계선을 찾는 것이 핵심이다. **서포트 벡터**(support vector)는 마진에서 가장 가까이 위치해 있는 각 그룹의 벡터이다. 그림 13.4에서 (−1, 삼각형), (2, 사각형)이 서포트 벡터이다. n 차원에서 이를 분류하는 경계는 n-1 차원이다. 그림 13.4에서 1차원의 데이터 그룹에서 초평면은 0차원 즉, 상수를 가진다.

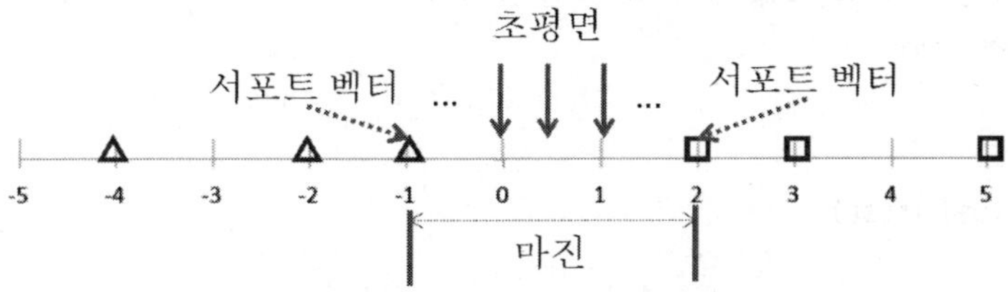

그림 13.4 SVM 학습에 의한 초평면

그림 13.4의 초평면 중에서 삼각형과 사각형 그룹의 중간이 되는 0.5(d=0.5) 최적의 초평면이 된다. 이것은 최적의 마진을 가지게 함으로써 분류의 정확도를 최대화한다. 그림 13.4에서의 1차원 SVM에서 분류 함수(**활성화 함수**)는 다음과 같다. y(2.5)는 사각형으로 분류된다.

$$y(x) = \begin{cases} \text{삼각형}, \text{if } x \leq 0.5 - 1.5 \\ \text{사각형}, \text{if } x \geq 0.5 + 1.5 \end{cases}$$

1차원 데이터를 2차원으로 확장하면 SVM의 초평면은 그림 13.5와 같이 1차원 직선이 된다. 2차원 SVM에서 학습데이터는 ((1, 2), 삼각형), (2, 1.9), 삼각형), ... , ((3, 4), 사각형)과 같이 **특성**(feature) 값이 2차원 벡터이다. 그림 13.3에서 학습을 통하여 최적의 a, b 값을 가지게 된다. 활성화 함수(sign)는 다음과 같다. 따라서 y((0,0))는 삼각형으로 분류된다.

$$y(x) = \begin{cases} \text{삼각형}, \text{if } \parallel (w, x) \parallel + b \geq 0 \\ \text{사각형}, \text{if } \parallel (w, x) \parallel + b \leq 0 \end{cases}$$

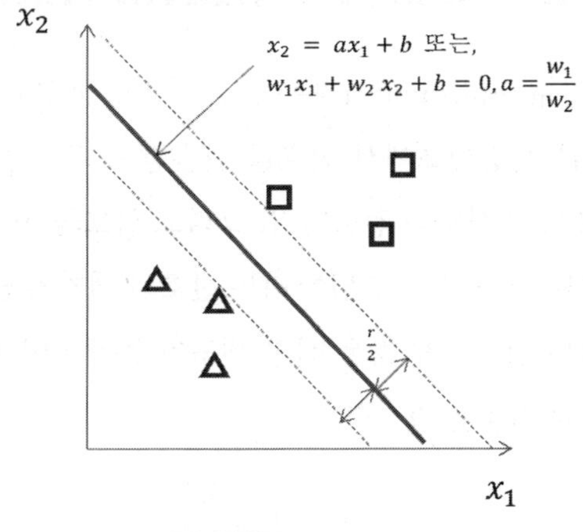

그림 13.5 2차원 SVM

다음은 Python에서 사이킷런 모듈을 사용하여 iris 샘플데이터를 학습하고 예측하는 예제 코드이다.

```
from sklearn import datasets
from sklearn.model_selection import train_test_split
from sklearn import svm

# iris 데이터 로드
iris = datasets.load_iris()

# 입력 데이터와 레이블 분리
X = iris.data
y = iris.target

# 학습 데이터와 테스트 데이터 분리
X_train, X_test, y_train, y_test = train_test_split(X, y, test_size=0.3)

# SVM 모델 생성
clf = svm.SVC(kernel='linear', C=1)

# SVM 모델 학습
clf.fit(X_train, y_train)

# 테스트 데이터에 대한 예측
y_pred = clf.predict(X_test)
```

13.3 인공 신경망(ANN: Artificial Neural Network)

인간의 뇌는 그림 13.6과 같이 뉴런(neuron)이라는 신경 세포로 구성되어있으며, 신경 세포를 구성하고 있는 수상돌기에서 다른 신경세포에서 신호를 전달받고, 축색돌기에서는 전달받은 신호를 처리한 후, 다른 신경 세포에 다시 신호를 전달한다. 그리고 신호를 전달할 때, 수상돌기와 다른 신경 세포의 수상돌기를 연결하는 시냅스는 전달하려는 신호의 세기가 **임계치**(threshold)이상 되어야만 전달한다. 인간의 두뇌에는 엄청나게 많은 신경 세포가 존재하며, 이들은 서로 정보를 처리하고, 그 결과를 전달받음으로써 지능을 가진다.

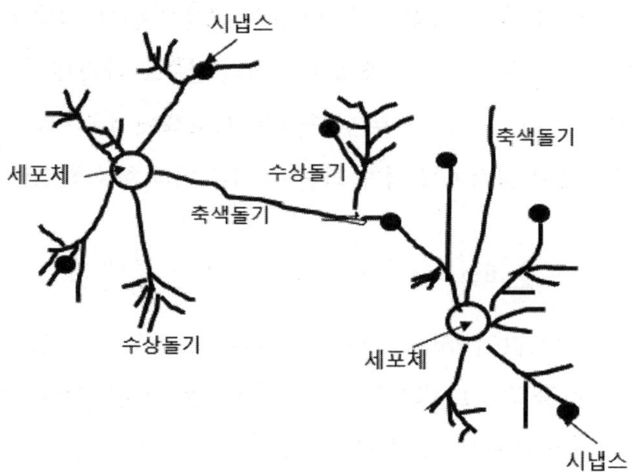

그림 13.6과 같이 뉴런(neuron) 구조

인공 신경망은 앞에서 기술한 인간의 두뇌에서의 정보처리 과정에 따른기계학습 알고리즘 모델 중 하나로, 뉴런이 다수의 뉴런에서 정보를 전달받은 후 전달받은 정보를 종합하여 하나의 새로운 정보를 다른 뉴런에게 전달하는 방법과 같다고 할 수 있다. 이미 1957년에는 인공 신경망의 한 종류인 **퍼셉트론**(perceptron)이 고안되어 간단한 종류의 단층 퍼셉트론으로 입력 벡터를 두 부류로 구분하는 **선형 분류기**가 고안되었으며, 다층 퍼셉트론으로는 XOR 연산이 가능함을 보였다. 또한, 2000년대 이후에는 인공 신경망을 기반으로 하는 딥 러닝(deep learning)의 출현으로 SVM과 같은 다른 기계 학습 기술을 능가하였다. 이러한 인공 신경망은 함수 추론, 회귀 분석, 패턴 인식, 군집화 등 지도 혹은 비지도 학습에 활용이 가능하다.

그림 13.7은 신경 세포와 인공 신경망과의 관계이며, 그림 13.8은 다수의 신경 세포에서 정보를 전달받아(x_1, ..., x_i, ..., x_n) 정보를 처리(F(x))한 후, 그 결과를 다른 신경 세포에 전달(y)하는 과정이다.

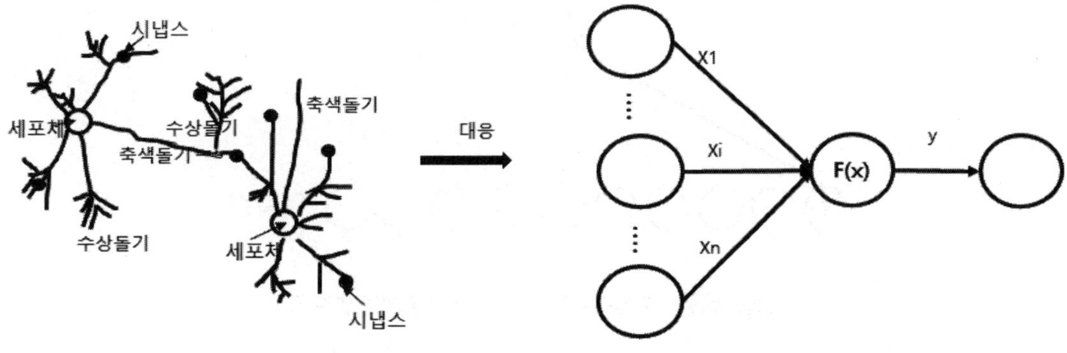

그림 13.7 신경 세포와 인공 신경망과의 관계

인공신경망에서는 이러한 기능을 추상적인 수학식으로 표현하는데, 그림 13.8에 있다. 수상돌기가 받아들이는 여러 개의 입력은 $x_1,\ldots,x_n$ 과 같이 n개의 변수로 나타내고, 입력값을 증감시키는 시냅스의 강도는 가중치변수 $w_1,\ldots,w_n$으로 나타낸다. 세포핵에서 일어나는 입력의 가중합 u를 계산하는 과정과, 합해진 값이 일정치를 넘게 되면, 출력은 아래 함수식으로 정의한다.

$$u = \sum_{i=1}^{n} w_i x_i\,,\quad \phi(u) = step(u-t) = \begin{cases} 1 & u > t \\ 0 & u \le t \end{cases}$$

위 식에서 함수 $step(\,)$은 입력값이 0보다 크면 1의 출력을 내고 그렇지 않은 경우 0의 출력을 내는 계산 형태의 함수이고, t는 출력이 1이 되는 기점을 결정하는 역치값이다. 즉, 입력값에 가중치를 적용하여 합해진 가중합 u가 역치값 t보다 크면 인공신경세포는 1의 출력을 내고, 그렇지 않은 경우는 출력값이 0이 된다.

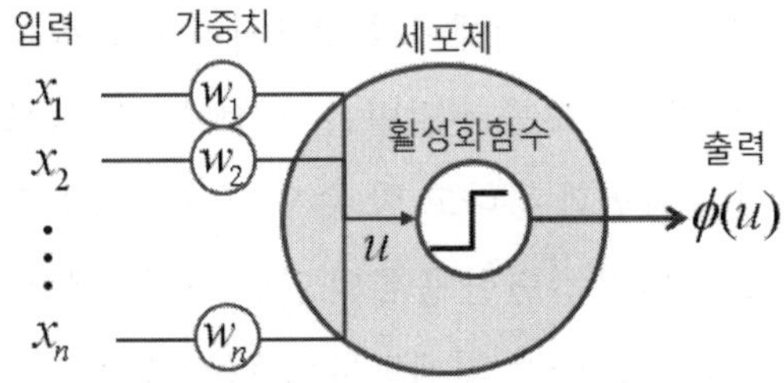

그림 13.8 인공 신경세포 활성화 모델

이와 같이 신경세포 한 개가 수행하는 신호처리 기능은 매우 단순하지만, 신경세포들의 연결망에 의해 고도의 지능적 정보처리가 가능해 진다. 따라서 단순한 인공 신경세포로 주어진 문제를 해결하려면 세포들을 그림 13.9처럼 적절히 연결하여 원하는 처리가 가능하도록 해야 한다.

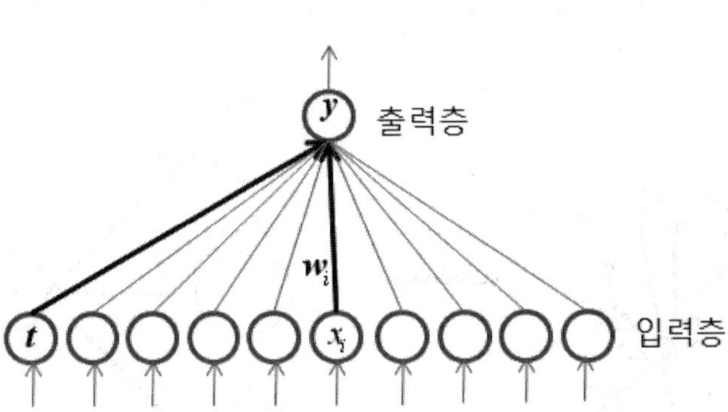

그림 13.9 퍼셉트론 신경망에서의 신경세포 연결구조

정보처리 과정 속에서 발생하는 시냅스의 변화를 **학습**이라 하며, 인공 신경망에서는 시냅스를 나타내는 가중치 변수 w_i의 값을 변화시킴으로써 원하는 기능을 하는 신경망을 찾아가는 과정이 학습에 해당한다.

인공신경세포를 처음 모델링에서는 신경세포들을 연결하여 AND, OR, XOR과 같은 논리회로를 만들 수 있음을 보였으며, 이것을 기반으로 컴퓨터 디지털 회로와 같은 기능을 하도록 설계할 수 있음으로 논리연산 기능을 수행하고 정보를 처리할 수 있음을 시사했다. 그렇다면 어떻게 연결구조를 만들 수 있을 것인가에 대해 학습으로 해결하게 되었다. 이러한 기본 개념을 바탕으로 신경회로망에서의 정보처리 과정을 모방한 다양한 인공 신경망 모델들이 개발되었다. 여기서는 가장 간단한 모델인 퍼셉트론에 대하여 알아보자.

퍼셉트론은 1940년대 로젠발트(Rosenbaltt)가 제안한 신경회로망으로, 그림 13.9처럼 계층 구조로 연결한 회로망이다. 신경세포들을 입력층과 출력층으로 구분하여 층별로 나열하고, 입력층의 각 신경세포에서 출력층의 각 신경세포로 연결되는 시냅스의 가중치를 조절함으로써 원하는 입-출력 매핑 함수를 찾아내는 학습 알고리즘을 제안했다. 이 신경회로망 모델을 이용하여 문자나 도형과 같은 시각적 패턴을 인식하는 문제를 풀 수 있음을 보였다. 이 방법은 인공지능 분야에서 많은 관심을 받았다. 이제 간단한 숫자패턴을 인식하는 문제를 퍼셉트론이 어떻게 학습을 통해 패턴을 인식할 수 있는지 간략하게 살펴본다.

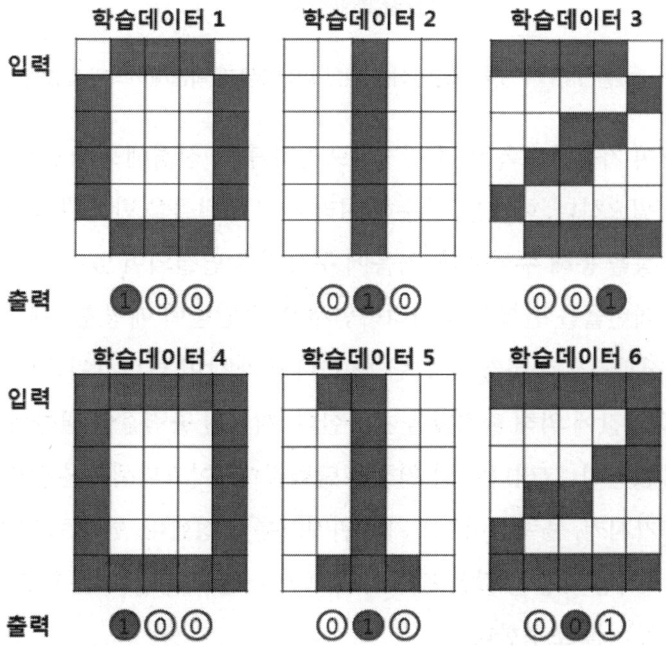

그림 13.10 출력 쌍으로 이루어진 학습데이터

그림 13.10에 인식대상이 되는 숫자 패턴 세 개가 있다. 6X5의 타일을 이용한 0, 1, 2의 숫자 패턴이다. 이를 인식하기 위한 퍼셉트론의 구조는 그림 13.10에 있다. 퍼셉트론의 입력층에 있는 각 신경세포는 각 타일의 흑/백 여부를 0이나 1의 값으로 받아들인다. 출력층에 있는 세 개의 신경세포는 각각의 도형을 대표하는 것으로, 예를 들어 숫자 0의 패턴이 입력되면 첫 번째 신경세포가 1 값을 출력하고, 나머지 두 세포들은 0값을 출력한다.

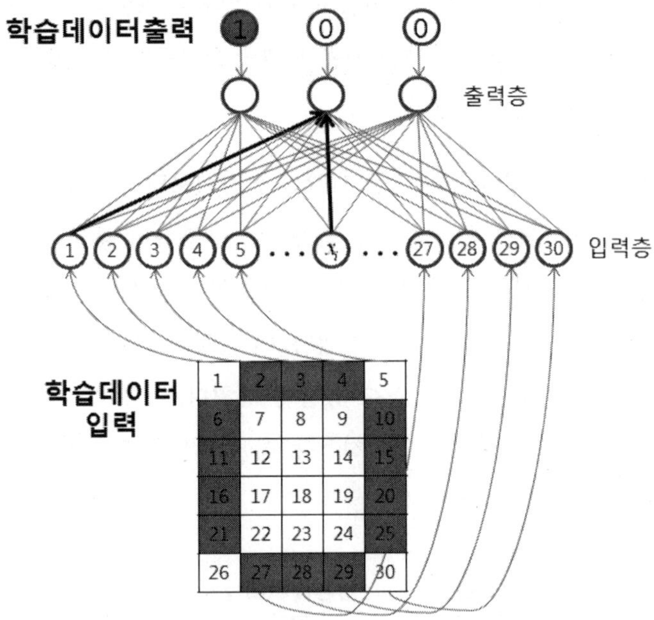

그림 13.11 숫자패턴인식을 위한 퍼셉트론과 학습데이터의 입출력

이러한 입출력 매핑이 가능하도록 입력 신경세포들과 출력 신경세포들 간의 시냅스 가중치를 조정하는 학습 과정이 필요하다. 학습은, 단순히 여러 개의 패턴들을 반복해서 보여주면서 정확한 출력값을 알려주는 과정을 통해 수행한다. 처음에 무작위로 연결되어 있던 시냅스들은 입력과 출력으로 이루어진 학습패턴들을 반복해서 처리하면서 바른 입출력 매핑 함수를 표현할 수 있는 가중치 값을 찾게 된다. 직관적으로 하겠다. 그림 13.11에서와 같이 입력값이 주어지면, 퍼셉트론은 현재 가지고 있는 가중치 값에 의해 출력값을 계산한다. 계산된 출력값이 원하는 값과 일치하면 가중치 수정은 일어나지 않는다. 그러나 만약 원하는 출력값이 1이고퍼셉트론 출력값이 0이면, 이에 해당하는 가중치를 증가시켜, 출력값이 1에 가까워지도록 조정한다. 반대로 원하는 출력값이 0이고 퍼셉트론 출력값이 1이면 가중치 값을 감소시킨다. 이러한 과정을 모든 학습 데이터에 대해 반복하여 수정하면서 가중치를 조정한다.

이와 같은 학습에 의한 문제풀이 과정은 원하는 입출력 매핑을 가지는 데이터 샘플들만 충분히 있다면, 문제 해결 방법을 알고리즘으로 기술할 수 없는 경우도 신경망으로 표현된 시스템이 스스로 학습을 통해 해를 찾는다. 또한 학습에 사용되지 않은 변형된 데이터들에 대한 일반화도 가능하다. 숫자패턴 인식 문제에서, 그림 13.10에서 주어진 것과 같은 몇몇 변형된 패턴의 숫자 데이터만을 이용하여 학습하더라도, 어느 정도 다른 모양의 패턴에 대해서도 같은 숫자로 인식하는 것이 가능하여 일반화할 수도 있다.

이와 같이 인공신경망은 새로운 문제해결법을 통해 다양한 문제를 해결하는데 사용한다. 이외에도 보다 학습 능력이 뛰어난 다층퍼셉트론 모델이나 홉필드 모델, 원하는 출력값이 따로 주어지지 않아도 스스로 학습하는 자기조직화 신경망 등 다양한 모델들이 존재하여 각각 그에 적합한 문제해결에 사용되고 있다.

연습문제

01 문제풀이 시스템의 개발단계를 설명하시오.

02 주어진 문제에 적합한 방법을 개발하기에 앞서서 문제의 특성을 분석해야 한다. 어떤 특성을 분석해야 하는지 설명하시오.

03 알고리즘과 프로그램의 차이를 설명하시오.

04 동적계획법과 분할정복법의 공통점과 차이점을 설명하시오.

05 n개의 정수가 크기순으로 정렬되어 있는 수열이 있다. 특정한 정수값이 그 수열 내에 존재하는지 탐색하는 문제를 해결하고자 할 때, 분할정복법을 사용한다면 어떻게 할 수 있을지 설명하시오.

06 아래 그림과 같이 주어진 미로에서 S에서 시작하여 E에 도달하는 경로를 찾는 문제를 생각한다. 상태집합과 행동집합을 어떻게 표현하면 될 지 생각해 보고, 어떤 방법을 적용할 수 있는지 설명하시오.

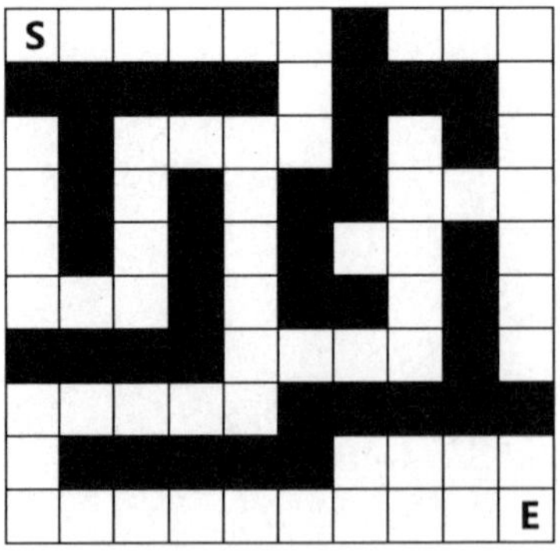

참고문헌

[1] David Evans, Introduction to Computing Explorations in Language, Logic, and Machines, http://computingbook.orgVersion:, USA, 2011

[2] Charles Dierbac, Introduction to Computer Science Using Python: A Computational Problem-Solving Focus wiley, UK, 2013

[3] 김상욱, 컴파일러, 도서출판 홍릉, 2023

[4] Gibbs, N. E., Tucker, A. B. "A curriculum model for a liberal art degree in computer science" Comm. ACM, vol. 29, no. 3 (1986 년 3월).

[5] 고석주외 11인, 컴퓨터학 개론, 홍릉과학출판사, 2018

[6] Harold Abelson and Gerald Jay, Structure and Interpretation of Computer Programs, 2nd Edition, MIT Electrical Engineering and Computer Science, 1996